최신개정판

IBK기업은행 기출복원 실전모의고사

NCS직업기초 경제·경영·시사

혼JOB취업연구소

- ☑ 기출 유형을 철저하게 분석한 기출복원 모의고사 1회분
- ☑ 최신 출제 경향을 완벽 반영한 실전모의고사 3회분
- ☑ 빈틈없는 학습을 위한 상세하고 정확한 해설

IBK

혼JOB

이 책의 구성 및 특징

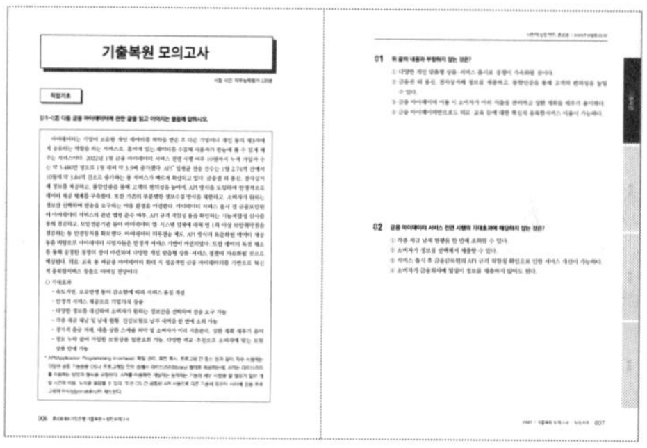
기출복원 모의고사

기출복원 모의고사

IBK기업은행 필기시험 기출 문항의 유형, 소재, 난이도 등을 복원하여 모의고사로 재구성했습니다. 실전모의고사 풀이에 앞서 출제 유형을 파악하고 자신의 실력을 점검할 수 있습니다.

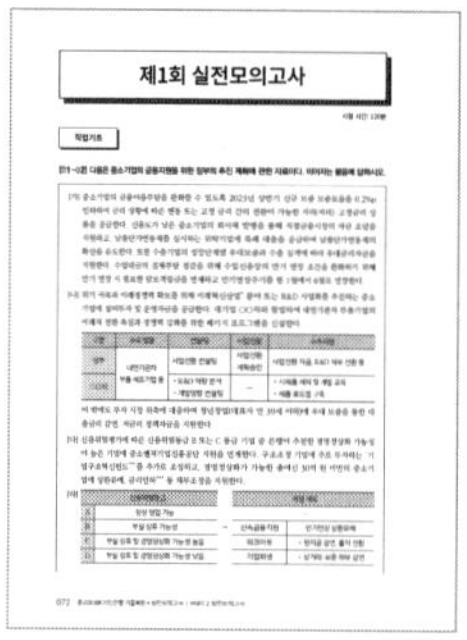
제1회 실전모의고사

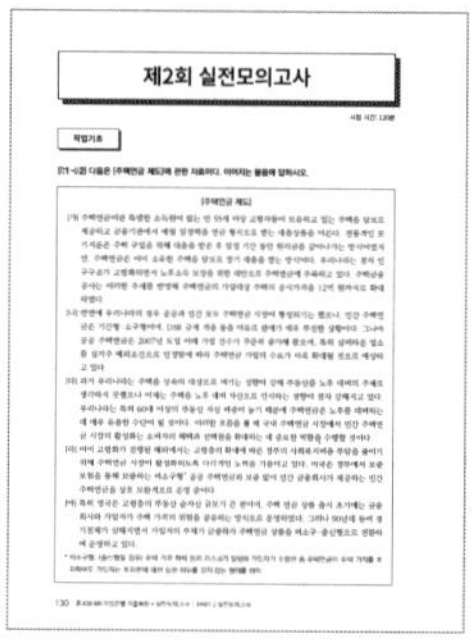
제2회 실전모의고사

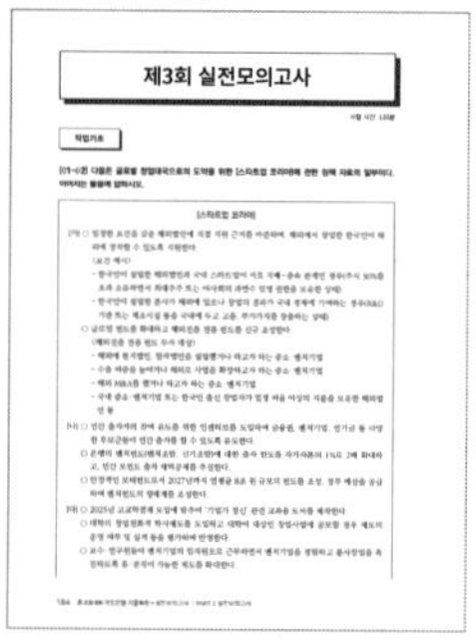
제3회 실전모의고사

실전모의고사 3회분

IBK기업은행 필기시험 대비를 위해 출제가능성이 높은 문항들로 구성한 실전모의고사 3회분을 수록하였습니다. 직업기초 40문항, 직무수행 35문항을 주어진 시간 내에 풀이하여 실전 감각을 기를 수 있습니다.

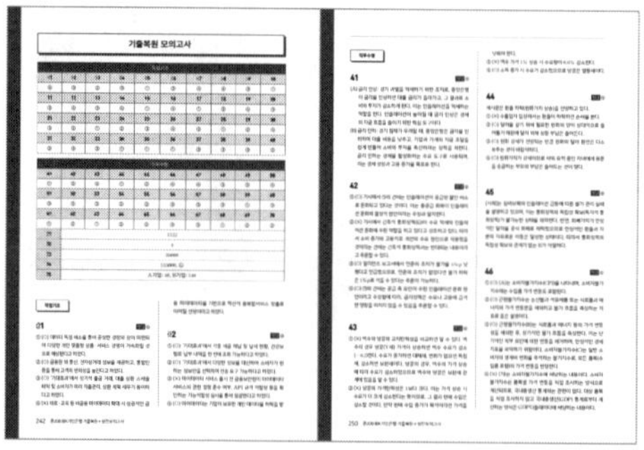
기출복원 모의고사

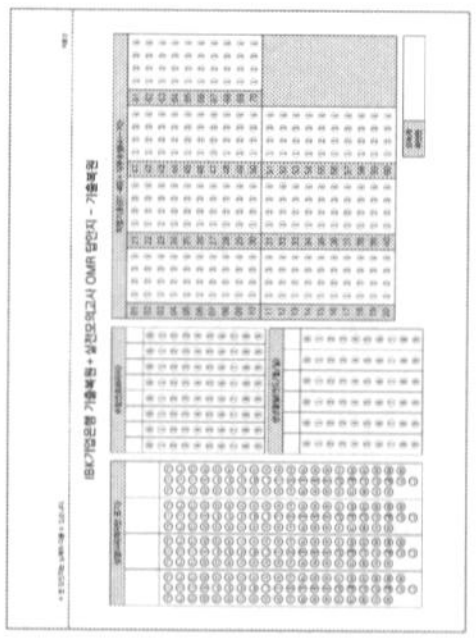

정답 및 해설 & OMR 답안지

독학이 가능하도록 선택지별로 이해하기 쉬운 상세한 해설을 수록하였습니다. 또한 실전모의고사 풀이 시 실전 적응력을 높일 수 있도록 회차별로 객관식·주관식 답안지를 함께 구성한 OMR 답안지를 수록하였습니다.

이 책의 차례

PART 1

기출복원 모의고사

006

PART 2

실전모의고사

제1회 실전모의고사

072

제2회 실전모의고사

130

제3회 실전모의고사

184

정답 및 해설

기출복원 모의고사

242

제1회 실전모의고사

256

제2회 실전모의고사

271

제3회 실전모의고사

286

[정답 및 해설] PDF 제공

수험생들의 편리하고 스마트한 학습을 위해 교재 내 [정답 및 해설]을 PDF 파일로도 무료 제공해 드립니다. 로그인 후 이용하실 수 있습니다.

다운로드 바로가기

혼JOB 홈페이지
(honjob.co.kr)
→ 자료실
→ 학습자료실

PART 1
기출복원 모의고사

☑ IBK기업은행 필기시험에서 출제되었던 기출 문항의 유형, 소재 등을 살린 복원 문항으로 기출복원 모의고사 1회분을 구성했습니다.

☑ 직업기초(의사소통, 문제해결, 자원관리, 조직이해, 수리, 정보)는 40문항, 직무수행(경제·경영 관련 직무상식, 시사)는 객관식 30문항, 주관식 5문항으로 구성했습니다.

☑ 시험 형식과 문항당 배점은 직업기초는 객관식 4지 선다(문항당 1.5점), 직무수행은 객관식 4지 선다(문항당 1점), 주관식(문항당 2점)입니다.

☑ 함께 제공되는 OMR 답안지에 직접 마킹해 가며 실전과 동일한 조건에서 모의고사를 풀어본 후, 정답 및 해설을 통해 취약 부분을 꼼꼼하게 보완하시기 바랍니다.

혼JOB
IBK기업은행
기출복원 + 실전모의고사

나만의 성장 엔진, 혼JOB | www.honjob.co.kr

기출복원 모의고사

시험 시간: 120분

직업기초

[01~02] 다음 금융 마이데이터에 관한 글을 읽고 이어지는 물음에 답하시오.

마이데이터는 기업이 보유한 개인 데이터를 허락을 받은 후 다른 기업이나 개인 등의 제3자에게 공유하는 역할을 하는 서비스로, 흩어져 있는 데이터를 수집해 사용자가 한눈에 볼 수 있게 해주는 서비스이다. 2022년 1월 금융 마이데이터 서비스 전면 시행 이후 10월까지 누적 가입자 수는 약 5,480만 명으로 1월 대비 약 3.9배 증가했다. API* 일평균 전송 건수는 1월 2.74억 건에서 10월에 약 3.84억 건으로 증가하는 등 서비스가 빠르게 확산되고 있다. 금융권 외 통신, 전자상거래 정보를 제공하고, 통합인증을 통해 고객의 편의성을 높이며, API 방식을 도입하여 안정적으로 데이터 제공 체계를 구축한다. 또한 기존의 무분별한 정보수집 방식을 제한하고, 소비자가 원하는 정보만 선택하여 전송을 요구하는 이용 환경을 마련한다. 마이데이터 서비스 출시 전 금융보안원이 마이데이터 서비스의 관련 법령 준수 여부, API 규격 적합성 등을 확인하는 기능적합성 심사를 통해 점검하고, 보안전문기관 등이 마이데이터 앱·시스템 일체에 대해 연 1회 이상 보안취약점을 점검하는 등 안전장치를 확보했다. 마이데이터 의무전송 제도, API 방식의 표준화된 데이터 제공 등을 바탕으로 마이데이터 사업자들은 안정적 서비스 기반이 마련되었다. 또한 데이터 독점 해소를 통해 공정한 경쟁의 장이 마련되어 다양한 개인 맞춤형 상품·서비스 경쟁이 가속화될 것으로 예상된다. 의료·교육 등 비금융 마이데이터 확대 시 성공적인 금융 마이데이터를 기반으로 혁신적 융복합서비스 창출로 이어질 전망이다.

○ 기대효과
- 속도지연, 오류발생 등이 감소함에 따라 서비스 품질 개선
- 안정적 서비스 제공으로 기업가치 상승
- 다양한 정보를 대신하여 소비자가 원하는 정보만을 선택하여 전송 요구 가능
- 각종 세금 체납 및 납세 현황, 건강보험료 납부 내역을 한 번에 조회 가능
- 정기적 출금 거래, 대출 상환 스케줄 파악 및 소비자가 미리 지출관리, 상환 계획 세우기 용이
- 정보 누락 없이 가입한 보험상품 일괄조회 가능, 다양한 비교·추천으로 소비자에 맞는 보험상품 안내 가능

* API(Application Programming Interface): 파일 관리, 화면 표시, 프로그램 간 통신 등과 같이 자주 사용되는 다양한 공통 기능들을 OS나 프로그래밍 언어 등에서 라이브러리(library) 형태로 제공하는데, API는 라이브러리를 이용하는 방법과 형식을 규정한다. API를 이용하면 개발자는 동작되는 기능의 세부 사항을 알 필요가 없어 개발 시간과 비용, 노력을 절감할 수 있다. 또한 OS 간 공통된 API 사용으로 다른 기종의 컴퓨터 사이에 응용 프로그램의 이식성(portability)이 확보된다.

01 **위 글의 내용과 부합하지 않는 것은?**

① 다양한 개인 맞춤형 상품·서비스 출시로 경쟁이 가속화될 것이다.
② 금융권 외 통신, 전자상거래 정보를 제공하고, 통합인증을 통해 고객의 편의성을 높일 수 있다.
③ 금융 마이데이터 이용 시 소비자가 미리 지출을 관리하고 상환 계획을 세우기 용이하다.
④ 금융 마이데이터만으로도 의료·교육 등에 대한 혁신적 융복합서비스 이용이 가능하다.

02 **금융 마이데이터 서비스 전면 시행의 기대효과에 해당하지 않는 것은?**

① 각종 세금 납세 현황을 한 번에 조회할 수 있다.
② 소비자가 정보를 선택해서 제출할 수 있다.
③ 서비스 출시 후 금융감독원의 API 규격 적합성 확인으로 인한 서비스 개선이 가능하다.
④ 소비자가 금융회사에 일일이 정보를 제출하지 않아도 된다.

03 토큰 기반 지급이체 서비스에 관한 설명으로 적절하지 않은 것은?

> 한국은행은 「CBDC 활용성 테스트 계획」에 따라 구축 예정인 CBDC(Central Bank Digital Currency: 중앙은행이 발행하는 디지털 형태의 새로운 화폐) 시스템을 통해 토큰 기반 지급 이체 서비스를 시행하기로 하였다. 「CBDC 활용성 테스트 계획」이란 2023년 10월 금융위원회·금융감독원이 공동 발표한 것으로, 한국은행이 발행하는 기관용 CBDC를 기반으로 디지털 통화의 다양한 활용사례를 점검하는 데 목적이 있다. 본 서비스는 일반 국민들이 기관용 CBDC를 기반으로 은행이 발행하는 예금 토큰을 직접 사용하여 디지털 통화의 효용을 체감할 수 있는 실거래 테스트를 실시하며, 이번 테스트에 한해 예금 토큰을 발행하고 유통하는 업무를 은행이 수행할 수 있는 업무로 허용한다.
>
> 본 테스트를 신청한 금융 소비자 중 10만 명을 잠정 선별하여 CBDC 시스템을 통해 이용자에게 실명으로 된 전자지갑을 개설해 주고 은행 예금 기반의 예금 토큰을 발행한다. 이용자가 예금 토큰을 이용해 사용처(이용자가 예금 토큰을 사용할 수 있는 사업장)에서 물품이나 서비스를 구매할 수 있도록 지급·결제 기능을 제공한다.
>
> 전자지갑을 개설하려는 이용자는 기존 은행의 모바일 앱 등을 통해 신청이 가능하며, 사용처의 사업주는 은행 창구 방문을 통해 본인 확인 절차를 거쳐야 한다. 은행은 이용자가 희망하는 액수에 해당하는 예금 토큰을 신청받아 해당 액수만큼의 현금 또는 이용자의 기존 예금을 토큰화하여 이용자의 전자지갑에 발행한다. 이용자가 토큰 사용처에서 물품 또는 서비스를 구입할 경우 전자지갑을 사용하여 구매대금을 지급하면 이용자의 전자지갑에서 사용처 사업주의 전자지갑으로 구매대금에 해당하는 토큰이 이전된다.
>
> 현재 예금 토큰은 아직 법적 성격에 대한 구분이 명확하지 않으며, 지급 거래 효력의 발생 시기나 기준 등 법적 규율 역시 명확하지 않은 상황이다. 따라서 이용자가 토큰을 이용하는 데 지장이 없도록 금번 서비스를 통해 예금자 보호 적용을 위한 조건을 더욱 명확히 마련해야 하며, 이용자의 거래 정보 수집 시 관련 동의를 징구하는 등 법령의 원칙 및 규정에 반하지 않도록 개인정보·금융거래 정보 보호방안을 마련해야 한다. 더 나아가 기존 결제수단에 비해 신규 결제 프로세스가 얼마나 효율적인지, 비용 절감 효과가 있는지 여부 등을 비교 분석하여 향후 디지털 화폐의 효율성을 제고하는 데 활용할 계획이다.

① 사업주가 전자지갑을 개설하려면 반드시 은행에 방문해야 한다.
② 이용자는 모바일을 통해 기존에 비해 더욱 유리한 금리 조건으로 금융 거래를 할 수 있다.
③ 전자지갑 개설에 있어 이용자에게 거래 정보 제공과 관련한 별도의 동의가 필요할 것이다.
④ 이용자의 권리 보호, 거래 상대방의 보호 등 지급결제 안정성을 위한 명확한 법적 기준이 필요하다.

[04~05] 다음은 「외국환거래법」의 일부이다. 이어지는 물음에 답하시오.

제27조(벌칙) ① 다음 각 호의 어느 하나에 해당하는 자는 5년 이하의 징역 또는 5억 원 이하의 벌금에 처한다. 다만, 위반행위의 목적물 가액(價額)의 3배가 5억 원을 초과하는 경우에는 그 벌금을 목적물 가액의 3배 이하로 한다.

1. 제5조 제2항을 위반하여 기준환율등에 따르지 아니하고 거래한 자
2. 제6조 제1항 제1호의 조치를 위반하여 지급 또는 수령이나 거래를 한 자
3. 제6조 제1항 제2호의 조치에 따른 보관·예치 또는 매각 의무를 위반한 자
4. 제6조 제1항 제3호의 조치에 따른 회수의무를 위반한 자
5. 제6조 제2항의 조치에 따른 허가를 받지 아니하거나, 거짓이나 그 밖의 부정한 방법으로 허가를 받고 자본거래를 한 자 또는 예치의무를 위반한 자
6. 제10조 제2항을 위반하여 외국환업무를 한 자

② 제1항의 징역과 벌금은 병과(倂科)할 수 있다.

제27조의2(벌칙) ① 다음 각 호의 어느 하나에 해당하는 자는 3년 이하의 징역 또는 3억 원 이하의 벌금에 처한다. 다만, 위반행위의 목적물 가액의 3배가 3억 원을 초과하는 경우에는 그 벌금을 목적물 가액의 3배 이하로 한다.

1. 제8조 제1항 본문 또는 같은 조 제3항에 따른 등록을 하지 아니하거나, 거짓이나 그 밖의 부정한 방법으로 등록을 하고 외국환업무를 한 자(제8조 제4항에 따른 폐지신고를 거짓으로 하고 외국환업무를 한 자 및 제12조 제1항에 따른 처분을 위반하여 외국환업무를 한 자를 포함한다)
2. 제9조 제1항 전단, 같은 조 제3항 또는 제5항에 따른 인가를 받지 아니하거나, 거짓이나 그 밖의 부정한 방법으로 인가를 받고 외국환중개업무를 한 자(제9조 제3항에 따른 신고를 거짓으로 하고 외국환중개업무를 한 자 및 제12조 제1항에 따른 처분을 위반하여 외국환중개업무를 한 자를 포함한다)
3. 제15조 제2항에 따른 허가를 받지 아니하거나, 거짓이나 그 밖의 부정한 방법으로 허가를 받고 지급 또는 수령을 한 자

② 제1항의 징역과 벌금은 병과할 수 있다.

제28조(벌칙) ① 제22조를 위반하여 정보를 이 법에서 정하는 용도가 아닌 용도로 사용하거나 다른 사람에게 누설한 사람은 2년 이하의 징역 또는 2억 원 이하의 벌금에 처한다.

② 제1항의 징역과 벌금은 병과할 수 있다.

제29조(벌칙) ① 다음 각 호의 어느 하나에 해당하는 자는 1년 이하의 징역 또는 1억 원 이하의 벌금에 처한다. 다만, 위반행위의 목적물 가액의 3배가 1억 원을 초과하는 경우에는 그 벌금을 목적물 가액의 3배 이하로 한다.

1. 제8조 제5항에 따른 인가를 받지 아니하거나, 거짓이나 그 밖의 부정한 방법으로 인가를 받고 계약을 체결한 자
2. 제10조 제1항을 위반하여 확인하지 아니한 자

3. 제16조 또는 제18조에 따른 신고의무를 위반한 금액이 5억 원 이상의 범위에서 대통령령으로 정하는 금액을 초과하는 자
4. 제17조에 따른 신고를 하지 아니하거나 거짓으로 신고를 하고 지급수단 또는 증권을 수출하거나 수입한 자(제17조에 따른 신고의무를 위반한 금액이 미화 2만 달러 이상의 범위에서 대통령령으로 정하는 금액을 초과하는 경우로 한정한다)
5. 제19조 제2항에 따른 거래 또는 행위의 정지·제한을 위반하여 거래 또는 행위를 한 자
6. 제32조 제1항에 따른 과태료 처분을 받은 자가 해당 처분을 받은 날부터 2년 이내에 다시 같은 항에 따른 위반행위를 한 경우

② 제1항 제4호의 미수범은 처벌한다.

③ 제1항의 징역과 벌금은 병과할 수 있다.

제30조(몰수·추징) 제27조 제1항 각 호, 제27조의2 제1항 각 호 또는 제29조 제1항 각 호의 어느 하나에 해당하는 자가 해당 행위를 하여 취득한 외국환이나 그 밖에 증권, 귀금속, 부동산 및 내국지급수단은 몰수하며, 몰수할 수 없는 경우에는 그 가액을 추징한다.

제31조(양벌규정) 법인의 대표자나 법인 또는 개인의 대리인, 사용인, 그 밖의 종업원이 그 법인 또는 개인의 재산 또는 업무에 관하여 제27조, 제27조의2, 제28조 및 제29조의 어느 하나에 해당하는 위반행위를 하면 그 행위자를 벌하는 외에 그 법인 또는 개인에게도 해당 조문의 벌금형을 과(科)한다. 다만, 법인 또는 개인이 그 위반행위를 방지하기 위하여 해당 재산 또는 업무에 관하여 상당한 주의와 감독을 게을리하지 아니한 경우에는 그러하지 아니하다.

04 **5억 원 이하의 벌금에 처해질 수 있는 위반행위에 해당하지 않는 것은?**

① 제5조 제2항을 위반하여 기준환율을 따르지 않고 1억 5천만 원을 거래한 A
② 제6조 제2항의 조치에 따른 허가를 받지 않고 1억 원의 자본을 거래한 B
③ 제10조 제2항을 위반하여 2억 원의 외국환업무를 한 C
④ 부정한 방법으로 허가를 받고 8천만 원의 자본을 거래한 D

05 **다음 [대화] 중 B의 발언으로 적절하지 않은 것은?**

[대화]

A: 안녕하세요. 저는 거짓으로 신고한 뒤 미화 2만 달러의 증권을 수입하였습니다.
B: ( )
A: 네, 알겠습니다.

① 위반 금액이 1만 달러 이상이며, 대통령령으로 정한 금액을 초과하는 경우 처벌 대상입니다.
② 1년 이하의 징역 또는 1억 원 이하의 벌금을 처벌받습니다.
③ 증권은 모두 몰수하며, 몰수할 수 없다면 그 가액을 추징합니다.
④ 징역과 벌금은 병과할 수 있습니다.

06 법령해석 및 비조치의견서에 관한 설명으로 옳지 않은 것은?

법령해석 및 비조치의견서는 금융회사 등이 수행하려는 행위 등에 대하여 금융당국이 관련 해석 및 제재조치 여부를 적극적으로 답변하여 법적 불확실성을 제거해 주는 제도이다. 여기서 법령해석이란 어떤 사안에 대해 적용할 법령의 내용과 의미를 명확하게 하는 것을 말하고, 비조치의견서란 금융회사 등이 수행하려는 행위에 대해 금융감독원장이 향후 제재 등의 조치 여부를 회신하는 문서를 가리킨다.

금융회사 및 금융유관기관(이하 '신청인'이라 한다)이 금융규제민원포털 등록을 통해 법령해석·비조치의견서를 요청하면, 금융위원회의 규제개혁법무담당관(이하 '총괄부서'라 한다)은 요청 건이 작성 양식을 준수하였는지 여부 등을 검토한 후 접수를 진행하고 일련번호를 부여한다. 이후 총괄부서는 요청 건이 법령해석 또는 비조치의견서 사안인지 여부를 판단한 후, 소관을 지정한다. 법령해석에 해당하는 경우 금융위원회 소관부서에 배정되고, 비조치의견서에 해당하는 경우 금융감독원 법무실에 이첩된다. 구체적인 진행 절차는 다음 [그림]과 같다.

[그림]

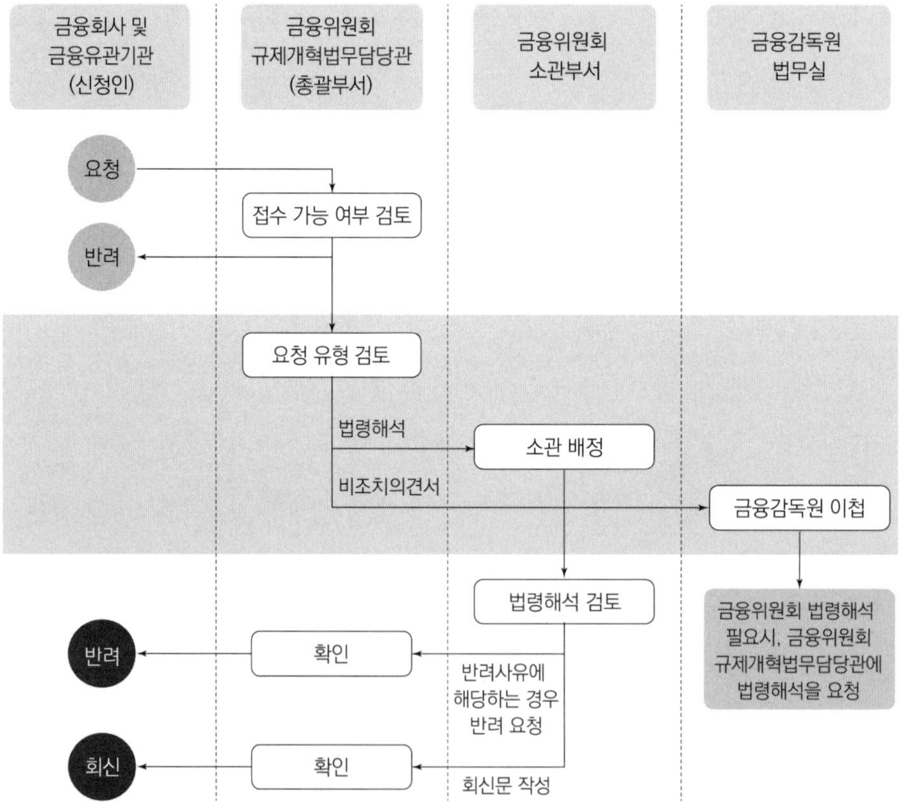

법령해석과 비조치의견서 모두 행정해석의 일종으로 최종 법적 구속력은 없다. 하지만 법령해석은 법규의 의미를 명확히 하거나 이를 토대로 사실관계에의 적용 여부를 밝히는

데에 그치는 반면, 비조치의견서는 법규해석과 함께 새로운 특정 행위에 대한 조치의견을 표명하게 된다. 즉, 비조치의견서는 제재 여부에 대한 의사결정을 대외적으로 표명하기 때문에 법적 불안 해소에 더 효과적이며, 금융회사 등이 향후 시행하려고 계획하는 행위에 대해 기존 법령으로는 적법 여부를 판단하기 어려운 경우에 유용하다.

① 금융감독원은 금융위원회로부터 이첩받은 비조치의견서를 작성하기 위해 필요한 경우 금융위원회에 법령해석을 요청할 수 있다.
② 금융위원회에 배정된 법령해석에 대한 검토가 마무리된 경우 관련 회신문은 금융감독원 법무실의 확인을 거쳐 신청인에게 회신된다.
③ 법령해석·비조치의견서 신청은 금융위원회 소관부서에 배정되거나 금융감독원 법무실에 이첩되지 않고 신청인에게 반려될 수도 있다.
④ 금융회사가 개발하고 있는 금융상품이 적법한지 여부에 대해 기존 법령으로는 판단이 어려운 경우라면 법령해석보다는 비조치의견서가 효과적이다.

[07~08] 다음 [가계부채 관리 강화방안]을 읽고 이어지는 물음에 답하시오.

[가계부채 관리 강화방안]

• 차주단위 DSR 2~3단계 조기 시행

구분	'21년 7월 이전	1단계	2단계 ('22년 7월 → '22년 1월)	3단계 ('23년 7월 → '23년 1월)
주택담보대출	투기·과열 지구 9억 원 초과 주택	(1) 전(全) 규제지역 6억 원 초과 주택	총대출액 2억 원 초과 [(1), (2) 유지]	총대출액 1억 원 초과 [(1), (2) 폐지]
신용대출	1억 원 초과	(2) 1억 원 초과		

※ 1) 총대출액은 금융권의 모든 가계대출의 합이다.
2) 총대출액 기준 및 적용 시점: 차주의 기존대출과 신규대출 신청분을 합산하여 총대출액이 기준을 초과할 경우 차주단위 DSR이 적용된다.
3) 기존의 총대출액이 기준을 초과하는 경우 차주단위 DSR을 적용하지 않는다.

• 제2금융권 DSR 기준 강화('22년 1월 시행)
- 차주단위 DSR: 제2금융권 기준을 60%에서 50%로 강화
- 금융회사 평균 DSR: 최근 증가세가 높은 권역 규제비율 강화

[표] 업권별 평균 DSR 기준치 강화

평균 DSR	은행	보험	상호	카드	캐피탈	저축
현행 규제비율	40%	70%	160%	60%	90%	90%
준수현황	38.3%	51.9%	124.6%	55.7%	70.5%	71.5%
조정비율	40%	50%	110%	50%	65%	65%

• 차주단위 DSR 적용 제외 대상
- 소득 외 상환재원이 인정되는 대출: 전세자금대출, 예·적금담보대출, 보험계약대출
- 정책적 목적의 대출: 서민금융상품, 정부·지자체 협약 대출, 자연재해 지역 등에 따른 긴급대출 등
- 300만 원 미만의 소액대출 등 기타 적용 실익이 크지 않은 경우

07 **위 [가계부채 관리 강화방안]에 관한 설명으로 옳은 것은?**

① 평균 DSR 조정비율이 가장 낮은 업권은 '카드'이다.
② 2022년 2월에 제2금융권 차주단위 DSR은 60%로 강화된 기준이 적용된다.
③ A는 2021년 12월 규제지역에 위치한 5억 원의 주택을 구입하며 생애 첫 대출로 주택담보대출 2억 1천만 원을 받았다. 이 외의 대출이 없는 경우 A는 2022년 1월 차주단위 DSR 적용 대상이다.
④ 2022년 1월 이전에 신용대출 5,000만 원, 주택담보대출 1억 3,000만 원을 대출한 B가 2022년 2월에 신용대출 3,000만 원을 신규 신청한 경우 차주단위 DSR 적용 대상이다.

08 **다음은 I은행 행원들의 [대화]이다. (　　) 안에 들어갈 말로 옳지 않은 것은?**

[대화]

- 조 행원: 박 대리님, 차주단위 DSR 적용 제외 대상에 대한 문의 사항이 있습니다.
- 박 대리: 네, 어떤 부분이 궁금하신가요?
- 조 행원: 차주단위 DSR 적용에서 제외되는 대출은 무엇이 있나요?
- 박 대리: (　　　　　　　　　　) 등이 적용 제외됩니다.
- 조 행원: 네, 알겠습니다. 감사합니다.

① 전세자금대출　　② 보험계약대출
③ 서민금융상품　　④ 500만 원 미만의 소액대출

[09~10] 다음 [T은행의 A, B 대출 비교] 자료를 읽고 이어지는 물음에 답하시오.

[T은행의 A, B 대출 비교]

1. 대출 대상

A대출	다음 조건을 모두 충족한 고객 • 정책서민금융상품을 6개월 이상 성실히 상환 중인 고객 • 부채가 감소하거나 신용도가 개선된 고객 • 재직기간 3개월 이상의 급여소득자(건강보험자격득실확인서 기준 '직장가입자'로 가입된 고객) • 연소득 35백만 원(개인신용평점 제한 없음) 또는 연소득 35백만 원 초과, 45백만 원 이하(개인신용평점 하위 20% 이하)인 고객
B대출	중소기업에 3개월 이상 재직 중인 연소득 35백만 원 이하의 청년(만 39세 이하)으로 당행 및 타 금융기관 대출이 없는 고객 ※ 개인신용평점에 따른 제한은 없으나 은행 내부 신용등급 등 기준을 충족하지 못할 경우 상품 가입이 제한될 수 있음

2. 대출정보

구분	A대출	B대출
대출한도	신용보증서상 대출예정금액 범위 내로 최대 20백만 원 ※ 단 2023년 12월 31일까지 보증 신청 시 대출 한도 최대 25백만 원으로 한시적 확대 지원	연소득 범위에서 금융기관 신용대출, 신용카드 현금서비스 잔액 차감한 범위 내로 최대 20백만 원
대출금리	최저 연 6.6%, 최고 연 8.9%	연 2.9%
상환방식	원리금균등분할상환	원리금균등분할상환
계약기간	3년 또는 5년	5년 또는 10년

3. 유의사항

A대출	• 보증기관과 은행의 내부 신용평가기준 등 취급제한 사유에 따라 대출 취급이 거절될 수 있음 • 고객의 신용도와 당행 심사기준에 따라 대출 여부 및 한도가 결정됨 • 보증기관 관련 대출로 휴일에 원금 또는 이자 상환이 불가함
B대출	• 고객의 신용도와 당행 심사기준에 따라 대출 여부 및 한도가 결정됨 • 금융기관 신용정보관리대상 고객 및 당행 대출 부적격자는 대출이 제한될 수 있음 • 상품금액 및 종류에 따라 부대비용이 발생할 수 있음

09 **위 자료를 토대로 T은행에 근무 중인 행원이 답변할 수 없는 것은?**

① A대출과 B대출의 금리 차이
② A대출과 B대출의 대출한도 차이
③ A대출과 B대출의 휴일 이자 상환 가능 여부
④ A대출과 B대출의 계약기간

10 **다음 [상황]의 김○○ 씨에게 대출이 승인됐다고 할 때, 위 자료를 토대로 유추한 내용으로 옳지 않은 것은? (단, [상황]에 제시되지 않은 내용은 고려하지 않는다)**

[상황]

만 35세인 김○○는 중소기업에 5개월 동안 재직 중이며, 연소득은 3,000만 원이다. 김○○는 당행 및 타 금융기관에 대출이 없다.

① 김○○는 정책서민금융상품을 6개월 이상 성실히 상환 중일 것이다.
② 김○○에게 승인된 대출의 계약기간은 5년 또는 10년이다.
③ 김○○는 금융기관 신용정보관리대상 고객이 아닐 것이다.
④ 김○○는 은행 내부 신용등급 기준을 충족한다.

11 **다음은 20X6년 1~7월 우리나라 조선사 수주액 관련 보도자료와 중형 조선사의 20X6년 목표 수주액에 관한 자료이다. 다음 중 20X6년 7월 말 기준 중형 조선사의 수주액 달성률을 구한 값으로 옳은 것은? (단, 중형 조선사별 20X6년 1~7월 수주액을 기준으로 달성률을 가중평균하며, 달성률 계산 시 소수점 아래 둘째 자리에서 반올림한다)**

[보도자료]

□ 올해 우리나라의 지속된 수주 호조를 기반으로 대형 및 중형 조선사 모두 높은 수주실적을 기록하였다.

[표] 20X6년 1~7월 우리나라 조선사 수주액

(단위: 억 불)

대형 조선사	수주액	올해 수주 목표액 대비 달성률	중형 조선사	수주액
A해양	177.9	102%	D조선	14
B중공업	64.3	73.9%	E조선	5
C조선해양	63	70%	F조선	2
합계	305.2	86.9%	G중공업	4
			합계	25

○ 대형 조선사는 1~7월 누적 기준으로 305.2억 불의 수주액을 달성하였는데, 이는 올해 수주 목표액인 351.4억 불의 86.9%에 해당하며, 지난해 같은 기간 수주액인 298.5억 불 대비 2.2% 증가한 수치이다.

○ 중형 조선사의 경우에도 올해 1월부터 7월까지 중소형 컨테이너선 및 탱커 등 총 31척, 25억 불을 수주하며, 지난해 같은 기간(18.5억 불) 대비 35.1% 증가한 수주액을 기록하였다.

[표] 20X6년 중형 조선사 목표 수주액

(단위: 억 불)

D조선	E조선	F조선	G중공업
20	10	5	8

① 58.1% ② 59.2% ③ 60.4% ④ 61.3%

[12~13] 다음 환율에 관한 자료를 읽고 이어지는 물음에 답하시오.

[표 1] 송금 시 환율

구분	매매기준율	송금할 때	송금받을 때	스프레드
미국(1달러)	1,275.5원	매매기준율+수수료	매매기준율−수수료	0.97%
중국(1위안)	182.4원			1.00%
유럽(1유로)	1,355.4원			1.00%
일본(100엔)	962.1원			0.98%
스웨덴(1크로나)	121.3원			1.00%

[표 2] 매수, 매도 시 환율

구분	매매기준율	매수할 때	매도할 때	스프레드
미국(1달러)	1,275.5원	매매기준율+수수료	매매기준율−수수료	1.75%
중국(1위안)	182.4원			5.00%
유럽(1유로)	1,355.4원			1.97%
일본(100엔)	962.1원			1.75%
스웨덴(1크로나)	121.3원			2.45%

※ 수수료=매매기준율×(스프레드/100)×{(100−우대율)/100}
※ 환전은 한 종류의 돈을 매도한 후 다른 종류의 돈을 매수하는 것을 말한다.
예 달러를 원화로 환전: 달러를 매도한 후 원화를 매수

12 위 자료에 대한 설명으로 옳지 않은 것은? (단, 우대율은 0%라고 가정하며, 계산 시 소수점 아래 둘째 자리에서 반올림한다)

① 1유로 매수 시 1,382.1원이다.
② 500엔 송금받는 경우 수수료는 50원 이하이다.
③ 송금과 매수, 매도 스프레드 차이는 위안화가 제일 크다.
④ 30위안과 40크로나를 원화로 환전 시 수수료는 크로나화가 더 크다.

13 6달러를 송금하고, 원화를 14크로나로 환전하려 한다. 우대율이 90%라고 할 때, 총비용은 얼마인가? (단, 계산 시 소수점 아래 둘째 자리에서 반올림한다)

① 9,234.8원 ② 9,354.2원 ③ 9,362.6원 ④ 9,413.9원

[14~15] 다음은 2023년 전자지급서비스 이용현황에 관한 자료이다. 이어지는 질문에 답하시오.

○ 2023년 전자금융업자와 금융회사가 제공하는 전자지급서비스 중 전자지급결제대행(PG) 및 선불전자지급수단 서비스 이용규모(일평균, 금액 기준)는 전년 대비 각각 16.4%, 21.1% 증가
○ 전자지급결제대행(PG): 신용카드 결제대행 등을 중심으로 이용건수(2,588만 건)와 금액(1조 2,266억 원)이 전년 대비 각각 9.4%, 16.5% 증가
○ 선불전자지급수단: 간편 결제 및 간편 송금 이용 확대 등으로 이용건수(2,957만 건)와 금액(1조 35억 원)이 전년 대비 각각 9.2%, 21.1% 증가

[표] 전자지급결제대행(PG) 서비스 일평균 이용현황

(단위: 만 건, 억 원)

구분		2021년	2022년	2023년
이용건수		2,172.0	2,365.8	2,587.7
	신용카드	1,786.1	1,957.8	2,126.6
	가상계좌	68.0	69.0	77.9
	계좌이체	149.3	168.5	192.6
	기타	168.5	170.5	190.7
이용금액		9,048.1	10,528.5	12,265.5
	신용카드	7,444.7	8,577.3	9,610.0
	가상계좌	825.8	1,050.2	1,561.4
	계좌이체	574.3	640.0	779.2
	기타	203.3	261.0	315.9

14 위 자료에 대한 설명으로 옳은 것은?

① 2023년의 전자지급결제대행(PG) 서비스 일평균 이용건수의 전년 대비 증가율은 2022년에 비해 작다.

② 2023년 선불전자지급수단 서비스의 일평균 이용금액은 2023년 전자지급결제대행(PG) 서비스 일평균 이용금액에 비해 더 많다.

③ 선불전자지급수단의 2021년 이용건수는 전자지급결제대행(PG) 서비스의 2021년 이용건수에 비해 9.2% 크다.

④ 이용건수 1건당 이용금액이 큰 전자지급결제대행(PG) 서비스일수록 과소비를 조장한다고 하면, 매년 과소비를 가장 조장하는 전자지급결제대행(PG) 서비스는 가상계좌이다.

15 위 자료를 이용하여 작성한 [그림]으로 옳은 것은?

① 2023년 전자지급결제대행(PG) 서비스 일평균 이용건수 구성비

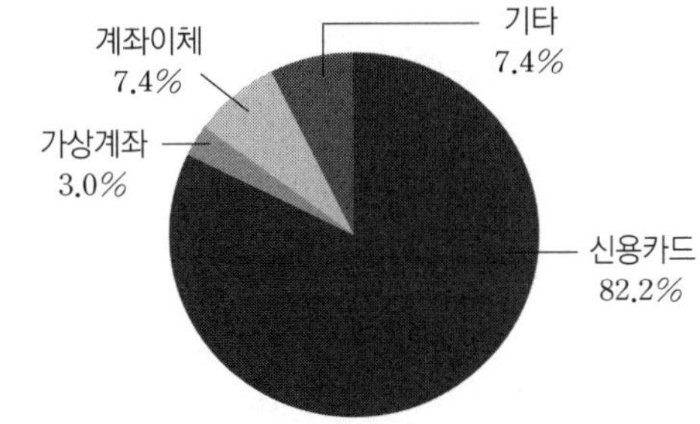

② 연도별 전자지급결제대행(PG) 서비스 이용건수

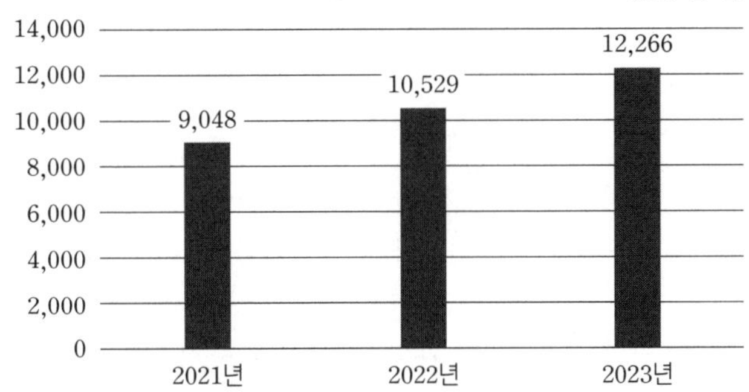

③ 연도별 가상계좌 이용건수 1건당 이용금액

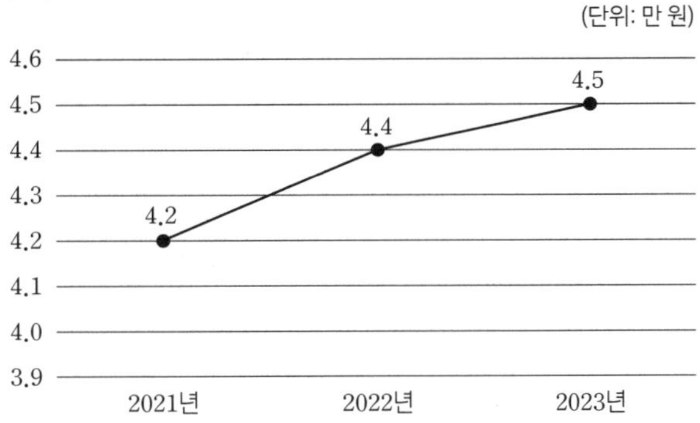

④ 연도별 신용카드 및 계좌이체 이용건수의 합

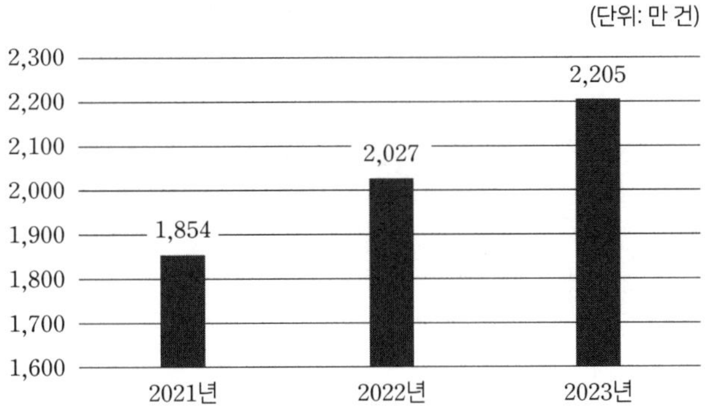

16 다음 글에 따를 때 [상황]의 김 과장이 받게 되는 퇴직연금의 계산식으로 옳은 것은?

퇴직연금은 근로자들의 노후 소득보장과 생활안정을 위해 근로자가 재직하는 동안 기업이 퇴직급여 지급 재원을 금융회사에 적립하고, 이 재원을 기업 또는 근로자가 운용하여 근로자가 퇴직할 때에 연금의 형태로 지급하는 제도이다. 근로자는 정년 및 급여체계와 투자능력 등에 따라 자신에게 적합한 퇴직연금 유형을 선택해야 한다. 퇴직연금 유형은 크게 확정급여형(Defined Benefits: DB형)과 확정기여형(Defined Contribution: DC형)으로 나눌 수 있다.

확정급여형은 회사책임형이라고도 불리며, 기업이 근로자의 퇴직연금 재원을 외부 금융회사에 적립하여 운용하고, 근로자가 퇴직하는 시점에 '퇴직 시 평균임금×근속연수'에 해당하는 금액을 지급하는 제도이다. 이때 퇴직 시 평균임금은 퇴직 발생일 이전 3개월간 근로자에게 지급된 임금총액을 그 기간의 일수로 나누고, 다시 이 금액을 30일분으로 계산한 임금이다. 확정급여형에서는 퇴직연금 재원을 운용하면서 기업에 손해가 발생하더라도 근로자는 이와 상관없이 정해진 퇴직연금을 받을 수 있다.

반면, 확정기여형은 근로자책임형이라고도 불리며, 기업이 매년 연간 임금총액의 1/12 이상(통상 1/12)을 적립하고, 근로자가 이 적립금을 직접 운용하는 방식이다. 따라서 확정기여형에서는 근로자가 적립금을 어떻게 운용하는가에 따라 운용손익이 달라지게 되고, 이 운용손익이 반영되어 차등된 퇴직연금을 받을 수 있다.

확정급여형과 확정기여형을 통해 지급받을 수 있는 퇴직연금은 다음 그래프를 통해 쉽게 이해할 수 있다.

[확정급여형]

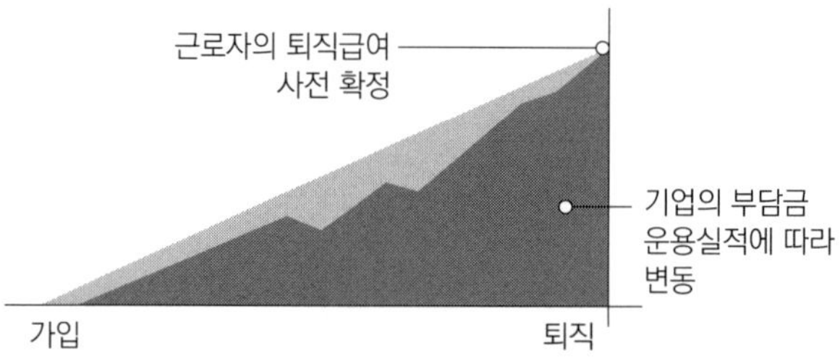

[확정기여형]

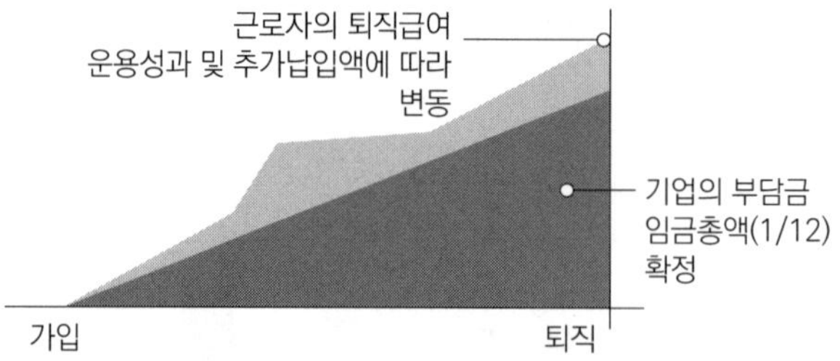

[상황]

A기업에서 5년간 근무하고 퇴직하는 김 과장은 확정기여형으로 퇴직연금을 받기로 하였다. 김 과장이 A기업에서 근무했던 기간 동안의 임금 총액은 다음과 같다.

1년 차	2년 차	3년 차	4년 차	5년 차
3,600만 원	3,840만 원	4,080만 원	4,320만 원	4,560만 원

한편, 김 과장의 퇴직 시 평균임금은 380만 원이고, A기업은 근로자의 연간 임금총액의 1/12을 금융회사에 적립하고 있다.

① 380만 원×5년
② (380만 원×5년)±A기업의 운용손익금
③ 300만 원+320만 원+340만 원+360만 원+380만 원
④ (300만 원+320만 원+340만 원+360만 원+380만 원)±김 과장의 운용손익금

17 **다음은 간편 결제 및 간편 송금의 일 평균 이용건수 및 이용금액에 관한 자료이다. [그림]에 대한 설명으로 옳지 않은 것은?**

[그림 1] 간편 결제 일 평균 이용건수 및 이용금액

(단위: 만 건, 억 원)

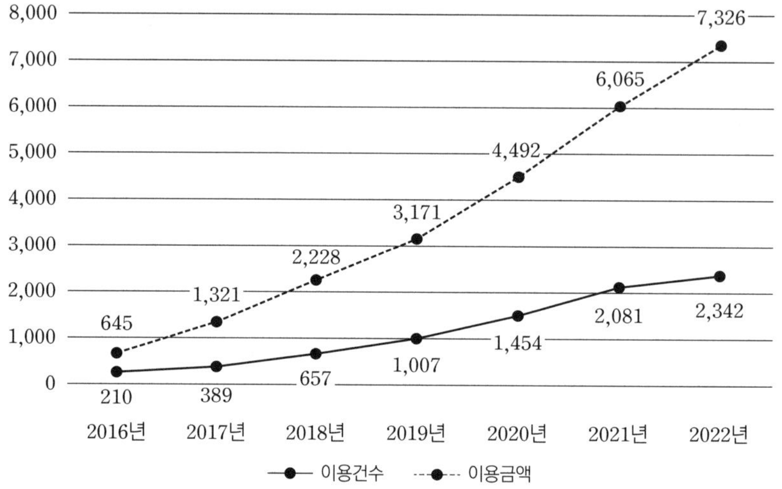

[그림 2] 간편 송금 일 평균 이용건수 및 이용금액

(단위: 만 건, 억 원)

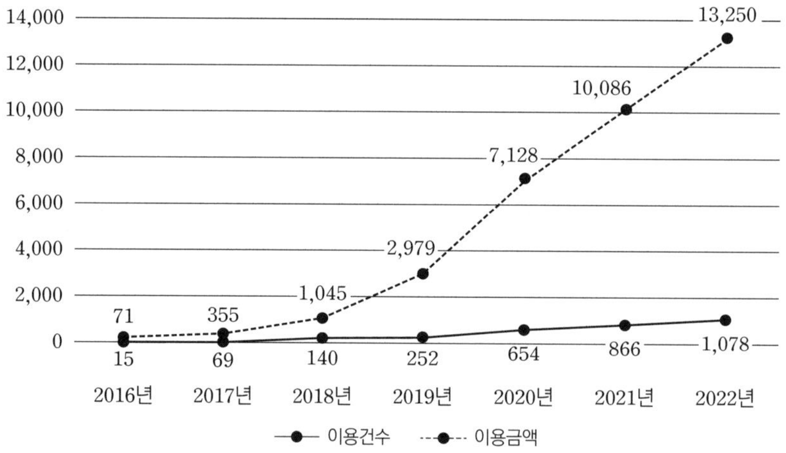

① 2022년 간편 결제 일 평균 이용건수 1건당 이용금액은 전년 대비 감소했다.

② 2023년 간편 송금 일 평균 이용건수가 전년 대비 90% 증가했다면, 2023년 간편 송금 일 평균 이용건수는 2천만 건 이상이다.

③ 2017~2022년 동안 매년 간편 결제 일 평균 이용건수와 간편 송금 일 평균 이용건수는 전년 대비 증가했다.

④ 2021년 간편 결제 일 평균 이용건수는 2016년 대비 800% 이상 증가했다.

[18~20] 다음은 신혼부부전용 주택구입자금 대출에 관한 자료이다. 이어지는 물음에 답하시오.

○ 대상자: 대출 대상주택을 구입하고자 하는 자로서 아래의 요건을 모두 충족하는 자

1) 주택을 취득하기 위하여 주택 매매계약을 체결한 자(상속, 증여, 재산분할로 주택을 취득하는 경우 불가)
2) 대출접수일 현재 민법상 성년인 세대주
   - 만 30세 미만 단독세대주는 대출 제외. 단, 민법상 미성년인 형제·자매 중 1인 이상과 동일세대를 구성하고 주민등록등본상 부양기간(합기일 기준)이 계속해서 6개월 이상인 경우 가능
   - 만 30세 미만 미혼세대주는 대출 제외. 단, 직계존속 중 1인 이상과 동일세대를 구성하고 주민등록등본상 부양기간(합가일 기준)이 계속해서 6개월 이상인 경우 가능
3) 세대주를 포함한 세대원 전원이 무주택인 자
4) 주택도시기금대출 및 은행재원 주택담보대출 미이용자
5) 대출신청인과 배우자의 합산 총소득이 연간 8,500만 원 이하인 자
6) 대출신청인 및 배우자의 합산 순자산 가액이 통계청에서 발표하는 최근년도 가계금융복지조사의 '소득 5분위별 자산 및 부채현황' 중 소득 4분위 전체 가구 평균값 이하(십만 원 단위에서 반올림)인 자
7) 아래 요건을 모두 충족하는 자
   - 신용정보회사의 개인신용평가가 일정점수 이상인 경우
   - 신청인이 한국신용정보원 '신용정보관리규약'에서 정하는 신용정보 및 해제 정보가 남아 있는 경우 대출 불가능
   - 그 외, 부부에 대하여 대출취급기관 내규로 대출을 제한하고 있는 경우에는 대출 불가능
8) 혼인관계증명서상 신청인과 그의 현재 배우자와의 혼인기간이 7년 이내인 가구 또는 3개월 이내 결혼을 예정하여 세대 구성이 예정된 가구
9) 세대주를 포함한 세대원 전원이 최초로 주택을 구입하는 자로 기금대출(최초주택구입·중도금 대출)을 이용한 이력(상환 포함)이 없는 경우

○ 대출 기간에 따른 대출금리

부부합산 연 소득	10년	15년	20년	30년
2,000만 원 이하	연 2.15%	연 2.25%	연 2.35%	연 2.40%
2,000만 원 초과 4,000만 원 이하	연 2.50%	연 2.60%	연 2.70%	연 2.75%
4,000만 원 초과 7,000만 원 이하	연 2.75%	연 2.85%	연 2.95%	연 3.00%
7,000만 원 초과 8,500만 원 이하	연 3.00%	연 3.10%	연 3.20%	연 3.25%

○ 추가 우대금리(①, ②, ③ 중복 적용 가능)

① 청약(종합)저축 가입자(본인 또는 배우자 1개 계좌에 한함)

- 가입기간 5년 이상이고 60회차 이상 납입한 경우: 연 0.3%p
- 가입기간 10년 이상이고 120회차 이상 납입한 경우: 연 0.4%p
- 가입기간 15년 이상이고 180회차 이상 납입한 경우: 연 0.5%p

※ 대출접수일로부터 6개월 이내 일괄 납부된 경우 우대금리 회차 인정대상에서 제외

② 부동산 전자계약

- 부동산 전자계약 체결(2024.12.31. 신규 접수분까지): 연 0.1%p

③ 유자녀 우대금리(다자녀가구 연 0.7%p, 2자녀가구 연 0.5%p, 1자녀가구 연 0.3%p)

※ 우대금리 적용 후 최종금리가 연 1.2% 미만인 경우에는 연 1.2%로 적용

④ 신규 분양주택 가구(준공 전 분양아파트 또는 준공 후 분양전환 임대아파트의 최초 분양계약체결 가구): 0.1%p

○ 대출한도: 최고 2.7억 원 이내(LTV, DTI 적용, 2자녀 이상 가구일 경우 최고 3.1억 원 이내)

※ DTI: 60% 이내

※ LTV: 80% 이내

○ 대출금액=[(담보주택 평가액×LTV)−선순위 채권−임대보증금 및 최우선 변제 소액 임차보증금]

○ 대상주택: 주거 전용면적이 85m^2(수도권을 제외한 도시지역이 아닌 읍 또는 면 지역 100m^2) 이하 주택으로 대출 신청일 현재 담보주택의 평가액이 6억 원 이하인 주택

○ 대출기간: 10년, 15년, 20년, 30년(거치 1년 또는 비거치)

○ 신청시기

- 소유권이전등기를 하기 전에 신청. 단, 소유권이전등기를 한 경우에는 이전등기 접수일로부터 3개월 이내까지 신청
- 기금 구입자금 대출과 별도로 일반구입자금보증(HF) 또는 생애최초구입자금보증(HF)을 신청하는 경우 해당 보증 신청기한 내(매매계약체결일부터 소유권보존·이전등기일로부터 3개월 이내) 신청 완료해야 함

18 위 자료를 이해한 내용으로 적절하지 않은 것은?

① 주택을 상속으로 취득한 경우 신혼부부전용 주택구입자금 대출이 불가능하다.

② 대출 신청일 기준 민법상 성년이면서 세대주인 자는 누구나 대출이 가능하다.

③ 5월 1일에 소유권이전등기를 한 경우 7월 31일 이전에 대출을 신청해야 한다.

④ 부부합산 연 소득이 8,000만 원인 신혼부부의 청약저축 가입기간은 10년, 인정회차는 80회차이고 대출기간이 20년일 때, 대출금리는 최대 연 2.9%이다.

19 **다음 [보기] 중 신혼부부전용 주택구입자금 대출 신청이 가능한 사람은? (단, 제시하지 않은 조건은 모두 만족한다고 가정한다)**

| 보기 |

- 서울에 위치한 주거 전용면적 $60m^2$ 담보주택의 평가액이 5억 9천만 원인 주택 매매계약을 체결한 A는 혼인기간이 5년이다. A는 만 26세의 단독세대주로 만 22세 형제 1명과 동일세대를 구성하며 주민등록등본상 부양기간이 14개월이다.
- 비수도권에 위치한 주거 전용면적 $90m^2$ 담보주택의 평가액이 4억 원인 주택 매매계약을 체결한 B는 혼인기간이 8년이다. B는 만 38세의 세대주이고 B와 세대원인 배우자는 모두 무주택자이다.
- 비수도권 ○○읍에 위치한 주거 전용면적 $115m^2$ 담보주택의 평가액이 6억 원인 주택 매매계약을 체결한 C는 2개월 뒤 결혼을 앞두고 있다. C는 만 34세로 예비 배우자와의 합산 소득이 연 7,600만 원이다.
- 수도권에 위치한 주거 전용면적 $85m^2$ 담보주택의 평가액이 5억 8천만 원인 주택 매매계약을 체결한 D는 혼인기간이 6년이다. D는 은행재원 주택담보대출을 이용한 적이 없으며, D와 배우자는 무주택자이다.

① A ② B ③ C ④ D

20 **다음 [상황]의 A가 구매할 수 있는 주택의 최대 평가액은 얼마인가?**

[상황]

- 신혼부부전용 주택구입자금 대출 신청 대상자에 해당하는 A의 가구의 자녀는 3명이며, A는 주택 매매계약을 체결하고자 한다.
- 임대보증금: 1억 8,000만 원

① 3억 1천만 원 ② 4억 4천만 원 ③ 6억 원 ④ 7억 원

[21~22] 다음 [해외 유학생 적금]에 관한 자료를 읽고 이어지는 물음에 답하시오.

[해외 유학생 적금]

1. 상품 특징
   1) 아래 요건 중 1가지에 해당하는 경우 우대금리(0.2%p) 제공
      - 초·중·고등학생 명의의 계좌 개설 시
      - 예금주가 계약기간 중 당행에서 유학경비 송금 시
   2) 자유적립(단, 만기 전 1개월간 납입금 합계는 그 이전에 납입한 월평균 적립액의 2배를 초과하지 못함)
2. 가입대상: 개인에 한함
3. 가입기간: 6개월 이상 12개월 이내
4. 예치통화: 7개국 통화(USD, EUR, JPY, GBP, CAD, AUD, NZD)
5. 이자지급방법: 만기일시지급식
6. 금리

구분	1개월 미만	1개월 이상 3개월 미만	3개월 이상 6개월 미만	6개월 이상 12개월 미만
USD	3.4%	4.0%	4.6%	5.0%
EUR	2.0%	2.5%	2.8%	3.0%
JPY	2.7%	3.0%	3.2%	3.4%
GBP	3.2%	3.6%	4.1%	4.4%
CAD	3.0%	3.5%	4.2%	4.4%
AUD	3.4%	3.5%	3.6%	4.0%
NZD	4.2%	4.4%	4.6%	5.0%

※ 위의 금리는 7월 21일 금리이며, 가입일 당시 영업점 및 당행 홈페이지에 고시된 금리 적용
※ 납입금별로 입금일부터 만기일 전날까지의 기간에 대해 가입일자에 고시된 가입기간 해당 금리 적용

7. 중도 해지 금리: 분할 인출 외의 사유로 만기일 전에 중도 해지 시 다음의 중도 해지 금리를 적용

가입기간	중도 해지 금리
7일 미만	무이자
7일 이상 1개월 미만	약정금리의 1/10
1개월 이상 3개월 미만	약정금리의 3/10
3개월 이상 6개월 미만	약정금리의 4/10
6개월 이상	약정금리의 6/10

8. 만기 후 금리: 납입 원금의 최종 잔액에 대해 만기 후 경과일수에 가입일 당시 약정금리의 3/10을 적용

9. 부가서비스: 외환 수수료 및 환율 우대 서비스
   1) 최근 3개월 월평균 적립액이 5만 USD 이상
      - 해외 송금수수료: 50% 우대
      - 유학경비 송금 시 환율 우대: USD, EUR, JPY 40%, 기타 통화 20%
   2) 최근 3개월 월평균 적립액이 1만 USD 이상 5만 USD 미만
      - 해외 송금수수료: 30% 우대
      - 유학경비 송금 시 환율 우대: USD, EUR, JPY 40%, 기타 통화 20%
   3) 납입금 자동이체 시 환율 우대: USD, EUR, JPY 40%, 기타 통화 20%

10. 유의사항
   - 원화로 인출하는 경우 환율변동으로 인하여 이익 또는 손실이 발생할 수 있으며, 외화현찰로 입출금하는 경우 수수료가 부과될 수 있음
   - 예금의 입출금 시에 적용하는 환율은 은행이 영업점에 고시한 거래 시점의 대고객 전신환매매율로 함

21 **위 [해외 유학생 적금]에 대한 설명으로 옳지 않은 것은?**

① 해외 유학생 적금 가입 후 외화현찰로 입금하는 경우 수수료가 부과될 수 있다.
② 해외 유학생 적금 가입 시 고등학생 명의로 계좌를 개설한 경우 0.2%p의 우대금리를 받을 수 있다.
③ 7월 21일에 예치통화를 EUR로 설정하여 해외 유학생 적금을 가입한 자가 가입 4개월 후에 분할 인출 외의 사유로 중도 해지한 경우 적용받을 수 있는 금리는 1.3%이다.
④ 해외 유학생 적금 가입 후 납입금을 자동이체하는 경우 환율 우대를 받을 수 있다.

22 **다음 [보기]의 A~D 중 해외 송금수수료를 50% 우대받을 수 있는 사람은? (단, 현재는 7월이다)**

| 보기 |

- A: 1월에 적금 가입 후 1월에 6만 USD, 2월에 4만 USD, 3월에 4만 USD, 4월에 2만 USD, 5월에 7만 USD, 6월에 2만 USD, 7월에 3만 USD를 납입하였다.
- B: 5월에 적금 가입 후 5월에 10만 USD, 6월에 3만 USD, 7월에 5만 USD를 납입하였다.
- C: 4월에 적금 가입 후 4월에 15만 USD, 5월에 7만 USD, 6월에 2만 USD, 7월에 4.5만 USD를 납입하였다.
- D: 5월에 적금 가입 후 5월에 4만 USD, 6월에 1만 USD, 7월에 4만 USD를 납입하였다.

① A　　② B　　③ C　　④ D

[23~24] 다음은 [개인투자용 국채 발행 계획]에 관한 자료이다. 이어지는 물음에 답하시오.

[개인투자용 국채 발행 계획]

○ 청약 기간: 2024. 10. 11.(금) ~ 10. 15.(화), 매 영업일 09:00~15:30

○ 청약 신청방법: 판매대행기관에서 전용계좌를 개설한 후, 청약 기간에 판매대행기관의 영업점 방문 또는 온라인(홈페이지·모바일앱)을 통해 청약 신청

신청 요건	전용계좌를 보유한 개인(1인 1계좌만 개설 가능)
신청 기간	3영업일(신청기간 내 청약 철회 또는 청약액 변경 가능)
신청 금액	최소 10만 원(10만 원을 초과하는 경우 10만 원 단위로 증액)
연간 매입한도	1인당 연간 최대 1억 원
청약증거금	청약 신청 금액 전액을 청약증거금으로 납부

○ 2024년 10월 개인투자용 국채 종목별 발행한도 및 금리

• 10년물
  – 발행 한도: 1,300억 원
  – 적용 금리: 표면금리 3.000%, 가산금리 0.4%

• 20년물
  – 발행 한도: 200억 원
  – 적용 금리: 표면금리 2.920%, 가산금리 0.5%

※ [개인투자용국채의 발행 및 상환 등에 관한 규정 제11조] 청약 접수 마감 후 기재부장관은 청약 상황에 따라 필요하다고 인정되는 때에는 종목별 발행한도를 총 월간 발행한도 내에서 조정 가능

○ 배정방식

• 월간 발행한도 내에서 배정

• 배정기준: 청약 총액이 월간 종목별 발행한도 이내일 경우 청약액 전액을 배정하고, 월간 종목별 발행한도를 초과할 경우 모든 청약자에게 기준금액(300만 원)까지 일괄배정하고 잔여 물량은 청약액에 비례하여 배정

• 배정결과: 판매대행기관은 청약 기간 종료일의 다음 영업일에 청약자에게 배정결과를 고지하고, 미배정 청약증거금은 반환

23 **행원 A가 위 자료를 이해한 내용으로 가장 적절한 것은?**

① 전용계좌로 300만 원을 청약 신청한 경우, 전액 배정받는다.
② 2024년 8월에 1억 원을 청약 신청하여 배정받아 전액 매입한 경우, 10월에 추가 매입이 가능하다.
③ A가 국채를 매입하고자 하는 경우, 10월 13일 13:00에 청약 신청이 가능하다.
④ 개인투자자가 청약 신청을 한 경우, 신청물량보다 더 많은 물량을 배정받을 수 있다.

24 **다음 [상황]의 신청인 B는 국채를 청약 신청하여 위 자료를 토대로 배정받았다. B가 매입 가능한 최대 금액은 얼마인가? (단, 언급하지 않은 내용은 고려하지 않는다)**

[상황]

- 신청인 B는 2024. 10. 14. 10:00에 전용계좌를 통해 3,000만 원을 10월 국채 20년물에 청약 신청하였다.
- 신청일 당시 신청인 B는 2024년도에 이미 9,000만 원을 매입하여 보유 중이다.
- 신청인 B가 보유하고 있는 전용계좌는 적합하게 개설되어 보유 중인 계좌이다.
- 당월 국채 청약 총액은 10년물이 1,500억 원, 20년물이 400억 원이다.
- 당월 국채 청약 접수 마감 후 기재부장관은 10년물의 발행한도를 1,000억 원, 20년물의 발행한도를 500억 원으로 조정하였다.

① 500만 원 ② 1,000만 원 ③ 1,500만 원 ④ 3,000만 원

기출복원
제1회
제2회
제3회

[25~26] 다음은 [코로나19 대출원금 상환유예 신청 안내]에 관한 자료이다. 이어지는 물음에 답하시오.

○ 코로나19 대출원금 상환유예: 코로나19 피해 취약 개인채무자의 가계대출 원금 상환유예를 할 수 있는 정책

○ 지원대상: 코로나19 사태 이후 소득 감소로 가계대출에 대한 상환이 곤란하여 연체(우려)가 있는 개인채무자(단, 법인 제외) 중 아래의 사항에 해당하는 자

- 2020년 2월 이후 실직·무급휴직·일감상실 등으로 소득 감소
- 가계대출 중 담보대출 및 보증대출을 제외한 신용대출, 보증부 정책서민금융대출, 사잇돌대출이 있는 자

※ 코로나19 대출원금 상환유예 신청 가능한 가계대출

구분	세부유형	은행	저축은행	상호금융	보험	여신전문
신용대출	일반 신용대출	○	○	○	○	○ (카드론 등)
	한도대출	○	○	×	–	× (현금서비스 등)
	기타 적용제외 대출	–	–	–	–	× (신용카드대금)
보증대출	정책시민금융 대출	○	○	○	–	–
	사잇돌대출	○	○	○	–	–
	기타 (전세보증 등)	×	×	×	×	×
담보대출	부동산, 차량, 예적금, 보험해지 환급금 등	×	×	×	× (약관대출 등)	× (오토론 등)

- 가계생계비(보건복지부 고시 기준중위소득의 75%)를 차감한 월 소득이 해당 금융회사에 대한 월 채무상환액보다 적은 경우

  ※ 기준중위소득의 75%: 1인(132만 원), 2인(224만 원), 3인(290만 원), 4인(356만 원)

  ※ 월 소득: 신청일 기준 가장 최근에 발생한 1개월분 소득 또는 신청일 기준 최근 3개월 평균 월 소득 중 택 1
- 연체 발생 직전~단기연체(3개월 미만) 발생한 자

○ 지원내용: 기존 금융회사별 프리워크아웃 적용대상을 코로나19 피해자까지 확대하여 6개월 이상(최대 12개월) 원금 상환유예 지원

※ 프리워크아웃 특례를 통해 이미 1년간 상환유예한 채무자도 재신청 가능함

○ 유의사항
- 원금 상환예정일이 1개월 미만 남은 경우에만 신청할 수 있음
- 금융회사 처리에 5영업일 소요(서민금융대출은 1~3영업일 추가)되기 때문에 원금납입일 전 여유를 두고 신청해야 함
- 이미 3개월 미만의 단기연체가 발생한 경우 신청할 수 있지만, 해당 연체로 인한 미납금을 우선 상환해야 지원받을 수 있음

25 **다음 [보기]의 A~D 중 코로나19 대출원금 상환유예를 지원받을 수 있는 사람은?**

| 보기 |

- A: 원금 상환예정일이 20일 남았으며, 가계대출은 담보대출뿐이다. A는 2020년 2월 이후 일감상실로 소득이 감소하였다. 2인 가구로, 가계생계비는 224만 원, 월 소득은 300만 원, 월 채무상환액은 150만 원이고 연체 발생 직전이다.
- B: 원금 상환예정일이 10일 남았으며, 가계대출 중 사잇돌대출이 있다. B는 2020년 2월 이후 무급휴직으로 소득이 감소하였다. 1인 가구로, 가계생계비는 132만 원, 최근 3개월 평균 월 소득은 200만 원, 월 채무상환액은 50만 원이고 연체 발생 직전이다.
- C: 원금 상환예정일이 22일 남았으며, 가계대출 중 보증부 정책서민금융대출이 있다. C는 2020년 2월 이후 일감상실로 소득이 감소하였다. 3인 가구로, 가계생계비는 290만 원, 월 소득은 400만 원, 월 채무상환액은 250만 원이고 연체 발생 직전이다.
- D: 원금 상환예정일이 15일 남았으며, 가계대출 중 담보대출 및 보증대출을 제외한 신용대출이 있다. D는 2020년 2월 이후 일감상실로 소득이 감소하였다. 1인 가구로, 가계생계비는 132만 원, 월 소득은 250만 원, 월 채무상환액은 200만 원이고 2개월 연체가 발생하였고, 미납금은 상환하지 못하였다.

① A　② B　③ C　④ D

26 **코로나19 대출원금 상환유예가 가능한 조건은? (단, 제시된 조건 외에는 고려하지 않는다)**

① 코로나19 이후 소득 감소로 인하여 연체가 있는 법인
② 4개월 연체가 있는 채무자
③ 원금 상환예정일이 2개월 남은 채무자
④ 프리워크아웃 특례를 통해 이미 1년간 상환유예한 채무자

[27~28] 다음 [본사에서 A~C서점까지의 이동경로]와 [조건]을 읽고 이어지는 물음에 답하시오.

[본사에서 A~C서점까지의 이동경로]

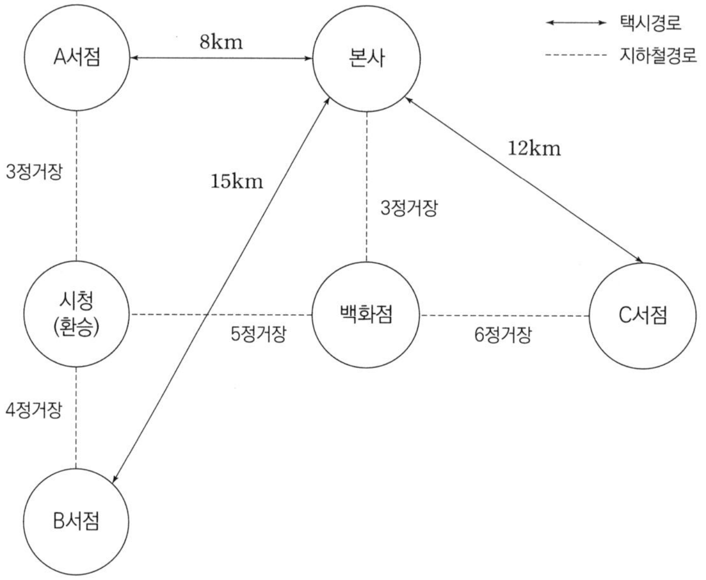

[조건]

- 본사 건물을 들어가거나 나갈 때 각 5분 소요
- 지하철 이동 시 1정거장당 2분, 환승(승·하차 포함) 시 3분, 지하철 승·하차 시 각 2분 소요
- 택시 이동 시 60km/h의 속력으로 이동
- 각 서점에 도서를 배달하는 데 10분 소요
- 지하철 이동 시 7정거장까지 1,400원, 이후 5정거장(5정거장 미만일 경우 5정거장으로 간주)당 50원 추가
- 택시 이동 시 3km까지 4,000원, 이후 1km당 500원 추가

27 J출판사에서 근무하는 백 사원은 시장조사차 A서점에 방문하려고 한다. 본사에서 A서점으로 이동 시 택시를 이용할 때와 지하철을 이용할 때의 소요시간 차이와 비용 차이를 바르게 짝지은 것은?

	소요시간 차이	비용 차이
①	16분	5,050원
②	16분	5,150원
③	21분	5,050원
④	21분	5,150원

28 J출판사에서 근무하는 백 사원은 본사에서 9시에 출발하여 B서점에 들러 도서를 배달한 후 C서점에 들러 도서를 배달하고 다시 본사로 돌아오려고 한다. 백 사원은 이동 시 지하철만 이용한다면 백 사원이 본사 건물에 출입한 시각은 언제인가?

① 11시 ② 11시 2분 ③ 11시 4분 ④ 11시 6분

[29~31] 다음 글을 읽고 이어지는 물음에 답하시오.

P기업의 물류팀 직원 甲은 A창고를, 乙은 B창고를 담당하고 있다. 아래 [경로]와 같이 甲은 본사에서 배송차량을 타고 출발하여 A창고에서 물품을 실은 후 납품처 X, Y, Z(순서는 상관없음)에 물품을 납품하고, 다시 A창고로 돌아와 납품확인서를 제출한 뒤 본사로 돌아온다. 마찬가지로 乙도 본사에서 배송차량을 타고 출발하여 B창고에서 물품을 실은 후 납품처 S, T, U(순서는 상관없음)에 물품을 납품하고, 다시 B창고로 돌아와 납품확인서를 제출한 뒤 본사로 돌아온다.

[경로]

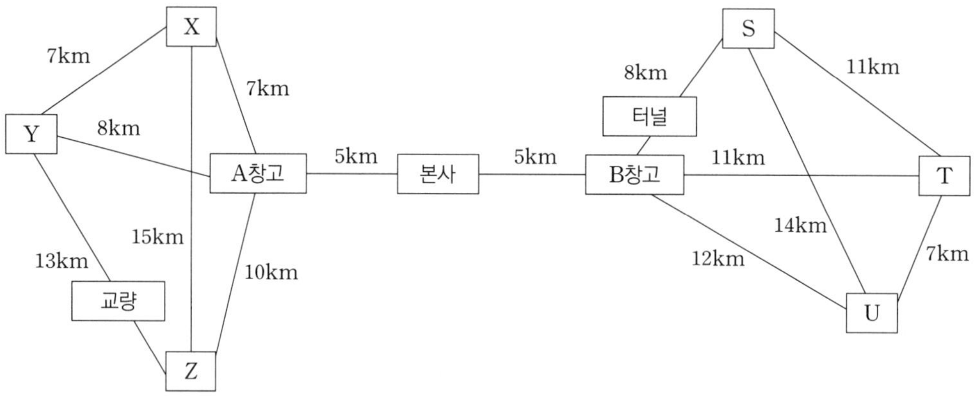

각 배송차량은 전 구간에서 일정하게 시속 60km로 이동한다. 또한 이동 거리 1km당 주유비 200원이 들고, 교량을 지날 때는 1,000원, 터널을 지날 때는 2,500원의 이용비를 지불해야 한다.

29 **위 글에 따를 때 甲이 본사에서 출발하여 물품 납품을 마치고 다시 본사로 돌아오는 데 소요되는 최단 시간은 얼마인가? (단, 창고와 납품처에서 정차하는 시간은 고려하지 않는다)**

① 37분 ② 47분 ③ 50분 ④ 53분

30 **위 글에 따를 때 乙이 본사에서 출발하여 물품 납품을 마치고 다시 본사로 돌아오는 데 소요되는 최소 비용은 얼마인가? (단, 주유비와 교량, 터널 이용비 외에는 고려하지 않는다)**

① 9,600원 ② 9,800원 ③ 10,100원 ④ 11,600원

31 **납품처 Y와 Z 사이에 있는 교량이 공사 중이어서 해당 경로를 이용할 수 없는 경우, 甲과 乙이 각각 본사에서 출발하여 납품 업무를 마치고 다시 본사로 돌아오는 데 걸리는 최단 시간의 차이는 얼마인가? (단, 창고와 납품처에서 정차하는 시간은 고려하지 않는다)**

① 1분 ② 2분 ③ 3분 ④ 4분

[32~33] 다음 [A은행 성과급 지급 규정]과 [A은행 갑 영업점 직원의 항목별 점수]를 읽고 이어지는 물음에 답하시오.

[A은행 성과급 지급 규정]

○ 성과급 지급액: 성과급은 다음과 같은 산식에 따라 그 지급액을 결정한다.

성과급 지급액＝월 기본급×성과급 지급률

○ 월 기본급: 직급에 따라 월 기본급을 차등하여 지급한다.

부장	차장	과장	대리	주임
500만 원	420만 원	340만 원	260만 원	200만 원

○ 성과급 지급률: 성과등급에 따라 성과급 지급률을 결정한다. 성과등급은 평가점수를 기준으로 부여한다.

성과등급	평가점수	성과급 지급률
S등급	90점 이상	1.0
A등급	80점 이상 90점 미만	0.7
B등급	60점 이상 80점 미만	0.4
C등급	60점 미만	0.1

○ 평가점수: 각 항목별로 다음의 가중치를 부여하여 100점 만점으로 계산한다.

영업실적	업무지식	고객응대	근태
0.5	0.2	0.2	0.1

[표] A은행 갑 영업점 직원의 항목별 점수

구분	영업실적	업무지식	고객응대	근태
김 부장	60점	80점	70점	50점
남 차장	70점	100점	90점	80점
박 과장	90점	40점	70점	90점
이 대리	100점	60점	90점	100점
최 주임	30점	50점	90점	90점

※ 각 항목의 만점은 100점임

32 위 [A은행 성과급 지급 규정]과 [A은행 갑 영업점 직원의 항목별 점수]에 따를 때, 갑 영업점에서 가장 많은 수의 직원이 부여받는 성과등급은?

① S등급 ② A등급 ③ B등급 ④ C등급

33 위 [A은행 성과급 지급 규정]과 [A은행 갑 영업점 직원의 항목별 점수]에 따를 때, 갑 영업점 직원 5명 중 성과급 지급액이 가장 많은 사람과 가장 적은 사람의 지급액 차이는 얼마인가?

① 220만 원 ② 240만 원 ③ 274만 원 ④ 314만 원

[34~35] 다음은 국제 청소년 행사 도우미 선발에 관한 자료이다. 이어지는 물음에 답하시오.

○ 국제 청소년 행사 도우미는 각 항목별 점수에 가중치를 계산한 합인 총점이 가장 높은 2명의 지원자를 선발할 예정이다.

○ 항목별 점수 및 비중

구분	학교성적	리더십활동	지역 사회 봉사활동	국내외 수상 경력	국제 행사 참가 경력	외국어능력
점수	30점	20점	20점	15점	10점	5점
비중	30%	20%	10%	20%	10%	10%

○ 선발 시 제외사항

- 학교성적 항목 점수가 10점 미만인 학생은 선발 제외
- 총점이 10점 미만인 학생은 선발 제외

○ 가점 사항

- 지역 사회 봉사활동 항목 점수가 15점 이상인 학생에게 총점에 2점 가점
- 외국어능력 항목 점수가 5점인 학생에게 총점에 1점 가점

○ 동점자 발생 시 선발 방법

- 동점자 발생 시 아래와 같은 순서로 우선 순위를 부여
  1) 리더십활동 항목 점수가 높은 학생
  2) 리더십활동 항목 점수도 동일한 경우 국제 행사 참가 경력 항목 점수가 높은 학생

○ 지원자 A~G의 항목별 점수

구분	학교성적	리더십활동	지역 사회 봉사활동	국내외 수상 경력	국제 행사 참가 경력	외국어능력
A	20	16	17	13	9	5
B	14	19	13	11	7	3
C	9	17	19	10	6	5
D	12	16	16	15	10	4
E	26	16	12	14	6	2
F	15	10	11	7	5	3
G	15	14	19	8	7	5

34 **A~G 중 국제 청소년 행사 도우미에 선발되는 2명은 누구인가?**

① A, E ② A, G ③ B, D ④ E, G

35 **가점 사항이 다음과 같이 변경되었을 때, A~G 중 국제 청소년 행사 도우미에 선발되는 2명은 누구인가?**

○ 가점 사항
- 국제 행사 참가 경력 항목 점수가 9점 이상인 학생에게 총점에 2점 가점
- 지역 사회 봉사활동 항목 점수가 16점 이상인 학생에게 총점에 1점 가점

① A, D ② A, E ③ D, E ④ E, G

[36~37] 다음은 신입사원 P씨가 자동차를 구매하기 위해 정리한 자료이다. 이어지는 물음에 답하시오.

○ A~D 자동차의 항목별 정리 자료

자동차	종류	가격	안전성	연비	월 유지비
A	준중형	3,000만 원	3등급	15km/L	250,000원
B	중형	4,000만 원	5등급	10km/L	400,000원
C	경형	2,500만 원	2등급	18km/L	300,000원
D	준중형	3,400만 원	4등급	13km/L	500,000원

○ 항목별 점수 부여 방법
- 종류: 경형 4점, 준중형 3점, 중형 2점 부여
- 가격: 가격이 저렴한 자동차부터 4점부터 1점까지 부여
- 안전성: 안전성 등급이 높은 자동차부터 4점부터 1점까지 부여
  ※ 등급 숫자가 클수록 안전성 등급이 높음
- 연비: 연비가 높은 자동차부터 4점부터 1점까지 부여
- 월 유지비: 월 유지비가 저렴한 자동차부터 4점부터 1점까지 부여

○ 항목별 가중치

종류	가격	안전성	연비	월 유지비
15%	20%	25%	10%	30%

○ 자동차 선정 방법: 각 항목에 가중치를 계산한 총점이 가장 높은 자동차를 선정
※ 총점이 동일한 경우 경형 자동차를 선정

36 **위 자료를 토대로 신입사원 P씨가 구매하는 자동차는?**

① A자동차　② B자동차　③ C자동차　④ D자동차

37 **연비가 가장 높은 자동차에 1점의 가점을 더하여 항목 점수를 5점으로 부여했을 때, 신입사원 P씨가 구매하는 자동차는?**

① A자동차　② B자동차　③ C자동차　④ D자동차

38 **다음 글에 따를 때 [상황]의 A가 ㈜장미기업에서 근무한 근속연수는 몇 년인가? (단, A는 언급된 휴직 외에 다른 휴직은 하지 않았다)**

근속연수는 근로자가 한 사업체에서 계속하여 근무한 기간으로, '계속근로연수'라고 말하기도 한다. 근속연수는 근로자의 연차휴가 일수나 퇴직금 산정에 있어 기초가 되기 때문에 근속연수에 어떤 기간이 포함되고 어떤 기간이 제외되는지를 알아 두는 것은 매우 중요하다.

원칙적으로 근속연수에는 수습기간과 견습기간 등이 포함되며, 육아휴직과 같은 법정 휴직 역시 근속연수에 넣어야 한다. 근로자의 귀책사유 또는 자의에 의한 휴직이라고 하더라도 사업체의 규정에 근속연수에서 제외한다고 명시하고 있지 않다면 근속한 것으로 간주하여야 한다. 예를 들어, 근로자가 개인적인 질병으로 휴직한 경우, 범죄행위로 구금되어 휴직한 경우라고 하더라도 근속에서 제외한다는 규정이 없고, 근로계약 역시 유효하게 계속되었다면 그 기간은 모두 근속연수에 합산하여야 한다.

한편, 사업체의 명의변경, 분할, 합병 등으로 사업체의 명칭이 바뀌어 형식적인 해고, 재고용이 이루어진 상황에서 근속연수를 어떻게 산정할 것인지도 문제가 된다. 이 경우에는 형식적으로는 해고와 재고용이 이루어졌지만 실질적으로는 계속해서 근무한 것이므로 전후 기간을 합산하여 근속연수를 계산하여야 한다.

[상황]

A는 12년 전 ㈜개나리기업에 입사하여 1년간 수습사원으로 근무한 뒤, 정직원이 되었다. 이후 3년간 근무하던 A는 자녀 양육을 위해 육아휴직을 하고 1년 뒤 복직하였다. A가 복직하고 2년이 지난 뒤, ㈜개나리기업은 ㈜백합기업과 합병하여 ㈜장미기업으로 사명을 변경하였고, 이 과정에서 A는 형식적인 절차에 따라 ㈜개나리기업에서 해고되고, ㈜장미기업에 고용되어 일하게 되었다. 그러던 중 A는 본인의 간암 치료를 위해 2년간 휴직을 하였고, 이 기간 동안 급여는 받지 않았다. 간암 치료를 마치고 복직한 A는 최근 과장으로 승진하여 현재까지 근무하고 있다.

※ ㈜장미기업은 근속연수에 포함하지 않는 휴직으로 '보수를 지급하지 않은 휴직'만을 규정하고 있다.

① 3년　② 5년　③ 10년　④ 12년

[39~40] 다음 S기업의 [결재규정]을 읽고 이어지는 물음에 답하시오.

[결재규정]

제○○조(결재) 기안자는 결재를 받으려는 업무에 대하여 최고결재권자를 포함하여 이하 규정된 직책자의 결재를 받아야 한다.

제○○조(최고결재권자) 대표이사, 전무이사, 상무이사는 다음 각 호에서 열거하는 부서의 최고결재권자가 된다.

1. 대표이사: 회계부, 법무부, 기획부
2. 전무이사: 총무부, 인사부, 제작부
3. 상무이사: 개발부, 마케팅부, 영업부

제○○조(전결) ① 전결이라 함은 회사의 경영 활동이나 관리 활동을 수행함에 있어 의사결정이나 판단을 요하는 일에 대하여 최고결재권자의 결재를 생략하고, 자신의 책임하에 최종적으로 의사결정이나 판단을 하는 행위를 말한다.

② 기안자는 최고결재권자로부터 전결 사항을 위임받은 자가 있는 경우 그 위임받은 자의 결재란에 전결이라고 표시하고 최고결재권자란에 위임받은 자를 표시한다.

(중략)

제○○조(기획부의 업무) 기획부의 업무는 다음 각 호와 같이 A급 업무와 B급 업무로 구분한다.

1. A급 업무: 세부기획안 제안, 기획안 분석결과 보고, 비정기 기획회의 결과 보고
2. B급 업무: 타 부서 업무 협조 요청, 정기 기획회의 결과 보고, 비정기 기획회의 개최 예고

제○○조(기획부의 결재순서) ① 기획부에서 독자적으로 진행하는 업무의 결재에 대하여 최고결재권자 아래의 결재순서는 다음 각 호에 따른다.

1. A급 업무: 기안자 → 기획부 차장 → 기획부 부장 → 전무이사
2. B급 업무: 기안자 → 기획부 부장

② 기획부에서 사내 타 부서의 협력을 받아 진행하는 업무의 결재에 대하여 최고결재권자 아래의 결재순서는 다음 각 호에 따른다.

1. A급 업무: 기안자 → 기획부 차장 → 대내 협력부서 부장 → 기획부 부장 → 전무이사
2. B급 업무: 기안자 → 대내 협력부서 부장 → 기획부 부장

제○○조(기획부 결재의 전결) 기획부의 업무 중 정기 기획회의 결과 보고에 한해 최고결재권자 바로 아래의 결재자가 전결자가 된다.

39 **위 [결재규정]과 다음 [상황]에 따를 때, 김 대리가 올린 결재문서의 결재자는 모두 몇 명인가?**

[상황]

S기업의 기획부에서는 최근 기획한 신상품의 홍보채널 개발과 관련하여 사내 마케팅팀의 협조를 받아 비정기 기획회의를 실시하려고 한다. 이에 기획부에서 근무하고 있는 김 대리는 회의의 개최를 알리는 내용의 기안을 올리려고 한다.

① 2명　② 3명　③ 4명　④ 5명

40 **위 [결재규정]과 다음 [대화]에 따를 때, S기업 기획부의 박 대리가 올린 결재문서의 결재자에 해당하지 않는 사람을 [보기]에서 모두 고르면?**

[대화]

- 박 대리: 과장님, 이번에 우리 기획부에서 T기업의 개발부와 협력하여 진행하는 세부기획안 제안에 관하여 결재를 올리려고 합니다. 결재순서가 어떻게 되는지 알려 주십시오.
- 최 과장: 네, 사내 [결재규정] 중 '기획부에서 독자적으로 진행하는 업무'의 결재순서를 준용하시면 됩니다. 참, 이때 타사 협력부서 부장은 결재라인에 포함되지는 않지만 참조자로 넣어야 한다는 점 잊지 마십시오.

| 보기 |

ㄱ. S기업 대표이사　ㄴ. S기업 전무이사　ㄷ. S기업 개발부 부장
ㄹ. S기업 기획부 부장　ㅁ. T기업 개발부 부장

① ㄱ, ㄴ　② ㄷ, ㅁ　③ ㄱ, ㄷ, ㄹ　④ ㄴ, ㄷ, ㄹ, ㅁ

기출복원
제1회
제2회
제3회

직무수행

41 다음 글은 통화정책의 과정에 대한 설명이다. (A)와 (B)에서의 금리의 변화를 바르게 짝지은 것은?

> 중앙은행은 경기 상황에 맞추어 통화정책을 조정한다. 인플레이션 압력이 높아지고 과도한 소비와 투자가 발생할 경우, 중앙은행은 기준금리를 조정하여 경제 전반의 자금 흐름에 영향을 미친다. (A)의 조치로 인해 시중 은행들의 대출 비용이 증가하면서 차입 비용이 상승하고, 이는 소비와 투자를 줄이려는 경향을 보인다. 반면, 경기 침체와 실업률 상승이 우려되는 상황에서는 중앙은행이 (B)의 결정을 통해 자금 조달을 용이하게 만들어 기업과 가계의 활동을 촉진하고자 한다. 이러한 정책은 장기적으로 경제 안정성을 유지하고 물가와 고용을 조절하는 역할을 한다.

	(A)	(B)
①	금리 인상	금리 인하
②	금리 인하	금리 인상
③	금리 동결	금리 인하
④	금리 인상	금리 동결

42 **다음 기사를 읽고 추론한 내용으로 적절하지 않은 것은?**

> 월스트리트저널(WSJ)은 지난 30일(미국시간) 최근 인플레이션의 지속적 둔화를 놓고 중앙은행의 금리 인상이 얼마나 중요한 역할을 했는지에 대해 논쟁이 촉발됐다고 보도했다. 이 같은 논쟁의 해답은 인플레이션과 금리 향방을 가늠할 수 있는 단서가 된다는 점에서 주목할 만한 가치가 있다. 미(美) 연준(Fed)과 유럽중앙은행(ECB)이 기준금리를 22년 만에 최고 수준으로 인상하고도 추가 금리 인상 여지를 열어둔 가운데 최근 인플레이션 둔화의 원인을 놓고 전문가들의 의견은 두 쪽으로 갈린다.
>
> ㉠ 한쪽은 일시적 공급망 불안으로 야기된 생산비용 상승이 광범위하게 파급되면서 인플레이션을 자극하는 요인이 끈질기게 남아 있었으나 공급망 불안이 해소되면서 점차 사라지고 있다고 주장한다. 지난 1940년대 후반 전쟁으로 급등한 인플레이션이 시간이 지나면서 저절로 사라진 것과 유사하다는 것이다.
>
> 하지만 주류 경제학자 다수가 포진한 다른 한쪽은 ㉡ 긴축적 통화정책이 제품과 서비스 수요를 억제했고 이것이 인플레이션 동력을 떨어뜨린 주원인이라고 본다. 이들은 특히 경기침체 위험에도 불구하고 긴축적 통화정책 기조를 일관되게 유지하고 기대인플레이션을 억제한 것이 최근 나타난 인플레이션 둔화에 결정적 역할을 한 것이라고 평가한다.
>
> (중략)
>
> 지난 2022년 2분기 이후 미국의 인플레이션 결정 요인을 분석한 ㉢ 알리안츠 보고서에 따르면 소비 증가와 견조한 노동시장, 정부지출이 물가를 4%p 높였고, 공급망 불안 완화는 물가를 5%p 낮췄으며, 연준(Fed)의 조치는 추가로 물가를 5%p 낮춘 것으로 나타났다.

① ㉠은 최근 인플레이션 둔화의 결정적 원인을 총공급 회복이라고 본다.
② ㉡은 소비 증가와 고용지표 개선의 주요 원인으로 작용했을 것이다.
③ ㉢에 따르면 연준(Fed)의 조치가 없었다면 물가가 1%p 하락하는 데 그쳤을 것이다.
④ 만약 ㉠의 견해가 옳다면 향후 연준(Fed)이 현재와 같은 금리정책 기조를 일정 기간 유지하더라도 소비와 고용 등 실물경제가 단기간에 후퇴하지는 않을 것이다.

기출복원 제1회 제2회 제3회

43 김 계장은 맥주와 땅콩의 수요를 분석해 [표]와 같은 결과를 얻었다. 다음 [공식]을 참고했을 때, 이에 대한 설명으로 옳은 것은? (단, 맥주 수요의 교차탄력성에서 Y는 땅콩이다. 땅콩의 경우에도 이와 같아 Y는 맥주이다)

[표]

구분	수요의 가격탄력성	수요의 교차탄력성	수요의 소득탄력성
맥주	−0.6	−0.2	1
땅콩	−1.4	−1.7	−0.4

[공식]

- 수요의 가격탄력성＝X재 수요량의 변화율(%)/X재 가격의 변화율(%)
- 수요의 교차탄력성＝X재 수요량의 변화율(%)/Y재 가격의 변화율(%)
- 수요의 소득탄력성＝X재 수요량의 변화율(%)/소득의 변화율(%)

① 맥주와 땅콩은 대체재의 관계에 있다.
② 땅콩 가격 인상 시 땅콩 판매 수입은 증가할 것이다.
③ 맥주 가격이 0.6% 상승했을 때 수요량은 1% 감소한다.
④ 땅콩은 열등재이다.

44 다음 글에 따를 때 앞으로 나타날 현상을 예측한 내용으로 적절하지 않은 것은?

외환 전문가들은 올해 원·달러 환율에 대해 하락 기조를 예상하고 있다. 지난해 하반기부터 본격화한 원화 약세 흐름이 바뀐다는 이야기이다. 달러 강세가 한풀 꺾이고 주요국의 금리 인상 속도가 느려질 가능성이 높기 때문이다.

① 수출업자는 앞으로 더 큰 이득을 볼 것이다.
② 달러 외채 상환 부담은 앞으로 줄어들 것이다.
③ 보유하고 있는 원화의 달러 환전은 다소 늦추는 것이 낫다.
④ 해외 유학 중인 자녀에게 용돈을 송금하는 부모의 부담은 작아질 것이다.

45 **다음 [그림]은 외환정책의 트릴레마를 나타내고 있다. [그림]의 A~C 중 [사례] 속 짐바브웨의 상태로 적절한 것을 모두 고르면? (단, A~C는 인접한 두 가지 조건을 모두 충족한 상태를 의미한다)**

[그림]

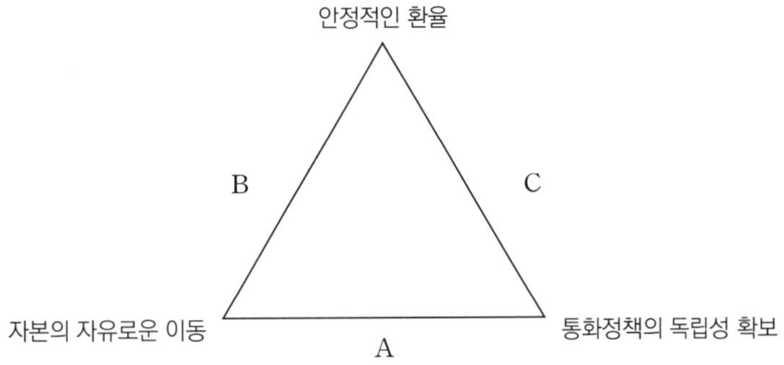

> **[사례]**
>
> 2004~2009년 국가를 초토화한 인플레이션을 겪은 뒤 2009년 짐바브웨는 자국 통화(짐바브웨달러, Z$)를 포기했다. 미국 달러(US$)를 공식 화폐로 채택했고, 현재는 8개국의 화폐가 법정화폐로 통용되고 있다.

① A ② B ③ C ④ A, C

46 **다음은 물가지수에 대한 자료이다. 이에 대한 설명으로 옳지 않은 것은?**

> (A)는 도시가구의 평균적인 생계비 부담을 측정하며, 한국은행의 물가관리를 위한 근거로 사용될 뿐만 아니라 최저임금 책정을 위한 자료로도 활용된다. 하지만 (가) 인플레이션으로 인한 가구의 생계비 부담을 과대평가하고 제품의 품질 개선이 주는 효용을 온전히 반영하지 못하는 문제가 있으며, 장기적인 물가 흐름을 파악하는 데 한계가 있다. (B)는 (C)에서 일시적으로 크게 가격이 변동하는 ㉠ ______ 의 가격 변동분을 제외하고 측정함으로써 기조적이고 장기적인 물가 흐름을 측정하며 핵심물가지수라고도 한다.

① (A)에는 수입품의 가격 변동이 반영된다.
② ㉠에 들어갈 적절한 내용은 '농산물과 석유제품' 또는 '식료품목과 에너지'이다.
③ (B)와 (C)에 들어갈 적절한 물가지표는 각각 근원물가지수와 소비자물가지수이다.
④ (가)는 대상품목을 직접 조사하지 않고 국내총생산 통계로부터 계산하는 방식으로 도출되기 때문에 발생한다.

47 **다음 글의 (가), (나)에 들어갈 용어로 가장 적절한 것은?**

> 기대효용이론에서 기대효용과 동일한 효용을 가져다주는 소득을 (가)(이)라 하며, 기대소득과 (가) 간의 차이를 가리켜 (나)(이)라고 한다.

	(가)	(나)
①	헤도닉 임금	확실성 등가
②	임금보상 격차	위험 프리미엄
③	위험 프리미엄	헤도닉 임금
④	확실성 등가	위험 프리미엄

48 **다음 [그림]의 세금 (가)와 (나)에 대한 설명으로 옳은 것은?**

[그림]

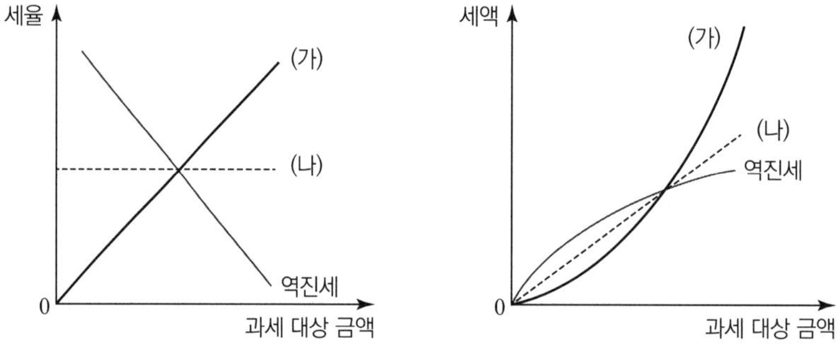

① (가)에 해당하는 우리나라의 조세제도에는 부가가치세가 있다.
② (가)는 소득 증가에 상관없이 동일한 세율을 적용한다는 특징이 있다.
③ (나)는 조세의 역진성이 있다.
④ (나)는 소득 재분배 효과가 있다.

49 다음 기사에 따를 때 BMW그룹코리아, 볼보자동차코리아, 한국닛산이 한국인을 CEO로 선임한 이유로 가장 적절한 것은?

> **한국인 CEO 둔 수입차 … '親소비자' 행보 공통점**
> **한국형 레몬법 적용 의사 밝혀, 고객 의견·불만사항 적극 반영**
>
> 한국인을 CEO(최고경영자)로 영입한 수입차 업체가 소비자 권리 향상 등에서 외국인 CEO와는 확연히 다른 행보를 보이고 있다. 한국인인 만큼 국내 정서를 이해하는 데 수월하기 때문으로 풀이된다. 국내 수입차 업체는 외국을 본사로 둔 지사(支社)에 불과하다. 굵직한 사안은 본사의 승인 없이 독단적으로 결정하기 어려운 구조다. 그만큼 한국인 CEO들이 본사에 적극적으로 목소리를 낸 결과물이란 분석이다.
>
> 3일 업계에 따르면 국내 수입차 업체 중 이날까지 '한국형 레몬법' 적용 의사를 공식적으로 밝힌 업체는 BMW그룹코리아, 볼보자동차코리아, 한국닛산 등이 유일하다. 이들은 모두 한국인 CEO가 이끌고 있다.
>
> BMW그룹코리아는 국내 최장수 수입차 CEO로 꼽히는 김○○ 회장이 이끌고 있다. 그는 국내 수입차 1세대 한국인 CEO로 꼽히며 2000년부터 BMW그룹 브랜드를 총괄하고 있다. 경쟁사로 꼽히는 메르세데스-벤츠, 폭스바겐, 아우디 등 독일차 4강 중 유일한 한국인 CEO이다.
>
> 볼보자동차코리아와 한국닛산의 수장은 이○○ 대표와 허○○ 사장이 맡고 있다. 이들은 김○○ 회장에 이은 국내 수입차 2세대 한국인 CEO로 꼽힌다. 닛산이 한국법인을 설립한 2004년 이래 한국인 사장을 선임한 것은 당시가 처음이었다. 그는 40대로, 수입차 한국 CEO 중 가장 '젊은 피'이기도 하다.
>
> 업계 관계자는 "한국인이다 보니 국내 소비자의 의견이나, 불만 사항 등을 본사에 요구할 때 외국인과 비교해 차이가 날 수밖에 없다."라며 "본사나 외국인이 바라보는 측면에서는 한국 정서를 이해하기 쉽지 않다."라고 말했다.

① 한국인 CEO의 선임이 본사 직원 파견보다 비용적인 측면에서 유리하다.
② 한국인 CEO는 한국에서 기업을 운영하기 위하여 필요한 필수 법규와 규제를 잘 이해하고 있다.
③ 한국인 CEO가 한국의 문화와 한국인의 정서에 대한 이해도가 높다.
④ 한국인 CEO는 제품 광고 및 마케팅에서 더 호감이 가는 모델로 활용할 수 있다.

50 **다음 글은 A사가 최근 실행한 전략에 대한 설명이다. A사가 앤소프 매트릭스에서 채택한 전략으로 옳은 것은?**

> A사는 현재 국내 시장에서 스마트폰을 주력으로 판매하며 10년 넘게 점유율을 유지해 오고 있다. 하지만 최근 A사는 빠르게 성장하는 해외 전기차 시장에 진출하기로 결정하였다. 이를 위해 A사는 전기차를 자체 개발하여 해외 시장에서 출시할 계획이다. A사는 전기차 산업의 잠재력을 높게 평가하며, 다양한 국가에서 전기차 판매를 확대할 계획이다.

① 시장침투 전략
② 시장개발 전략
③ 제품개발 전략
④ 다각화 전략

51 **다음 [그림]의 A~D 영역에 해당하는 각 기업의 IR 전략으로 가장 적절한 것은?**

[그림]

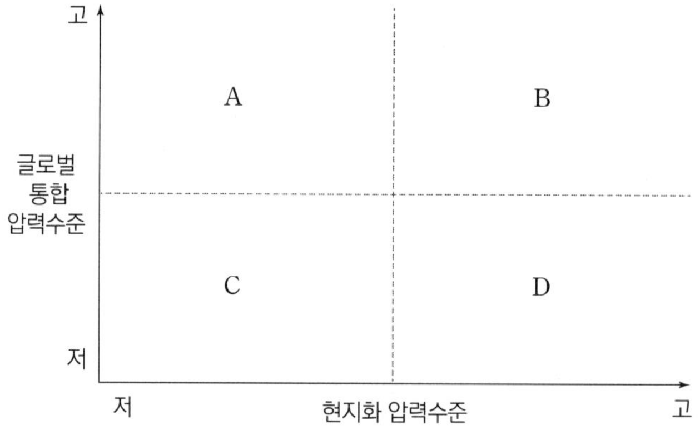

① A영역에 해당하는 기업은 현지화 전략을 채택한다.
② B영역에 해당하는 기업은 글로벌 통합 전략을 채택한다.
③ C영역에 해당하는 기업은 국내 상품과 동일한 상품을 수정 없이 동일하게 수출한다.
④ D영역에 해당하는 기업은 글로벌 통합 전략과 현지화 전략 둘 다 채택한다.

52 **다음 두 기사와 관련된 용어로 가장 적절한 것은?**

> **'1일 1깡'이 '깡스낵' 키웠다 … 농심, 깡스낵 연 매출 1,000억 원 돌파**
>
> 농심은 가수 비가 지난 5월 '놀면 뭐하니'(MBC)에 출연한 이후 전국적으로 '1일 1깡'이 휩쓸자 비를 광고 모델로 섭외했다. 1일 1깡은 비가 2017년 11월 발표한 곡 '깡'의 뮤직 비디오 영상을 하루에 한 번 시청해야 한다는 뜻의 유행어다.
>
> 농심 관계자는 "오랫동안 농심을 대표해왔던 장수 스낵 제품들이 다시금 큰 사랑을 받고 있어서 감사하다."라며 "반짝 이슈로 끝나지 않도록 젊은 감각의 마케팅 활동을 지속해 폭넓은 사랑을 받을 수 있도록 할 계획"이라고 말했다.

> **새 전성기 맞은 '버거킹' … 사딸라 마케팅·메뉴 개발로 영업익 5배 올라**
>
> 한국 시장 진출 이후 줄곧 프리미엄 전략을 고수해 오던 버거킹은 지난해부터 '가성비'를 강조한 마케팅을 더하면서 성공 가도를 달렸다. 특히 '사딸라' 한 단어로 전국을 강타한 '올데이킹' 메뉴가 큰 성공을 거뒀다. 지난해 10월 시작한 '올데이킹'은 인기 버거 세트를 하루 종일 4,900원에 판매하는 메뉴다. 경쟁 브랜드들이 '초저가 마케팅'을 하자 프리미엄 버거 이미지를 그대로 살리면서 기존보다 싼 가격(4,900원)에 세트 메뉴를 즐길 수 있다는 점을 강조했다.

① 바이럴 마케팅(Viral Marketing)
② 넛지 마케팅(Nudge Marketing)
③ 밈 마케팅(Meme Marketing)
④ 코즈 마케팅(Cause Marketing)

[53~54] 다음 [그림]을 보고 이어지는 물음에 답하시오.

[그림 1] 2011~2020년 세계 e-Book 시장규모 및 성장률

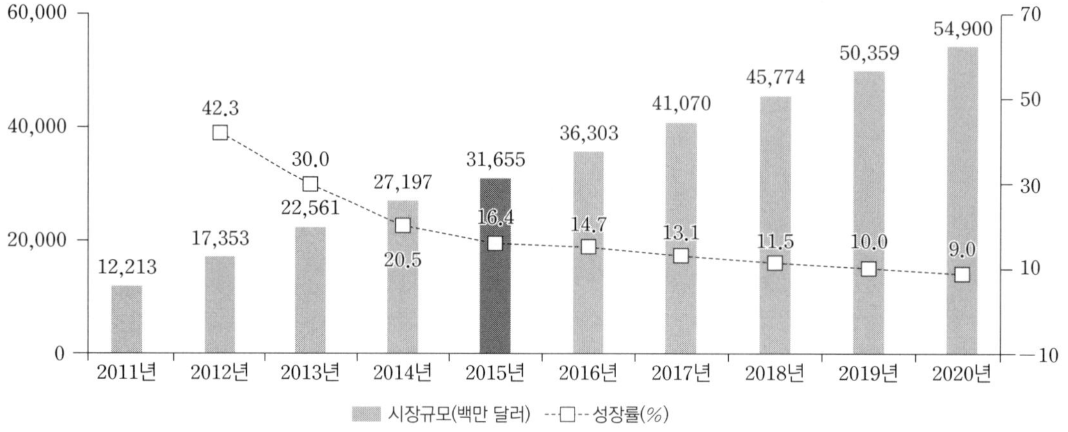

[그림 2] 2015년 세계 e-Book 시장 A~D업체별 시장점유율

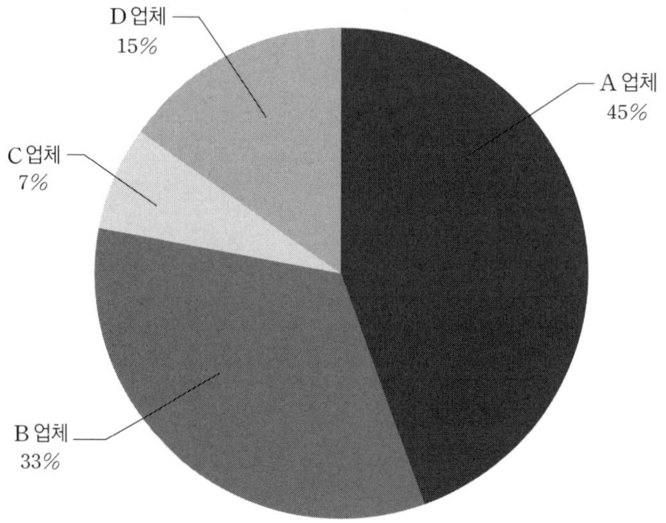

53 **BCG(Boston Consulting Group) 매트릭스는 시장의 성장률과 상대적 시장점유율을 기준으로 사업단위의 전략적 평가와 선택에 사용되는 사업포트폴리오 모형이다. 위 [그림]에 따를 때, C업체가 2015년 현재 BCG 매트릭스상 위치하고 있는 곳은? (단, 시장의 성장률은 10%를 기준으로 하여 고성장과 저성장을 구분하는 것으로 한다)**

① 캐시카우(Cash Cow)
② 스타(Star)
③ 문제아(Question Mark)
④ 개(Dog)

54 **위 [그림]과 BCG 매트릭스 모형을 통한 분석으로 볼 때, A업체가 펼쳐야 할 전략으로 가장 적절한 것은?**

① 시장 성장 가능성이 떨어지면 시장 철수를 할 수 있다.
② 투자나 마케팅 비용을 늘려 높은 시장점유율을 유지해야 한다.
③ 투자비용과 관계없이 철수하는 것을 검토해야 한다.
④ 다른 산업에 투자하여 사업을 확장하고 다각화해야 한다.

55 다음 기사에 주어진 상황을 브룸의 기대이론과 비교할 때 옳은 것을 [보기]에서 모두 고르면?

> **"정당한 권리" vs "배부른 고민" … 성과급 공방, 왜 지금 터져 나왔나?**
>
> 회사 A는 최근 지난해 영업이익(약 5조 원)이 전년 대비 84% 늘어난 대가로 연봉의 20%를 초과이익배분금(PS)으로 지급한다는 공지를 냈다가, 직원들의 거센 반발에 부딪혔다. 단순한 금액 수준보다 성과급이 이렇게 매겨진 이유가 납득되지 않는다는 게 불만의 핵심이었다. 직원들은 성과 관련 지표인 EVA에 대해 공개해달라고 요청했지만, 회사 측에서는 민감한 사항이기 때문에 공개하기 어렵다는 반응을 보였다. 이에 관련인들은 "보상 체계를 더 투명하게 바꾸고 직원들로부터 일정 수준의 동의를 얻어야 성과급 본연의 취지를 살릴 수 있다."라고 지적했다.

| 보기 |

ㄱ. 성과 결정 관련 근거가 명확하지 않은 경우 기대성이 감소한다.
ㄴ. 위와 같은 경우 직원들이 기대하는 성과급을 받기 어려워지고 이에 유의성이 감소한다.
ㄷ. 기업이 성과 결정 수단인 EVA에 대해 투명하게 공개한다면 수단성이 증가한다.

① ㄱ ② ㄴ ③ ㄱ, ㄷ ④ ㄴ, ㄷ

56 **다음 내용을 바탕으로 A사 현금흐름표의 각 활동별 현금흐름 변화(양 또는 음)를 영업활동, 투자활동, 재무활동 순서대로 바르게 짝지은 것은?**

A사는 매출에서 신용(외상)거래가 차지하는 비중이 낮습니다. 활발한 영업활동으로 인하여 A사의 영업이익은 높은 수준입니다. 사업 확장을 위해 당기에 대규모 신규 차입을 실시하였고, 이 자금을 사용하여 공장 및 기계장치를 취득하였습니다.

① 음(−), 양(+), 양(+)
② 음(−), 양(+), 음(−)
③ 양(+), 음(−), 양(+)
④ 양(+), 음(−), 음(−)

57 **다음 글의 거래에 대한 설명으로 옳지 않은 것은?**

A사는 20X4년 5월 1일에 주주 우선배정을 통해 유상증자를 실시하였다. 회사의 유상증자 전 주식발행초과금 잔액은 300,000원이며, 이번 유상증자를 통해 액면가 1,000원인 보통주 100주를 주당 3,000원에 발행하였다. 유상증자를 위해 주식발행비용 20,000원이 발생하였다. 또한 기존에 있었던 주식할인발행차금 100,000원을 이번 유상증자로 발생한 주식발행초과금으로 상계 처리하였다.

① 주식발행비용은 주식발행초과금에서 차감하여 처리한다.
② 자본금은 100,000원 증가한다.
③ 20X4년 말 주식발행초과금 잔액은 580,000원이다.
④ 유상증자를 통해 회사의 부채 비율은 감소한다.

58 다음 두 기사에 따를 때 사내유보금 과세에 대해 반발하는 주장의 근거로 가장 적절한 것은?

> **과도한 기업 사내유보금 과세해야**
>
> 지난해 6월 기준 국내 10대 그룹 82개 상장사(금융사 제외)의 사내유보금은 477조 원으로 X1년(331조 원)보다 43.9% 증가했다. 반면 같은 기간 가계의 저축성 예금 증가율은 16.9%에서 5.5%로 줄었다. 이에 따라 정부는 기업 이익이 가계로 원활하게 흘러 들어가도록 해 내수를 활성화시켜 보려는 구상을 갖고 있다. 전문가들은 정부의 이런 복안에 대체로 긍정적이다. 갈수록 가계와 기업의 소득 격차가 벌어지는 상황에서 이 간극을 메울 필요가 있다는 것이다.
>
> 세수 확보를 위해서도 유보금 과세가 필요하다는 주장도 있다. 지난해 11월 발의했던 법인세법 개정안을 적용할 경우 매년 2조 원 정도의 추가 세수가 가능할 것으로 분석됐다.
>
> (이하 생략)

> **기업소득 환류세제, 없애는 게 답이다**
>
> 경제가 어수선하면 어김없이 기업 사내유보금에 관한 이야기가 나온다. 경제가 어려우니 풀어야 한다는 이야기이다. 이런 주장은 위험하기도 하지만 한편으로는 기업 재무제표에 대한 이해도가 낮아서이기도 하다. 사내유보금이란 세금과 배당을 제외한 기업 내부에 잔존하는 잉여금을 의미한다. 이는 설비투자, 건물, 토지 등 투자금액이 포함되며 모두 현금이 아니다. 기업이 이익을 내면 공장도 짓고 설비투자도 하며 상당 부분 미래 이익을 위해 투자를 해야 한다. 이렇게 투자한 돈은 자산으로 잡히고 여전히 사내유보금으로 분류된다.
>
> 삼성전자의 X1년 말 연결재무제표를 보면 사내유보금은 259조 원이다. 그중 단기에 현금화하기 힘든 자산인 비유동자산은 171조 원이다. 비유동자산에는 공장, 설비, 관계기업 투자 등이 있다. 이런 것에 투자할 수 있는 삼성전자 자금 중 사내유보금이 아닌 것은 자본금 9조 원뿐이다.
>
> (이하 생략)

① 사내유보금을 과세하는 것은 기업의 의사결정권에 대한 자율성을 침해하는 것이다.

② 미국, 일본 등 사내유보금 과세제도를 도입하고 있는 사례를 고려하면 사내유보금 과세를 하지 않는 것이 타당하다.

③ 사내유보금에 과세하는 것은 법인세 비용을 납부한 이익에 다시 과세하는 것이기 때문에 이중과세이다.

④ 사내유보금 과세가 기업의 투자 증가로 이어질 것이라는 근거가 부족하다.

59 **다음 [표]에 근거한 설명으로 옳지 않은 것은?**

[표]

구분	A회사	B회사
취득가	110억 원	100억 원
감가상각 기간	10년	—
잔존가치	10억 원	0원
상각률	—	50%
감가상각방법	정액법	정률법

① A회사는 B회사보다 총 감가상각액이 크다.
② B회사의 감가상각방법은 초기에 더 많이 상각하고, 나중에 덜 상각하는 방법이다.
③ X1년 초 자산 취득 시 A회사의 X2년 감가상각비는 10억 원이다.
④ X1년 초 자산 취득 시 B회사의 X2년 감가상각비는 25억 원이다.

60 **다음 [재무상태표]와 [손익계산서]에 근거한 설명으로 옳지 않은 것은?**

[재무상태표]
(1기 X1. 12. 31.)

과목	기말 금액
자산	
유동자산	
현금	300
매출채권	500
재고자산	500
비유동자산	1,700
부채	
유동부채	1,000
비유동부채	200
(생략)	

[손익계산서]

매출액	2,000
매출원가	1,000
감가상각비	200
영업이익	800
이자비용	100
법인세	100
세후순이익	600

① 유동비율은 130%이다.
② 당좌비율은 80%이다.
③ ROA는 10%이다.
④ 매출총이익률은 50%이다.

61 다음은 A사의 거래 내역이다. 활동별 현금흐름 금액으로 옳은 것은?

- 보유하고 있던 건물을 매각하여 50,000원의 현금을 수취하였다.
- 자재 구매를 위해 현금 30,000원을 지출하였다.
- 장기 차입금 20,000원을 상환하였다.
- 신규 설비를 구입하기 위해 40,000원을 지출하였다.
- 주주에게 배당금으로 10,000원을 지급하였다.

	영업활동	투자활동	재무활동
①	(−)30,000	10,000	(−)30,000
②	(−)30,000	30,000	(−)50,000
③	(−)20,000	10,000	(−)40,000
④	10,000	(−)30,000	(−)30,000

62 총수익금액은 6,600만 원이고, 총수익 대비 개별제품 비율과 개별원가·수익 비율이 다음 [표]와 같을 때, 총원가는 얼마인가?

[표]

구분	총수익 대비 개별제품 비율	개별원가/개별수익
제품 A	20%	1/3
제품 B	70%	1/5
제품 C	10%	1/2

① 1,578만 원
② 1,694만 원
③ 1,702만 원
④ 1,720만 원

63 **투자자 A는 다음 [표]의 복권 Ⅰ과 Ⅲ를 고민하다 Ⅲ를 선택했고, 투자자 B는 복권 Ⅱ와 Ⅲ를 고민하다 Ⅱ를 선택하였다. 투자자 A, B의 선택에 근거하여 각각의 투자성향을 바르게 짝지은 것은? (단, 투자성향은 위험 회피, 위험 선호만 있다)**

[표]

구분	복권 금액	당첨금	당첨 확률
복권 Ⅰ	1만 원	1억 원	0.01%
복권 Ⅱ	5,000원	5,000만 원	0.005%
복권 Ⅲ	3,000원	7,000만 원	0.008%

	A	B
①	위험 회피	위험 선호
②	위험 회피	위험 회피
③	위험 선호	위험 선호
④	위험 선호	위험 회피

64 **다음 [포괄손익계산서]는 A기업의 재무정보를 나타내고 있다. 다음 [포괄손익계산서]에 근거한 설명으로 옳지 않은 것은?**

[포괄손익계산서]

×1. 1. 1.~12. 31.

	당기	전기
매출	95	100
매출원가	60	60
매출총이익	35	40
판매관리비	17	20
영업이익	18	20
법인세비용	9	10
당기순이익	9	10

① 매출액이 전기에 비해 5% 감소했고, 판매관리비는 5%보다 더 감소했다.

② 판매관리비가 감소해 매출총이익이 감소했다.

③ 영업이익이 과세소득이라고 할 때 법인세율은 50%라는 것을 유추할 수 있다.

④ 판매관리비 감소를 통해 영업이익이 크게 하락하는 것을 방지했다고 볼 수 있다.

65 **다음은 ㈜가나제약의 자산재평가와 관련한 기사와 [㈜가나제약 재무상태표]이다. 이에 대한 설명으로 적절하지 않은 것은? (단, 아래 기사에서 주어진 사례 외에는 기타포괄손익 증감이 없었다)**

㈜가나제약, 자산재평가로 기업가치 제고 총력

가나제약이 기업가치 제고를 위해 자산재평가를 선택했다. 보유 부지의 시가를 장부에 반영해 차액 100억 원을 남겼는데, 자기자본 규모를 키워 기업가치 증대를 기대하는 모습이다. 지난해 수익성이 악화된 점은 부담 요소지만 재무안정성 지표는 개선될 전망이다. 2019년 말 기준 해당 토지의 장부가액은 100억 원이었다. 이번 자산재평가를 통한 가치는 200억 원으로 책정됐다. 자산재평가에 따른 잉여금 100억 원은 2019년 순자산 총액 약 1,000억 원 대비 10%에 달하는 규모이다. 관계자는 "자산재평가는 회사의 기업가치가 시가총액에 반영되길 원하는 주주들의 요구를 감안한 주주 친화 정책의 일환이기도 하다."라고 덧붙였다.

[㈜가나제약 재무상태표]

	2020년 말	2019년 말
자산총액	2,200억 원	2,000억 원
부채총액	1,000억 원	1,000억 원
자본총액	1,200억 원	1,000억 원
자본금	100억 원	100억 원
주식발행초과금	500억 원	500억 원
자본조정	100억 원	100억 원
기타포괄손익누계액	100억 원	0원
이익잉여금	400억 원	300억 원

① 재평가 시 토지 전체를 재평가해야 한다.
② 재평가 시 당기순이익이 재평가를 하지 않을 때보다 100억 원 증가한다.
③ 재평가 시 자본총액이 재평가를 하지 않을 때보다 100억 원 증가한다.
④ 재평가 시 자산총액이 재평가를 하지 않을 때보다 100억 원 증가한다.

66 **다음 [표]는 A기업의 재무제표 지표들을 나타내고 있다. [표]에 근거할 때 A기업의 2020년(2기)에 대한 설명으로 옳지 않은 것은?**

[표]

2020년(2기)	2019년(1기)
• 자산: 25조 원 • 부채: 6조 원 • 매출액: 4조 원 • 영업이익: 7,000억 원 • 당기순이익: 3,000억 원 • 주가: 25만 원 • 총 주식 수: 1억 5,000만 주	• 자산: 24조 원 • 부채: 7조 원 • 매출액: 3조 원 • 영업이익: 6,000억 원 • 당기순이익: 4,000억 원 • 주가: 24만 원 • 총 주식 수: 1억 5,000만 주

① 재무상태표상 순자산가치(자본)는 19조 원이다.
② 자산이 시장가치라고 가정했을 경우 자본은 31.5조 원이다.
③ PER은 12.5이다
④ 작년 대비 매출액 성장률이 영업이익 성장률보다 더 크다.

67 **다음 기사의 빈칸 ㉠에 들어갈 금융상품에 대한 설명으로 적절하지 않은 것은?**

> 최근 국내 (㉠)의 흐름은 '해외'였다. 30일 한국거래소에 따르면 지난해 이후 신규 상장된 162개의 (㉠) 중 국내 지수를 추종하는 상품은 67개인 것으로 집계됐다. 나머지 95개는 해외 또는 해외와 국내 지수를 동시에 추구하는 상품이었다. (㉠)은/는 지수를 추종하는 인덱스 펀드(Index Fund)를 거래소에 상장시킨 금융상품을 말한다.

① 소액으로 분산투자가 가능하다.
② 액티브 펀드에 투자할 때보다 거래비용과 정보비용을 줄일 수 있다.
③ 유동성 공급자에 의해 유동성이 공급되므로 개별주식보다 주가조작 가능성이 높다.
④ 개별종목 주가 하락에 따른 손실위험은 낮으나, 기초지수 하락으로 손실이 발생할 수 있다.

68 **다음 그림의 (가), (나)는 금융시장을 나타낸다. 이에 대한 설명으로 옳은 것을 [보기]에서 모두 고르면? [단, (가), (나)는 각각 직접금융시장과 간접금융시장 중 하나이다]**

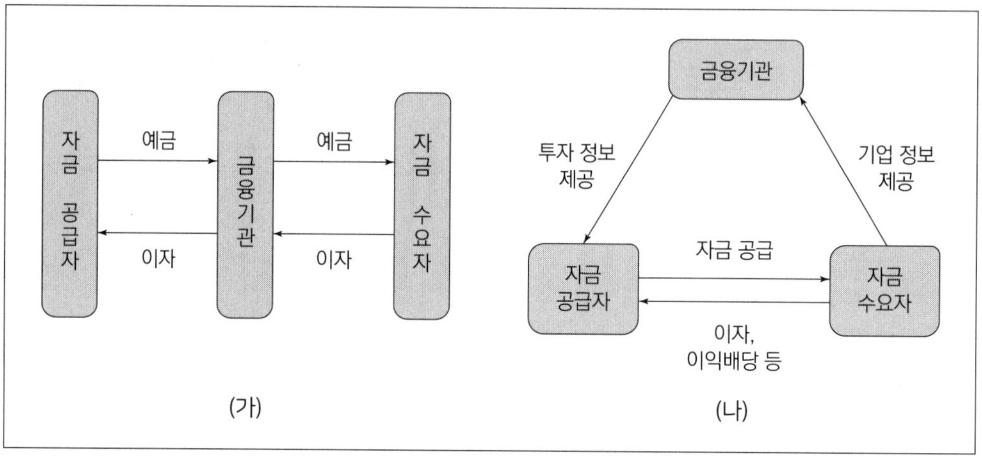

| 보기 |

ㄱ. (가)에서는 금융기관의 자기 책임하에 자금이 거래된다.
ㄴ. (나)에서는 자금의 공급자가 스스로 책임을 지고 자금을 빌려준다.
ㄷ. (가)는 (나)보다 안전성이 낮다.
ㄹ. (나)는 (가)보다 고수익을 기대하기 어렵다.

① ㄱ, ㄴ ② ㄱ, ㄷ ③ ㄴ, ㄷ ④ ㄴ, ㄹ

69 **다음 기사에서 설명하는 정책을 실행할 경우 나타날 수 있는 현상으로 적절하지 않은 것은?**

> '주식 양도세 대주주 기준 10억 → 3억' 與서 제동
>
> 소득세법 시행령상 현재는 특정 종목을 지분율 1% 이상 보유하거나 보유액이 10억 원을 넘으면 대주주로 분류되지만, 내년 4월부터는 이 기준이 3억 원으로 하향 조정된다. 이에 따라 주식양도 차익의 20% 이상을 세금으로 내야 하는 대주주의 범위가 대폭 확대되는데, 대주주 판단 기준일은 오는 12월 말이다. 양도세 부과 대상이 되는 종목별 주식 보유액은 15억 원에서 올해 10억 원으로 내려갔고 내년에는 3억 원으로 더 낮아지는 것이다.
>
> 한 연구원은 "과거에도 해당 요건이 크게 하향되기 직전 해 연말에 개인의 대규모 순매도 패턴이 확인된다."라며 "특히, 이번에는 하향 조정폭이 크고 올해 주식시장에 유입된 개인 자금의 규모가 많다는 점을 감안할 필요가 있다."라고 지적했다.
>
> 개인 투자자들은 대주주 요건 하향에 강하게 반발하고 있는 가운데 지난 2일 청와대에 올라온 '대주주 양도소득세는 이제는 폐기되어야 할 악법입니다'라는 국민청원 글에는 이날 오전 10시 현재 10만 6,000여 명의 청원인이 몰렸다.

① 세금 회피를 위한 개인 투자자들의 일시적인 대규모 매도로 인해 시장에 큰 충격이 발생할 수 있다.
② 대주주 요건 강화로 인해 유출된 증시 자금 덕분에 부동산 시장이 안정될 것이라 보는 전망이 있다.
③ 대주주 기준이 축소된 법 적용 직전에 시장 변동성이 클 것으로 예상된다.
④ 대주주 범위 확대에서 제외된 외국인 투자자와의 역차별 문제가 발생할 수 있다.

70 다음 기사에 근거한 설명으로 옳지 않은 것은?

> **미국 연방준비제도, 인플레이션 목표치 2% 넘어도 용인**
>
> 미국 연방준비제도(연준)가 역대급 정책 변화를 단행했다. 지금까지의 2% 인플레이션 목표치를 단일 시점이 아닌 '평균치'로 전환키로 한 것이다. 연방공개시장위원회(FOMC)가 이를 만장일치로 승인했다. 일자리에 초점을 맞추는 대신 인플레이션(물가상승)에 대한 우려는 더 완화하는 것으로, 물가가 오르더라도 금리 인상은 당분간 자제할 것임을 예고하는 것이다. 연준의 정책 변경 방침을 시장은 환영했다. 다우존스 산업평균 지수도 마침내 이날 플러스(+)로 돌아서며 약세장에서 벗어나는 데 성공했다.
>
> 파월 의장은 연준이 공식적으로 '평균 인플레이션 목표' 정책에 합의했다고 밝혔다. 인플레이션 목표치를 평균으로 바꿈에 따라 연준은 인플레이션이 목표치인 2%를 '한동안 적절한 수준에서' 웃돌더라도 이를 용인하게 된다. 즉, 금리 인상 시기가 그만큼 늦춰지게 된다.
>
> 파월 의장은 첫날 기조연설에서 "연준이 인플레이션을 끌어올리기를 원한다는 것이 많은 이들의 직관에 어긋나는 것으로 보일 것"이라면서 "그러나 인플레이션이 지속적으로 너무 낮은 수준을 이어가면 이는 경제에 심각한 위험을 초래한다."라고 정책 변경 배경을 설명했다.

① 미국 연준은 고용문제에 대해 중요하게 생각하고 있다.
② 미국 연준은 인플레이션율을 가장 위험한 요소로 판단하고 있다.
③ 미국 연준은 계속해서 저금리 정책을 유지할 것이다.
④ 주택 수요가 증가할 가능성이 크다.

71 **현재 미국의 1년 만기 국채 이자율은 2%, 한국의 1년 만기 국채 이자율은 4%이며, 미국 달러(USD)의 현물환율은 1,100원이다. 이자율 평가설을 이용해 1년 후 예상되는 달러(USD)의 선물환율은? (단, 소수점 아래 첫째 자리에서 반올림한다)**

(　　　　　)원

72 **다음은 국제 통화제도의 발전을 나타낸 자료이다. 1~4 중 [그림]의 (가)와 (나)에 들어갈 항목으로 가장 적절한 것은?**

국제 통화제도의 발전은 19세기 각국이 금과 자국 통화의 비율을 정하고 자유로운 금과 통화의 교환을 보장하는 금본위제에서 시작한다. 금본위제는 1차 세계대전 이후 붕괴되고 이후 브레튼우즈체제가 이어졌다. 브레튼우즈체제는 (가)이다. 브레튼우즈체제는 (나)로 인해 붕괴되었으며 이후 변동환율제가 이어졌다.

[그림]

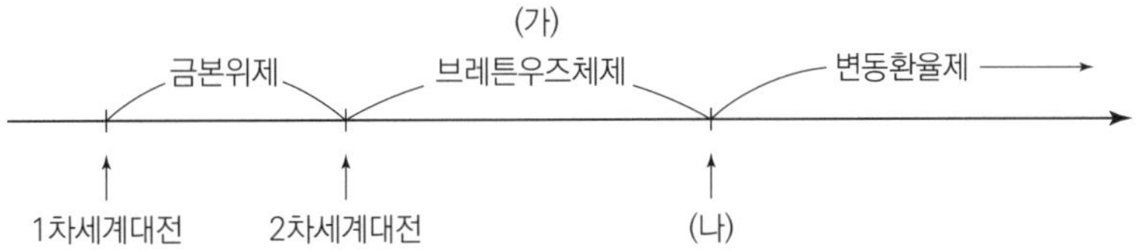

1. (가): 유로화가 금과 언제든 교환될 수 있도록 SDR에 의해 운영되는 제도
   (나): 금본위제 붕괴
2. (가): 각국의 통화가 금과 언제든 교환될 수 있도록 IMF에 의해 운영되는 제도
   (나): 금본위제 붕괴
3. (가): 달러화가 각국의 통화와 언제든 교환될 수 있도록 SDR에 의해 운영되는 제도
   (나): 닉슨쇼크
4. (가): 달러화가 금과 언제든 교환될 수 있도록 IMF에 의해 운영되는 제도
   (나): 닉슨쇼크

(　　　　　)

[73~74] 회사는 기계장치를 X1년 초에 150,000원으로 현금 구입했다. X1년 손익계산서에 계상된 유형자산 처분손실은 5,000원이고, 감가상각비는 7,000원이다. (단, 모든 유형자산 거래는 현금으로 이루어졌다고 가정하고 주어진 자료만을 사용해 문제를 풀이하시오)

(단위: 원)

	X0년 말	X1년 말
기계장치	100,000	200,000
감가상각누계액	(10,000)	(7,000)

73 X1년의 유형자산 처분으로 인한 현금유입액의 금액을 구하시오.

(　　　　)

74 X1년도 투자활동으로 인한 순현금흐름을 구하고, 그 금액이 유입(㉠) 또는 유출(㉡)인지 제시하시오.

(　　　　), (　　　　)

75 **현재 A기업의 주식은 10,000원에, B기업의 주식은 1,000원에 거래되고 있다. 시장의 무위험 이자율이 10%일 때, 다음 [표]에 근거하여 A기업과 B기업 각각의 리스크 프리미엄(RP: Risk Premium)을 구하면?**

[표]

구분	발생확률	A기업 주가	B기업 주가
호황	50%	20,000원	4,000원
불황	50%	10,000원	1,000원

- A기업: (   )%
- B기업: (   )%

PART 2 실전모의고사

☑ 실제 시험에 대비할 수 있도록 IBK기업은행의 최신 출제 경향을 반영하고 출제 가능성이 높은 문항으로 구성한 실전모의고사 3회분을 수록했습니다.

☑ 직업기초(의사소통, 문제해결, 자원관리, 조직이해, 수리, 정보)는 40문항, 직무수행(경제·경영 관련 직무상식, 시사)는 객관식 30문항, 주관식 5문항으로 구성했습니다.

☑ 시험 형식과 문항당 배점은 직업기초는 객관식 4지 선다(문항당 1.5점), 직무수행은 객관식 4지 선다(문항당 1점), 주관식(문항당 2점)입니다.

☑ 함께 제공되는 OMR 답안지에 직접 마킹해 가며 실전과 동일한 조건에서 모의고사를 풀어본 후, 정답 및 해설을 통해 취약 부분을 꼼꼼하게 보완하시기 바랍니다.

혼JOB
IBK기업은행
기출복원 + 실전모의고사

나만의 성장 엔진, 혼JOB | www.honjob.co.kr

제1회 실전모의고사

제2회 실전모의고사

제3회 실전모의고사

제1회 실전모의고사

시험 시간: 120분

직업기초

[01~02] 다음은 중소기업의 금융지원을 위한 정부의 추진 계획에 관한 자료이다. 이어지는 물음에 답하시오.

[가] 중소기업의 금융이용부담을 완화할 수 있도록 2023년 상반기 신규 보증 보증료율을 0.2%p 인하하며 금리 상황에 따른 변동 또는 고정 금리 간의 전환이 가능한 저리(저리)·고정금리 상품을 공급한다. 신용도가 낮은 중소기업의 회사채 발행을 통해 직접금융시장의 자금 조달을 지원하고, 납품단가연동제를 실시하는 위탁기업에 특례 대출을 공급하여 납품단가연동제의 확산을 유도한다. 또한 수출기업의 성장단계별 우대보증과 수출 실적에 따라 우대금리자금을 지원한다. 수입대금의 결제부담 경감을 위해 수입신용장의 만기 연장 조건을 완화하기 위해 만기 연장 시 필요한 담보적립금을 면제하고 만기연장주기를 현 1월에서 6월로 연장한다.

[나] 위기 극복과 미래경쟁력 확보를 위해 미래혁신산업* 분야 또는 R&D 사업화를 추진하는 중소기업에 설비투자 및 운영자금을 공급한다. 대기업 ○○차와 협업하여 내연기관차 부품기업의 미래차 전환 촉진과 경쟁력 강화를 위한 패키지 프로그램을 신설한다.

구분	수요 발굴	컨설팅	사업전환	수속지원
정부	내연기관차 부품 제조기업 등	사업전환 컨설팅	사업전환 계획승인	사업전환 자금, R&D 직무 전환 등
○○차		• R&D 역량 분석 • 개발방향 컨설팅	–	• 시제품 제작 및 개발 교육 • 제품 로드맵 구축

이 밖에도 투자 시장 위축에 대응하여 청년창업(대표자 만 39세 이하)에 우대 보증을 통한 대출금리 감면, 저금리 정책자금을 지원한다.

[다] 신용위험평가에 따른 신용위험등급 B 또는 C 등급 기업 중 은행이 추천한 경영정상화 가능성이 높은 기업에 중소벤처기업진흥공단 지원을 연계한다. 구조조정 기업에 주로 투자하는 '기업구조혁신펀드**'를 추가로 조성하고, 경영정상화가 가능한 총여신 30억 원 미만의 중소기업에 상환유예, 금리인하*** 등 채무조정을 지원한다.

[라]

신용위험등급			지원 제도	
A	정상 영업 가능		–	
B	부실 징후 가능성	→	신속금융지원	만기연장 상환유예
C	부실 징후 및 경영정상화 가능성 높음		워크아웃	+원리금 감면, 출자 전환
D	부실 징후 및 경영정상화 가능성 낮음		기업회생	+상거래·보증 채무 감면

* 미래혁신산업: 소부장·반도체·배터리 등 제조업 혁신, 콘텐츠·물류 등 유망서비스업, 정책금융기관들이 공동으로 정한 혁신성장기준, 10대 초격차 분야, 12대 국가전략기술 등)

** 워크아웃, 회생 등 사후적 구조조정 기업에 대한 투자가 확대될 수 있도록 성과 보수 상향, 인센티브 개편

*** 1년 내 이행가능한 경영정상화 계획 승인기업: 한국은행 기준 금리 적용
3년 내 이행가능한 경영정상화 계획 승인기업: 한국은행 기준 금리 +1~3%p 적용

01 위 자료의 [가]~[라]에 들어갈 소제목을 순서대로 바르게 나열한 것은?

① 혁신 기업 성장 지원, 취약 기업 재기 지원, 신용위험등급에 따른 맞춤형 지원, 3고(금리, 물가, 환율 高) 현상 대응
② 취약 기업 재기 지원, 혁신 기업 성장 지원, 신용위험등급에 따른 맞춤형 지원, 3고(금리, 물가, 환율 高) 현상 대응
③ 3고(금리, 물가, 환율 高) 현상 대응, 혁신 기업 성장 지원, 취약 기업 재기 지원, 신용위험등급에 따른 맞춤형 지원
④ 신용위험등급에 따른 맞춤형 지원, 혁신 기업 성장 지원, 취약 기업 재기 지원, 3고(금리, 물가, 환율 高) 현상 대응

02 [가]의 기대효과로 적절하지 않은 것은?

① 원자재 가격 및 인건비 상승에 따른 비용부담을 경감할 수 있다.
② 환율 상승으로 인한 수입기업의 결제부담과 수출기업의 비용부담을 경감할 수 있다.
③ 이자상환부담이 증가하는 중소기업의 금융이용부담을 완화할 수 있다.
④ 재무성과가 낮고 담보 자산이 부족하더라도 성장 잠재력이 높은 기업은 금융지원을 받을 수 있다.

[03~04] 다음 데이터레이크 시스템의 구조 및 특징에 관한 자료를 읽고 이어지는 물음에 답하시오.

1. 데이터레이크 시스템의 구조

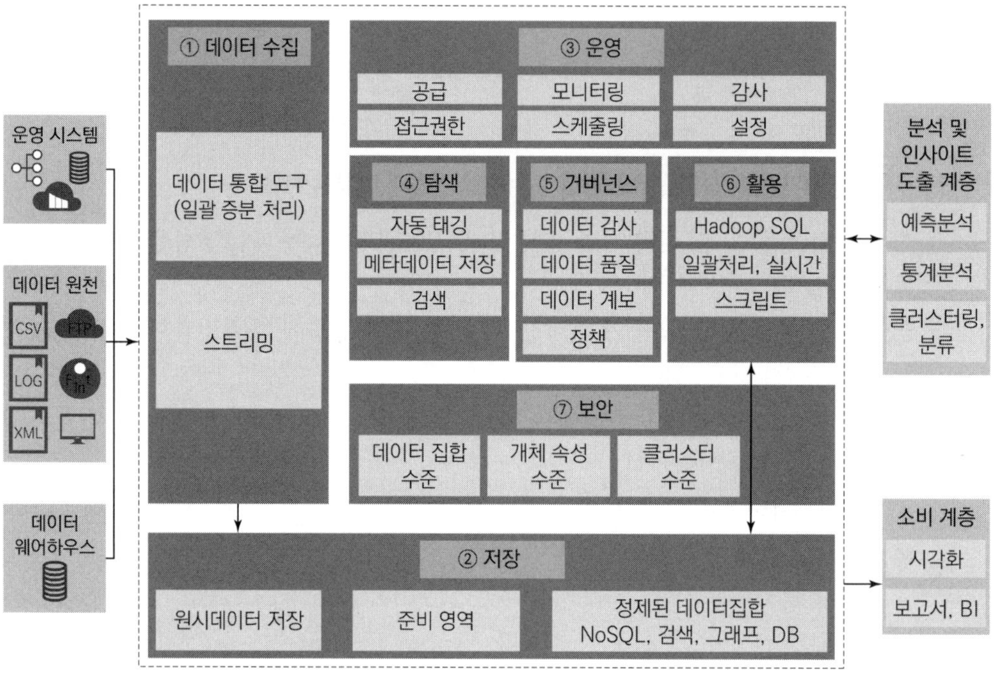

① 데이터 수집: 데이터 통합 도구 또는 데이터 스트리밍 도구를 이용하여 다양한 원시 데이터를 시스템에 인입
- 데이터 통합: 일괄 처리 또는 최초 업로드 데이터와 변경된 부분을 추출하여 수집하는 증분 처리
- 데이터 스트리밍: 실시간 처리가 요구되는 환경에서 스트림 데이터를 추출하여 수집

② 저장: 수집된 원시 데이터, 데이터 카탈로그가 추출한 메타데이터(파일명, 형식, 크기, 수정시간, 소유자, 접근권한, 저장위치 등 속성 정보), 정제된 데이터 등을 저장

③ 운영: 데이터 공급, 실시간 모니터링, 사용자 접근권한 관리, 프로세스 스케줄링, 환경 설정 등 관리

④ 탐색: 데이터의 자동 태깅, 메타데이터 저장소 탐색, 데이터 검색 등을 제공

⑤ 거버넌스: 데이터 감사, 품질 관리, 데이터 계보(데이터의 출처, 생성, 변경, 이동 등의 변경 이력 정보), 운영 정책 등을 관리

⑥ 활용: 구조화된 질의어, 일괄처리 또는 실시간 처리, 관련 스크립트 등을 제공

⑦ 보안: 데이터 집합, 개체 및 속성 단위, 클러스터 수준의 보안 기능을 제공

2. 데이터레이크 시스템의 특징
① 데이터베이스 스키마(데이터베이스를 구성하는 개체, 속성, 키, 레코드 간의 관계 등을 정의한 구조)를 이용하여 저장된 데이터 형태를 변환하는 읽기 스키마 방식으로 처리함으로써 높은 응답 속도 및 추적성을 보장
② 데이터를 '추출 → 변형 → 적재'의 과정 없이 원시 상태 그대로 저장한 후, 분석 시점에 필요한 형태로 분리·가공함으로써 응답속도 향상
③ 정해진 목적 및 시기에 상관없이 필요에 의한 비정기적 또는 즉시 분석이 가능
④ 상대적으로 저렴한 범용 하드웨어 저장소 사용 가능
⑤ 데이터 원천에서부터 현재까지의 모든 변경사항에 대한 메타데이터를 데이터 계보에 기록 및 관리
⑥ 데이터의 종류(정형, 비정형, 반정형 데이터) 또는 규모에 제약 없이 단일 저장소에 통합 저장함으로써 데이터의 확장성과 유연성이 높음(최대 약 10억GB까지 확장 가능)

03 **위 자료의 내용과 일치하는 것은?**

① 데이터레이크 시스템 구조 중 데이터를 통합 및 스트리밍하는 과정은 '데이터 탐색'이다.
② 데이터레이크 시스템 구조 중 4번째 과정은 메타데이터 저장소 탐색, 데이터 검색 등을 제공한다.
③ 데이터의 출처, 생성, 변경, 이동 등의 변경 이력 정보를 확인할 수 있는 데이터레이크 시스템 구조는 '활용'이다.
④ 데이터레이크 시스템 구조 중 운영은 데이터 집합, 개체 및 속성 단위, 클러스터 수준의 보안 기능을 제공한다.

04 **데이터레이크 시스템의 특징으로 옳지 않은 것은?**

① 데이터를 추출 → 변형 → 적재의 과정을 거쳐 저장한다.
② 정해진 목적 및 시기에 상관없이 필요에 의해 즉시 분석이 가능하다.
③ 읽기 스키마 방식으로 처리하여 높은 응답 속도 및 추적성을 보장한다.
④ 데이터의 규모에 제약 없이 단일 저장소에 통합 저장해 데이터의 확장성이 높으며 최대 10억GB까지 확장이 가능하다.

05 다음은 금융 분야 데이터 거래소에 관한 자료이다. 이를 이해한 내용으로 가장 적절한 것은?

A 데이터 거래소는 공급자와 수요자가 상호 매칭하여 비식별정보, 기업 정보 등의 데이터를 거래할 수 있는 중개 시스템을 운영한다. 데이터 거래가 원활히 이뤄지도록 혁신적인 거래 기능을 제공하는 한편, 정보 유출 방지를 위한 보안성도 강화하였다. 또한 금융정보 외에도 다양한 분야의 데이터가 함께 거래될 수 있도록 통신, 유통 등 일반상거래 기업도 참여가 가능하다.

이뿐만 아니라 데이터 검색, 계약, 결제, 분석 등 유통의 전 과정을 원스톱(One-Stop)으로 지원한다. 또한 기존 수요자가 데이터 거래 시 데이터의 소재를 파악하고 검색하는 데 많은 시간이 소요된다는 애로 사항을 반영하여, 공급자에게 수요자가 원하는 데이터나 제공 형태 등을 직접 요청할 수 있는 수요자 중심의 거래 시스템이 가능하도록 지원한다.

[그림] 거래소 거래 절차 예시

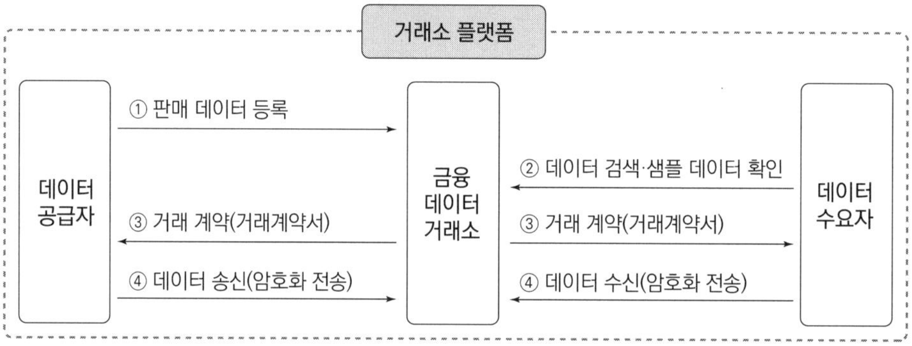

또한 A 데이터 거래소는 안전한 정보 거래 및 활용을 위해 제공데이터의 재식별 가능성을 최소화한다. 판매자가 요청 시에는 데이터를 익명 또는 가명 처리하고 구매자의 정보보호대책 적정성을 거래소가 확인한 후 구매자에게 전송한다.

① 수요자가 원하는 데이터의 샘플을 확인하려면 별도의 연락 수단을 이용해야 한다.
② A 데이터 거래소는 금융권과 기타 산업을 연결하는 개방형 데이터 거래소를 운영한다.
③ 중개자 없이 수요자와 공급자가 직접 거래하므로 거래 과정에서 정보가 유출될 가능성이 높다.
④ 모든 데이터는 수요자가 직접 그 소재를 파악해 공급자에게 데이터 제공을 요청한다.

06 **다음은 [중도상환 수수료]에 관한 자료이다. 이 자료를 바탕으로 할 때 질문에 대한 상담원 A의 답변 중 옳지 않은 것은?**

[중도상환 수수료]

1. 중도상환 수수료율
   가. 주택자금대출 및 부동산 담보대출
      (1) 변동금리: 1.2%
      (2) 그 외: 1.4%
   나. 신용대출 및 부동산 담보대출 이외
      (1) 변동금리: 0.6%
      (2) 그 외: 0.7%
      ※ (2) 그 외에 해당하는 경우: 금리변동 주기와 대출 기간이 동일하거나, 금리변동 주기 및 고정금리 기간이 3년 이상인 경우
2. 중도상환 수수료 계산식

중도상환 원금×수수료율×(잔존 일수/대출 기간)

※ 잔존 일수=대출 기간−대출일로부터 상환일까지 경과일수(단, 대출 후 3년 이상 지난 경우 중도상환 수수료 면제)

[Q&A]

- Q: 신용대출을 받았고, 대출 기간은 2년이고, 잔존 일수는 1년, 중도상환 원금은 5,000만 원입니다. 금리변동 주기와 대출 기간이 동일합니다.
- 상담원 A: ㉠ 중도상환 수수료는 175,000원입니다.
- Q: 주택자금대출을 받았고, 대출 기간은 10년이고, 잔존 일수는 8년, 중도상환 원금은 8,000만 원입니다. 고정금리 기간이 3년입니다.
- 상담원 A: ㉡ 중도상환 수수료 면제 대상입니다.
- Q: 부동산 담보대출을 받았고, 대출 기간은 3년이고, 잔존 일수는 1년, 중도상환 원금은 1억 원입니다.
- 상담원 A: ㉢ 중도상환 수수료는 400,000원입니다.
- Q: 신용대출을 받았고, 대출 기간은 1년이고, 잔존 일수는 6개월, 중도상환 원금은 4,000만 원입니다. 금리변동 주기와 대출 기간이 동일합니다.
- 상담원 A: ㉣ 중도상환 수수료는 140,000원입니다.

① ㉠ ② ㉡ ③ ㉢ ④ ㉣

[07~08] 다음은 [예금자보호제도]에 관한 자료이다. 이어지는 물음에 답하시오.

> [예금자보호제도]
>
> ○ 시행 목적: 이 법은 금융회사가 파산 등의 사유로 예금 등을 지급할 수 없는 상황에 대처하기 위하여 예금보험제도 등을 효율적으로 운영함으로써 예금자 등을 보호하고 금융제도의 안정성을 유지하는 데에 이바지함을 목적으로 한다.
>
> ○ 보호대상 금융 회사: 「예금자보호법」에 따라 예금보호의 적용을 받는 금융회사는 다음의 어느 하나에 해당하는 것을 말한다.
>
> 가. 「은행법」 제8조 제1항에 따라 인가를 받은 은행
> 나. 「한국산업은행법」에 따른 한국산업은행
> 다. 「중소기업은행법」에 따른 중소기업은행
> 라. 「농업협동조합법」에 따른 농협은행
> 마. 「수산업협동조합법」에 따라 설립된 수협은행
> 바. 「은행법」 제58조 제1항에 따라 인가를 받은 외국은행의 국내 지점 및 대리점(대통령령으로 정하는 외국은행의 국내 지점 및 대리점은 제외한다)
> 사. 「자본시장과 금융투자업에 관한 법률」 제12조에 따라 같은 법 제3조 제2항에 따른 증권을 대상으로 투자매매업·투자중개업의 인가를 받은 투자매매업자·투자중개업자(「자본시장과 금융투자업에 관한 법률」 제78조에 따른 다자간매매체결회사, 예금 등이 없는 투자매매업자·투자중개업자로서 대통령령으로 정하는 자 및 「농업협동조합의 구조개선에 관한 법률」 제2조 제1호에 따른 조합은 제외한다)
> 아. 「자본시장과 금융투자업에 관한 법률」 제324조 제1항에 따라 인가를 받은 증권금융회사
> 자. 「보험업법」 제4조 제1항에 따라 허가를 받은 보험회사(재보험 또는 보증보험을 주로 하는 보험회사로서 대통령령으로 정하는 보험회사는 제외한다)
> 차. 「자본시장과 금융투자업에 관한 법률」에 따른 종합금융회사
> 카. 「상호저축은행법」에 따른 상호저축은행 및 상호저축은행중앙회
>
> ○ 보험금의 계산: 현재 1인당 보호금액은 원금과 소정의 이자를 합해 예금자 1인당 최고 5,000만원이다. 각 예금자 등에게 지급하는 보험금은 보험금지급 공고일 현재 각 예금자 등의 예금 등 채권의 합계액에서 각 예금자 등이 해당 금융회사에 대해 지고 있는 채무의 합계액을 뺀 금액으로 한다.

07 **다음 [상황]에서 김 씨가 보호받을 수 있는 총 금액은? (단, [상황]에 제시되지 않은 내용은 고려하지 않는다)**

> [상황]
>
> • 김 씨는 IBK기업은행에 4천만 원, 하나은행에 6천만 원을 각각 예치하였다.
> • 김 씨는 IBK기업은행에 2천만 원, 하나은행에 5백만 원의 대출금이 남아 있다.

① 1억 원
② 7천5백만 원
③ 7천만 원
④ 5천만 원

08 **다음 [그림]의 ㉠~㉢에 들어갈 말을 바르게 나열한 것은?**

[그림]

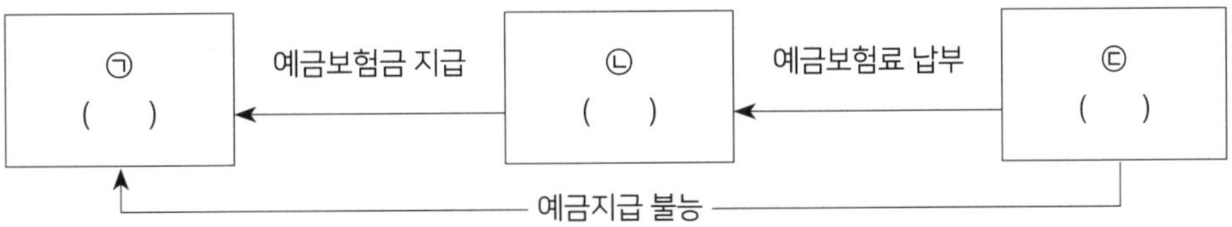

	㉠	㉡	㉢
①	고객	예금보험공사	금융회사
②	고객	금융회사	예금보험공사
③	예금보험공사	고객	금융회사
④	금융회사	예금보험공사	고객

[09~10] 다음은 [I 입출금 통장]에 관한 자료이다. 이어지는 물음에 답하시오.

1. 가입대상: 사업자등록증을 소지한 개인사업자 또는 법인(단, 동일 사업자당 1계좌로 제한함)
2. 계약기간: 제한 없음
3. 이자지급식 주기
   - 보통예금: 예금의 이자는 매년 6월, 12월의 두 번째 토요일에 결산 후 익일에 지급
   - 저축예금: 예금의 이자는 매년 3월, 6월, 9월, 12월의 두 번째 토요일에 결산 후 익일에 지급
   - 기업자유예금: 예금의 이자는 매년 3월, 6월, 9월, 12월의 세 번째 토요일에 결산 후 익일에 지급
4. 약정이율

잔액	100만 원 미만	100만 원 이상 500만 원 미만	500만 원 이상 1,000만 원 미만	1,000만 원 이상 5,000만 원 미만	5,000만 원 이상 1억 원 미만	1억 원 이상
약정 이율	0.1%	0.2%	0.3%	0.4%	0.5%	0.1%

5. 우대사항
   - 수수료 면제: 잔액증명서 발급수수료(비대면채널 발급 시), 현금카드 발급수수료(1회 한함)에 한하여 요건 없이 면제
   - 심화우대: 직전월 기준 아래 우대요건 중 1개 이상 충족하는 경우 전자금융 이체수수료, 당행 ATM 송금수수료, 타행 ATM 출금수수료, 타행 자동이체수수료 면제(단, 최초 신규일로부터 1개월 동안 조건 없이 면제)

     ※ 우대요건
     1) 당행 기업대출을 보유 중이며, 최근 6개월 이내 연체가 없는 경우
     2) 최근 6개월 이내 가입한 비대면채널 전용 기업 예·적금 상품을 보유한 경우
     3) 당행 전자결제(전자방식 외상 매출채권, 전자채권, 구매카드 등) 입금 실적을 보유한 경우
     4) BC카드, 제로페이 가맹점 입금 실적을 보유한 경우
     → 3), 4)의 경우 I 입출금 통장으로 입금 실적을 보유한 경우에만 인정함
6. 유의사항
   - 영업점을 통해 기존 입출식계좌에서 해당 통장으로 전환 가능함
   - 비대면채널 전용 상품으로 종이 통장 발급이 불가하며, 비대면채널을 통한 이체 및 현금카드에 의한 출금만 가능함
   - 계좌에 압류, 가압류, 질권설정 등이 등록될 경우 원금 및 이자 지급이 제한됨
   - 예금잔액증명서 발급 당일에는 입금, 출금, 이체 등 잔액 변동 불가함
   - 영업점 또는 비대면채널을 통해 해지 가능함

09 **위 [I 입출금 통장]에 대한 설명으로 옳지 않은 것은?**

① 사업자 1명당 1계좌로 제한하며, 영업점을 통해 해지할 수 있다.

② 은행 창구에서 출금이 불가능하다.

③ 잔액이 700만 원인 경우 약정이율은 0.3%이다.

④ 예금잔액증명서를 발급한 당일에 이체가 가능하다.

10 **다음 [보기]의 A~D 중 수수료 면제를 받을 수 없는 대상은? (단, 현재는 8월이다)**

| 보기 |

- A: 당행 기업대출을 보유 중이며, 1월에 연체가 1회 있는 A는 비대면채널을 이용한 잔액증명서를 발급받았다.
- B: 7월에 E 입출금 통장으로 제로페이 가맹점 입금 실적을 보유하고 있는 B는 타행 ATM에서 출금을 시도하였다.
- C: 4월에 비대면채널 전용 기업 예금을 가입 후 현재까지 보유하고 있는 C는 전자금융 이체를 시도하였다.
- D: 8월에 I 입출금 통장을 신규 가입한 D는 타행으로 자동이체를 시도하였다.

① A　　② B　　③ C　　④ D

기출복원

제1회

제2회

제3회

[11~12] 다음은 보험 산업에 관한 보도자료이다. 이어지는 물음에 답하시오.

최근 보험업계에서는 불건전 경쟁 이슈가 문제로 제기되고 있다. 예를 들어 단기 성과 위주의 상품 판매로 인한 향후 건전성 저해와 소비자 보호에 악영향을 미칠 가능성이 큰 상품을 판매하는 것을 이른다. 보험 상품을 판매할 때 보험금의 지급 기준을 명확히 설명하지 않고 보장 금액만을 강조하여 불완전 판매가 이뤄지게 하며, 이로 인해 보험 회사의 건전성을 저해하는 등 소비자에게 피해가 발생한다는 비판이다. 이에 대해 보험사가 제시한 해결 방안은 다음과 같다.

[가] 보험사가 보험 상품을 개발하고 판매하는 절차 전반을 스스로 관리할 수 있도록 내부 통제 및 외부 검증 절차를 강화한다. 기존 보험사 내부 상품 위원회는 법규상 의무가 없이 형식적으로 운영되었다. 보험사는 상품 위원회에 상품 담당 임원 외에도 CRO(위험관리책임자), 준법감시인, CCO(금융소비자보호 담당 임원) 등의 참여를 의무화하여 상품 기획·출시·사후관리의 모든 상황을 총괄하게 함으로써 상품 위원회를 보험 상품 관리의 컨트롤타워 역할을 수행할 수 있도록 개선한다.

[나] 상품 위원회는 상품 구조에 따른 불완전판매 가능성뿐만 아니라, 담보별 보장한도 및 환급률, 보험사기 영향도 평가결과의 적정성 등 중요사항을 모두 심의하는 등의 상품 심의와 상품 판매 이후 부실상품으로 인한 리스크 발생 가능성을 점검·평가하는 사후 관리를 담당한다. 또한 상품 판매가 부적정하다고 판단되는 부실 상품에 대하여 판매 중지 등의 조치를 취한다.

[다] 보험사가 보험 상품을 개발 시 담보별로 적정 수준의 보장 한도 금액을 설정할 수 있도록 실제 발생 가능한 평균 비용(예 치료비, 간병비) 등을 고려하여 보장금액의 한도 가이드라인과 심사기준을 마련한다. 예를 들어 위로금, 교통비와 같이 직접 연관성이 없는 비용은 보장에서 제외하며 객관적 예측이 가능한 미래 비용 상승률은 보장 금액에 반영한다. 의료비 보장담보(입원·통원 등)는 실손 보험의 보장분을 고려하고 이미 당사에 가입 또는 청약 중인 계약까지 고려하여 보험 상품을 합리적으로 권유한다. 이는 보험 회사의 건전성을 저해하고 소비자 피해를 유발하는 부실 상품의 출시를 방지하고, 합리적인 보장 금액 한도 설정으로 인한 보험료 절감에 기여할 것으로 기대한다.

[라] 선지급 방식의 과도한 수수료 및 시책 지급 등으로 인한 차익 거래(판매 수수료+해약 환급금이 납입 보험료보다 많은 계약으로 허위 계약을 유발함)를 방지하기 위해 법규상 차익 거래 금지 기간을 확대한다. 차익 거래 금지 기간을 현행 1년에서 보험계약 전체 기간으로 확대하며, 지급 수수료 외에도 직접적 지원 경비를 모두 포함하여 차익 거래를 판단한다.

11 **위 자료에 대한 설명으로 적절하지 않은 것은?**

① 과거 상품 위원회는 보험 상품 관리 및 내부 통제의 실질적 역할을 다하지 못했다.
② 과도한 보장만을 강조하는 것은 보험 상품의 불완전 판매의 원인이 될 수 있다.
③ 소비자 피해를 줄이려면 질병 위로금, 교통비 지급 항목을 보장 금액에 포함해야 한다.
④ 차익 거래 금지 기간의 확대는 건전한 경쟁 환경을 조성하는 데 긍정적인 영향을 미친다.

12 **위 자료의 [가]~[라]에 들어갈 소제목을 순서대로 바르게 나열한 것은?**

① 보험사 리스크 관리 프로세스 강화, 상품 위원회의 주요 역할, 건전한 경쟁을 유도하는 환경 조성, 합리적인 보장 한도 심의
② 보험사 리스크 관리 프로세스 강화, 상품 위원회의 주요 역할, 합리적인 보장 한도 심의, 건전한 경쟁을 유도하는 환경 조성
③ 합리적인 보장 한도 심의, 보험사 리스크 관리 프로세스 강화, 건전한 경쟁을 유도하는 환경 조성, 상품 위원회의 주요 역할
④ 건전한 경쟁을 유도하는 환경 조성, 상품 위원회의 주요 역할, 합리적인 보장 한도 심의, 보험사 리스크 관리 프로세스 강화

[13~14] 다음은 경제활동별 GDP 성장률과 제조업 업종별 성장률에 관한 자료이다. 이어지는 질문에 답하시오.

[표 1] 경제활동별 GDP 성장률

(단위: %)

구분	2018년	2019년	2020년	2021년	2022년	2023년
국내총생산	2.9	2.2	−0.7	4.3	2.6	1.4
농림어업	0.2	3.9	−5.8	5.2	−1.0	−2.4
제조업	3.3	1.1	−1.1	7.1	1.5	1.0
전기, 가스 및 수도사업	−1.7	4.3	4.1	2.7	1.9	−5.0
건설업	−2.8	−2.6	−1.3	−1.9	0.7	2.7
서비스업	3.8	3.4	0.8	3.8	4.2	2.1

[표 2] 제조업 업종별 GDP 성장률

(단위: %)

구분	2018년	2019년	2020년	2021년	2022년	2023년
제조업	3.3	1.1	−1.1	7.1	1.5	1.0
화학제품	2.5	−0.9	−0.3	4.9	−3.2	0.1
1차금속	−3.8	−0.9	−3.3	5.5	−5.4	0.9
금속제품	−1.3	−1.8	−6.3	−5.3	−2.6	−1.2
컴퓨터 전자 및 광학기기	11.4	6.4	5.2	14.0	6.3	3.4
기계 및 장비	0.7	−0.9	1.0	11.5	2.1	−4.1
운송장비	−2.3	1.9	−10.1	4.7	11.0	13.3

13 위 자료를 이해한 내용으로 가장 적절한 것은?

① 조사기간 동안 전년 대비 GDP 성장률의 증감방향이 국내총생산과 동일한 경제활동은 두 가지이다.
② 제조업의 2018년 대비 2023년 GDP 성장률의 감소율은 서비스업보다 크다.
③ 컴퓨터 전자 및 광학기기의 GDP 성장률의 전년 대비 증가율은 2020년에 가장 크다.
④ 운송장비의 전년 대비 GDP 성장률이 가장 많이 증가한 해는 2022년이다.

14 위 자료를 바탕으로 작성한 [그림]으로 옳지 않은 것은?

① 연도별 국내총생산 성장률

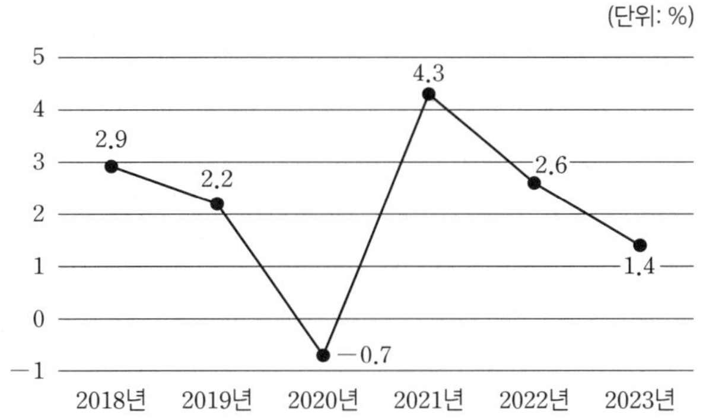

② 농림어업, 제조업, 서비스업 연도별 GDP 성장률

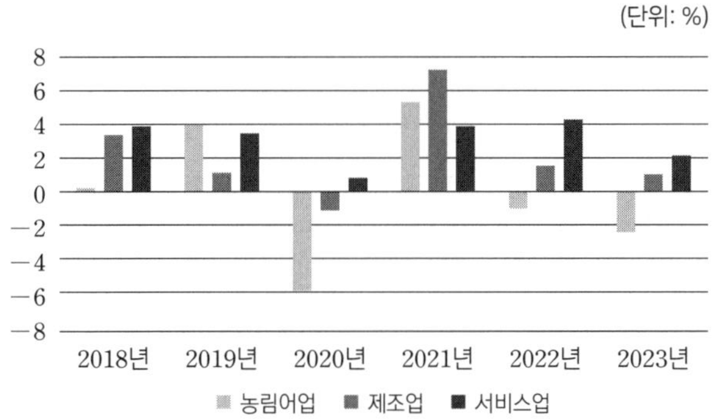

③ 제조업 상위 4개 업종의 연도별 GDP 성장률

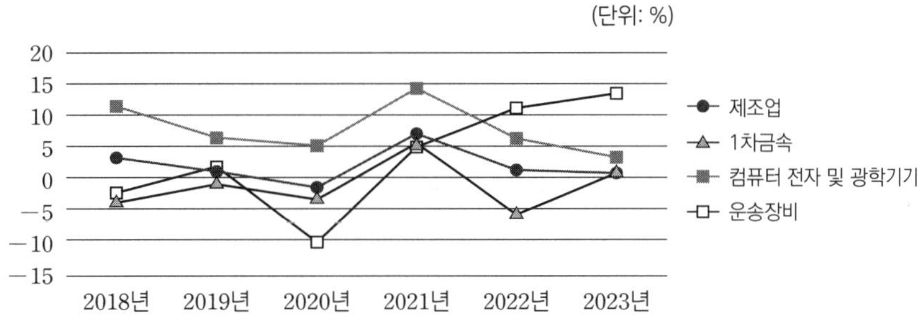

④ 서비스업 연도별 GDP 성장률의 전년 대비 증감률

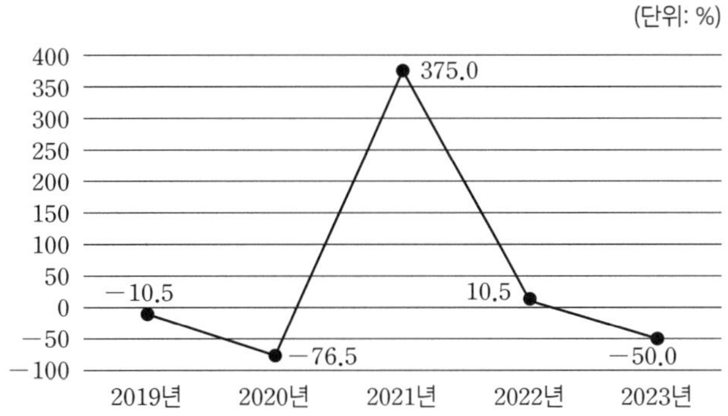

[15~16] 다음은 주요 은행 직원 수와 직원 1인당 평균 생산성 추이에 관한 통계자료이다. 이어지는 질문에 답하시오.

[표 1] 주요 은행별 직원 수 추이

(단위: 명)

구분	2020년	2021년	2022년	2023년
A은행	17,593	17,642	17,108	17,012
B은행	14,641	14,548	14,115	13,948
C은행	15,219	14,977	14,393	14,221
D은행	13,673	13,270	12,786	12,064
계	61,126	60,437	58,402	57,245

[표 2] 주요 은행별 직원 1인당 평균 생산성 추이

(단위: 억 원)

구분	2020년	2021년	2022년	2023년
A은행	2.50	2.67	3.60	4.16
B은행	2.19	2.27	3.03	3.15
C은행	2.08	2.30	2.64	3.12
D은행	1.53	2.17	2.80	2.89

※ 생산성＝충당적립전이익/직원 수

15 위 자료를 바탕으로 다음과 같이 보도자료를 작성하였다. ㉠~㉣ 중 옳지 않은 것은?

㉠ 2023년 주요 은행(A~D)의 전체 직원 규모는 전년 대비 5% 이상 감소하였다. 이는 전반적으로 금융 산업계에 대한 비용 증가와 그에 대한 부담감 표출로 볼 수 있다. 특히, ㉡ B은행의 경우 2021년 이후 전년 대비 직원 수가 지속적으로 감소하는 모습을 보이며, 건전성에 대한 의문을 남기기도 했다. 그럼에도 불구하고, ㉢ 주요 은행들은 2021년 이후 전년 대비 직원 1인당 평균 생산성이 지속적으로 상승하면서 당장의 비효율성을 제거하기 위한 선택이었음을 수치로서 방증하고 있다. 특히, ㉣ 2023년 A은행의 경우 가장 적은 충당적립전이익을 보인 은행의 충당적립전이익에 비해 2배에 달하는 모습을 보이며, 효과적인 경영이 이루어지고 있음을 드러내고 있다.

① ㉠ ② ㉡ ③ ㉢ ④ ㉣

16 **위 자료를 바탕으로 B은행의 연도별 충당적립전이익을 파악하기 위한 [그림]을 작성하였다. 충당적립전이익이 잘못 표시된 연도는? (단, 소수점 아래 첫째 자리에서 반올림한다)**

[그림] B은행의 연도별 충당적립전이익

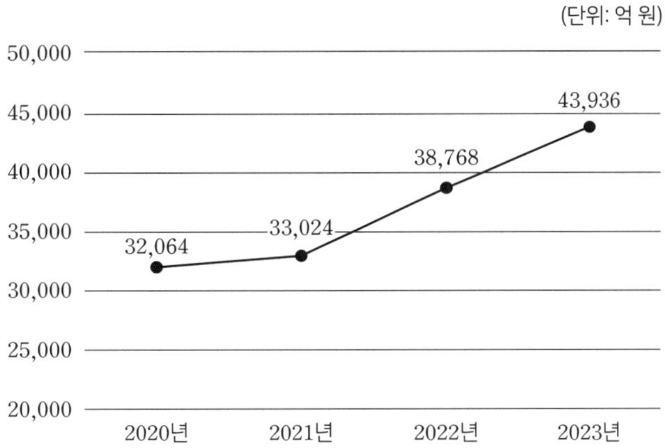

① 2020년 ② 2021년 ③ 2022년 ④ 2023년

17 다음은 2023년 투자자별 금 일반상품 매도 현황 자료이다. 이 자료에 대한 설명으로 옳지 않은 것은?

[표 1] 2023년 상반기 투자자별 금 일반상품 매도량

(단위: 그램)

구분	1월	2월	3월	4월	5월	6월
전체	1,130,121	1,156,611	1,841,222	1,385,463	1,180,097	1,092,002
금융투자	349,087	260,652	489,126	393,124	599,923	355,123
투신	0	0	0	0	0	0
은행	28,285	296,662	167,284	87,307	47,665	24,489
기타 법인	167,975	110,810	99,579	220,790	84,306	189,990
개인	583,158	487,240	1,081,091	683,227	446,780	519,805
기타 외국인	1,616	1,247	4,142	1,015	1,423	2,595

[표 2] 2023년 상반기 투자자별 금 일반상품 매도대금

(단위: 백만 원)

구분	1월	2월	3월	4월	5월	6월
전체	85,843	88,269	147,095	117,740	100,742	88,603
금융투자	26,470	19,880	38,706	33,469	51,458	28,769
투신	0	0	0	0	0	0
은행	2,156	22,696	13,401	7,422	4,033	1,983
기타 법인	12,746	8,448	7,965	18,794	7,204	15,340
개인	44,348	37,150	86,690	57,970	37,924	42,300
기타 외국인	123	95	333	85	123	211

① 2023년 상반기에 금 일반상품 매도량은 개인이 금융투자보다 130만 그램 이상 더 많다.
② 4월에 금 일반상품 매도대금 중 은행의 비중은 전월 대비 감소했다.
③ 2~6월 중 기타 법인의 금 일반상품 매도량이 가장 많은 달에 금융투자의 금 일반상품 매도량은 전월 대비 18% 이상 감소했다.
④ 2023년 상반기에 투신을 제외한 투자자별 금 일반상품 매도량이 가장 많은 달은 모두 서로 다르다.

[18~20] 다음은 [퇴직연금 실물이전 서비스]에 관한 자료이다. 이어지는 물음에 답하시오.

[퇴직연금 실물이전 서비스]

1. 개요
- 퇴직연금가입자가 기존 운용상품을 매도(해지)하지 않고 퇴직연금사업자만 바꾸어 이전할 수 있는 '퇴직연금 실물이전 서비스'가 '24. 10. 31. 개시
- 지금까지 퇴직연금 계좌를 타 사업자로 이전하려면 기존 상품의 해지(현금화)에 따른 비용(중도해지 금리 등), 펀드 환매 후 재매수 과정에서 금융시장 상황 변화로 인한 손실(기회비용) 등이 발생할 수 있었다.
- 그러나 이번 퇴직연금 실물이전 서비스 도입으로 계약이전 시 가입자가 부담하는 손실이 최소화되고, 사업자 간 서비스 기반의 건전한 경쟁이 촉진되어 퇴직연금 수익률 개선에도 기여할 것으로 기대된다.

〈실물이전 서비스 제공 사업자〉

○ 퇴직연금 관련 법령에 의한 의무사항이 아닌, 자체 전산시스템 구축 등 퇴직연금 사업자와 상품제공기관의 자발적인 협조에 기반하여 제공하는 서비스로 총 44개 실물이전 퇴직연금 사업자 중 37개사(실물이전 대상 적립금의 94.2% 차지)가 10. 31. 개시

※ 실물이전 서비스 개통이 어려운 일부 사업자들에 대해서는 서비스 개시 지연사유 및 개시 예정일자를 각 퇴직연금 사업자의 홈페이지 및 금융감독원 통합연금포탈에 안내할 예정

2. 실물이전 신청 절차
- 실물이전 형태로 퇴직연금 계좌를 이전하려는 퇴직연금 가입자는 새롭게 계좌를 옮기고자 하는 퇴직연금사업자(수관회사)에서 퇴직연금 계좌를 개설한 후 이전신청서를 접수하면 된다.

  * 단, 수관회사에 개설된 퇴직연금계좌가 있는 경우 신규 계좌 개설이 불필요하여 이관회사에서도 이전신청 가능
- 가입자의 계약이전 신청을 받은 퇴직연금사업자는 실물이전 가능 상품목록 등 유의사항을 가입자에게 안내하여 가입자의 이전 여부에 대한 최종 의사 확인을 거친 후, 실물이전을 실행하고 이전 결과를 SMS, 휴대폰 앱 등을 통해 가입자에게 통보하게 된다.

3. 실물이전 범위 및 대상
- 신탁계약 형태의 원리금 보장상품(예금, GIC, ELB·DLB 등), 공모펀드, ETF 등 주요 퇴직연금 상품은 대부분 실물이전이 가능하다.
- 다만, 실물이전은 동일한 제도 내(DB ↔ DB, DC ↔ DC, IRP ↔ IRP)에서 이전 가능하고, 퇴직연금 운용 상품의 특성, 계약 형태 등에 따라 실물이전이 불가능한 경우(디폴트 옵션, 퇴직연금계약이 보험계약 형태인 경우, 언번들형 계약 등)가 있으므로 가입자는 '실물이전 대상제도 및 상품 범위'를 참고하여 보유한 상품의 실물이전 가능 여부를 확인해야 한다.

- 즉, 가입자가 운용하는 다양한 상품 중 수관회사가 취급하는 실물이전 대상 상품은 해지 없이 이전이 가능하지만, 실물이전 제외 상품과 수관회사 미취급 상품은 기존과 같이 상품 매도 후 현금화하여 이전하여야 한다.

4. 향후 계획
   - 고용노동부·금융감독원은 가입자의 편의성 제고를 위해 보유한 상품의 실물이전 가능 여부를 신청 전에 조회할 수 있는 '사전조회 기능'을 빠른 시일 내에 추가 오픈할 예정이다.
   - 중·장기적으로 DC에서 IRP로의 실물 이전 등 금번 이전 범위에 포함되지 못한 상품에 대해서도 실물이전이 가능하도록 추가 검토하는 등 가입자에 대한 서비스 제고 노력을 지속적으로 추진해 나갈 예정이다.

18 위 자료의 내용과 부합하지 않는 것은?

① 퇴직연금 계좌를 실물이전하려는 경우, 수관회사에 퇴직연금 계좌가 개설되어 있어야 한다.
② 신탁계약 형태의 원리금보장상품은 제도 간 실물이전이 자유롭게 가능하다.
③ 기존에는 퇴직연금 계좌를 타 사업자로 이전하는 과정에서 각종 비용이 발생할 수 있었다.
④ 가입자의 편의성을 위해 실물이전 가능 여부를 확인할 수 있는 제도를 추가 도입할 예정이다.

19 퇴직연금 실물이전 서비스 절차를 바르게 나열한 것은?

㉠ 이전 결과 가입자에게 통보
㉡ 퇴직연금사업자에서 퇴직연금 계좌 개설 및 신청
㉢ 실물이전 관련 유의사항 안내
㉣ 퇴직연금가입자가 퇴직연금을 이전할 퇴직연금사업자를 결정
㉤ 실물이전 제외 상품 매도
㉥ 실물이전 실행

① ㉣ - ㉢ - ㉡ - ㉤ - ㉥ - ㉠
② ㉣ - ㉡ - ㉤ - ㉢ - ㉥ - ㉠
③ ㉣ - ㉡ - ㉢ - ㉤ - ㉥ - ㉠
④ ㉣ - ㉡ - ㉢ - ㉥ - ㉤ - ㉠

20 **다음은 '퇴직연금 실물이전'을 원하는 퇴직연금 가입자들의 [대화]이다. 빈칸 ㉠에 들어갈 말로 옳지 않은 것은?**

[대화]

- 퇴직연금 가입자 A: B님, 퇴직연금 실물이전에 대한 질문이 있습니다.
- 퇴직연금 가입자 B: 네, 어떤 부분이 궁금하신가요?
- 퇴직연금 가입자 A: 실물이전이 불가능한 상품은 무엇인가요?
- 퇴직연금 가입자 B: (㉠) 등이 불가능합니다.
- 퇴직연금 가입자 A: 감사합니다.

① 수관회사 취급 상품

② IRP ↔ DC

③ 디폴트 옵션 상품

④ 퇴직연금계약이 보험계약 형태인 경우

[21~22] 다음은 IBK기업은행의 [폄뱅킹 출금이체 약관] 중 일부 내용이다. 이어지는 물음에 답하시오.

[폄뱅킹 출금이체 약관]

제2조 ① '출금이체'란 이용기관이 자기의 고객으로부터 정기적으로 납부받아야 할 각종 수납자금을 납부자의 예금계좌에서 출금하여 이용기관의 수납 모계좌로 집금하는 업무를 말한다.

② 본 약관의 영업일은 휴일(법령에 의한 공휴일, 토요일, 근로자의 날)을 제외한 날로 한다.

제3조 은행은 출금이체를 실행하기 위하여 다음 각 항에서 정하는 방법에 따라 미리 납부자로부터 출금에 대한 동의를 얻어야 한다.

① 은행이 납부자로부터 서면 등을 통해 출금의 동의를 받는 방법

② 이용기관이 납부자로부터 서면 등을 통해 출금의 동의를 받아 은행으로 전달하여 출금이체를 신청하는 방법. 단, 이 경우 납부자 본인확인은 이용기관이 한다.

제4조 자동이체 신규신청에 의한 출금이체 개시일은 이용기관의 사정에 의하여 결정되며, 은행이 이용기관으로부터 사전통지받은 납기일(휴일인 경우 익영업일)을 출금이체 개시일로 한다.

제5조 납부자가 지급하여야 할 요금에 대하여 이용기관이 은행 앞으로 청구하는 경우에는 별도의 통지 없이 납부자 지정계좌에서 이용기관이 지정하는 납기일(휴일인 경우 익영업일)에 출금 대체 납부한다.

제6조 납부자가 지정한 계좌의 예금 잔액이 납기일 현재 이용기관의 청구금액보다 부족하거나 예금의 지급제한, 압류 등 납부자의 중대한 과실에 의하여 출금이 되지 않아 발생하는 손해에 대해서는 납부자가 그 책임을 부담한다.

제7조 출금이체 신청에 의한 지정계좌에서의 출금은 해당 납기일 은행 영업시간 내의 예금 잔액에 한하여 이용기관의 청구대로 출금하며, 출금 시 은행은 출금금액 및 출금일자에 대한 정당여부를 확인하지 않는다.

제8조 출금이체 해지는 은행 창구 및 인터넷뱅킹을 통해 가능하며, 이용기관이 출금요청을 한 당일에는 출금이체 해지가 제한될 수 있다.

제9조 납부자는 출금이체 업무처리를 위하여 은행명, 계좌번호, 생년월일, 사업자등록번호를 은행에 제공하는 것에 동의한다.

제10조 은행은 1년 이상 이용기관으로부터 출금요청이 없는 출금이체에 대하여 사용자 또는 이용기관에 상당한 기간을 정하여 이행하도록 안내하고 그 기간 내에 이행하지 아니한 때에 한하여 출금이체를 해지할 수 있다.

제12조 은행이 이 약관을 변경하고자 하는 경우에는 변경 1개월 전에 그 내용을 해당 전자금융거래를 수행하는 전자적 장치(해당 전자적 장치에 게시하기 어려울 경우에는 이용자가 접근하기 용이한 전자적 장치) 및 영업점에 게시하고 이용자에게 통지하여야 한다.

21 **다음 질문 중 위 약관을 토대로 답변할 수 없는 것은?**

① 이용기관이 납부자 본인확인을 받아야 하는 경우는 무엇인가?
② 예금 압류로 출금이 되지 않으면 누구의 책임인가?
③ 출금이체 해지가 제한될 수 있는 사유는 무엇인가?
④ 은행이 이 약관을 변경할 수 있는 사유는 무엇인가?

22 **A~D사는 IBK기업은행 펌뱅킹을 이용하고 있는 회사이다. 다음 중 위 약관을 참고할 때 받아들여지는 요구는 무엇인가?**

① A사는 주말의 다음 날인 월요일을 무조건 출금일로 해 줄 것을 요구하였다.
② B사가 납부자 갑으로부터 출금 동의 서류를 받아 은행에 전달하였고, 은행은 납부자 갑에 대한 본인확인 없이 서류대로 출금을 진행하였다. 하지만 B사에 출금 동의 서류를 전달한 사람은 갑이 아닌 갑을 사칭한 을이었고, 그 결과 B사는 막대한 손해를 입어 은행에 본인확인을 하지 않은 책임을 물어 손해배상을 요구하였다.
③ 신규 출금이체를 신청하는 C사는 은행이 요청한 날짜가 아닌, C사가 단독으로 정한 휴일이 아닌 날짜를 출금이체 개시일로 요구하였다.
④ 은행은 1년간 출금요청이 없는 D사에 출금이체를 즉시 해지하도록 요구하였다.

[23~24] 다음은 A~C 대출에 대한 자료이다. 이어지는 물음에 답하시오.

○ 대출대상 및 한도

구분	대상	한도 및 이자
A 오피스텔 담보 대출	• 당행 전산으로 소득 확인이 가능한 근로소득자 또는 사업소득자 • 개인신용평점 KCB 520점 이상, NICE 600점 이상인 고객	• 담보가액의 70% • 연이자: 4.4%
B 주택 담보 대출	• 부부합산 연 소득 7,000만 원 이하의 무주택자 또는 1주택(신혼부부의 경우 8,500만 원 이하) • 개인신용평점 KCB 500점 이상, NICE 580점 이상인 고객	• 담보가액의 60%(신혼부부의 경우 70%) • 연이자: 4.8%
C 담보 대출	본인(배우자와 공동소유 포함)이 3개월 이상 재직 중인 근로소득자 또는 1년 이상 사업을 영위 중인 개인사업자	• 담보가액의 60%(최대 3.6억 원) • 연이자: 4.9%

○ 대상 주택

1. A 오피스텔 담보 대출
   - KB시세 확인이 가능한 본인 단독 소유 주거용 오피스텔에 거주하고 있으며, 본인 세대 외 타 세대 및 동거인 전입신고가 없는 경우
2. B 주택 담보 대출
   - 담보가액이 6억 원 이하인 주택
   - 실제 주거용으로 사용되는 아파트, 연립, 다세대, 단독주택, 조건부 도시형생활주택
   - 대출 신청일 기준 담보물의 건물 또는 토지에 대한 경매, (가)압류, 가처분, 가등기 등의 법적 절차나 권리제한 사항이 없는 주택

23 위 자료를 이해한 내용으로 옳지 않은 것은?

① 대출 신청일 기준 경매 진행 중인 단독주택은 B 주택 담보 대출 대상이 아니다.

② C 담보 대출을 이용한 경우 최대 대출한도를 받을 수 있는 대상 주택의 최대 가액은 6억 원이다.

③ 업무용 오피스텔은 A 오피스텔 담보대출 대상이 아니다.

④ 신혼부부 여부에 따라 대출한도가 차이 나는 대출이 있다.

24 **다음 [상황]의 H가 소유하고 있는 주택을 담보로 대출을 실행하려고 한다. H가 대출 실행 후 1년 동안 한 달에 납부해야 하는 이자는 얼마인가?**

[상황]

H는 미혼으로 연 소득이 5,000만 원이고, 4년 재직한 근로소득자이다. H는 1주택자로 개인신용평점 KCB 500점, NICE 600점이고, 소유하고 있는 주택은 실제 주거용으로 사용되는 아파트이다. H가 소유하고 있는 주택의 가액은 5억 원이다.

- H는 대출받을 수 있는 최대 한도로 대출을 받았다.
- H는 대출받을 수 있는 상품 중 연이자가 더 낮은 상품을 실행한다.
- H는 1년간 거치를 진행하여, 1년간 원금에 대한 이자만 납부한다.
- 연이자는 월할 계산하여 납부한다.

① 120만 원 ② 122만 원 ③ 200만 원 ④ 204만 원

[25~26] 다음 [IBK기업은행 직원상벌규정]을 읽고 이어지는 물음에 답하시오.

[IBK기업은행 직원상벌규정]

○ 포상은 표창과 격려상, 부점장포상으로 구분한다.

○ 포상자에 대하여는 포상기준에 따라 표창장 또는 상장을 수여하고 부상을 줄 수 있다.

○ 포상 시에는 공적에 따라 특별휴가를 줄 수 있다.

○ 포상의 기준

- 표창
  - 성실한 봉사와 충실한 실천으로 근무성적이 우수하여 타의 모범이 되는 자
  - 자금조달, 자금운용 및 수지개선 등 은행 업무신장에 크게 기여한 자
  - 업무에 관한 창의적 연구개발 효과로 은행 발전에 크게 기여한 자
  - 중대한 사고의 예방 또는 그 수습에 크게 기여한 자
  - 금융비리 및 병폐를 신고하여 금융풍토정화에 솔선수범한 자
  - 기타 당행을 위하여 특별한 공로가 있는 자
- 격려상
  - 표창 기준에는 미흡하나 타의 모범이 되고 은행 발전에 기여한 자
  - 성적의 등위를 정하여 포상할 경우 성적이 우수한 자
- 부점장포상: 부점에서 주관하는 주요사업 실적 우수자

○ 표창은 해당 업무 담당부서장이 인사부장에게 추천하되, 필요한 경우 인사부장이 해당 업무 담당부서장에게 추천을 의뢰할 수 있다.

○ 격려상은 해당 업무 담당부서장이 인사부장의 합의를 거쳐 은행장의 결재를 받아 실시한다.

○ 포상 시 구비서류

- 공적조서
- 포상심사기준
- 기타 포상심사에 필요한 자료

○ 인사부장은 공적사항을 심사하여 인사위원회 부의 여부를 결정한다.

○ 동일한 내용의 공적사항에 대하여 이중으로 포상할 수 없다.

○ 포상운용기준 등 이 규정에서 정하지 아니한 포상 관련 세부사항은 은행장이 따로 정한다.

25 **위 [IBK기업은행 직원상벌규정]에 관한 설명으로 옳지 않은 것은?**

① 포상은 표창, 격려상, 부점장포상이 있다.
② 해당 업무 담당부서장은 인사부장에게 표창을 추천할 수 있다.
③ 포상운용기준은 은행장이 정한다.
④ 부점에서 주관하는 주요사업 실적 우수자는 격려상을 받는다.

26 **위 [IBK기업은행 직원상벌규정]과 다음 [표]를 토대로 할 때, A~D 중 표창을 받지 못하는 사람은?**

[표] 직원 A~D의 공적사항

구분	공적사항	비고
A	금융비리 신고	—
B	창의적 연구개발로 부점에서 진행하는 주요사업 실적 우수	해당 공적으로 부점장포상 받음
C	수지개선으로 은행 업무신장에 기여	—
D	중대한 사고수습에 크게 기여	—

① A ② B ③ C ④ D

[27~28] 다음은 서울 본사에서 근무하는 김 대리가 본사에서 9시에 출발하여 광주 지사로 출장 계획 중 정리한 자료이다. 이어지는 물음에 답하시오.

○ 서울 본사에서 교통수단별 출발지까지의 거리 및 이동수단과 이동 속도

구분	기차역	공항	버스터미널
거리	6km	62km	9km
이동수단 (이동 속도)	지하철 (30km/h)	공항버스 (60km/h)	지하철 (30km/h)

※ 택시는 본사에서 바로 출발

○ 교통수단별 출발 시각

- 기차: 기차역에서 10시 10분 출발
- 비행기: 공항에서 11시 15분 출발
- 버스: 버스터미널에서 9시 23분 출발
- 택시: 본사에서 9시 출발

○ 교통수단별 이동 거리 및 이동 속도

구분	기차	비행기	버스	택시
거리	300km	450km	360km	360km
이동 속도	150km/h	450km/h	90km/h	100km/h

※ 기차, 비행기, 버스의 경우 교통수단별 출발지부터 교통수단별 도착지의 거리와 이동 속도임

○ 교통수단별 도착지에서 광주 지사까지의 거리

구분	기차역	공항	버스터미널
거리	12km	13km	6km

※ 택시는 광주 지사까지 이동
※ 각 교통수단별 도착지에서 광주 지사까지 택시로 이동하며, 택시의 이동 속도는 60km/h

27 서울 본사에서 출발하여 광주 지사에 가장 빠르게 도착하는 교통수단은?

① 기차 ② 비행기 ③ 버스 ④ 택시

28 김 대리는 정리한 자료에 다음 [표]가 빠진 것을 확인하고 추가하였다. 서울 본사에서 광주 지사로 이동하는 데 비용이 가장 적게 드는 교통수단은?

[표] 교통수단별 비용

구분	비용		
버스	9시 23분 출발	9시 45분 출발	10시 30분 출발
	40,200원	23,200원	29,500원
기차	10시 출발	10시 10분 출발	10시 35분 출발
	31,500원	36,300원	42,000원
비행기	8시 4분 출발	11시 15분 출발	
	48,100원	56,700원	
지하철	10km 미만은 1,400원, 10km 이상 5km 증가할 때마다 50원 추가		
택시	2km 미만은 4,800원, 1km 증가할 때마다 750원 증가		
공항버스	12,000원		

① 기차 ② 비행기 ③ 버스 ④ 택시

[29~30] 다음은 ○○사 근무 시간에 관한 자료이다. 이어지는 물음에 답하시오.

[○○사 근무 시간에 대한 규정]

- 9시에 업무를 시작한다.
- 업무 시작 시간 30분 이후 도착부터 지각 처리된다.
- 18시 이전 퇴근은 무단 조퇴로 처리한다.
- 지각 2회, 무단조퇴 2회 시 각각 2점, 1점 감점 처리한다.
- 19시 이후 22시 이전에 업무 시 추가 근무로 인정한다.
- 22시 이후 업무 시 야간 근무로 인정한다.
- 추가 근무와 야간 근무는 30분 단위로 비용을 산정하며, 30분 미만은 버림하여 계산한다.
  * 단, 추가 근무 시간과 야간 근무 시간은 일별로 산정한다.
- 추가 근무 수당 계산 방법: 적용 시간×(1일 통상임금/8)×1.5
- 야간 근무 수당 계산 방법: 적용 시간×(1일 통상임금/8)×2

[표] ○○사 직원 A~E의 X월 X주 출퇴근 시간

구분		월	화	수	목	금
A	출근	8:56	9:04	8:55	9:15	8:57
	퇴근	17:36	20:07	20:37	18:21	22:25
B	출근	9:32	9:00	8:50	9:41	9:13
	퇴근	18:02	18:17	18:21	22:15	18:00
C	출근	9:00	9:15	8:42	8:55	9:33
	퇴근	19:46	18:02	17:55	19:17	17:30
D	출근	9:10	8:54	8:59	9:23	9:00
	퇴근	18:30	18:00	18:22	18:16	18:22
E	출근	9:40	8:46	8:57	9:01	9:29
	퇴근	18:05	21:52	16:45	21:41	21:48

29 **위 자료를 이해한 내용으로 옳지 않은 것은?**

① 추가 근무를 인정받는 직원은 2명이다.
② 야간 근무를 인정받는 직원은 2명이다.
③ 감점 처리를 받은 직원은 2명이다.
④ 일주일간 5명의 지각 횟수는 총 4회이다.

30 **다음 [표]는 A~E의 1일 통상임금이다. A~E가 ×월 ×주에 지급받는 추가 근무 수당과 야간 근무 수당은 총 얼마인가?**

[표] A~E의 1일 통상임금

A	B	C	D	E
160,000원	200,000원	240,000원	240,000원	160,000원

① 512,500원 ② 525,000원 ③ 534,500원 ④ 535,000원

기출복원
제1회
제2회
제3회

[31~32] 다음 공사 전 각 팀장들의 [대화]를 보고 이어지는 물음에 답하시오.

[대화]

- 관리자: 각 팀별 공사대기 중인 계약 인원 보고 바랍니다.
- 1팀 팀장: A업무는 기술인부 1명, 보통인부 3명, B업무는 보통인부 5명, C업무는 기술인부 2명, 보통인부 4명 대기 중입니다.
- 2팀 팀장: A업무는 기술인부 2명, B업무는 기술인부 2명, 보통인부 4명, C업무는 기술인부 1명, 보통인부 12명 대기 중입니다.
- 3팀 팀장: A업무는 보통인부 5명, B업무는 기술인부 3명, 보통인부 6명, C업무는 기술인부 2명, 보통인부 2명 대기하고 있습니다.
- 4팀 팀장: A업무는 기술인부 1명, 보통인부 8명, B업무는 보통인부 3명, C업무는 기술인부 1명, 보통인부 7명입니다.

※ 인부들은 팀별로 배정되며, 팀 간 이동이 불가하다.
※ 업무별 기술인부는 팀 내 타 업무로 재배정이 불가하지만 보통인부는 가능하다.
※ 업무별 작업 인원은 A업무가 기술인부 2명, 보통인부 5명, B업무가 기술인부 1명, 보통인부 4명, C업무가 기술인부 3명, 보통인부 10명이다.
※ A업무, B업무, C업무는 동시에 진행된다(단, 업무 진행에 필요한 최소의 인원과 추가 계약을 한다).

31 각 팀별 추가 계약이 필요한 인원으로 옳지 않은 것은?

	A업무 기술인부	B업무 기술인부	C업무 기술인부	보통인부
① 1팀	1명	1명	1명	7명
② 2팀	0명	0명	2명	3명
③ 3팀	2명	0명	1명	5명
④ 4팀	1명	1명	2명	1명

32 **공사 전 재무팀 직원이 다음 [업무별 1일 일당]을 토대로 예산을 확보하고자 한다. 추가로 확보해야 하는 예산은?**

[업무별 1일 일당]

구분	기술인부	보통인부
A업무	180,000원	100,000원
B업무	200,000원	100,000원
C업무	170,000원	100,000원

※ 공사대기 중인 계약 인원의 임금은 예산을 이미 확보한 상태이며, 추가 계약 필요 인원에 대하여 추가로 예산 확보가 필요함
※ 공사의 각 업무는 2일씩 진행 예정임

① 646만 원　② 768만 원　③ 892만 원　④ 1,028만 원

[33~34] 다음은 [해외 출장비 지급 규정] 중 일부이다. 이를 읽고 이어지는 물음에 답하시오.

[해외 출장비 지급 규정]

직급	출장지	숙박비	식비	일비	항공료	교통비
부서장	A	150달러	54달러	36달러	비즈니스	실비
	B	120달러	48달러	32달러		
	C	110달러	42달러	28달러		
	일본	18,000엔	7,800엔	5,200엔		
팀장	A	130달러	48달러	32달러	이코노미	실비
	B	110달러	42달러	28달러		
	C	100달러	36달러	24달러		
	일본	16,000엔	7,300엔	4,800엔		
팀원	A	120달러	42달러	28달러	이코노미	실비
	B	100달러	36달러	24달러		
	C	90달러	36달러	24달러		
	일본	15,000엔	6,600엔	4,400엔		

※ 환율 적용은 출장품의 작성일을 기준으로 함
※ 숙박비는 1박 기준, 식비와 일비는 1일 기준임
※ 출장 이동 중 경유지에서 체류하는 기간의 식비는 최종 목적지 기준으로 지급함
※ 출장지 구분
- A: 유럽, 미주
- B: 오세아니아, 대만, 서남아시아, 중동, 아프리카, 중국, 싱가포르, 홍콩, 튀르키예
- C: 동남아시아(홍콩, 중국, 대만, 싱가포르 제외)
- 일본: 히로시마는 90%만 지급

33 다음 [상황]의 인원이 해외 출장 시 지급해야 하는 총 숙박비는 얼마인가?

[상황]

A부서장, B팀장, C팀장, D팀원, E팀원, F팀원, G팀원, H팀원은 대만으로 7박 8일 동안 출장을 준비 중이다. A부서장은 7월 17일에 출장품의를 작성하였다.

[환율]

7월 17일	7월 18일	7월 19일	7월 20일
1,280원/달러	1,300원/달러	1,270원/달러	1,290원/달러

① 7,526,400원 ② 7,585,200원 ③ 7,644,000원 ④ 7,702,800원

34 다음 [상황]의 인원이 해외 출장 시 지급해야 하는 총 식비는 얼마인가?

[상황]

T팀장과 H팀원, J팀원은 미주로 10박 11일 출장이 예정되어 있다. 세 사람은 홍콩을 경유하는 항공권을 예약하였고, 홍콩에서 하루 동안 체류해야 한다. 출장 일정에는 홍콩에서의 체류 기간을 포함하고 있으며, T팀장은 7월 26일에 출장품의를 작성하였다.

[환율]

7월 24일	7월 25일	7월 26일	7월 27일
1,310원/달러	1,300원/달러	1,310원/달러	1,320원/달러

① 1,873,080원 ② 1,887,600원 ③ 1,902,120원 ④ 1,916,640원

[35~36] 지원자 4명의 희망하는 부서에 관한 자료가 다음과 같다. 자료를 보고 물음에 답하시오.

○ A~D의 희망 부서

구분	A	B	C	D
1지망	마케팅	영업	재무	마케팅
2지망	영업	마케팅	영업	재무

○ A~D의 항목별 점수

지원자	자격증 개수	필기 점수	면접 점수	성과 점수
A	3	80	85	40
B	3	90	70	30
C	1	85	75	35
D	4	70	80	45

○ 지원자 총점 계산 방법

(자격증 개수×10점)+필기 점수+면접 점수+성과 점수

○ 부서 배정 방법

- 부서는 마케팅, 영업, 재무, 총무 총 4곳임
- 총점이 높은 지원자 순으로 1순위를 우선으로 배정
  ※ 동점자가 있는 경우 성과 점수가 높은 순서대로 지원자를 우선 배정함
  ※ 1순위 부서가 배정 완료된 경우 2순위 부서로 배정함
  ※ 1지망과 2지망에 모두 배정되지 못한 지원자는 잔여 부서(또는 아무도 지원하지 않은 부서)로 배정함

35 총무 부서에 배정되는 지원자는 누구인가?

① A ② B ③ C ④ D

36 성과 점수 관련 내용이 다음과 같이 추가되었을 때, 총무 부서에 배정되는 지원자는 누구인가?

[성과 관련 부서]

A	B	C	D
재무	영업	마케팅	총무

※ 성과 관련 부서가 1지망 부서와 관련된 경우에 성과 점수에 10점 가점, 모두 해당되지 않는 경우 성과 점수에 15점 감점
※ 부서 배정 시 동점자가 있는 경우 성과 관련 부서 가점 및 감점을 적용한 성과 점수가 높은 순서대로 지원자를 우선 배정함

① A ② B ③ C ④ D

[37~38] 다음 [A은행 진급 규정]과 [A은행 직원의 항목별 점수]를 보고 이어지는 물음에 답하시오.

[A은행 진급 규정]

진급 대상자 중 다음 각 항목의 점수를 합산하여 산출한 진급점수가 높은 순으로 2명을 진급시키도록 한다(단, 70점 이상인 자에 한한다).

○ 진급 대상자: 직급별 최소 연차를 만족한 자

직급	사원	주임	대리	과장	부장
최소 연차	3년	2년	3년	3년	5년

○ 항목별 점수: 고객평가, 동료평가, 상급자평가, 실적평가 각 항목별로 0~100점을 부여

○ 항목별 점수 구성비중

항목	고객평가	동료평가	상급자평가	실적평가
비중	20%	15%	25%	40%

○ 진급점수=Σ(항목별 점수×항목별 점수 구성비중)

[A은행 직원의 항목별 점수]

구분	직급	연차	고객평가	동료평가	상급자평가	실적평가
갑	사원	2년	80점	70점	80점	50점
을	주임	3년	100점	80점	70점	60점
병	대리	5년	50점	70점	60점	70점
정	과장	4년	60점	20점	70점	80점
무	부장	4년	70점	40점	70점	90점

37 **위 [A은행 진급 규정]과 [A은행 직원의 항목별 점수]에 따를 때, 직원 갑~무의 진급점수의 평균은 얼마인가? (단, 갑~무의 진급 대상자 해당 여부는 고려하지 않는다)**

① 55.9점 ② 59.4점 ③ 62.1점 ④ 68.3점

38 **A은행의 이번 진급 평가에서 진급 희망자는 갑~무로 총 5명이고, A은행은 진급 희망자 중 진급 대상자를 선별하여 진급 규정에 따라 진급자를 선정하려고 한다. 위 [A은행 진급 규정]과 [A은행 직원의 항목별 점수]에 따를 때, 진급할 직원으로 적절한 사람을 모두 고르면?**

① 을 ② 무 ③ 갑, 병 ④ 을, 정

[39~40] 다음은 I은행의 예금 상품 선택에 대한 알고리즘이다. 이어지는 질문에 답하시오.

[그림] I은행 예금 상품 선택 알고리즘

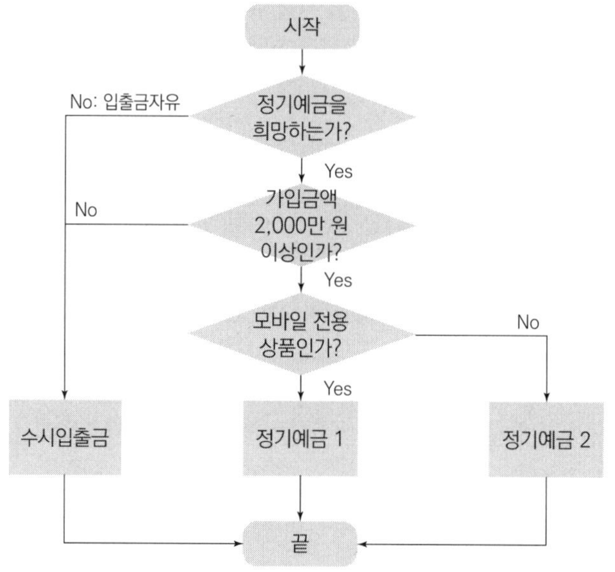

[상품 소개]

상품명	연이자율	우대금리
수시입출금	2.5%	—
정기예금 1	4.0%	모바일 전용 상품 첫 이용 시, 0.5%
정기예금 2	3.0%	I은행 상품 3개 이상 보유 시, 0.5%

39 **김철수 씨는 I은행에 가입금액 3,500만 원으로 정기예금이 아닌 상품에 가입하고자 한다. 김철수 씨는 기존에 I은행 상품을 4개 보유하고 있고, 가입기간을 1년으로 한다고 할 때, 만기 때 수령하는 이자금액은 얼마인가? (단, 언급하지 않은 내용은 고려하지 않는다)**

① 875,000원 ② 1,050,000원 ③ 1,225,000원 ④ 1,400,000원

40 **I은행의 상품에 매우 만족한 김철수 씨는 가족에게 I은행의 상품을 추천하였다. 이에 김철수 씨의 아내와 아들이 I은행을 이용하고자 한다. 김철수 씨의 아내는 가입금액 2,000만 원, 아들은 가입금액 2,500만 원으로 가입기간 1년의 예금에 가입할 예정이다. 김철수 씨의 아내는 모바일 전용 상품을 처음으로 가입하려 하고, 아들은 기존에 I은행 상품을 보유하지 않았으며 영업점에서 가입한다고 할 때, 두 사람이 만기 때 수령하는 이자의 합계금액은 얼마인가?**

① 1,600,000원 ② 1,650,000원 ③ 1,700,000원 ④ 1,750,000원

직무수행

41 **다음 [그림]은 A국과 B국이 생산할 수 있는 옷과 구두의 생산가능곡선(PPC)을 나타낸다. 비교우위 이론에 따라 A국과 B국이 생산해야 하는 제품으로 가장 적절한 것은?**

[그림]

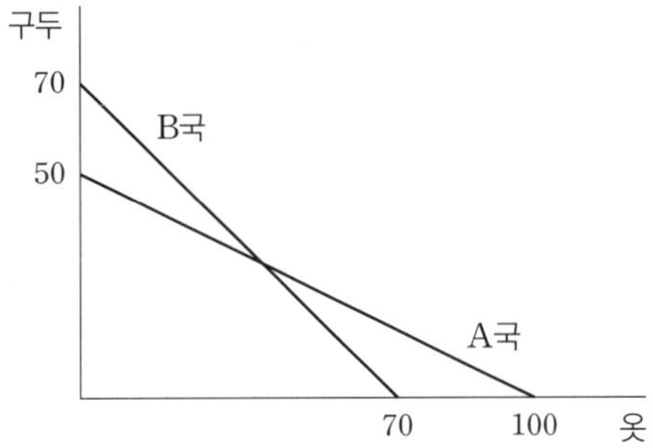

① A국은 구두를 생산하고, B국은 옷을 생산해야 한다.
② A국은 옷을 생산하고, B국은 구두를 생산해야 한다.
③ A국과 B국은 둘 다 옷을 생산해야 한다.
④ A국과 B국은 둘 다 구두를 생산해야 한다.

42 **과점 시장에서 두 기업 A, B가 서로 경쟁하고 있다. 기업 A, B는 각자의 이윤을 극대화하기 위하여 생산량 Q=5 또는 Q=10 중 한 가지를 선택해야 한다. 각 기업의 생산량 선택에 따른 이윤이 다음과 같을 때 옳은 것은? (괄호 안의 숫자 중 앞은 기업 A의 이윤을, 뒤는 기업 B의 이윤을 나타낸다)**

	Q=5	Q=10
Q=5	(20, 24)	(16, 20)
Q=10	(24, 16)	(12, 12)

① 우월전략균형은 존재하지 않는다.
② 내쉬균형은 A와 B 모두 Q=10을 선택하는 것이다.
③ 기업 A의 우월전략은 Q=10이다.
④ 기업 B의 우월전략은 Q=10이다.

43 다음 [사례]를 읽고 이를 정리한 내용으로 가장 적절한 것은?

> [사례]
>
> 주유소에서 경유를 구입하는 모든 소비자들은 항상 일정한 금액의 경유를 구입하고 있다. 그들은 항상 "10만 원 어치를 넣어주세요."라고 한다. 반면, 주유소에서 휘발유를 구입하는 모든 소비자들은 항상 일정한 양의 휘발유를 구입하고 있다. 그들은 "30리터를 넣어주세요."라고 한다. 경유와 휘발유 시장은 완전경쟁시장이고, 각 시장의 공급곡선은 우상향한다.

① 주유소에서 경유를 구입하는 소비자들의 수요의 가격탄력성은 0이다.
② 주유소에서 경유를 구입하는 소비자들의 수요곡선은 우하향하는 수직선 형태이다.
③ 주유소에서 휘발유를 구입하는 소비자들의 수요의 가격탄력성은 1이다.
④ 휘발유의 공급이 감소하여 공급곡선이 좌측으로 이동하면 휘발유의 가격은 상승하고 거래량은 불변이다.

44 완전경쟁시장에서 생산하고 있는 A회사의 한계비용(MC)과 평균고정비용(AFC)이 다음과 같을 때, 이에 대한 설명으로 옳은 것을 [보기]에서 모두 고르면? (단, Q는 A회사의 생산량이다)

> • $MC=Q^2-4Q+5$
>
> • $AFC=\frac{2}{Q}$

| 보기 |

ㄱ. 이윤 극대화 지점에서는 총수입과 총비용이 같다.
ㄴ. 생산량 $Q=4$에서 한계비용은 5이다.
ㄷ. 시장가격이 1일 때, 생산량 $Q=2$인 경우 A기업은 최대 이윤을 실현할 수 있다.
ㄹ. 생산량 $Q=3$일 때, 총비용은 한계비용보다 작다.

① ㄱ, ㄴ　　② ㄴ, ㄷ　　③ ㄷ, ㄹ　　④ ㄱ, ㄹ

45 **다음 [표]는 甲국과 乙국의 빵과 옷 각각 1단위 생산에 소요되는 시간을 나타낸 자료이다. 甲국과 乙국에 대한 설명으로 옳은 것을 [보기]에서 모두 고르면?**

[표]

구분	甲국	乙국
빵	2시간	4시간
옷	4시간	16시간

| 보기 |

ㄱ. 甲국에서 생산하는 빵 1단위에 대한 기회비용은 옷 2단위이다.
ㄴ. 甲국에서 생산하는 빵 1단위에 대한 기회비용은 옷 1/2단위이다.
ㄷ. 乙국에서 생산하는 옷 1단위에 대한 기회비용은 빵 4단위이다.
ㄹ. 乙국에서 생산하는 옷 1단위에 대한 기회비용은 빵 1/4단위이다.
ㅁ. 甲국은 빵 생산에 절대우위가 있다.
ㅂ. 甲국은 옷 생산에 절대우위가 있다.
ㅅ. 乙국은 빵 생산에 절대우위가 있다.
ㅇ. 乙국은 옷 생산에 절대우위가 있다.
ㅈ. 甲국은 빵 생산에 비교우위가 있다.
ㅊ. 甲국은 옷 생산에 비교우위가 있다.

① ㄱ, ㄷ, ㅁ, ㅂ, ㅊ
② ㄱ, ㄹ, ㅅ, ㅇ, ㅊ
③ ㄴ, ㄷ, ㅁ, ㅂ, ㅈ
④ ㄴ, ㄷ, ㅁ, ㅂ, ㅊ

46 우리나라를 포함한 미국, 스위스, 캐나다 현지에서의 빅맥(Big Mac) 햄버거의 가격과 미 달러화 대비 현지 통화의 시장환율이 다음 [표]와 같은 경우, 각 나라의 시장환율 수준을 바르게 평가한 것은?

[표]

구분	미국	스위스	캐나다	대한민국
현지 빅맥가격	5.00 USD	6.50 CHF	6.00 CAD	4,500 KRW
시장환율(US$1 대비)	1.00 USD	0.90 CHF	1.10 CAD	1,100.00 KRW

	스위스	캐나다	대한민국
①	저평가	저평가	저평가
②	저평가	저평가	고평가
③	고평가	고평가	저평가
④	고평가	고평가	고평가

47 수요함수와 공급함수가 다음 [정보]와 같고, 정부는 가격을 15로 정했다. 이와 같은 상황에 대한 설명으로 옳지 않은 것은?

[정보]

- $Q_D = 1{,}000 - 20P$
- $Q_S = 600 + 20P$

① 유효한 최고가격제를 설명한다.
② 최초 균형에서 가격은 10이다.
③ 초과공급의 크기는 200이다.
④ 최저임금제가 대표적이다.

48 **다음은 세탁기, 냉장고, 인덕션의 한계비용과 제품에 대한 소비자 A, B의 최대 지불용의가격에 대한 정보이다. 기업이 개별로 팔 때보다 두 제품을 묶어 팔아 기업의 입장에서 이윤을 극대화할 수 있는 상품 묶음이 있다. 해당 상품 묶음에 포함된 두 제품과 해당 상품 묶음을 모두 판매했을 때 얻을 수 있는 최대 이윤을 바르게 짝지은 것은?**

(단위: 만 원)

구분	최대 지불용의가격		
	세탁기	냉장고	인덕션
A	120	80	40
B	100	90	60
한계비용	50	60	20

① 세탁기와 냉장고, 90만 원
② 세탁기와 냉장고, 160만 원
③ 세탁기와 인덕션, 180만 원
④ 냉장고와 인덕션, 100만 원

49 **투자자 X는 100만 원으로 기업 A와 기업 B의 주식에 나누어 투자하려고 한다. 기업 A는 자율주행 차량과 관련된 신기술의 테스트를 앞두고 있다. 기업 A의 신기술 테스트 성공 여부에 따른 기업 A와 B의 주식 투자 수익률이 다음 [표]와 같을 때 이에 대한 설명으로 옳은 것은?**

[표]

구분	기업 A의 수익률	기업 B의 수익률
기업 A의 테스트 성공	60%	−20%
기업 A의 테스트 실패	0%	20%

① 투자자 X가 합리적인 투자자라면 기대효용을 극대화하고자 할 것이다.
② 기업 A에 투자하는 금액을 X라고 할 때, 기업 A의 테스트가 실패할 경우 얻을 수 있는 기대수익은 $-0.2X+0.2(1-X)$이다.
③ 테스트 결과와 관계없이 동일한 수익을 얻기 위해서 기업 A에 투자해야 할 금액은 25만 원이다.
④ 기업 A에 투자하는 금액을 X라고 할 때, 기업 A의 테스트가 성공할 경우 얻을 수 있는 기대수익은 0.6X이다.

50 긴축적 통화정책에 대한 설명으로 옳은 것은?

① 채권 수익률은 하락한다.
② 금리가 하락하여 대출이 활성화된다.
③ 인플레이션을 촉진한다.
④ 기업의 조달비용이 증가한다.

51 다음 [그림]은 '가'국가의 생산가능곡선이다. 이에 대한 설명으로 옳지 않은 것은?

[그림]

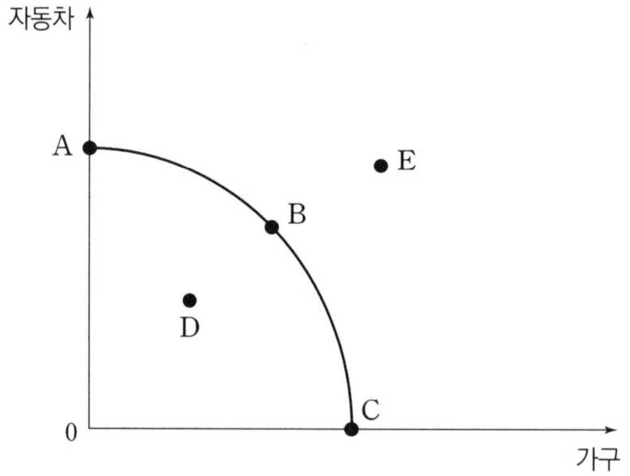

① A, B, C점은 '가'국가가 보유하고 있는 모든 자원을 활용하여 재화를 생산할 수 있는 최대생산량을 나타내는 지점이다.
② D점에서 생산하면 '가'국가의 부존자원은 늘 부족하다.
③ 기술진보가 발생하면 동일한 자원으로 E점에서의 생산도 가능하다.
④ 자동차 생산을 증가시킬수록 포기해야 하는 가구 생산량은 증가한다.

52 **다음 [그림]은 거시경제 그래프이다. 이에 대한 설명으로 옳은 것은?**

[그림]

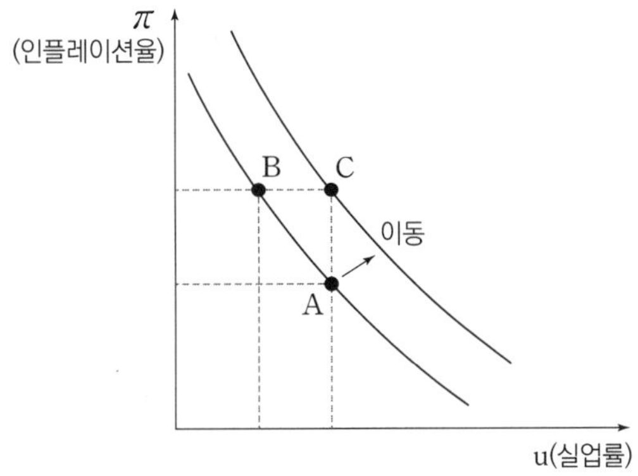

① 전기 대비 금융 스트레스 지수가 하락했다.
② 수요견인 인플레이션으로 인해 곡선의 이동이 발생했다.
③ 곡선의 이동은 원자재 가격 상승으로 인해 발생할 수 있다.
④ 중앙은행의 연속된 기준금리 인상이 곡선의 이동 원인이 될 수 있다.

기출복원
제1회
제2회
제3회

53 중고 차량 시장에 두 가지 유형의 차량이 거래되고 있는데, 이때 좋은 차와 나쁜 차의 비율은 8 : 2이다. 판매자는 중고 차량의 품질을 알고 있고, 구매자는 중고 차량의 품질을 알지 못하며, 비율만을 알고 있다. 다음 [표]는 판매자의 최소요구금액과 구매자의 최대지불용의금액을 나타내고 있고, 이는 판매자와 구매자 모두에게 알려져 있다. 이에 대한 설명으로 옳은 것을 [보기]에서 모두 고르면? (단, 구매자는 위험 중립적이다)

[표]

구분	좋은 차	나쁜 차
구매자 최대지불용의금액	1,200만 원	200만 원
판매자 최소요구금액	1,000만 원	400만 원

| 보기 |

ㄱ. 좋은 차와 나쁜 차 모두 거래될 수 있다.
ㄴ. 구매자의 좋은 차에 대한 최대지불용의금액이 1,200만 원보다 큰 경우 나쁜 차만 거래된다.
ㄷ. 판매자의 좋은 차에 대한 최소요구금액이 1,000만 원보다 큰 경우 나쁜 차만 거래된다.
ㄹ. 좋은 차의 비율이 0.8보다 작다면 좋은 차는 거래되지 않는다.

① ㄱ
② ㄱ, ㄹ
③ ㄴ, ㄷ
④ ㄱ, ㄴ, ㄷ

54 **다음 기사에 주어진 상황을 허즈버그의 동기-위생 이론과 비교할 때 옳은 것을 [보기]에서 모두 고르면?**

A회사는 최근 몇 년간 직원 이직률이 급증하고 있다는 문제에 직면했다. 이에 따라 회사는 직원들에게 더 많은 복지 혜택과 임금 인상을 제공하는 정책을 도입했으나 여전히 이직률은 개선되지 않았다. 직원들의 의견을 조사한 결과, 복지와 임금 인상은 긍정적인 반응을 얻었지만, 여전히 직무 만족도가 낮다는 지적이 있었다. 직원들은 자기 개발 기회 부족과 회사 내 성장 경로의 불확실성에 대해 불만을 제기했고, 이를 해결하지 않으면 장기적으로 이직률이 개선되지 않을 것이라는 의견이 나왔다.

| 보기 |

ㄱ. A회사가 제공한 복지 혜택과 임금 인상은 위생 요인에 해당함에 따라 직원들에게 동기를 부여하지 못하였다.

ㄴ. 직원들이 제기한 불만은 동기 요인에 해당하며, 이는 직무 만족도를 높이는 데 중요한 역할을 한다.

ㄷ. 위생 요인이 충분히 제공되지 않으면 동기 요인도 효과를 발휘하지 못한다.

① ㄱ　　② ㄴ　　③ ㄱ, ㄴ　　④ ㄴ, ㄷ

55 다음 기사의 상황을 가장 잘 설명하는 전략경영의 유형으로 옳은 것은?

> **○○, △△와 손잡고 배터리 양극재 사업 동행 …**
>
> 타 에너지 회사와 손을 잡고 새로운 회사를 설립, 배터리 공급의 안정화를 이뤄 낸 ○○이 '배터리 양극재' 사업에도 진출한다고 밝혔다. 주목할 만한 점은 ○○이 배터리 양극재 사업의 파트너로 결정한 대상이다. 바로 △△이 그 주인공이다. ○○은 최근 공식 발표를 통해 △△과 함께 배터리 양극재(CAM)를 생산하는 회사를 설립한다고 밝혔다. 현재 △△과의 구체적인 합의를 마친 상태이며 승인과 동시에 곧바로 사업 출범 및 설립에 나설 것으로 알려졌다.
>
> 새로 설립되는 회사의 '사명'은 아직 공개되지 않았으나 업무의 내용은 이미 공개된 상태다. 새로운 회사는 오는 20XX년부터 본격적으로 생산에 돌입할 계획이다. △△의 대표는 "글로벌 배터리 프로젝트에 합류하게 되어 기쁘다."라고 밝히며 "배터리 소재 발전 및 전기차 대중화에 많은 노력을 하겠다."고 각오를 밝혔다. 한편 ○○은 국내 기업에 대한 의존도를 더욱 높여가는 행보를 이어가고 있다.

① 기능별 제휴　② 라이센싱
③ 기술제휴　④ 합작투자

56 A회사의 고정비는 200,000원, 변동비는 판매 단위당 40원이다. 제품의 판매가격은 단위당 70원이며, 현재 10,000개의 제품이 판매되고 있다. 또한 A회사는 50,000원의 이자비용을 부담하고 있다. A회사의 영업레버리지(DOL)과 재무레버지리(DFL)를 바르게 짝지은 것은?

	영업레버리지	재무레버리지
①	3	2
②	2	3
③	6	2
④	2	6

57 **유동성선호가설하의 수익률곡선이 다음 [그림]과 같다. 채권시장의 투자자들은 미래의 기간별 이자율에 대하여 어떠한 예상을 가지는가?**

[그림]

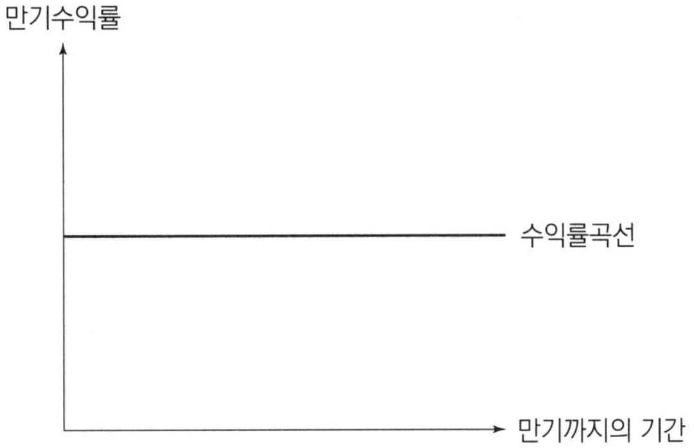

① 미래의 기간별 이자율이 변동하지 않을 것으로 예상한다.
② 미래의 기간별 이자율이 상승할 것으로 예상한다.
③ 미래의 기간별 이자율이 하락할 것으로 예상한다.
④ 유동성프리미엄에 관한 정보가 없으므로 알 수 없다.

58 다음 글의 자본자산가격결정모형(CAPM) 가정의 현실화에 대한 설명으로 옳은 것은?

> 자본자산가격결정모형(CAPM)에 의하면 금융시장은 세금 등이 없는 완전자본시장이고, 모든 투자자들은 합리적이고 동질적인 기대를 하고 있으며 위험회피적인 성향이라는 등의 가정을 하고 있다. 하지만 이 가정들은 매우 비현실적이다. 현실에서는 금융시장에 공개되지 않은 정보의 존재, 소득세, 거래비용 등이 존재한다. 개인소득세가 존재하는 경우, 소득수준에 따라서 사람마다 다른 개인소득세율이 적용된다. 따라서 세전 수익률에 대한 기대가 동일해도 개인소득세를 차감한 후의 수익률은 투자자마다 다르다. 거래비용이 존재하는 경우에, 과소평가 혹은 과대평가되어 있는 주식이 존재하여도 이러한 주식의 매입이나 매각으로 인한 이득이 거래비용을 초과하지 못하면 매입과 매도가 이루어지지 않을 수 있다. 즉, 현실의 금융시장은 불완전시장인데 완전자본시장을 가정한 CAPM과 동떨어져 있다. 또한 모든 투자자들이 동질적 기대를 하는 것도 아니다. 투자자마다 서로 다른 식으로 균형가격을 평가하기 때문에 동일한 베타를 갖는 자산의 균형가격을 투자자마다 서로 다르게 평가하게 된다.

① 모든 투자자들에게 적용되는 개인소득세율이 동일하다면, CAPM은 성립하지 않는다.
② 차입이자율과 대출이자율이 모든 투자자들에게 동일하다면, CAPM은 성립하지 않는다.
③ 무위험자산이 존재하지 않더라도 공매가 가능하다면, CAPM은 성립할 수 있다.
④ 기대수익률이 증권시장선에서 벗어나 있다면 반드시 차익거래가 이루어진다.

59 **자산 A와 자산 B의 정보는 다음과 같다. 각 자산의 상관계수는 −1이라고 가정할 때, 최소분산 포트폴리오에서 자산 A의 투자비율로 옳은 것은?**

구분	자산 A	자산 B
기대수익률	8%	12%
표준편차	10%	40%

① 20% ② 40% ③ 60% ④ 80%

60 **기업 X는 기업 Y를 흡수합병하려고 한다. 두 기업의 합병 전 재무 정보는 다음과 같고 합병의 시너지효과는 없을 것으로 예상된다. 두 기업은 합병 전 주가의 비율을 주식교환비율로 하여 합병하려고 하는 경우, 두 기업의 합병 후 주당이익(EPS)에 대한 설명으로 옳은 것은?**

구분	기업 X	기업 Y
주당순이익(EPS)	1,000원	800원
주가수익비율(PER)	10	8
발행주식수	100주	50주

① 두 기업의 주당이익은 모두 증가한다.
② 두 기업의 주당이익은 모두 감소한다.
③ 기업 X의 주당이익은 증가하고, 기업 Y의 주당이익은 감소한다.
④ 기업 X의 주당이익은 감소하고, 기업 Y의 주당이익은 증가한다.

61 **다음은 투자자산에 대한 정보이다. 이를 바탕으로 배당할인모형을 고려했을 때, 가장 적절한 투자 방안은?**

투자수익률	10%
우선주 직전 배당금액	50원
현재 우선주 주가	500원
배당성장률	5%

① 자산의 이론가격이 시장가격보다 낮으므로 매수한다.
② 자산의 이론가격이 시장가격보다 높으므로 매수한다.
③ 자산의 이론가격이 시장가격보다 낮으므로 매수하지 않는다.
④ 자산의 이론수익률과 시장수익률이 같기 때문에 매수 여부를 알지 못한다.

62 **다음은 A회사의 회계처리 오류 사항이다. 해당 오류로 인하여 A회사의 당기순이익에 미치는 영향으로 옳은 것은?**

- 결산 시 미수이자수익 8,000원을 인식하지 않았다.
- 기말 재고자산 20,0000원을 과대계상하였다.
- 매출채권에 대한 대손충당금 5,000원을 과소계상하였다.

① 당기순이익 23,000원 과소계상
② 당기순이익 23,000원 과대계상
③ 당기순이익 33,000원 과소계상
④ 당기순이익 17,000원 과대계상

63 **A회사는 X1년 무형자산을 내부적으로 창출하였는데 창출 과정에서 지출된 내역은 다음과 같다. 동 무형자산에 관련된 설명으로 옳지 않은 것은?**

- X1년 1월: 무형자산과 관련된 지식을 획득하기 위하여 800,000원을 지출함
- X1년 3월: 연구결과를 평가하기 위하여 400,000원을 지출함
- X1년 3월: 새로 개선된 시스템에 대한 대체안을 평가하기 위하여 260,000원을 지출함
- X1년 6월: 생산 전 시제품을 제작하고 시험하며 840,000원을 지출함
- X1년 8월: 새로운 기술과 관련된 공구를 설계하기 위하여 760,000원을 지출함
- X1년 11월: 상업적인 생산 전 시험공장을 건설하여 가동하기 위하여 1,200,000원을 지출함
- X1년 12월: 상업적인 생산 중 품질관리비용으로 600,000원을 지출함

① 개발비로 인식할 금액은 2,800,000원이다.
② 연구비로 인식할 금액은 1,460,000원이다.
③ 연구단계와 개발단계를 구분할 수 없는 경우에는 모두 연구단계에서 발생한 것으로 본다.
④ 연구단계와 개발단계에서 발생한 지출은 발생시점에 비용으로 인식한다.

64 **A회사는 20X1년 2월 말일 창고의 화재로 재고자산의 60%가 소실되었다. A회사의 20X1년 1월과 2월의 매출액과 매출원가에 관한 자료가 다음과 같다. 화재로 소실된 재고자산의 금액을 1월의 매출총이익률을 적용하여 추정하기로 할 때 A회사에 관한 설명으로 옳은 것은?**

1월	
당월매출	500,000원
당월매입	320,000원
월초재고	100,000원
월말재고	80,000원

2월	
당월매출	400,000원
당월매입	240,000원
월초재고	80,000원
월말재고	? 원

① 1월의 매출총이익률은 68%이다.
② 2월의 매출원가는 272,000원이다.
③ 2월 말 재고는 60,000원이다.
④ 2월 말 소실된 재고금액은 48,000원이다.

65 **A회사는 당기 중 매출액 2,000,000원, 매입액 1,200,000원이 발생하였다. 다음은 기초 및 기말 잔액정보이다. 이를 바탕으로 당기 영업활동 현금흐름으로 옳은 것은?**

계정과목	기초	기말
매출채권	600,000원	450,000원
매입채무	300,000원	400,000원

① 750,000원 유입
② 850,000원 유입
③ 1,050,000원 유입
④ 1,150,000원 유입

66 **甲은 현재 50,000원의 소득이 발생하며 미래의 소득은 없고, 현재 시장이자율은 12%이다. 甲에게 다음 [표]와 같은 투자기회가 주어져 있는 경우 최적 실물투자금액은?**

[표]

투자안	투자비용	투자수익률
A	5,000원	8%
B	4,000원	16%
C	8,000원	5%
D	12,000원	14%
E	9,000원	9%
F	4,000원	15%
G	8,000원	7%
H	16,000원	11%
I	5,000원	20%

① 0원　② 25,000원　③ 50,000원　④ 71,000원

67 **A회사의 회계담당자는 20X1년 말 장부를 마감하기 전에 다음 [상황]과 같은 중요한 오류사항을 발견하였다. 동 오류사항에 관한 설명으로 옳은 것은? (단, 법인세 효과는 고려하지 않는다)**

[상황]

20X1년 초 A회사는 정액법으로 감가상각을 하고 있던 기계장치에 대하여 80,000원의 지출을 하였다. 이는 기계장치의 장부금액에 포함하여 인식해야 하는 금액이나, A회사는 이를 전액 수선비로 회계처리를 하였다. 20X1년 말 동 기계장치의 잔존내용연수는 4년이다.

① 20X1년 감가상각비는 16,000원 과대 계상되었다.
② 20X1년 80,000원의 수선비를 취소해야 한다.
③ 동 오류사항을 수정하면 20X1년 당기순이익은 16,000원 증가한다.
④ 동 오류사항을 수정하면 20X1년 말 이익잉여금은 80,000원 증가한다.

68 다음 [보기] 중 단리와 복리를 구분할 수 있는 질문을 모두 고르면?

| 보기 |

ㄱ. 첫해에 발생하는 이자 금액은 얼마인가요?
ㄴ. 이자는 언제 지급되나요?
ㄷ. 기간이 길어질수록 이자 총액의 증가율이 변하나요?
ㄹ. 이자가 일정한 기간마다 재투자되어 추가 수익이 발생하나요?

① ㄱ, ㄴ ② ㄷ, ㄹ ③ ㄱ, ㄴ, ㄹ ④ ㄱ, ㄷ, ㄹ

69 다음 기사에서 설명하는 개념은 무엇인가?

결제 자금이 없더라도 거래정보만으로 결제가 가능한 '지급지시 서비스업' 도입

해당 서비스는 소비자가 결제자금을 보유하고 있지 않아도 결제할 수 있는 핀테크 기반 혁신 서비스다. 해당 서비스에서는 선불로 충전하는 절차가 없으며, 소비자가 상점 등과 거래를 할 때 지급지시 자격을 가진 사업자가 은행에 지급지시를 하여 은행이 소비자 계좌에서 가맹점 계좌로 바로 입금을 하는 구조이다. 소비자는 로그인 한 번만으로 모든 계좌를 활용해 결제, 송금이 가능해지고 전통 금융사에 높은 수수료를 내지 않아도 다양한 금융서비스를 손쉽게 이용할 수 있게 된다.

소비자가 금융서비스 관련 권리를 요구하면 결제 등 업무를 PISP(지급결제개시서비스사업자) 사업자가 대신 처리하게 된다. 기존 결제 핵심 사업자인 카드사에 큰 위협이 될 수 있다. 따라서 카드사들도 PISP 사업을 준비 중이다. PISP 대열에 합류하지 못할 경우 충성고객 접점이 사라지기 때문이다. 카드사가 독점적 권한을 가져왔던 금융서비스 영역에서 주객이 전도되고 지급결제 시장 혁신이 촉발될 것으로 보인다.

① 마이페이먼트
② 에스크로
③ 전자지급 결제 대행업
④ 전자고지 결제업

70 **다음 글의 빈칸에 공통으로 들어갈 용어로 가장 적절한 것은?**

> 최근 채권시장 안정을 위해 시중은행은 채권 발행을 줄였지만 IBK기업은행은 오히려 크게 늘린 것으로 나타났다. IBK기업은행은 '역머니무브' 현상의 직격탄을 맞아 저원가성 예금이 크게 줄자 (　　　) 발행을 확대했다. 문제는 발행 증가 규모가 역대 최대로 은행권 전체가 채권 시장 안정에 동참하는 상황에서 국책은행인 IBK기업은행이 오히려 채권 발행을 대규모로 늘린 것은 아쉬운 행보란 지적이 나온다. (　　　)는 국책은행인 IBK기업은행이 안정적인 중장기 자금을 확보해 중소기업에 원활한 자금 공급을 할 수 있도록 정부가 발행을 허가한 특수 채권이다. 정부의 신용도와 같은 수준으로 발행되기 때문에 안전자산으로 분류되며, IBK기업은행의 주요 자금 조달 수단이다.

① 중금채　　② 은행채
③ 코코본드　　④ 커버드본드

71 **다음은 소비와 투자 및 조세함수이다. 정부지출 20 증가 시 균형국민소득의 증가금액은?**

> • $C=40+0.8Y$
> • $I=50$
> • $G=80$
> • $T=0.25Y$

(　　　　)

기출복원 / 제1회 / 제2회 / 제3회

72 다음 [그림]은 총수요곡선과 총공급곡선의 균형을 나타낸다. 주어진 기존의 균형에서 시장에 변화가 발생할 때 새로운 균형의 방향을 옳게 나타난 것을 모두 고르면?

[그림]

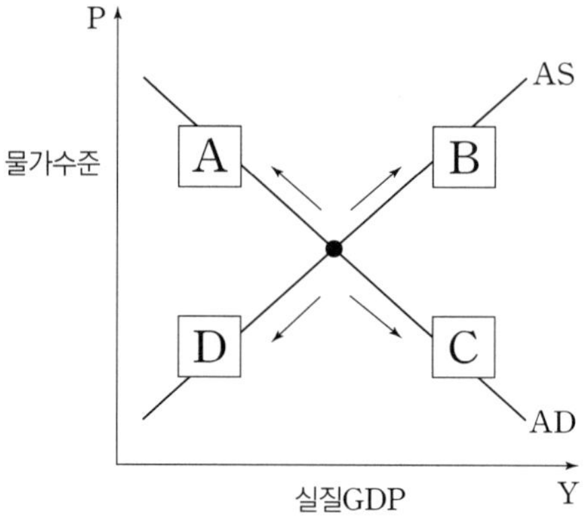

① 경제활동인구 증가, A
② 원자재 가격 상승, A
③ 생산기술 향상, B
④ 투자 감소, D
⑤ 원자재 품귀 현상, C

( ), ( )

73 프로젝트 A의 예상현금흐름이 다음과 같을 때, 프로젝트 A의 순현재가치(NPV)는? (단, 할인율은 10%로 가정한다)

시점	0	1	2
현금흐름	(500)	1,100	1,210

( )

74 X1년 초 신규영업을 시작한 A회사의 X1년 말 기말재고자산과 관련된 자료가 다음과 같다. X1년 재고자산의 평가손실은?

구분	취득원가	현행대체원가	예상판매가－추가비용
제품	36,000	34,000	28,000
재공품	18,000	15,000	19,000

( )원

75 ㈜ABC의 주식의 6개월 후 가격은 다음 [표]와 같은 확률분포를 갖는다. 이 주식에 대해 만기가 6개월인 유럽형 콜옵션과 풋옵션이 발행되었다. 현재 주가가 40만 원이고 콜옵션과 풋옵션 모두 행사가격이 50만 원일 때 만기 시 콜옵션 기대가격과 풋옵션 기대가격의 합은?

[표]

확률	10%	20%	40%	20%	10%
주가(6월 후)	20만 원	40만 원	60만 원	80만 원	100만 원

( )만 원

제2회 실전모의고사

시험 시간: 120분

직업기초

[01~02] 다음은 [주택연금 제도]에 관한 자료이다. 이어지는 물음에 답하시오.

[주택연금 제도]

[가] 주택연금이란 특별한 소득원이 없는 만 55세 이상 고령자들이 보유하고 있는 주택을 담보로 제공하고 금융기관에서 매월 일정액을 연금 형식으로 받는 대출상품을 이른다. 전통적인 모기지론은 주택 구입을 위해 대출을 받은 후 일정 기간 동안 원리금을 갚아나가는 방식이었지만, 주택연금은 이미 소유한 주택을 담보로 장기 대출을 받는 방식이다. 우리나라는 점차 인구구조가 고령화되면서 노후소득 보장을 위한 대안으로 주택연금에 주목하고 있다. 주택금융공사는 이러한 추세를 반영해 주택연금의 가입대상 주택의 공시가격을 12억 원까지로 확대하였다.

[나] 반면에 우리나라의 경우 공공과 민간 모두 주택연금 시장이 형성되기는 했으나, 민간 주택연금은 기간형·소구형이며, DSR 규제 적용 등을 이유로 판매가 매우 부진한 상황이다. 그나마 공공 주택연금은 2007년 도입 이래 가입 건수가 꾸준히 증가해 왔으며, 특히 실버타운 입소를 실거주 예외조건으로 인정함에 따라 주택연금 가입의 수요가 더욱 확대될 것으로 예상하고 있다.

[다] 과거 우리나라는 주택을 상속의 대상으로 여기는 성향이 강해 부동산을 노후 대비의 주체로 생각하지 못했으나 이제는 주택을 노후 대비 자산으로 인식하는 경향이 점차 강해지고 있다. 우리나라는 특히 60대 이상의 부동산 자산 비중이 높기 때문에 주택연금은 노후를 대비하는 데 매우 유용한 수단이 될 것이다. 이러한 흐름을 볼 때 국내 주택연금 시장에서 민간 주택연금 시장의 활성화는 소비자의 혜택과 선택권을 확대하는 데 중요한 역할을 수행할 것이다.

[라] 이미 고령화가 진행된 해외에서는 고령층의 확대에 따른 정부의 사회복지비용 부담을 줄이기 위해 주택연금 시장이 활성화되도록 다각적인 노력을 기울이고 있다. 미국은 정부에서 보증보험을 통해 보증하는 비소구형* 공공 주택연금과 보증 없이 민간 금융회사가 제공하는 민간 주택연금을 상호 보완적으로 운영 중이다.

[마] 특히 영국은 고령층의 부동산 순자산 규모가 큰 편이며, 주택 연금 상품 출시 초기에는 금융회사와 가입자가 주택 가격의 위험을 공유하는 방식으로 운영하였다. 그러나 90년대 들어 경기침체가 심해지면서 가입자의 부채가 급증하자 주택연금 상품을 비소구·종신형으로 전환하여 운영하고 있다.

* 비소구형: (종신형일 경우) 주택 가격 하락 등의 리스크가 발생해 가입자가 수령한 총 주택연금이 주택 가치를 초과하여도 가입자는 초과분에 대한 상환 의무를 갖지 않는 형태를 의미

01 **위 글의 [가]~[마] 문단을 내용이 자연스럽게 이어지도록 순서대로 알맞게 나열한 것은?**

① [가] – [라] – [나] – [다] – [마]
② [가] – [라] – [마] – [나] – [다]
③ [다] – [라] – [마] – [가] – [나]
④ [라] – [마] – [나] – [가] – [다]

02 **위 글의 내용에 부합하지 않는 것은?**

① 소구형은 주택연금 가입자가 주택 가격 하락 등의 위험을 안고 가는 방식이다.
② 미국은 공공 주택연금과 민간 주택연금이 상호보완적 역할을 수행하고 있다.
③ 소비자의 선택권을 확대하려면 공공 주택연금 시장의 활성화가 필요하다.
④ 국가는 민간 주택연금을 통해 사회복지비용의 재정 지원 부담을 줄일 수 있다.

[03~04] 다음 분산처리 기술 중 맵리듀스에 관한 자료를 읽고 이어지는 물음에 답하시오.

○ 정의: 맵과 리듀스 과정을 통해 병렬컴퓨팅 환경에서 대용량 데이터를 처리하는 분산처리 기술이다.

○ 예시: 맵리듀스의 단어 수 세기 과정

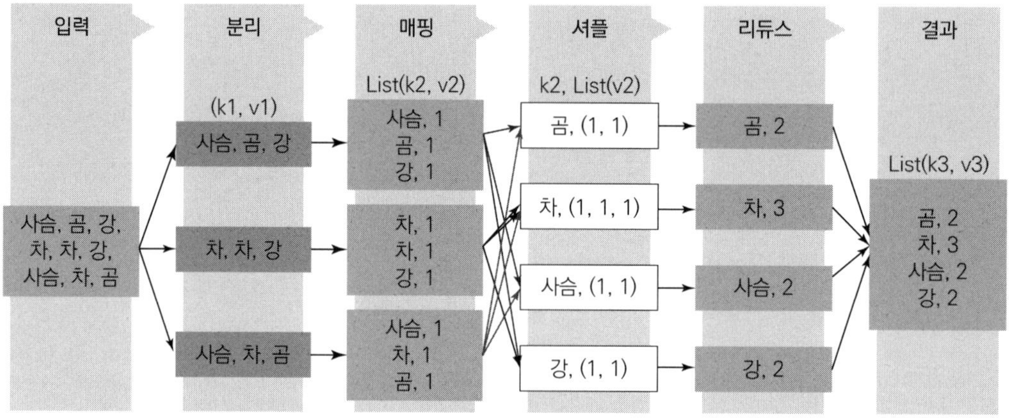

- 분리 및 매핑: 입력 데이터를 분산파일시스템에 (키, 값)=(k1, v1)으로 분산저장하고 그 결과를 여러 맵퍼노드에 전달하여 (중간키, 값)=List(k2, v2)를 생성한다.
- 셔플: 동일한 키를 가지는 (중간키, 값)=k2, List(v2) 쌍으로 분류하여 매퍼노드의 디스크에 저장하고 리듀스 노드에 전달한다.
- 리듀스 및 쓰기: 다음 맵리듀스 작업에 결과를 이용할 수 있도록 리듀스 작업의 출력값=List(k3, v3)를 분산파일시스템에 저장한다.

○ 장단점

- 장점: 저장구조와 질의어에 독립적이므로 시스템 확장성이 높고 비정형데이터 모델을 유연하게 지원한다.
- 단점: 맵 작업 이후에 리듀스 작업이 실행되는 고정된 단일 데이터 흐름을 가지므로 실시간 분석이 어려우며, 고차원 언어 및 스키마를 지원하지 않아 코드 재사용이 불가하다.

03 위 자료에 관한 설명으로 옳지 않은 것은?

① 맵리듀스는 저장구조와 질의어에 종속적이므로 시스템 확장성이 높다.

② 맵리듀스는 고차원 언어 및 스키마를 지원하지 않아 코드 재사용이 불가하다.

③ 맵리듀스는 입력, 분리, 매핑, 셔플, 리듀스, 결과 순으로 프로그램을 실행한다.

④ 맵리듀스는 맵과 리듀스 과정을 통해 병렬컴퓨팅 환경에서 대용량 데이터를 처리하는 분산처리 기술이다.

04 **위 자료의 맵리듀스의 단어 수 세기 과정에 근거하여 [상황]의 결괏값을 구하면?**

[상황]

입력
귤, 사과, 멜론, 귤, 사과, 딸기, 수박, 사과, 멜론, 수박, 딸기, 귤, 멜론, 수박, 사과, 딸기

분리
귤, 사과, 멜론, 귤
사과, 딸기, 수박, 사과
멜론, 수박, 딸기, 귤
멜론, 수박, 사과, 딸기

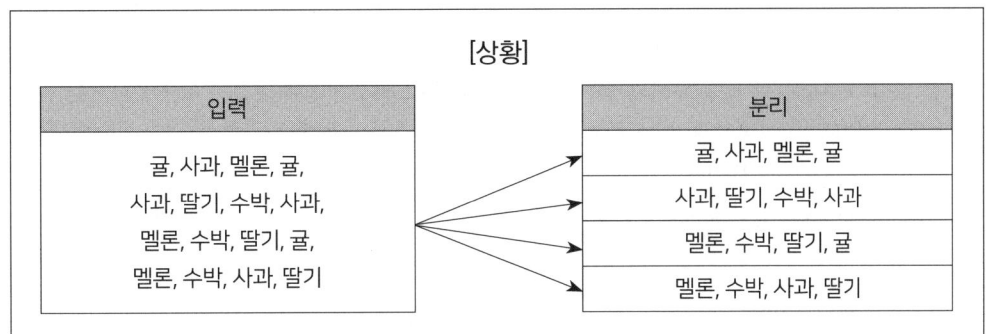

① 귤, 2
사과, 4
멜론, 3
딸기, 4
수박, 3

② 귤, 3
사과, 4
멜론, 3
딸기, 3
수박, 3

③ 귤, 3
사과, 3
멜론, 4
딸기, 3
수박, 3

④ 귤, 3
사과, 3
멜론, 4
딸기, 4
수박, 2

05 **다음은 부동산 시장 및 공급 상황에 관한 보도자료이다. 이에 대한 설명으로 옳지 않은 것은?**

> 2024년 9월 서울 아파트 가격은 8월 2주차 정점(0.32%) 대비 3분의 1 수준으로 감소하는 등 상승폭이 둔화되고 있다. 서울 아파트의 매매 거래량도 약 7천6백 건으로 거래량의 정점을 찍었던 7월의 9천5백여 건 대비 약 20% 감소하였다.
>
> 서울 집값 상승폭이 둔화세를 보이고 있으나 여전히 금리 인하에 대한 기대감 등 시장에 대한 불안 요인은 남아 있다. 이에 정부는 8.8 주택 공급 대책을 속도감 있게 추진하고 시중 유동성 및 가계 대출을 관리할 계획이라고 밝혔다.
>
> LH는 올해 공공주택 5만 호의 발주를 완료하였으며 대규모 공급에 차질이 없도록 착공 계획을 추진하고 있다. 그중에서도 3기 신도시 고양창릉, 하남교산 등을 비롯한 6천 호는 수도권에서 인기가 높으며 내년 상반기에 분양할 예정이다. 구리갈매역세권, 과천주암, 화성동탄2 등 1만 호는 올해 하반기에 분양할 예정이다.
>
> 10월 기준 13.6만 호에 달하는 공공 신축 매입 약정도 매입 신청이 접수되었으며, 이 중 4.1만 호가 심의를 통과하였다. LH는 추가 심의 및 약정 체결 등 후속 절차를 완료하여 올해 5만 호의 대규모 주택 물량을 차질 없이 공급할 예정이다.
>
> 정부는 「노후계획도시정비법」에 따라 주민이 특별정비계획을 제안 시 계획이 신속 수립될 수 있도록 '특별정비계획 수립 Fast-Track'을 11월 도입하기로 했다. 또한 「도시 및 주거환경 정비법」 개정을 통해 안전진단 통과 전에도 재건축 절차를 진행할 수 있도록 함으로써 정비사업 추진을 가속화할 전망이다.
>
> 정부는 「8.8 주택 공급 확대 방안」 후속조치로 2024년 수도권 주택 이상 거래에 대한 현장 점검 및 기획 조사를 8월 13일부터 9월 27까지 7주간 실시했다. 그 결과 397건의 위법 의심 거래가 적발되었다. 앞으로 관계부처 및 지자체는 공조하여 부동산 거래 질서를 교란하는 불법 행위와 불공정 행위를 차단하기 위해 적극 대응할 계획이다.

① 수도권에서 선호도가 높은 지역은 고양창릉, 하남교산이다.
② 신축 매입 물량이 늘어날수록 공공 주택 공급의 안정성은 약화된다.
③ 금리 변동은 부동산 매매 시장의 거래량과 거래 금액 등에 영향을 미친다.
④ 'Fast-Track'의 도입은 노후된 지역의 도시 정비 및 재건축의 진행이 빨라지는 데 기여할 것이다.

06 **다음 자료는 IBK기업은행의 [가계대출관련약관 변경 대비표]이다. 이 자료에 대한 설명으로 옳은 것을 [보기]에서 모두 고르면?**

[가계대출관련약관 변경 대비표]

현행	개정
제○○조 대출실행 중단 은행은 대출계약 체결 전, 차주에게 대출증가, 연체발생, 신용등급 하락 등 차주의 신용위험, 상환능력이 악화되거나 차주가 제공한 정보의 내용이 달라져 대출실행에 중대한 영향을 미치는 경우, 대출실행을 거부할 수 있다.	제○○조 대출실행 중단 은행은 대출계약 체결 후, 대출실행 전에 차주에게 대출증가, 연체발생, 신용등급 하락 등 차주의 신용위험, 상환능력이 악화되거나 차주가 제공한 정보의 내용이 달라져 대출실행에 중대한 영향을 미치는 경우, 대출을 실행하지 않을 수 있다.
제○○조 이자율 등과 지연배상금 이자 등의 율과 관련하여 은행이 정하는 바에 따라 고객은 약정 당시와 비교하여 신용상태의 현저한 변동이 있다고 인정되는 경우 합리적인 근거를 서면으로 제시하고, 금리변경을 요구할 수 있다. 이 경우 은행은 그 적정성 여부를 성실히 심사하고 이에 따른 필요한 조치를 취할 경우 그 결과를 통지하여야 한다.	제○○조 이자율 등과 지연배상금 이자 등의 율과 관련하여 은행이 정하는 바에 따라 고객은 약정 당시와 비교하여 신용상태의 현저한 변동이 있다고 인정되는 경우 합리적인 근거를 서면, 온라인 접수 등으로 제시하고, 금리변경을 요구할 수 있다. 이 경우 은행은 그 적정성 여부를 성실히 심사하고 이에 따른 필요한 조치를 취할 경우 그 결과를 통지하여야 한다.
(신설)	제○○조 대출계약의 철회 은행은 대출 철회기간 내에 채무자가 대출금 전액에 대한 상환을 요청하는 경우, 채무자의 철회의사를 확인하여 처리한다. 다만, 상환에 따른 수수료가 발생하지 않는 경우 생략할 수 있다.

| 보기 |

ㄱ. 현행 약관에서는 대출계약을 체결한 후 대출실행에 중대한 영향을 미치는 사유가 발생하더라도 대출이 실행된다. 그러나 개정 약관에서는 대출계약을 체결한 이후라 하더라도 중대 사유가 발생한 경우 대출을 실행하시 않을 수 있다.

ㄴ. 현행 약관에서 이자 등의 율을 변경하기 위한 근거 제출 방법은 서면이 유일했지만, 개정 약관에서는 서면 이외의 다른 방법도 인정된다.

ㄷ. 고객의 이자 등의 율 변경 요구에 대하여 은행이 수용한 경우, 현행 약관에서는 은행이 고객에게 알릴 의무가 없었으나 개정 약관에서는 알릴 의무가 발생한다.

ㄹ. 개정 약관에서 채무자가 대출 철회기간 내에 대출금 전액의 상환을 요청하는 경우 은행은 채무자의 철회의사 확인 없이 대출계약 철회를 처리해야 한다.

① ㄱ, ㄴ　② ㄴ, ㄷ　③ ㄴ, ㄹ　④ ㄱ, ㄴ, ㄹ

[07~08] 다음 글을 읽고 이어지는 물음에 답하시오.

인플레이션(inflation)이란 일반적으로 경제학에서 '물가 상승'을 의미하며, 통화량이 늘면서 화폐 가치가 떨어지고 물가가 계속적으로 올라 일반 대중의 실질 소득이 감소하는 현상을 이른다. 인플레이션이 발생하면 통화 가치가 하락하면서 소비자의 구매력이 약화되는 현상이 나타난다. 이와 관련한 예로 16세기 서유럽의 밀 가격 폭등 현상이 있다. 16세기 스페인이 아메리카의 귀금속을 유럽으로 대거 운송하자 유럽 전역으로 방대한 양의 귀금속이 유입되기 시작했다. 이후 귀금속이 풍부해지면서 물가가 상승했고, 그로 인해 16세기 말 서유럽에서 밀 가격이 4배 상승했다.

인플레이션의 원인으로는 통화량의 팽창, 소비자 투자 증가, 재정 지출 증가 등 수요의 확대를 들 수 있다. 그중에서도 필요한 화폐량보다 더 많은 지폐가 발생함으로써 나타나는 현상을 지폐 인플레이션이라고 하고, 은행의 대출 증가, 기업의 과잉 투자로 인해 일어나는 현상을 신용 인플레이션이라고 한다.

인플레이션을 결정하는 지표 중 하나는 소비자종합물가지수(CPI)이다. 소비자물가지수는 일정 기간 동안 소비자가 구매하는 상품과 서비스의 가격 변동을 측정한 지표로, 소비자들이 자주 구매하는 상품과 서비스를 중심으로 항목을 선정한다. 대표적으로 식료품비, 주거비, 교통비, 의료비 등이 포함되며 각 품목의 중요도를 반영한 가중치를 부여하여 각 품목의 가격 변동을 분석한다. CPI의 상승은 물가 상승 곧 인플레이션을 의미하며, 하락은 디플레이션 즉 물가 하락을 의미한다.

반면에 스태그플레이션(stagflation)은 '정체'를 뜻하는 스태그네이션(stagnation)과 '물가 상승'을 뜻하는 인플레이션의 합성어이다. 거시 경제학에서 고물가와 실직, 경기 후퇴가 동시에 일어나는 상황을 이른다. 다시 말해 실업률은 높은 상태가 유지되면서 경제 성장 지수는 낮고 물가 상승은 심하게 나타난다. 만약 정부가 물가 하락을 의도한 정책을 수립하면 오히려 실업률을 높일 수 있기 때문에 정부는 경제 정책을 수립하는 데 있어 딜레마를 겪게 된다.

07 **인플레이션에 관한 설명으로 옳지 않은 것은?**

① 일정 기간 동안 물가가 지속적으로 상승하는 현상이다.
② 물건의 공급은 그대로인데 수요가 많아져서 나타나는 현상이다.
③ 인플레이션의 예로 '금사과', '금배추' 관련 이슈를 들 수 있다.
④ 시장의 물가와 인건비가 오르면서 경제 성장 지수는 하락한다.

08 **위 글을 읽고 보인 반응으로 적절하지 않은 것은?**

① 정부가 통화 공급을 늘리면, 돈의 가치는 내려가고 상품의 가격은 오른다.
② 소비자 물가가 상승하면 소비자는 같은 양의 상품과 서비스를 구매하는 데 더 많은 돈을 지출해야 하므로 실질 구매력이 감소한다.
③ 16세기 서유럽의 밀 가격 폭등으로 인해 당시 소비자의 실질 구매력이 감소했다.
④ 국가가 소비자 부담을 완화하기 위해 물가를 낮추면 실업률도 내려간다.

[09~10] 다음 자본시장법에 따른 공시 및 기타 제도 개선에 관한 자료를 읽고 이어지는 물음에 답하시오.

[공시 관련 제도 개선]

1. 5% 보고의무 과징금 현실화: 시가총액 1,000억 원 미만의 기업에 대해 시가총액을 1,000억 원으로 적용하여 과징금의 실효성을 제고한다[5% 보고의무 위반 과징금: (위반기업의 시가총액×10만 분의 1)×(1−감경비율)].

※ 5%룰: 투자자는 상장사 주식 등을 5% 이상 보유하게 되거나, 이후 1% 이상 지분 변동 또는 보유목적이나 주요 계약사항에 변경이 있는 경우 이를 5일 내 보고·공시해야 한다.

2. 분기보고서 작성부담 경감: 분기보고서에는 필수항목(재무사항, 사업내용 등)만 기재하고 그 외(임원의 현황, 주주에 관한 사항, 계열회사에 관한 사항 등)에는 달라진 경우에만 기재하도록 함으로써, 기업의 공시부담을 경감하고, 투자자가 달라진 부분을 쉽게 알 수 있도록 한다.
3. 영구채 발행 시 주요사항 보고서 제출의무 신설: 증권신고서 대상이 아닌 사모로 발행하는 경우 기업으로 하여금 주요사항 보고서를 제출·공시하도록 함으로써, 투자자에게 정확한 정보를 제공한다.

※ 영구채는 회계상 자본으로 인식되며, 그 성격이 조건부자본증권과 유사하나 조건부자본증권과 달리 주요사항 보고서 제출대상이 아니었다.

4. ETN(Exchange Traded Note) 적시공급 체계 마련: ETN 시장의 상황 급변 등으로 신속한 조치가 필요한 경우 증권신고서 효력발생시기를 15일에서 3일로 단축한다.

[그 밖의 제도 개선 사항 반영]

1. 인가심사 중단제도 개선: 소송 등으로 인해 심사가 중단된 경우 해당 사안의 심사 재개 여부를 6개월마다 검토하도록 하고, 검토주기 도래 전이라도 소송 등의 진행경과 등을 고려하여 필요 시 심사를 재개한다.
2. 외화 투자자예탁금 별도 예치
   (1) 달러 예탁금은 최소 70%까지 예치기관에 예치[최대 30%까지 외국환은행 예치를 한시적으로 허용(~2024년 12월)]한다.
   (2) 달러화 외의 외화 예수금은 기타 예치기관에 예치 또는 신탁 가능하다.
   (3) 예치기관의 외화 투자자예탁금 운용방법으로서 미(美) 국채 및 외환스왑 거래를 추가하고, 조건부매수 대상채권 범위도 확대(국채·지방채·특수채 및 국내 신용평가기관에서 A등급 이상을 받은 채권 → 국제 신용평가기관으로부터 A등급 이상을 받은 채권 추가)
3. 기업금융 활성화 관련
   (1) '벤처대출' 가능, 초기 중견기업에 대한 대출·투자 시 건전성 규제 부담을 완화(NCR 전액 차감 → 부분 차감), 중소기업 특화 증권사 확대(5개 내외 → 8개 내외)

(2) 종합금융투자사업자는 발행어음으로 조달한 자금의 50% 이상을 기업금융 관련 자산에 운용해야 한다. 단, SPC·금융회사에 대한 대출과 투자는 기업금융 관련 자산의 범위에서 원칙적으로 제외한다.

4. 기타 제도 개선 사항
(1) 합병 이후 스팩이 아닌 비상장사 법인격이 존속 시에도 동일하게 증권신고서 제출의무 등이 적용되도록 관련 조문을 정비한다.
(2) 금융투자업자가 받은 인가를 자진 폐지한 후 재진입하고자 할 경우 필요한 경과기간을 5년에서 3년으로 단축한다.
(3) 4. 1.~3. 31.로 정해져 있던 금융투자업자의 회계기간은 금융투자업자가 '정관'을 통해 직접 정할 수 있도록 변경한다.

09 **위 자료에 대한 설명으로 옳지 않은 것은?**

① 국제 신용평가기관으로부터 A등급을 받은 채권은 매수 가능하다.
② 금융투자업자가 받은 인가를 자진 폐지한 후 재진입하고자 할 경우 경과기간은 3년이다.
③ 증권신고서 대상이 아닌 사모로 영구채 발행 시 주요사항 보고서를 제출하지 않아도 된다.
④ 시가총액이 900억 원인 기업의 과징금 감경비율이 30%일 때, 5% 보고의무 위반으로 인한 과징금은 70만 원이다.

10 **다음은 I은행 행원들의 [대화]이다. 빈칸 ㉠에 들어갈 말로 옳지 않은 것은?**

[대화]

• 강 대리: 최 부장님, 분기보고서 작성 중에 여쭤볼 것이 있습니다.
• 최 부장: 네, 어떤 부분에 대해 설명해드릴까요?
• 강 대리: 공시 관련 제도 개선으로 인하여 기존과 변경된 부분이 있나요?
• 최 부장: 분기보고서 작성부담을 경감하기 위해 필수항목 외에는 (㉠)이 달라진 경우에만 분기보고서에 기재하는 것으로 변경되었어요.
• 강 대리: 분기보고서 작성 부담을 덜 수 있겠네요.

① 사업내용 ② 임원의 현황
③ 주주에 관한 사항 ④ 계열회사에 관한 사항

[11~12] 다음 ESG에 관한 자료를 읽고 이어지는 물음에 답하시오.

> ESG는 기업의 비재무적 요소인 환경보호, 사회공헌, 윤리경영의 약자로 ESG 경영은 기업이 환경보호에 앞장서고, 사회적 약자에 대한 지원 등의 사회공헌 활동을 하며, 법과 윤리를 준수하는 경영활동을 말한다. 2021년 1월 금융위원회는 2025년부터 자산 총액 2억 원 이상의 유가증권시장 상장사의 ESG 공시 의무화가 도입된다고 하였으며, 2030년부터는 모든 코스피 상장사로 확대된다고 발표했다.
>
> ESG 정보의 투명성과 비교 가능성을 높이고, 투자 편의성 향상을 위해 금융위원회와 한국거래소는 ESG 관련 기본정보와 활용도 높은 최신 데이터를 제공하며, ESG 정보를 한 곳에서 조회할 수 있는 ESG 정보 플랫폼 서비스를 시작했다. 또한 금융위원회는 중저신용자 대상 중금리대출 확대기조를 유지하여 가계부채 문제를 완화할 계획이다.
>
> 금융감독원은 글로벌 ESG 공시기준에 대한 논의 등을 감안하여 국내 공시기준을 검토하고, ESG 채권의 평가 시 준수해야 할 기준과 평가서 고시방법 등을 검토하여 ESG 관련 공시 평가 절차를 개선했다.
>
> 주택금융공사는 올해 가계부채의 구조적 개선과 포용금융을 통한 서민의 주거 안정을 위해 ESG 채권을 분기별로 약 10조 원씩 발행할 예정이다. ECG 채권을 발행하여 61만 가구에 저금리, 장기 고정금리 주택담보대출을 공급할 예정이라고 하였다.

11 위 자료에 대한 설명으로 옳은 것은?

① 2025년에 모든 코스피 상장사는 ESG 공시를 의무화해야 한다.

② 금융위원회는 글로벌 ESG 공시기준에 대한 논의 등을 감안하여 국내 공시기준을 검토한다.

③ 금융감독원과 한국거래소는 ESG 관련 기본정보와 활용도 높은 최신 데이터를 제공한다.

④ 금융위원회는 중저신용자 대상 중금리대출 확대기조를 유지하여 가계부채 문제를 완화할 계획이다.

12 **위 자료를 토대로 C사원과 W사원이 다음과 같이 대화를 나누었다. [대화]의 빈칸에 들어갈 말로 옳은 것은?**

> [대화]
>
> • W사원: 이번에 주택금융공사에서 서민 주거 안정을 위해 ESG 채권을 발행할 계획이라고 합니다.
> • C사원: 네, 올해부터 시행 예정이라고 들었어요.
> • W사원: 해당 사업이 가계부채 문제에 어떤 영향을 미칠까요?
> • C사원: (   )

① 저금리, 장기 고정금리로 주택담보대출을 제공할 것으로 예상됩니다.
② 중저신용자 대상 중금리대출 확대기조를 유지하여 가계부채 문제를 완화할 것으로 예상됩니다.
③ 취약계층을 대상으로 하는 서민금융상품 공급을 확대할 것으로 예상됩니다.
④ 저신용자에 대한 대출 규제를 강화할 것으로 예상됩니다.

[13~14] 다음은 목적과 기간에 따른 금융상품에 대한 설명이고, [표]는 K은행의 금융상품(A~E)에 가입한 고객들의 금융상품 유지기간을 측정한 결과이다. 이어지는 질문에 답하시오. (단, 각 고객들은 통상적으로 행동한다)

[목적과 기간에 따른 금융상품]

○ 단기 투자의 목적: 안정성 > 수익률(예 정기적금, 예금)
※ 통상 24개월 이하

○ 중기 투자의 목적: 안정성≒수익률(예 배당주 주식형 펀드, 가치주 주식형 펀드)
※ 통상 24개월 초과~60개월 이하

○ 장기 투자의 목적: 안정성 < 수익률(예 저축성 보험)
※ 통상 60개월 초과

[표] 금융상품별 유지기간

(단위: 개월)

구분	병호	진선	민한	대원	정우	평균
A	15	17	23	24	19	19.6
B	62	37	48	(㉠)	39	46.8
C	33	27	52	44	(㉡)	38.2
D	27	51	31	12	32	30.6
E	5	15	8	12	(㉢)	12.0

※ 모든 고객들은 현재 유지 중인 금융상품이 없음

13 위 [표]의 빈칸 ㉠~㉢에 들어갈 숫자들의 합 ㉠+㉡+㉢을 구하면?

① 93 ② 103 ③ 113 ④ 123

14 위 자료에 대한 설명으로 옳은 것은?

① 병호는 오직 안정성만을 위한 투자를 한다.
② 진선은 수익률보다는 안정성을 목적으로 가입한 금융상품이 2개이다.
③ E금융상품을 유지하는 목적은 안정성과 수익률에 대한 중요도가 비슷하기 때문이다.
④ 고객 DB에서 새롭게 발견한 재성이라는 고객이 D금융상품을 안정성보다는 수익률을 목적으로 가입했을 때, 해당 금융상품의 고객별 평균 유지기간은 더 짧아질 것이다.

15 **다음은 IBK기업은행의 예금상품에 관한 자료이다. [상황]의 A~D의 이율로 옳지 않은 것은?**

○ 계약기간: 1년 이상 3년 이하 월 단위 가입 가능
○ 예금종류: 자유적립식
○ 가입금액: 최소 10만 원 이상
○ 가입대상: 사업자등록증을 소지한 개인사업자 및 법인, 임의단체
○ 이자지급방법: 만기일시 지급
○ 약정이율

계약기간	12개월 이상 24개월 미만	24개월 이상 36개월 미만	36개월 이상 48개월 미만
금리	3.60%	3.70%	3.85%

○ 우대금리

ESG 경영 서약기업 연 0.1%p	가입 할 때 ESG 경영 추진 서약 시 제공
ESG 관련 인증 보유 또는 캠페인 참여 기업 연 0.1%p	계약기간 동안 아래의 인증 또는 캠페인 참여 확인서 제출 시 항목당 연 0.1%p 우대금리 적용됨(단, 최대 연 0.1%p 적용) • ESG 인증 보유(환경경영시스템 등 국제환경규격 인증, 녹색기술·녹색기술제품·녹색전문기업, 사회책임경영시스템, 고용노동부 인증 기업) • ESG 캠페인 참여(재생에너지 사용, 무공해차 전환)
일자리 창출 연 0.1%p	고용인원 증가(고용보험 가입자 명단 제출, 지방자치단체 고용우수기업 선정 중 1개 충족)
비대면채널 연 0.1%p	인터넷뱅킹, 모바일 등 비대면채널을 통해 해당 상품 가입

※ 최대 연 0.3%p 우대금리 제공

[상황]

• A: 12개월 약정으로 예금상품을 인터넷뱅킹으로 가입했으며, 가입 시 ESG 경영 추진 서약을 했다. 고용인원 증가로 고용보험 가입자 명단을 제출했다.
• B: 28개월 약정으로 예금상품을 은행에 방문하여 가입했으며, 가입 후 녹색전문기업 ESG 인증, 재생에너지 사용 ESG 캠페인 참여 확인서를 제출했다.
• C: 40개월 약정으로 예금상품을 모바일을 통해 가입했으며, 가입 시 ESG 경영 추진 서약을 했다. 계약기간 내에 중소벤처기업부 인증 기업 확인서를 제출했다.
• D: 35개월 약정으로 예금상품을 은행에 방문하여 가입했다. 계약기간 내에 고용인원 증가로 고용보험 가입자 명단을 제출했으며, 환경경영시스템 국제환경규격 인증 확인서를 제출했다.

① A: 3.90%   ② B: 3.80%   ③ C: 4.15%   ④ D: 3.90%

16 다음은 예금은행 가중평균금리에 관한 자료이다. 이 자료에 대한 설명으로 옳지 않은 것은?

[그림] 2024년 4~9월 예금은행 가중평균금리

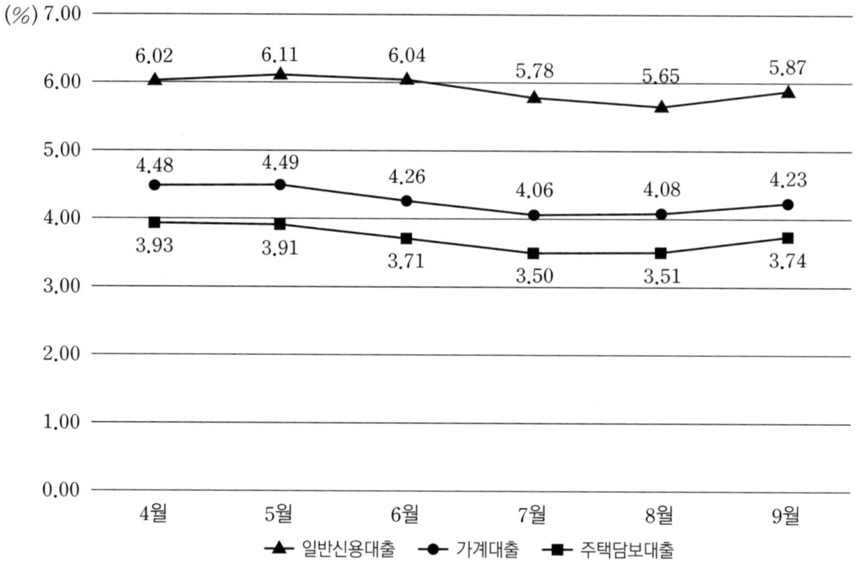

① 가계대출과 주택담보대출의 가중평균금리의 6월 이후 전월 대비 증감방향은 동일하다.

② 일반신용대출과 주택담보대출의 가중평균금리 차이가 가장 큰 달은 6월이다.

③ 가계대출의 4월부터 9월까지 월별 가중평균금리 순위는 일반신용대출의 월별 가중평균금리 순위와 동일하다.

④ 4월 대비 9월에 가중평균금리의 감소율이 가장 큰 대출은 가계대출이다.

17 **다음은 2023년 신용카드 이용 현황 자료이다. 이 자료에 대한 설명으로 옳지 않은 것은?**

[표 1] 2023년 개인 은행계 신용카드 이용 현황

(단위: 만 건, 억 원)

구분	1분기	2분기	3분기	4분기
총 이용 건수	213,051	243,300	249,553	247,420
일반구매	206,296	235,990	242,197	239,620
할부구매	5,822	6,362	6,398	6,788
현금 서비스	933	948	958	1,012
총 이용금액	1,015,224	1,104,011	1,137,507	1,157,962
일반구매	737,608	819,460	839,565	848,282
할부구매	186,118	192,979	204,721	212,618
현금 서비스	91,498	91,572	93,221	97,062

[표 2] 2023년 개인 비은행계 신용카드 이용 현황

(단위: 만 건, 억 원)

구분	1분기	2분기	3분기	4분기
총 이용 건수	135,821	156,351	161,005	160,731
일반구매	130,284	150,215	154,837	154,277
할부구매	5,055	5,640	5,664	5,933
현금 서비스	482	496	504	521
총 이용금액	714,803	784,699	809,380	827,001
일반구매	498,432	558,609	577,042	593,854
할부구매	166,685	175,078	179,866	181,546
현금 서비스	49,686	51,012	52,472	51,601

① 2분기에 개인 은행계 신용카드 이용 건수 중 할부구매의 비중은 2% 이상이다.
② 4분기에 개인 비은행계 신용카드 현금 서비스 1건당 이용금액은 100만 원 이하이다.
③ 2~4분기 동안 전분기 대비 개인 은행계 신용카드 총 이용 건수의 증감 추이와 동일한 세부 항목은 1개이다.
④ 3분기에 개인 비은행계 이용금액의 1분기 대비 증가량이 가장 큰 세부 항목은 할부구매이다.

[18~20] 다음은 적립식 중금채에 관한 자료이다. 이어지는 물음에 답하시오.

○ 가입대상: 개인고객 또는 기업고객

※ 외국인 비거주자는 제외

※ 1인(기업)당 1계좌로 제한

○ 월 적립한도: 1만 원 이상 1만 원 단위로 적립

※ 개인고객: 최대 1천만 원

※ 기업고객: 최대 5천만 원

○ 계약기간: 1년 이상 3년 이하(월 단위로 가입 가능)

○ 납입회차: 가입기간 중 999회까지 적립 가능

○ 약정이율

12개월 이상 24개월 미만	24개월 이상 36개월 미만	36개월
3.00%	3.10%	3.15%

○ 중도해지이율: 계약 기간별 약정이율 × 인정률

경과비율	10% 미만	10% 이상 20% 미만	20% 이상 40% 미만	40% 이상 60% 미만	60% 이상 80% 미만	80% 이상
인정률	5%	10%	20%	40%	60%	80%

※ 경과비율 = 경과일수/계약일수

※ 모든 구간 최저금리 연 0.1% 적용

○ 만기 후 이율

만기 후 1개월 이내	만기 시 이율의 50%
만기 후 1개월 초과 6개월 이내	만기 시 이율의 30%
만기 후 6개월 초과	만기 시 이율의 20%

※ 만기 후 3개월 동안 거치 시 만기 후 1개월까지는 만기 시 이율의 50%를 1개월 초과 3개월까지는 만기 시 이율의 30%를 적립

○ 이자계산식: '입금액 × 약정이율 × 해당 건 예치일수/365'의 합

○ 세제혜택: 비과세종합저축 가입 가능

○ 양도 및 담보: 양도 및 담보 제공 가능

○ 위법계약해지권

- 금융회사가 「금융소비자보호법」상 판매원칙 위반 시 일정기간 이내에 금융소비자가 계약해지를 요구할 수 있습니다. 금융회사는 10일 이내에 수락 여부를 통지해야 하며, 거절 시 거절 사유와 함께 통지해야 합니다.
- 위법계약해지 요구는 계약서류를 받은 날로부터 5년, 위법사실을 인지한 날로부터 1년 이내에 가능합니다(계약종료 시 행사 불가).

○ 휴면예금
- 채권원금의 청구권은 상환기일로부터 5년간, 채권이자의 청구권은 지급기일로부터 3년간 행사하지 아니하면 시효에 의하여 소멸합니다.
- 시효완성된 채권의 처리절차는 시효완성된 예금의 처리절차를 준용합니다.

○ 유의사항
- 은행에서 운용할 수 있는 신규한도 소진 시 가입이 제한될 수 있습니다.
- 만기 전 해지할 경우 계약한 이자율보다 낮은 중도해지이자율이 적용됩니다.
- 양수·양도 시 보유기간에 상응하는 이자소득세가 원천징수됩니다(이자는 만기에 일시지급).

18 **위 자료를 이해한 내용으로 적절하지 않은 것은?**

① 개인고객과 기업고객의 월 납입 한도는 차이가 있다.
② 「금융소비자보호법」상 판매원칙 위반 시 계약기간이 24개월인 경우 만기 후 3년까지 위법계약해지 요구를 할 수 있다.
③ 계약기간이 36개월인 경우 평균 월 납입회차는 최대 28회 이하이다.
④ 만기 후 계속 적립 시 이율은 매월 동일하지 않다.

19 **다음 [상황]의 A와 B의 중도해지이율의 합은? (단, 계산 시 소수점 아래 셋째 자리에서 반올림한다)**

[상황]

- A는 계약기간을 26개월로 설정하여 적립식 중금채를 가입하였다. A는 1개월 후 적립식 중금채를 해지하였다.
- B는 계약기간을 36개월로 설정하여 적립식 중금채를 가입하였다. B는 17개월 후 적립식 중금채를 해지하였다.

① 1.37% ② 1.42% ③ 1.54% ④ 1.62%

20 다음 [상황]에서 만기 시 A가 지급받는 금액은 얼마인가? (단, 계산 시 원 단위 이하는 절사한다)

[상황]

A는 계약기간을 1년으로 설정하여 적립식 중금채를 가입하였다. A의 납입 내역은 아래와 같다.

회차	납입금액	예치일수	회차	납입금액	예치일수
1회차	50만 원	365일	7회차	100만 원	180일
2회차	50만 원	335일	8회차	100만 원	150일
3회차	50만 원	305일	9회차	100만 원	120일
4회차	50만 원	270일	10회차	100만 원	90일
5회차	50만 원	240일	11회차	100만 원	60일
6회차	50만 원	210일	12회차	100만 원	30일

① 8,741,347원 ② 8,854,041원 ③ 9,015,874원 ④ 9,122,667원

[21~22] 다음 [IBK기업은행 정관]을 읽고 이어지는 물음에 답하시오.

[IBK기업은행 정관]

- 은행의 주주는 본인이 소유하는 주식 수에 비례하여 신주의 배정을 받을 권리를 가진다.
- 법률에 특별한 규정이 없으며, 다음과 같은 경우에 주주총회의 결의로 주주 외의 사람에게 신주를 배정할 수 있다.
  - 관련 법령의 규정에 의하여 신주를 모집하거나 인수인에게 인수하게 하는 경우
  - 「자본시장과 금융투자업에 관한 법률」 등 관련 법령에 의하여 우리사주 조합원에게 신주를 우선 배정하는 경우
  - 발행주식 총수의 100분의 50 범위 내에서 일반공모증자 방식에 의한 신주를 발행하는 경우
  - 관련 법령의 규정에 의하여 주식예탁증서(DR) 발행에 따라 신주를 발행하는 경우
  - 정부에게 신주 전부를 배정하는 경우
  - 재무구조의 개선 등 은행의 경영상 목적을 달성하기 위하여 필요한 경우
- 주주가 신주인수권을 포기 또는 상실하거나 신주배정에서 단주가 발생하는 경우에 그 처리방법은 주주총회의 결의로 정한다.

- 은행이 유상증자, 무상증자 및 주식배당에 의하여 신주를 발행하는 경우 신주에 대한 이익의 배당에 관하여는 신주를 발행한 때가 속하는 회계연도의 직전 회계연도 말에 발행된 것으로 본다.
- 은행은 명의개서대리인을 둔다.
- 명의개서대리인을 두는 경우에 다음과 같이 처리한다.
  - 명의개서대리인 및 그 사무취급장소와 대행업무의 범위는 이사회의 결의로 정하고 이를 공고함
  - 명의개서대리인은 은행의 주주명부 또는 그 복본을 명의개서대리인의 사무취급장소에 비치하고 주식의 전자등록, 주식명부의 관리, 기타 주식에 관한 사무를 취급함
  - 사무취급에 관한 절차는 명의개서대리인의 유가증권의 명의개서대행 등에 관한 규정에 따름

21 **위 [IBK기업은행 정관]에 대한 설명으로 옳지 않은 것은?**

① 명의개서대리인은 주식명부의 관리 및 기타 주식에 관한 사무를 취급한다.
② 주주가 신주인수권을 포기하는 경우 처리방법은 주주총회의 결의로 정한다.
③ 명의개서대리인 대행업무의 범위는 이사회의 결의로 정하고 결과를 공고한다.
④ 은행이 무상증자를 통해 신주를 발행한 후 그로 인한 이익의 배당은 신주를 발행한 회계연도에 발행된 것으로 본다.

22 **위 [IBK기업은행 정관]과 다음 [표]를 토대로 할 때, A~D 중 신주를 배정할 수 없는 경우는 무엇인가?**

[표] A~D의 상황

구분	주식 소유 여부	발행주식 총수에 대한 신주의 비율	신주 발행 방식
A	○	15%	일반공모증자 방식
B	×	30%	우리사주 조합원에게 신주를 우선 배정
C	×	60%	일반공모증자 방식
D	×	25%	재무구조의 개선을 위함

① A　② B　③ C　④ D

[23~24] 다음은 예금에 대해 정리한 자료이다. 이어지는 물음에 답하시오.

구분	내용
일반 정기 예금	• 만 19세 이상 내국인, 근로소득자(현 직장 재직 1년 이상) 또는 사업소득자 • 가입 기간은 최소 1년부터 선택 가능 • 최소 100만 원부터 예금 가능 • 금리: 연 2.0% ※ 최소 6개월 이상 유지 시 이자 지급 • 모바일 가입 시 금리 0.1% 우대 • 중도 해지 시 금리 1.0% 적용 • 월복리 이자 계산 적용
청년 정기 예금	• 만 34세 이하 내국인, 근로소득자(재직기간 무관), 사업소득자 또는 무소득자 • 최소 50만 원부터 예금 가능 • 금리: 연 2.3% • 3년 이상 가입 시 추가 금리 0.2% 우대 • 자동 재가입 시 금리 0.1% 우대 • 사회초년생(첫 직장 3년 이내) 금리 0.3% 우대 • 월복리 이자 계산 적용
고액 정기 예금	• 만 19세 이상 내국인, 근로소득자(현 직장 재직 1년 이상) • 최소 1,000만 원부터 예금 가능 • 금리: 연 2.5% • 5천만 원 이상 예치 시 추가 금리 0.3% 우대 • 중도 해지 불가 조건 추가 시 추가 금리 0.5% 우대 • 비대면 가입 시 수수료 면제 혜택 제공 • 월복리 이자 계산 적용

23 **위 자료에 대한 설명으로 옳지 않은 것은?**

① 고액 정기 예금 상품은 최소 1,000만 원 이상부터 가입할 수 있다.
② 청년 정기 예금 상품은 사회초년생에게 추가 금리 혜택을 제공한다.
③ 일반 정기 예금 상품은 중도 해지 시에도 기본 금리인 2.0%가 적용된다.
④ 일반 정기 예금 상품은 1년 이상의 가입 기간을 설정할 수 있다.

24 **다음 [상황]의 M이 예금 상품에 가입했을 때, 만기 시 지급받는 세후 이자는 얼마인가? (단, $1.00175^{24} \fallingdotseq 1.043$, $1.0025^{24} \fallingdotseq 1.062$로 계산한다)**

[상황]

구분	내용
나이	45세
직업	근로소득자
가입한 예금 금액	2,000만 원
가입 기간	2년

- M은 중도 해지 없이 계약 기간을 유지할 예정이다.
- M은 금리가 가장 높은 예금을 모바일을 통해 가입할 예정이다.
- 이자의 15.4%에 해당하는 세금을 과세할 예정이다.
- 월복리 이자 계산 방법: 원금 × $[\{1+(\text{금리}/12)\}^n - 1]$

※ n=가입 개월 수

① 727,560원 ② 860,000원 ③ 1,049,040원 ④ 1,240,000원

[25~26] 다음 [개인프리워크아웃론]에 관한 자료를 읽고 이어지는 물음에 답하시오.

[개인프리워크아웃론]

개인프리워크아웃론: 원리금 상환이 어려운 가계 신용대출 고객의 연체방지를 위해 기존 당행 대출을 장기 분할상환대출로 대환하여 정상거래를 유도하는 상품

1. 대출 대상: 아래의 조건 중 하나 이상 해당하는 고객
   - 은행에서 정한 신용등급에 해당하는 고객
   - 계속 연체 15일 이상 3개월 미만인 고객
   - 최근 6개월간 연체 3회 이상인 고객
   - 당행 포함 5개 이상의 금융기관에 채무를 가진 고객
   - 실직, 폐업 등 재무적 곤란 상황에 처한 고객

   ※ 개인신용평점에 따른 제한은 없으나 은행 내부 신용등급 등 기준에 충족하지 못할 경우 상품 가입이 제한될 수 있음

   ※ 대출 제외 대상: 은행연합회 신용정보 전산망에 연체(3개월 이상), 부도, 대위변제, 금융질서 문란정보 및 공공정보(조세, 과태료, 고용보험료 등 체납), 신용회복지원정보(회생, 파산, 면책)가 등재된 자
2. 계약기간: 최대 10년 이내
3. 대출한도: 당행 기대출 원금 범위 내
4. 상환방식: 거치 기간 없는 매월 원금균등분할상환, 부분균등분할상환
5. 부대비용
   - 인지세: 「인지세법」에 따라 대출 약정 시 납부하는 세금으로 대출금액에 따라 차등 적용되며, 은행과 고객이 50%씩 부담함

대출금액	5천만 원 이하	5천만 원 초과 1억 원 이하	1억 원 초과 10억 원 이하	10억 원 초과
인지세액	비과세	7만 원	15만 원	35만 원

6. 유의사항
   - 고객의 신용도와 당행 심사기준에 따라 대출 여부 및 한도가 결정됨
   - 대출 원리금 납입을 일정기간 지체하거나 만기일이 경과한 경우, 연체이자 부과와 함께 신용관리대상자로 등재될 수 있음

   ※ 연체이자: 여신이자율에 연체가산금리 연 3%를 더하여 적용(단, 최고 지연배상금률은 연 11%임)

25 **위 [개인프리워크아웃론]에 대한 설명으로 옳지 않은 것은?**

① 개인신용평점에 따른 상품 가입 제한은 없다.
② 대출금액이 6억 원인 고객이 지불해야 하는 인지세는 15만 원이다.
③ 최대 10년 동안 매월 원금균등분할상환으로 상환할 수 있다.
④ 대출원리금 납입을 일정 기간 지체한 경우 신용관리대상자로 등재될 수 있다.

26 **다음 중 개인프리워크아웃론이 불가능한 조건은? (단, 제시된 조건 이외는 고려하지 않는다)**

① 계속 연체 20일
② 당행을 포함해 4개 금융기관에 채무
③ 최근 6개월간 연체 4회
④ 실직으로 인한 재무적 곤란 상황

27 **다음은 A~D 지점의 제품별 재고량 및 필요량에 관한 자료이다. [조건]에 따를 때 구매하는 제품은 총 몇 개인가?**

[표] A~D 지점의 제품별 재고량 및 필요량

구분	제품	개당 가격	재고량	필요량
A	제품 1	10,000원	120	100
	제품 2	15,000원	70	80
	제품 3	20,000원	55	60
B	제품 1	10,000원	85	90
	제품 2	15,000원	75	70
	제품 3	20,000원	40	50
C	제품 1	10,000원	130	110
	제품 2	15,000원	60	90
	제품 3	20,000원	80	70
D	제품 1	10,000원	95	120
	제품 2	15,000원	105	100
	제품 3	20,000원	65	80

[조건]

- 총 예산: 1,000,000원
- 제품 1, 제품 2, 제품 3 순으로 우선 구매
- 구매 조건: 재고가 충분한 경우 구매하지 않고, 필요량보다 부족한 경우에만 예산 내에서 최대한 구매

① 70개 ② 75개 ③ 85개 ④ 100개

28 **다음은 A~E 실험실의 용액별 보유량 및 필요량에 관한 자료이다. [조건]에 따를 때 추가로 구매하는 용액의 양은?**

[표 1] 실험실별 용액 보유량 및 필요량

구분	에탄올	메탄올	아세톤	톨루엔
A	130L(120L)	90L(100L)	60L(80L)	40L(50L)
B	105L(110L)	60L(90L)	50L(70L)	30L(40L)
C	110L(130L)	85L(90L)	40L(70L)	20L(50L)
D	140L(150L)	70L(70L)	90L(85L)	50L(60L)
E	120L(110L)	80L(60L)	55L(40L)	35L(45L)

※ 괄호 안의 수치가 필요량임

[표 2] 리터당 가격

에탄올	메탄올	아세톤	톨루엔
5,000원	7,000원	6,000원	8,000원

[조건]

- 5개의 실험실은 120만 원을 이용하여 1리터 단위로 용액을 구매하며, A, D, C, E, B 순으로 구매한다.
- 금액 초과로 필요량을 모두 구매하지 못한 실험실의 경우 추가 필요량이 많은 용액 순으로 우선 구매하며, 금액 한도 내에서 최대한 구매한다. 단, 해당 실험실에 한하여 구매하지 못한 필요량은 차주에 구매 예정이다.

① 에탄올 30L, 메탄올 45L, 아세톤 60L, 톨루엔 60L
② 에탄올 30L, 메탄올 38L, 아세톤 50L, 톨루엔 60L
③ 에탄올 35L, 메탄올 38L, 아세톤 60L, 톨루엔 60L
④ 에탄올 35L, 메탄올 45L, 아세톤 70L, 톨루엔 70L

[29~30] 다음은 [출장비 지급 규정] 중 일부이다. 이어지는 물음에 답하시오.

[출장비 지급 규정]

구분	교통		일비	식비	숙박비
	비행기	기차			
차장 이상	비즈니스	특실	30,000	50,000	• 서울: 160,000원 • 경기도: 140,000원 • 그 외: 120,000원
과장, 대리	이코노미	일반실	25,000	40,000	• 서울: 120,000원 • 경기도: 100,000원 • 그 외: 80,000원
주임 이하	이코노미	일반실	20,000	30,000	• 서울: 100,000원 • 경기도: 80,000원 • 그 외: 60,000원

※ 일비는 7일 초과 시 90% 지급, 14일 초과 시 80% 지급

예 출장 일정이 15일의 경우 일비는 1~7일 동안 100% 지급, 7~14일 동안 90% 지급, 15일에 80% 지급

※ 2명 이상의 임직원이 동일 지역, 동일 목적으로 5일 이상 출장 시 교통비에 한하여 일행 중 가장 높은 직급의 임직원의 금액을 지급

29 다음 [상황]의 인원이 출장 시 지급해야 하는 총 교통비는 얼마인가?

[상황]

A차장, B대리, C사원 세 사람은 3일 동안 제주에서 열리는 참석할 예정이다, 교통은 비행기를 이용할 예정이며, 세 사람이 이용할 비행기의 편도 금액은 비즈니스 좌석 40만 원, 이코노미 좌석은 25만 원이다.

① 90만 원 ② 130만 원 ③ 180만 원 ④ 220만 원

30 다음 [상황]의 인원이 출장 시 지급해야 하는 총 출장비는 얼마인가?

[상황]

차장 1명, 과장 1명, 대리 1명, 사원 3명이 강원도에서 9박 10일 동안 진행하는 세미나에 참석하려고 한다. 6명은 KTX를 이용하여 이동할 계획이며, 이용하고자 하는 KTX의 편도 금액은 특실이 31,200원, 일반실이 27,600원이다.

① 8,072,400원 ② 8,206,400원 ③ 8,414,400원 ④ 8,586,400원

31 **다음은 [K사 성과급 지급을 위한 평가 기준]에 관한 자료이다. 이 자료와 직원별 평과 결과에 따를 때, 갑~정 중 성과급을 가장 많이 지급받는 사람은?**

[K사 성과급 지급 평가 기준]

○ 평가 기준

구분	A	B	C	D	E
업무 실적	10점	8점	6점	4점	2점
직무수행능력	10점	8점	6점	4점	2점
직무수행태도	10점	8점	6점	4점	2점
전문성 개발	10점	8점	6점	4점	2점

○ 성과급 지급 기준

- 업무 실적 30%, 직무수행능력 20%, 직무수행태도 20%, 전문성 개발 30%의 비율 계산 후 총합이 높은 순으로 1~4급으로 차등 지급함
- 급별 성과급 지급액은 다음과 같음

1급	2급	3급	4급
연봉의 70%	연봉의 60%	연봉의 45%	연봉의 40%

- 동점자의 경우 업무 실적이 높은 직원을 우선함

[표] 직원별 평가 결과

구분	연봉	업무 실적	직무수행능력	직무수행태도	전문성 개발
갑	4,200만 원	B	D	B	C
을	4,000만 원	A	C	B	E
병	3,500만 원	A	B	C	C
정	4,500만 원	B	E	C	B

① 갑 ② 을 ③ 병 ④ 정

기출복원 제1회 제2회 제3회

[32~34] 다음 글을 읽고 이어지는 물음에 답하시오.

S기업과 L기업은 자재 납품을 받기 위해 중소기업 A~D 4곳을 방문해 직접 보고 결정하기로 하였다. 각 기업 간의 거리는 다음과 같으며, S기업과 L기업이 방문한 중소기업 순번은 겹치지 않는다. 예를 들어 S기업이 두 번째에 중소기업 A를 방문했으면, L기업은 두 번째에 중소기업 B~D 중에서만 방문이 가능하다.

[그림] S기업·L기업과 중소기업 A~D의 거리

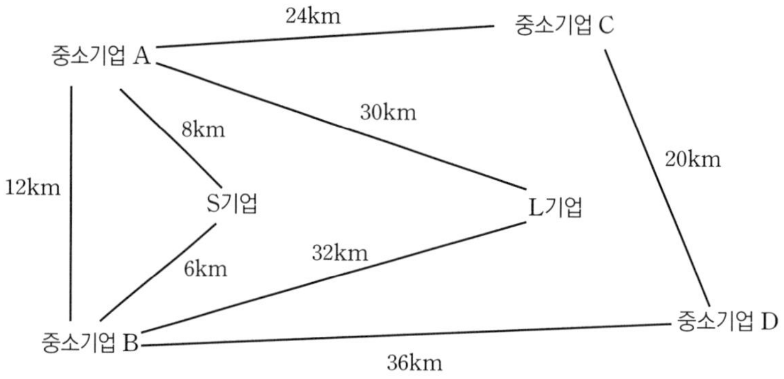

이동은 위 [그림]의 선을 따라서만 가능하며, 자신이 이동했던 선과 방문했던 기업은 다시 지나가지 않는다. 또한 S기업은 모든 구간에서 분속 0.4km의 속력으로, L기업은 모든 구간에서 분속 0.5km의 속력으로 이동하였으며, 주유비는 이동시간 1분당 200원으로 동일하다.

32

위 글에 따를 때 S기업에서 출발하여 중소기업 A~D를 방문한다면 이에 소요되는 최단 거리는 얼마인가? (단, S기업에 다시 돌아오지는 않으며, L기업의 방문 순번은 고려하지 않는다)

① 62km ② 68km ③ 72km ④ 76km

33 **L기업 김 대리는 중소기업 A~D를 방문하기로 하였다. 방문을 마친 후 심야 자동차 극장을 이용하기 위해 일정을 가장 늦게 마칠 수 있는 최장 거리로 이동하려 한다. 김 대리가 L기업에서 오전 10시에 출발하였다고 할 때 마지막 중소기업에 도착할 시각은 몇 시인가? (단, 방문한 각 중소기업에 머무는 시간은 1시간이며, S기업의 방문 순번은 고려하지 않는다)**

① 오후 4시 44분 ② 오후 5시 4분 ③ 오후 5시 24분 ④ 오후 5시 44분

34 **S기업과 L기업이 각각 중소기업 A~D를 방문하게 되었다. S기업의 중소기업 방문 순서가 'A → B → D → C' 순이라면 L기업의 최장 거리와 최단 거리 이동에 소요되는 비용 차이는 얼마인가? (단, 주유비 외 비용은 고려하지 않는다)**

① 800원 ② 4,100원 ③ 8,800원 ④ 9,600원

[35~36] 다음은 A~E의 연수 프로그램 지원 현황이다. 이어지는 물음에 답하시오.

○ A~E의 지원 현황

구분	A	B	C	D	E
1순위	미국	독일	프랑스	미국	독일
2순위	독일	일본	미국	일본	프랑스

○ A~E의 평가 항목별 점수

지원자	어학 자격증 개수	필기 점수	면접 점수	해외 경험 점수	리더십 점수	프로젝트 참여 점수
A	2	85	90	40	35	30
B	1	85	85	40	40	35
C	3	80	75	50	30	40
D	2	80	90	40	35	35
E	1	90	80	45	30	35

○ 지원자 총점 계산 방법

총점은 '(어학 자격증 개수×5점)+(필기 점수×0.3)+(면접 점수×0.4)+(해외 경험 점수×0.2) +(리더십 점수×0.2)+(프로젝트 참여 점수×0.3)'으로 계산

○ 연수 프로그램 배정 방법

- 연수 프로그램은 미국, 일본, 독일, 호주, 프랑스가 있음
- 총점이 높은 지원자부터 1순위를 우선으로 배정함

※ 총점 동점자가 있는 경우 면접 점수가 높은 지원자를 우선 배정함

※ 면접 점수가 동일한 경우, 프로젝트 참여 점수가 높은 지원자를 우선 배정함

※ 1순위 연수 프로그램이 배정 완료된 경우 2순위 연수 프로그램으로 배정함

※ 1순위와 2순위에 모두 배정되지 못한 지원자는 잔여 연수 프로그램(또는 아무도 신청하지 않은 연수 프로그램)으로 배정함

35 **위 자료를 이해한 내용으로 옳지 않은 것은?**

① 1순위에 배정된 지원자는 2명이다.
② 호주 연수 프로그램에 배정된 지원자는 E이다.
③ 2순위에 배정된 지원자는 1명이다.
④ 일본 연수 프로그램에 배정된 지원자는 B이다.

36 **다음 [표]와 같은 정보가 추가됨에 따라 지원자 총점 계산 방법이 변경되었다. 변경된 지원자 총점 계산 방법에 따르면 2순위 연수 프로그램에 배정되는 지원자는 몇 명인가?**

[표]

구분	사회적 활동 점수	참가비 지원 여부
A	25	Y
B	20	N
C	15	N
D	30	Y
E	25	Y

[변경된 지원자 총점 계신 방법]

- 총점은 '(어학 자격증 개수×5점)+(필기 점수×0.2)+(면접 점수×0.3)+(해외 경험 점수×0.2)+(리더십 점수×0.1)+(프로젝트 참여 점수×0.2)+(사회적 활동 점수×0.1)'로 계산
- 참가비 지원 여부가 Y인 경우 총점에 2점을 더함

① 0명 ② 1명 ③ 2명 ④ 3명

[37~38] 다음 K광고회사의 [결재규정]을 읽고 이어지는 물음에 답하시오.

[결재규정]

제○○조(결재) 기안자는 결재를 받으려는 업무에 대하여 최고결재권자를 포함하여 이하 규정된 직책자의 결재를 받아야 한다.

제○○조(결재권자) 기안자를 포함한 최고결재권자까지의 결재순서는 다음과 같다.

1. 대리 이하의 직급자가 기안자인 경우: 기안자 → (협력부서 과장) → 해당부서 과장 → 해당부서 부장 → 이사 → 부사장 → 사장
2. 과장 직급자가 기안자인 경우: 기안자 → (협력부서 부장) → 해당부서 부장 → 이사 → 부사장 → 사장
3. 부장 직급자가 기안자인 경우: 기안자 → 이사 → 부사장 → 사장

제○○조(효력) 기안한 문서는 최고결재권자 또는 최고결재권자로부터 결재권을 위임받은 전결권자의 결재를 받아야 그 효력이 발생한다.

제○○조(완결) 완결이라 함은 결재를 받으려는 업무에 대하여 기안자로부터 최고 결재권자에 이르기까지 관계자가 직접 결재하는 것을 의미한다.

제○○조(전결) ① 전결이라 함은 최고결재권자가 부사장에게 결재권을 위임한 업무에 한해 최고결재권자의 결재란을 생략하고 부사장 서명란에 '전결'이라 표시하고 서명하는 것을 의미한다.
② 최고결재권자를 대신하여 전결하는 자는 전결을 할 경우, 이를 사후에 보고하여야 한다.

제○○조(대결) ① 대결이라 함은 최고결재권자를 제외한 해당 결재권자가 출장, 휴가 및 기타의 사유로 상당한 기간 동안 부재중일 경우 그 직무를 대행하는 자가 있는 경우에 한해, 해당 결재권자의 결재란은 비워 두고 대결하려는 자가 해당 서명란에 '대결'이라 표시하고 서명하는 것을 의미한다.
② 직무를 대행하는 자가 결재권자를 대신해 대결을 할 경우 결재권자에게 사후에 보고하여야 하며, 내용이 중요한 문서일 경우에는 사전에 미리 알려야 한다.

37 **위 [결재규정]과 다음 [상황]에 따를 때, 제작부의 강 과장이 올린 결재문서에 결재하는 사람은 모두 몇 명인가? (단, 해당 결재문서에 대하여 전결 및 대결 사항은 없다)**

[상황]

K광고회사 제작부에서는 공익 광고 제작을 정부로부터 의뢰받아 착수하기로 결정하였다. 이에 대한 지원금은 전액 정부에서 지원하며 이를 지급받기 위해서는 예상 제작비용에 대한 사전 보고서를 제출하여야 한다. 이에 강 과장은 기획부 및 총무부의 협력 아래 공익 광고 제작관련 비용이 얼마나 소요될지 예상하고 해당 건에 대한 결재문서를 올렸다.

① 5명 ② 6명 ③ 7명 ④ 8명

38 **위 [결재규정]에 따를 때, 다음 [보기] 중 적절한 행동을 한 경우를 모두 고르면?**

| 보기 |

ㄱ. 회계부 김 대리는 2025년 2분기 회계결산보고서에 대한 결재문서에 본인을 포함해 총 6명의 결재를 받았다.
ㄴ. 사장으로부터 결재권을 위임받은 부사장은 결재하여야 하는 업무에 대해 중요도가 낮다고 판단하고 전결 후 별도의 보고는 하지 않았다.
ㄷ. 기획부 부장이 갑작스런 장모상으로 인해 조기퇴근을 하면서 과장이 해당 직무를 대행하게 되었다. 과장은 부장의 상황을 고려해 중요한 문서를 대결하고 사후에 알렸다.
ㄹ. 부사장의 출산휴가로 인해 업무를 대신하게 된 이사는 결재문서에 이사가 부사장의 서명란에 '대결'이라 표시하고, 부사장의 결재란은 비워 두었다.

① ㄱ, ㄷ ② ㄱ, ㄹ ③ ㄱ, ㄴ, ㄹ ④ ㄱ, ㄷ, ㄹ

[39~40] 다음 자료를 토대로 이어지는 물음에 답하시오.

○ 제품 불량 처리 프로세스

1. 문제 자동 진단	1) 문제 자동 진단 프로그램 설치 2) 제품 모델 및 증상 입력 3) 자동 진단 실행
2. 원격 점검 예약 접수	1) 고객 정보 및 제품 오류 코드 입력 2) 희망 점검 날짜 선택 후 예약 신청 3) 예약 확정
3. 원격 점검 진행	1) 원격 점검 프로그램 설치 2) 원격 프로그램 실행 3) 문자로 전달받은 코드 입력 4) 원격 프로그램 사용 허용 동의 요청 5) 원격 프로그램 사용 허용 동의 6) 원격으로 문제 진단 7) 추가 설명 또는 해결 시 조치 완료 후 종료 8) 해결 불가능한 경우 방문 수리 접수로 전환

※ '방문 수리 접수'는 원격 점검 예약 접수와 프로세스가 동일하며, 예약 확정 시 방문 일자 등 문자로 전달함

○ 문제 자동 진단 프로그램 프로세스

1. 제품 모델 및 증상 입력
2. 자동 진단 실행(오류 코드 표기 시 3으로 이동, 오류 코드 미표기 시 종료)
3. 점검 전 자가 대응 방법 실행
4. 자동 진단 재실행(새로운 오류 코드 표기 시 5로 이동, 동일한 오류 코드 표기 시 7로 이동, 오류 코드 미표기 시 종료)
5. 점검 전 자가 대응 방법 실행
6. 자동 진단 재실행(오류 코드 미표기 시 종료)
7. 원격 점검 예약 접수로 이동

39 **제품 불량 프로세스 중 사용자와 엔지니어, 관리자의 행동을 나타낸 것으로 옳지 않은 것은?**

①

사용자	엔지니어
프로그램 설치	—
프로그램 실행	—
—	문제 진단
—	추가 설명

②

사용자	관리자
정보 및 오류 코드 입력	—
점검 예약 일자 입력	—
—	예약 확정

③

사용자	엔지니어
—	원격 프로그램 허용 동의 요청
문자로 전달받은 코드 입력	—
허용 동의	—
—	문제 진단

④

사용자	관리자
정보 및 오류 코드 입력	—
방문 예약 일자 입력	—
—	예약 확정
—	방문 일자 등 내용 전달

40 **제품 사용 중 오류 코드 'ER874'가 표기되었다. 문제 자동 진단 프로그램에 대한 설명으로 옳지 않은 것은?**

① 자동 진단 실행 후 오류 코드 'ER874'가 표기된다면 원격 점검 예약 접수가 실행된다.
② 자동 진단 실행 후 오류 코드 'ER147'이 표기된다면 점검 전 자가 대응 방법이 실행된다.
③ 자동 진단 실행 후 오류 코드가 표기되지 않는다면 종료된다.
④ 자동 진단 실행 후 'ER874'가 표기된 이후 자동 진단 재실행 후 오류 코드 'ER252'가 표기된다면 점검 전 자가 대응 방법이 실행된다.

직무수행

41 다음 [보기]의 총수요(AD)곡선과 총공급(AS)곡선을 이동시키는 요인과 이동 방향을 바르게 짝지은 것은?

| 보기 |

ㄱ. 정부의 지출 증가
ㄴ. 원자재 가격 상승
ㄷ. 기업의 기술 혁신
ㄹ. 소비자의 신뢰 하락

	총수요(AD)곡선		총공급(AS)곡선	
	좌측이동	우측이동	좌측이동	우측이동
①	ㄱ	ㄹ	ㄷ	ㄴ
②	ㄹ	ㄱ	ㄴ	ㄷ
③	ㄴ	ㄷ	ㄹ	ㄱ
④	ㄷ	ㄴ	ㄱ	ㄹ

42 다음은 기업 A와 기업 B의 보상을 나타낸 보수행렬과 관련된 문제이다. 두 기업 A, B가 현재의 상태를 유지하는 경우, 둘 다 '유지'를 내쉬균형으로 선택하게 하는 [가], [나], [다] 값을 바르게 짝지은 것은? [단, 주어진 표의 괄호는 (A의 보수, B의 보수)를 나타낸다]

구분		B	
		개선	유지
A	개선	([가], 6)	(5, 8)
	유지	(9, [나])	(6, [다])

	[가]	[나]	[다]
①	10	6	3
②	10	6	5
③	7	4	5
④	7	7	5

43 **다음은 [놀이공원 입장요금]에 관한 자료이다. 이에 대한 설명으로 옳지 않은 것은?**

[놀이공원 입장요금]

(단위: 원)

구분	평일권	주말권	패키지요금 (평일권+주말권)	레귤러권 (연간이용권)
대인	10,000	20,000	25,000	200,000
청소년	8,000	15,000	20,000	150,000
유소년	5,000	10,000	13,000	100,000

① 패키지 요금은 편의점 2+1 행사와 같은 원리이다.
② 유소년이 대인과 청소년보다 가격탄력성이 낮기 때문에 요금을 더 낮게 책정하였다.
③ 레귤러권 판매 시에는 시장에 재판매하는 것을 금지하는 것이 기업에 도움이 된다.
④ 평일에 놀이공원을 이용하는 사람들이 주말에 이용하는 사람보다 가격탄력성이 더 높을 것이라고 예상된다.

44 **소비자 A가 X재와 Y재의 소비로 얻는 한계효용이 다음과 같다. X재와 Y재의 가격이 각각 5와 1이고 소비자 A는 20의 예산으로 두 재화를 소비하는 경우에 대한 설명으로 옳은 것은?**

수량	1	2	3	4	5
X재의 한계효용	30	20	10	5	1
Y재의 한계효용	17	10	8	6	2

① 어떠한 소비조합을 소비하더라도 효용극대화를 달성할 수 있다.
② X재의 한계효용과 Y재의 한계효용이 일치하는 소비조합을 소비할 때 효용극대화가 달성된다.
③ X재의 화폐 1원당 한계효용과 Y재의 화폐 1원당 한계효용이 일치하는 소비조합을 소비할 때 효용극대화가 달성된다.
④ 소비자 A는 X재를 4단위, Y재를 0단위 소비할 때 주어진 예산제약하 효용극대화가 달성된다.

45 **다음 글과 관련하여 앞으로 나타날 현상을 예측한 내용으로 적절하지 않은 것은?**

> 최근 경제학자들은 물가 상승 속도가 예상보다 더 빠르게 진행될 수 있다고 경고하고 있다. 이는 여러 요인들이 복합적으로 작용한 결과로, 전 세계적으로 지속되고 있는 공급망의 혼란, 원자재 가격의 급등, 그리고 소비자들의 강한 구매력이 맞물리며 발생한 것이다.

① 중앙은행은 기준금리를 인상할 가능성이 높아진다.
② 소비자들의 구매력이 감소하며 장기적으로 실질 소득이 감소할 수 있다.
③ 채권의 실질 수익률은 높아지며, 투자자들에게 매력적인 자산이 된다.
④ 기업들은 소비자 가격을 더 높게 책정할 가능성이 있다.

46 **M＝통화량, V＝화폐유통속도, P＝물가수준, Y＝산출량일 때 화폐수량설의 수량방정식 MV＝PY와 피셔효과가 성립하는 경제가 있다. 화폐의 유통속도는 일정하다고 가정하며 통화량 증가율이 3%이고 인플레이션율은 5%이다. 다음 중 이러한 상황에 대한 설명으로 옳은 것은?**

① 실질경제성장률은 －2%이다.
② 명목이자율이 4%일 때 실질이자율은 1%이다.
③ 명목경제성장률은 5%이다.
④ 화폐의 유통속도 증가율은 3%이다.

47 다음은 카네만과 트버스키에 의하여 고안된 '가치함수'를 나타낸 [그림]이다. 가치함수에 대한 설명으로 옳은 것을 [보기]에서 모두 고르면?

[그림]

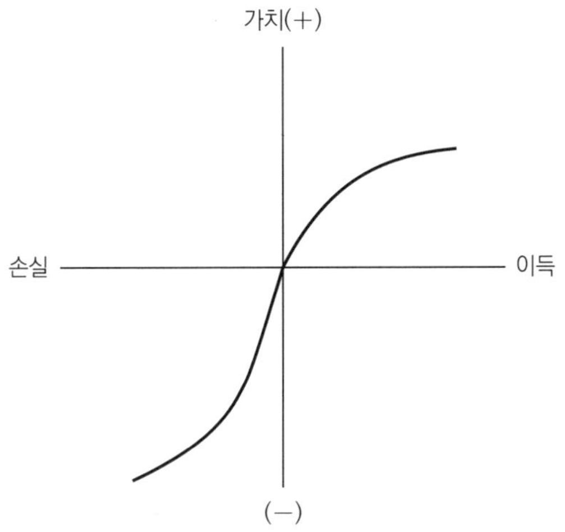

| 보기 |

ㄱ. 이득의 한계효용이 체증한다.
ㄴ. 이득의 한계효용이 체감한다.
ㄷ. 동일한 금액의 이득과 손실 중 손실을 더 크게 인식한다.
ㄹ. 동일한 금액의 이득과 손실 중 이득을 더 크게 인식한다.

① ㄴ ② ㄱ, ㄹ ③ ㄱ, ㄷ ④ ㄴ, ㄷ

48 생산시장 관련 이론에 대한 설명으로 옳은 것을 [보기]에서 모두 고르면?

| 보기 |

ㄱ. 규모에 대한 수익은 투입물 변화에 따른 기업의 산출물 변화를 나타낸다.
ㄴ. 규모에 따른 수익이 체증하는 경우 생산요소의 투입이 10배 증가하면 생산량 또한 10배 증가한다.
ㄷ. 생산요소의 가격이 일정하고 규모에 대한 수익불변이 존재하는 경우 장기평균 비용곡선은 수직선이다.
ㄹ. 생산량 증가 시 생산요소에 대한 수요 증가로 인해 생산요소가격이 상승하면 장기평균 비용곡선은 우상향한다.

① ㄱ, ㄷ ② ㄱ, ㄹ ③ ㄱ, ㄴ, ㄷ ④ ㄴ, ㄷ, ㄹ

49 **다음은 1995~2015년의 중국의 명목GDP/M_2통화량을 나타낸 [그림]이다. 이에 대한 설명으로 옳은 것은?**

[그림]

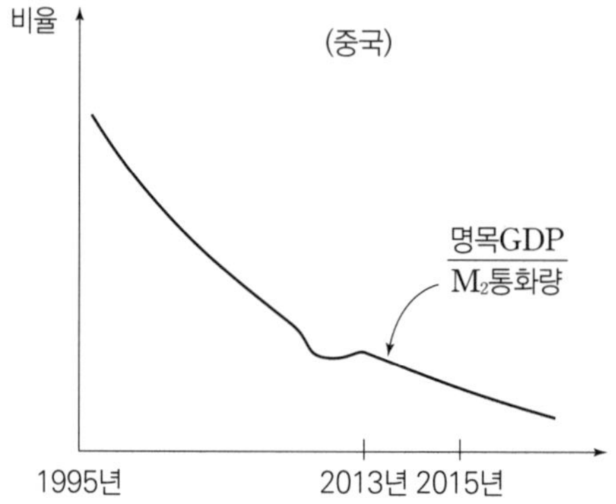

① 중국의 시중금리는 지속으로 상승했다.

② 중국의 실질 경제 성장률은 꾸준히 증가하고 있다.

③ 원화 표시 중국 환율이 지속해서 상승했다.

④ 중국의 자국 내 화폐수요가 감소하고 국민 간 통화 거래가 더 적어진다.

50 **국내 옥수수 시장의 수요곡선과 공급곡선이 다음 [그림]과 같다. 국내시장의 개방이 국제시장 균형가격에 영향을 미치지 않는다고 가정할 때 다음 설명 중 옳지 않은 것은?**

[그림]

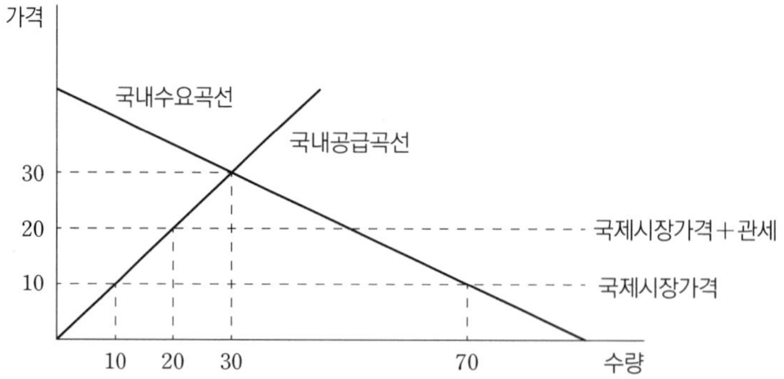

① 시장 개방 후 관세를 부과하지 않으면 옥수수 수입량은 60이다.

② 시장 개방으로 인해 국내 소비자잉여는 증가하지만, 생산자잉여는 감소한다.

③ 시장 개방 후 10의 관세를 부과하면 국내 생산자잉여는 관세 부과 전보다 50 증가한다.

④ 국제시장이 개방된 상태에서 관세를 부과하지 않으면 옥수수 소비량은 30에서 10으로 줄어든다.

51 **다음 국민소득결정모형에 대한 [정보]에 근거하여 수출승수를 구하면?**

[정보]

- Y=총생산
- C(소비)=300+0.5(Y−T)
- I(투자)=20+0.2Y
- G(정부지출)=100
- T(조세)=10+0.4Y
- X(수출)=200
- IM(수입)=150

① 0.5　　② 1.5　　③ 2　　④ 2.5

52 **다음 글의 빈칸 ㉠~㉣에 들어갈 값으로 옳지 않은 것은? (단, 만족 수준 한 단위는 현금 1만 원과 효용이 같다)**

甲과 乙이 한집에 살고 있다. 평소에 甲과 乙의 만족 수준은 200이다. 甲이 흡연을 하면 만족 수준이 400이 된다. 하지만 乙은 흡연을 하는 공간에서 만족 수준이 100으로 떨어진다.

甲에게 권리가 부여되는 경우에 乙은 흡연을 하지 않는 대가로 최대한 (㉠)만 원까지 보상해 줄 용의가 있을 것이다. 하지만 甲이 얻는 순편익은 (㉡)이므로 협상이 이루어지지 않을 것이다. 이러한 경우에 甲이 흡연을 하는 것이 균형이 된다.

한편 만약 乙에게 권리가 부여되는 경우에 甲은 흡연을 하는 대가로 최대한 (㉢)만 원까지 보상해 줄 용의가 있을 것이다. 乙은 (㉣)만 원 이상을 받으면 흡연을 허용할 수 있으므로 협상은 성립할 것이다. 이러한 경우에도 甲이 흡연을 하는 것이 균형이 된다.

결론적으로 코즈의 정리가 성립하기 때문에 소유권이 누구에게 부여되어 있는지와 상관없이 결과는 동일하다. 사적 소유권이 누구에게 부여되어 있는지와 상관없이 당사자 간 자발적 협상을 통하여 외부성 문제를 해결하고 경제적 효율성을 높일 수 있다.

① ㉠: 100　　② ㉡: 200　　③ ㉢: 200　　④ ㉣: 200

[53~54] 가시차슬분석은 기업의 모든 활동을 가치 창출 관점에서 분석하고, 각 활동이 경쟁 우위에 어떻게 기여하는지를 평가하는 도구이다. 다음 [그림]을 보고 이어지는 물음에 답하시오.

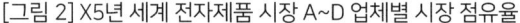

[그림 1] X1년~X5년 세계 전자제품 시장 규모 및 성장률

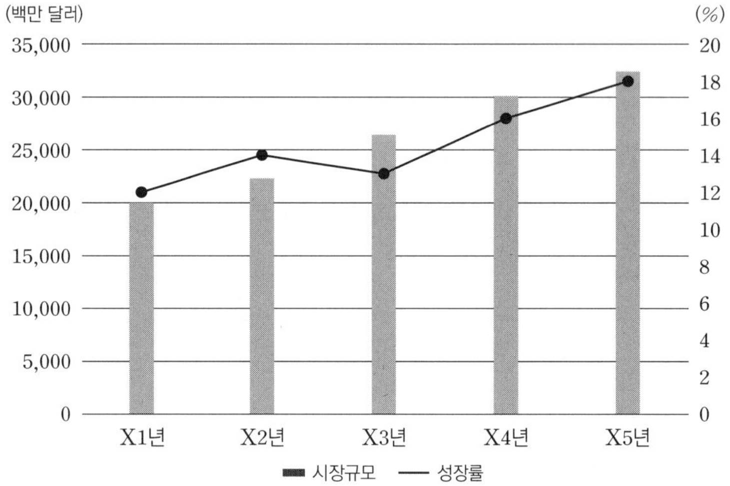

[그림 2] X5년 세계 전자제품 시장 A~D 업체별 시장 점유율

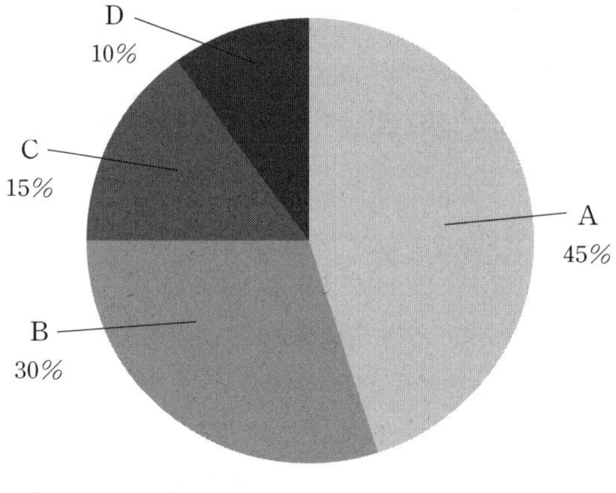

53 C업체가 가치사슬에서 가장 먼저 개선해야 할 본원적 활동으로 가장 적절한 것은?

① 인바운드 물류를 개선하여 원재료 조달 과정을 효율화한다.

② 기술 개발을 통해 제품의 혁신성을 강화한다.

③ 인적 자원 관리를 통해 직원들의 역량을 강화한다.

④ 마케팅 및 영업을 통해 제품 인지도를 높인다.

54 **A업체가 수행해야 할 가치사슬의 지원활동으로 가장 적절한 것은?**

① 인적 자원 관리 시스템을 개선하여 직원들의 동기부여를 높인다.
② 아웃바운드 물류를 개선하여 제품 배송 효율을 높인다.
③ 마케팅 및 영업을 강화하여 고객 충성도를 높인다.
④ 고객 서비스를 통해 고객 만족도를 극대화한다.

55 **다음 [그림]은 물가와 실업의 관계를 나타내는 필립스곡선이다. 각 지점에서의 이동에 대한 설명으로 옳지 않은 것을 [보기]에서 모두 고르면?**

[그림]

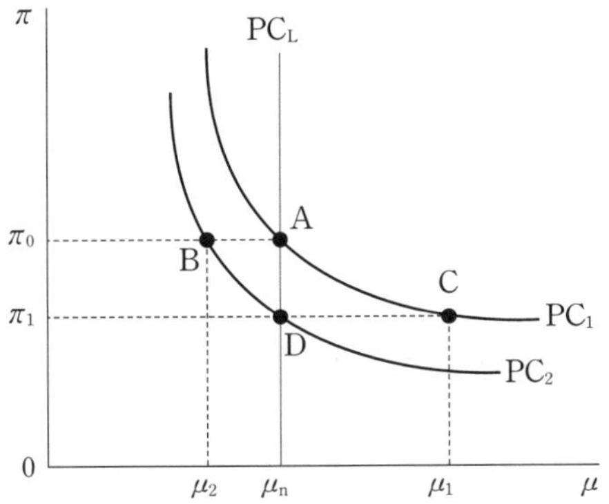

| 보기 |

ㄱ. PC_1, PC_2는 장기의 필립스곡선을 설명한다.
ㄴ. 현재 D점에 있다고 가정했을 때, 단기적으로 정부가 실업 감소를 위해 확장적 재정정책을 펼쳤다면 B점으로 이동할 것이다.
ㄷ. 위 ㄴ의 사례에서 장기적으로 사람들이 인플레이션율을 완전히 예상한다면 A점으로 이동할 것이다.
ㄹ. 1970년대 이후 발생한 스태그플레이션은 우하향하는 필립스곡선을 잘 나타내는 실증사례로 알려져 있다.

① ㄱ, ㄴ ② ㄱ, ㄹ ③ ㄴ, ㄷ ④ ㄷ, ㄹ

56 **다음 [정보]를 이용하여 계산한 ROE와 ROA를 바르게 짝지은 것은?**

[정보]

• 총자산: 100억 원
• 매출액: 200억 원
• 당기순이익: 10억 원
• 부채: 50억 원
• 자기자본: 50억 원

	ROE	ROA
①	10%	20%
②	20%	10%
③	20%	40%
④	40%	20%

57 **CAPM 가정에 대한 설명으로 옳지 않은 것은?**

① 투자자들은 동일한 기간 동안 동일한 기대수익률과 위험을 고려하여 의사결정을 내린다.
② 모든 투자자는 무위험 자산에 자유롭게 투자하고 차입할 수 있다.
③ 시장에는 거래비용과 세금이 존재하며, 투자자들은 이를 고려해 최적의 포트폴리오를 구성한다.
④ 모든 투자자는 동일한 시장포트폴리오를 선택하며, 투자자 간 정보는 대칭적이다.

58 **A기업의 자본구조는 시장가와 액면가가 동일한 액면이자율 10%의 회사채 100억 원과 시가총액 100억 원의 자기자본으로 이루어져 있다. 한 주당 시장가격이 1만 원이고 주당 배당액이 2,000원이다. 또한 기업은 순이익을 전액 배당하며 성장을 위한 재투자를 하지 않는다. 세율이 40%일 때 A기업의 가중평균자본비용(WACC)은? (단, 자기자본비용은 무성장 배당평가모형을 이용해 구한다)**

① 6%　② 10%　③ 13%　④ 16%

59 **고든의 배당성장 이론을 바탕으로 다음 [표]에 근거해 구한 적정 주가에 대한 설명으로 옳은 것은?**

> 고든 성장모형에 따른 적정 주가
> $P_0 = d_1/(k_e - g)$
> (단, P_0=현재 주가, d_1=1년 뒤 배당금, k_e=자본비용, g=배당금 성장률)

[표]

당기 말 주당 배당금	1,000원
주주요구수익률	10%
순이익 성장률	5%

① 성장률이 증가하면 주가는 하락한다.
② 배당이 증가하면 주가가 하락하는 반비례 관계가 형성된다.
③ 주주의 요구수익률이 증가하면 주가는 상승한다.
④ 당기 말 주당 배당금을 500원으로 줄인다면, 주식가격은 10,000원으로 하락한다.

60 **IRR(Internal Rate of Return, 내부수익률)과 NPV(Net Present Value, 순현재가치)에 대한 설명으로 옳은 것은?**

① NPV는 투자유출의 순현가와 투자로 인한 현금유입의 순현가의 차로 계산한다.
② IRR이 자기자본 수익률보다 높으면 항상 IRR에 따라 의사결정을 한다.
③ IRR과 NPV가 서로 다른 결과를 가져오면 IRR에 따른 결과에 따라 의사결정을 한다.
④ IRR은 자기자본 비용으로 재투자되는 것을 가정하며, NPV는 내부수익률로 재투자되는 것을 가정한다.

61 **A회사가 X1년 초에 발행한 사채에 관한 내용이 다음과 같다. 사채의 발행으로 유입된 순현금과 회사가 인식할 총이자비용은?**

- 액면가: 1,000,000
- 표시이자율: 10%(매년 말 후급)
- 발행비용: 없음
- 만기: X2년 말
- 시장이자율: 12%(2기간 현가계수는 0.79719, 연금현가계수는 1.69005)

① 966,195원, (−)200,000원
② 966,195원, (−)233,805원
③ 909,091원, (−)169,005원
④ 909,091원, (−)233,805원

62 **A회사는 X1년 1월 1일에 기계장치(내용연수 5년, 잔존가치 없음, 정액법 사용)를 ₩2,000,000에 취득하였으며, 원가모형을 적용하고 있다. A회사는 기계장치의 손상에 대해 다음과 같이 판단하였다.**

X1년	X2년	X3년
손상 없음	손상차손발생	손상차손환입

X2년 말 기계장치의 순공정가치는 600,000원이고 사용가치는 500,000원이며, X3년 말 회수가능액은 630,000원이다. A회사의 기계장치에 대한 회계처리(감가상각 및 손상차손)가 X3년도 당기순이익에 미치는 영향으로 옳은 것은?

① 30,000원 증가
② 10,000원 증가
③ 10,000원 감소
④ 30,000원 감소

63 **X1년 1월 1일 A회사가 1,000,000원에 건설한 폐수처리시설에 관한 내용이 다음과 같다. 동 시설의 경제적 내용연수가 종료되면 반드시 철거해야 하는데, 5년 후 복구원가로 지출될 금액은 100,000원으로 추정된다. 폐수처리시설의 취득원가는?**

- 상각법: 정액법
- 내용연수: 5년
- 할인율: 10%(5기간 현가계수는 0.62092)

① 1,000,000원 ② 1,062,092원 ③ 1,100,000원 ④ 1,620,920원

64 **다음은 A회사의 20X1년도 재무제표의 일부 자료이다. 자료를 활용하여 20X1년도 현금흐름표의 영업활동 현금흐름을 구할 때, 옳은 설명은?**

1. 부분 재무상태표

	기초	기말
매출채권	300,000원	150,000원
대손충당금	20,000원	30,000원
재고자산	48,000원	60,000원
선수금	15,000원	12,000원

2. 부분 손익계산서

계정	금액
매출액	1,000,000원
대손상각비	8,000원
매출원가	600,000원

① 매출채권의 150,000원 감소는 현금흐름을 150,000원 감소시킨다.

② 대손충당금의 10,000원 증가는 현금흐름을 10,000원 감소시킨다.

③ 선수금의 3,000원 감소는 현금흐름을 3,000원 감소시킨다.

④ 대손상각비 8,000원은 현금흐름을 8,000원 증가시킨다.

65 **다음은 A사의 재무정보이다. A사의 매출원가 및 기말 매입채무 잔액을 바르게 짝지은 것은?**

- 기초 재고자산: 500,000원
- 기말 재고자산: 300,000원
- 당기 매출액 : 1,600,000원
- 기초 매입채무: 2,000,000원
- 당기 매입액: 1,200,000원
- 당기 매입채무 상환액: 1,000,000원

	매출원가	기말 매입채무
①	1,400,000	2,200,000
②	1,400,000	1,800,000
③	1,200,000	2,200,000
④	1,200,000	1,800,000

66 **보고기간 말 재무상태표의 재고자산은 취득원가와 순실현가능가치 중 낮은 금액으로 측정해야 하는데, 이를 저가법이라 한다. 이때 순실현가능가치를 추정하기 위해서는 추정일 현재 사용가능한 가장 신뢰성 있는 증거에 기초해야 한다. 재고자산의 순실현가능가치를 측정하는 방법이 다음 [표]와 같을 때, ㉠, ㉡에 해당되는 설명으로 가장 적절한 것은?**

[표]

재고자산	순실현가능가치
상품, 제품, 재공품 등	㉠
원재료(완성될 제품에서 손실이 예상되는 경우만 해당)	㉡
확정판매계약, 용역계약의 이행을 위해 보유하는 재고자산	계약가격에 따라 추정한 가액
확정판매계약의 이행에 필요한 수량을 초과하는 재고자산	일반판매가격에 따라 추정한 가액

① ㉠: 판매가격－추가완성원가, ㉡: 판매가격
② ㉠: 판매가격－추가완성원가－판매비용, ㉡: 현행대체원가
③ ㉠: 현행대체원가, ㉡: 판매가격－추가완성원가
④ ㉠: 현행대체원가, ㉡: 판매가격－추가완성원가－판매비용

67 **다음은 A회사와 B회사가 각각 X1년 초에 취득한 기계장치와 관련된 자료이다. 이 자료에 근거한 설명으로 옳은 것은?**

구분	취득원가	내용연수	상각법	상각률	잔존가치
A회사	1,000,000원	5년	정률법	36.9%	취득원가의 10%
B회사	4,500,000원	5년	이중체감법		300,000원

① A회사의 기계장치의 X1년 감가상각비는 332,100원이다.
② A회사의 기계장치의 X2년 감가상각비는 246,455원이다.
③ B회사의 기계장치의 X1년 감가상각비는 1,680,000원이다.
④ B회사의 기계장치의 X2년 감가상각비는 1,080,000원이다.

68 **다음 [자료]의 금융상품에 대한 설명으로 옳은 것은?**

[자료]

- 특정한 기초자산을 미래의 특정 시점에 미리 정해진 가격으로 매수하거나 매도할 수 있는 권리를 부여하는 금융상품이다.
- 구매 시 일정한 프리미엄을 지불해야 하며, 매수자는 이 권리를 행사할 의무는 없으나, 권리를 행사할지 여부는 선택할 수 있다.

① 이 금융상품의 가격은 기초자산 가격이 안정적일 때 가장 높게 형성된다.
② 매도자는 항상 기초자산을 보유하고 있어야 한다.
③ 매수자는 기초자산의 가격이 하락할 때에도 이 금융상품을 통해 이익을 볼 수 있다.
④ 계약 체결 이후 중간에 매매할 수 없으며, 만기까지 보유해야 한다.

69 **다음 글과 관련된 용어로 가장 적절한 것은?**

미국의 퍼스널컴퓨터(PC) 제조업체인 델컴퓨터는 전화로 고객의 주문을 받아 고객이 요구하는 기능을 갖춘 컴퓨터를 대량생산하여 대기업이 될 수 있었다. 그리고 맥그로 힐은 100부의 주문에도 적절히 대처하며 큰 이익을 올렸다. 이러한 주문생산은 고객의 필요에서 출발하여 기업활동 전체에 대한 혁신을 전제로 한다는 점에서 생산자의 발상에 기초한 단순한 다품종화(多品種化)와는 다르다고 볼 수 있다.

개별 고객의 다양한 요구와 기대를 충족시키면서도 대량생산에 못지 않은 낮은 원가를 유지할 수 있는데, 이는 정보기술과 생산기술이 비약적으로 발전함으로써 가능해졌다. 고객의 개별적 요구에 대응하기 위해서는 개발·생산·판매·배달의 모든 기업활동의 과정에서 고객의 주문에 맞출 수 있는 가능성을 찾아내는 것이 관건이다.

① 매스 커스터마이제이션 ② 매스 마케팅
③ 범위의 경제 ④ 규모의 경제

70 **다음 글의 빈칸 ㉠에 들어갈 용어로 가장 적절한 것은?**

(㉠)은 보험에 가입한 기업이 물품이나 용역을 외상판매한 뒤 거래처로부터 대금을 회수하지 못하면 신용보증기금이 손실금의 최대 80%까지 보상해 주는 공적 보험이다. 불경기에 기업이 제때 결제대금을 받지 못해 중소기업들이 줄도산하는 것을 막기 위한 것으로 신용보증기금과 서울보증기금이 2004년부터 운용하는 정책사업이다. 신용보증기금과 IBK기업은행은 본 상품과 관련하여 '모집대행 업무협약'을 체결했다.

① 신용보험 ② 매출채권보험
③ 중소기업 PL보험 ④ 부도방지보험

71 **정부가 온실가스를 배출할 수 있는 권리인 탄소배출권을 기업 A~D에게 40톤씩 할당하고 기업들은 할당된 범위 내에서만 온실가스를 배출할 수 있다. 탄소배출권은 배출권 거래시장에서 자유롭게 거래할 수 있고, 할당량을 초과한 온실가스는 반드시 정화처리해야 한다. 배출권 거래 시장에서 배출권은 1톤에 9만 원에 거래된다. 기업 A~D의 이산화탄소 배출량과 정화처리비용은 다음과 같을 때, 사회 전체의 정화처리비용은 얼마인가?**

기업	배출량(톤)	정화처리비용(만 원/톤)
A	120	12
B	80	5
C	40	10
D	60	8

(　　　　)만 원

72 **소비자 A의 기대효용함수는 $U=2\sqrt{m}$이다. 1/2의 확률로 주식이 100원이 되고, 1/2의 확률로 주식이 400원이 될 때 소비자 A의 주식에 대한 확실성등가는?**

(　　　　)

73 **다음 자료를 바탕으로 X2년에 인식할 대손상각비의 금액은?**

- X2년 초 대손충당금은 2,000원이다.
- X2년 3월 27일 회수 불가능한 매출채권 5,500원에 대하여 대손처리하였다.
- X1년에 대손처리되었던 매출채권 3,000원을 X2년 8월 11일에 회수하였다.
- X2년 말 매출채권 잔액은 75,000원이며, 회사는 매출채권 잔액의 10%를 대손충당금으로 설정한다.

(　　　　)원

74 부채가 없는 기업 A는 매년 8만 원의 영업이익을 얻고 이후 이를 계속해서 얻을 수 있다고 기대된다. 기업 A의 현재 자본비용은 10%인데 자사주 매입과 부채발행을 통해 부채비율(부채/자기자본)을 100%로 변경하려고 한다. 부채를 새로 발행하는 경우 이자율이 5%이고 법인세는 40%이다. 이와 같은 상황에서 자본구조 변경 이후의 자본비용을 이용하여 자본구조 변경 이후의 기업가치를 구하면?

( )만 원

75 1,000원을 보유한 투자자는 A주식과 B주식에 각각 800원, 200원을 투자하려고 한다. 두 주식에 관한 자료가 다음과 같을 때 A주식과 B주식으로 구성된 포트폴리오의 분산을 구하면 0.ABCD이다. A, B, C, D에 들어갈 숫자를 순서대로 나열하면?

구분	A주식	B주식
기대수익률	15%	25%
표준편차	40%	30%
공분산	0.06	

( )

제3회 실전모의고사

시험 시간: 120분

직업기초

[01~02] 다음은 글로벌 창업대국으로의 도약을 위한 [스타트업 코리아]에 관한 정책 자료의 일부이다. 이어지는 물음에 답하시오.

[스타트업 코리아]

[가] ○ 일정한 요건을 갖춘 해외법인에 직접 지원 근거를 마련하여, 해외에서 창업한 한국인이 해외에 정착할 수 있도록 지원한다.

〈요건 예시〉

- 한국인이 설립한 해외법인과 국내 스타트업이 서로 지배–종속 관계인 경우(주식 30%를 초과 소유하면서 최대주주 또는 이사회의 과반수 임명 권한을 보유한 상태)
- 한국인이 설립한 본사가 해외에 있으나 창업의 결과가 국내 경제에 기여하는 경우(R&D 기관 또는 제조시설 등을 국내에 두고 고용, 부가가치를 창출하는 상태)

○ 글로벌 펀드를 확대하고 해외진출 전용 펀드를 신규 조성한다.

〈해외진출 전용 펀드 투자 대상〉

- 해외에 현지법인, 합작법인을 설립했거나 하고자 하는 중소·벤처기업
- 수출 비중을 높이거나 해외로 사업을 확장하고자 하는 중소·벤처기업
- 해외 M&A를 했거나 하고자 하는 중소·벤처기업
- 국내 중소·벤처기업 또는 한국인 출신 창업자가 일정 비율 이상의 지분을 보유한 해외법인 등

[나] ○ 민간 출자자의 참여 유도를 위한 인센티브를 도입하여 금융권, 벤처기업, 연기금 등 다양한 후보군들이 민간 출자를 할 수 있도록 유도한다.

○ 은행의 벤처펀드(벤처조합, 신기조합)에 대한 출자 한도를 자기자본의 1%로 2배 확대하고, 민간 모펀드 출자 세액공제를 추진한다.

○ 안정적인 모태펀드로서 2027년까지 연평균 8조 원 규모의 펀드를 조성, 정부 예산을 공급하여 벤처펀드의 생태계를 조성한다.

[다] ○ 2025년 고교학점제 도입에 맞추어 ‘기업가 정신’ 관련 교과용 도서를 제작한다.

○ 대학의 창업친화적 학사제도를 도입하고 대학이 대상인 창업사업에 공모할 경우 제도의 운영 여부 및 실적 등을 평가하여 반영한다.

○ 교수·연구원들이 벤처기업의 임직원으로 근무하면서 벤처기업을 경험하고 분사창업을 촉진하도록 휴·겸직이 가능한 제도를 확대한다.

[라]

분야	AS-IS		TO-BE
① 정책 대상	국내 지원에 한정	⇨	해외에서 창업까지 포함
② 자금 지원 방식	보조·출연금 등 단순 방식		투자, 융합 등 복합 방식 도입
③ 개방성	개별 기업에 대한 독립적이고 폐쇄적인 지원		대기업 협업, 클러스터 등 개방형 혁신 전략 추진
④ 지원 주체	정부가 하향식으로 주도		민관 협업에 의한 수평적 추진
⑤ 지역 정책	지역 산업과 무관한 기업지원		지역 산업과 연계한 창업 기업 육성
⑥ 정책 공간	물리적 공간에 초점		가상 공간까지 확대

01 **[가]~[라]에 들어갈 소제목을 순서대로 알맞게 나열한 것은?**

① 글로벌 창업 및 성장 지원, 6대 정책 패러다임의 전환, 벤처 투자의 민간 전환 촉진, 도전적 창업 분위기 조성

② 글로벌 창업 및 성장 지원, 벤처 투자의 민간 전환 촉진, 도전적 창업 분위기 조성, 6대 정책 패러다임의 전환

③ 벤처 투자의 민간 전환 촉진, 도전적 창업 분위기 조성, 글로벌 창업 및 성장 지원, 6대 정책 패러다임의 전환

④ 6대 정책 패러다임의 전환, 벤처 투자의 민간 전환 촉진, 글로벌 창업 및 성장 지원, 도전적 창업 분위기 조성

02 **위 글을 읽고 유추한 내용으로 적절하지 않은 것은?**

① 기존에는 국내 창업 기업들을 중심으로 지원했기 때문에 한국인이 국외에서 글로벌 환경에 적응하고 경쟁력을 갖기 부족하다는 지적이 있었다.

② 민간자본 유입 촉진을 통해 글로벌 자본 유치를 확대하고 역동적인 벤처 투자가 가능하도록 지원해야 한다는 지적이 있었다.

③ 기존의 창업지원사업은 기업에만 집중되어 있어 일반인이 기업가 정신을 함양하여 창업할 수 있는 분위기가 부족하다는 지적이 있었다.

④ 기업 성장의 질적 고도화를 위해서 정부의 하향식 정책 방향이 고수되어야 한다는 지적이 있었다.

[03~04] 다음 [소액 생계비 대출 안내]에 관한 자료를 읽고 이어지는 물음에 답하시오.

[소액 생계비 대출 안내]

소액 생계비 대출: 저신용으로 인하여 불법 사금융 이용이 불가피한 고객의 재기를 위한 정책 서민 금융 상품

1. 지원대상: 신용평점 하위 20% 이하이면서 연 소득이 3,500만 원 이하인 자
   ※ 대출 상담 과정에서 도박 등 사행성 용도인 경우 대출이 거절됨
   ※ 대출 상담 과정에서 상환 의지 등에 따라 대출이 거절될 수 있음
   ※ 현재 연체 중인 자는 소액 생계비 대출 신청 시 신용회복위원회 채무조정 상담 신청을 하였으나 채무조정 상담을 받지 않은 경우, 성실 상환 금리 인센티브, 추가 대출 및 만기 연장이 제한됨
2. 신청방법: 대출 자격 조회 → 센터 상담 예약 → 상담 및 대출 신청
3. 상품 상세정보
   - 대출금리: 연 15.9%
   - 금리우대: 다음 1), 2)는 중복 적용될 수 있음
     1) 대출(추가 대출, 만기 연장 포함) 신청 전에 서민금융진흥원의 금융교육을 이수한 자에 한하여 0.5%p 우대금리를 적용(단, 이수 여부는 서민금융진흥원 전산을 통해 확인 가능하며, 대출 상담 시 이수증 불필요함)
     2) 연체 없이 성실 상환 시 상환 기간에 따라 금리 인하
        ※ 6개월마다 3.0%p 인하(1년 뒤 9.9%로 인하), 추가 대출 시 연 12.9% 금리 적용
   - 대출한도: 1인당 최대 100만 원(최초 이용 시 최대 50만 원, 6개월간 정상 이용 시 추가 대출 1회 가능)
     ※ 의료·주거·교육비 등 특정 용도의 경우 최초 이용 시 최대 100만 원 한도 내 대출 가능
   - 상환방법: 1년 만기일시상환(중도상환 수수료 없음)
     ※ 성실 상환 시 최대 5년 이내 만기 연장 가능
   - 구비서류: 센터 방문 및 대출 상담 시 신분증, 대출금 수령용 본인 명의 예금통장 사본(단, 본인 명의 예금통장 이용이 어려운 경우 자세한 구비서류는 센터 방문 전 서민금융콜센터에서 확인)
4. 유의사항: 최초 대출 신청자의 상황에 맞는 대출 상담 및 채무조정·복지·취업 연계 등을 위해 서민금융통합지원센터에 직접 방문해야 함(단, 6개월 성실 상환 시 추가 대출 신청자에 한하여 온라인을 통하여 신청할 수 있음)

03 **위 [소액 생계비 대출 안내]에 대한 설명으로 옳지 않은 것은?**

① 대출금리는 최소 연 9.4%이다.
② 대출 상담 시 서민금융진흥원의 금융교육 이수증을 제출하지 않아도 된다.
③ 교육비를 목적으로 소액 생계비 대출을 최초 이용한 자의 대출한도는 최대 100만 원이다.
④ 6개월 뒤 3.0%p의 금리우대를 받은 사람은 추가 대출 신청 시 온라인으로 신청할 수 없다.

04 **위 [소액 생계비 대출 안내]에 따를 때 소액 생계비 대출이 가능한 조건은? (단, 제시된 조건 이외는 고려하지 않는다)**

① 신용평점 하위 10%이며 연 소득이 3,600만 원
② 현재 연체 중
③ 도박 등 사행성 용도
④ 추가 대출 1회 이후 대출 신청

05 다음 글을 읽고 파악할 수 없는 것은?

> 저출산 및 고령화로 인한 인구 구조의 변화, 경기 침체로 인한 소비자의 구매력 감소 등 내수 환경의 변화는 국내 시장에서의 음식료품 사업 성장을 제한하고 있는 실정이다. 반면에 주요 식품 기업들은 국내 식품의 해외 수출 지역을 확대하고 판매 품목을 다각화하는 등 해외 매출 비중을 증가시키며 국내 농식품업의 실적을 견인하고 있다.
>
> K-콘텐츠, K-문화가 인기를 끌면서 한식에 대한 외국인의 관심과 선호도가 높아졌으며 이는 국내 식품 기업의 해외 판매 실적에도 영향을 주었다. 주요 수출 상위 품목으로 라면, 과자류, 음료, 커피 조제품, 쌀가공식품 등이 있으며, 농림축산식품부에 따르면 2024년 7월 말을 기준으로 농식품(K-Food)의 수출 누적액은 지난해 대비 9.2% 증가한 56억 7천만 불을 기록했다고 한다. 특히 라면은 2024년 7월 말까지 약 7억 불이 수출되었고 과자류와 음료 수출도 지난해 대비 10% 이상 증가하였다.
>
> 국내 주요 식품 기업들은 라면, 비건만두, 쌀가공식품, 김, 제과, 주류 등 수출 품목을 다양화했으며, 삼양식품은 밀양의 2공장을 증설했고, 농심은 미국 2공장에 생산 라인을 확대하는 등 해외 수출에 적극적으로 대응하고 있다. 더불어 정부는 식품의 안전성 이슈를 해소하고, 삼계탕 등 열처리가금육의 수출 검역 타결을 위한 노력을 기울이며 K-Food의 해외 매출 상승세에 한몫을 했다.
>
> ※ 2023년 기준 주요 식품 기업의 해외 매출 비중: 오뚜기 9.6%, 매일유업 3.7%, 동원F&B 3.0%

① 국내 내수 경기 침체의 해결 방안
② 2023년 식품 기업별 해외 매출의 비중
③ 국내 식품 기업의 해외 매출 확대의 원인
④ 2024년 7월까지의 음식료품의 해외 매출 실적

06 **다음은 [중소기업 취업자 소득세 감면]에 관한 자료이다. 이에 대한 설명으로 옳은 것은?**

[중소기업 취업자 소득세 감면]

○ 목적: 중소기업의 취업을 활성화하고, 청년층과 노년층, 장애인, 경력단절 여성의 취업 장려

○ 감면 대상: 중소기업에 2012년 1월 1일 이후 취업한 자로 다음 항목에 해당하는 자
- 만 34세 이하 청년: 2012년 1월 1일부터 2023년 12월 31일 사이에 취업한 자
- 60세 이상, 장애인: 2014년 1월 1일부터 2023년 12월 31일 사이에 취업한 자
- 경력단절 여성: 2017년 1월 1일부터 2023년 12월 31일 사이에 취업한 자

※ 임원(고용보험 가입과 관계없이), 최대주주 또는 최대출자자와 그 배우자 및 직계존비속, 일용근로자, 건강보험료(직장가입자) 납부 이력이 없는 자는 제외

○ 감면 기간: 소득세 감면 기간은 취업일로부터 3년(단, 최초 취업일 이후 소득세 감면 혜택받지 않은 공백기간도 3년에 포함됨)

※ 만 34세 이하의 청년만 취업일로부터 5년간 감면 혜택을 받을 수 있음

○ 감면 세액 비율
- 2018년 이후 취업자: 소득세 70% 감면, 150만 원 한도
  ※ 만 34세 이하 청년의 경우, 소득세 90% 감면, 150만 원 한도
- 2016년 이후 취업자: 소득세 70% 감면, 150만 원 한도
- 2014년 이후 취업자: 소득세 50% 감면, 제한 없음
- 2012년 이후 취업자: 소득세 100% 감면, 제한 없음

① 2012년에 취업한 경력단절 여성은 소득세를 100% 감면받을 수 있다.
② 2023년에 취업한 장애인은 3년간 소득세를 감면받을 수 있다.
③ 2020년에 취업한 만 32세의 청년은 2023년까지 소득세를 감면받을 수 있다.
④ 2016년에 취업한 만 65세의 일용근로자는 150만 원 한도로 소득세를 감면받을 수 있다.

[07~08] 다음 [IBK기업은행의 A, B대출 비교] 자료를 읽고 이어지는 물음에 답하시오.

[IBK기업은행의 A, B대출 비교]

1. 대출 대상

A대출	근로자	• 개인신용평점이 하위 100분의 20 이하 및 연간소득 4,500만 원 이하에 해당하는 근로자 ※ 단, 연소득 3,600만 원 이하(3개월 이상 재직 중)인 경우 개인신용평점과 무관하게 가능 • 서민금융진흥원의 금융교육을 이수한 자 • 서민금융진흥원 재무진단 평가모형 4등급 이하에 해당하는 근로자 • 아래의 조건에 모두 해당하는 경우 신청 가능 1) 현 직장 건강보험료 3개월 이상 정상 납부(현 직장 1개월 이상 근로 및 급여수령 필수) 2) 본인 명의의 공동인증서 또는 금융인증서, 휴대전화 보유
	사업자	• 개인신용평점이 744점 이하 및 연간소득 4,500만 원 이하에 해당하는 사업자 ※ 단, 연소득 3,500만 원 이하(3개월 이상 재직 중)인 경우 개인신용평점과 무관하게 가능
B대출		• 소득증빙이 가능한 만 20세 이상 고객 • 현 직장 재직기간이 120일 이상인 근로자(연소득 최소 2,400만 원 이상) • 당행 CSS평가 시스템에 의해 대출한도가 산출되는 자(NICE 개인신용평점 725점 이상 및 KCB 개인신용평점 535점 이상)

2. 대출 정보

구분	A대출		B대출
	근로자	사업자	
대출 한도	근로자 최대 2,000만 원	사업자 최대 5,000만 원	최저 500만 원~최대 1억 원
대출 금리	연 10%대(12개월 변동금리)	연 9%대	연 7~19%대(고객 AS등급 등에 따라 달리 적용)
계약 기간	3년, 5년	1~5년	최소 1년~최장 5년 ※ 12개월 단위로 선택 가능
상환 방식	원금균등분할상환	1년 거치 4년 이내 원금균등분할상환 또는 5년 이내 원금균등분할상환 가능	원리금균등분할상환

3. 부대 비용

<table>
<tr><td rowspan="2">A대출</td><td>근로자</td><td>보증수수료: '24.7.22.부터 서민금융진흥원 보증금액의 연 2.5% 적용</td></tr>
<tr><td>사업자</td><td>신용보증재단 보증금의 연 1% 이내</td></tr>
<tr><td>B대출</td><td colspan="2">• 「인지세법」에 따라 대출약정 시 납부하는 세금으로 수입인지비용 발생
[대출금액별 인지세액]
<table><tr><td>대출금액</td><td>5천만 원 이하</td><td>5천만 원 초과
~1억 원 이하</td><td>1억 원 초과
~10억 원 이하</td><td>10억 원 초과</td></tr><tr><td>인지세액</td><td>없음</td><td>7만 원</td><td>15만 원</td><td>25만 원</td></tr></table>※ 고객과 은행 각 50% 부담</td></tr>
</table>

07 **위 자료에 관한 설명으로 옳지 않은 것은? (단, 제시되지 않은 내용은 고려하지 않는다)**

① 개인신용평점이 760점, 연간 소득이 3,200만 원이며, 개업한 지 8개월이 된 사업자는 A대출을 신청할 수 있다.

② A대출은 저신용·저소득 직장인과 사업자를 위한 서민 정부지원 대출이라면 B대출은 일정 소득이 있는 직장인에게 유리한 대출이다.

③ B대출은 대출약정 시 수입인지비용이 발생하며 만약 고객이 1억 원을 대출받은 경우, 고객은 인지세액으로 15만 원을 부담해야 한다.

④ 대출 상담을 요청한 고객의 NICE 개인신용평점이 820점이면서 현 직장에 6개월째 재직 중인 만 20세 이상 고객이라면 직원은 고객에게 B대출을 소개할 수 있다.

08 **다음 [상황]과 위의 자료를 토대로 유추한 내용으로 옳지 않은 것은? (단, [상황]에 제시되지 않은 내용은 고려하지 않는다)**

> [상황]
>
> • 고객 갑은 만 22세로 모 회사에 재직 중인 근로자이며, 연소득은 4,500만 원이다.
> • 고객 갑은 당행 및 타행 금융기관에 대출은 없다.

① 만약 A대출이 승인되었다면, 고객 갑의 개인신용평점은 하위 100분의 20 이하에 해당할 것이다.

② 고객 갑이 만약 6,000만 원의 대출이 필요하다면 B대출을 신청해야 한다.

③ 고객 갑의 재직기간이 1개월 미만이라면 A, B대출 모두 거절될 것이다.

④ 고객 갑의 개인신용평점이 하위 100분의 20 이하이면서 재직 기간이 12개월이라면 최대 5천만 원까지 대출이 가능하다.

[09~10] 다음은 [부모급여 우대 적금]에 관한 자료이다. 이어지는 물음에 답하시오.

1. 가입대상: 실명의 개인(단, 1인 1계좌만 가능하며, 개인사업자 및 외국인 비거주자는 제외함)
2. 계약기간: 12개월
3. 납입금액: 매월 50만 원 이하 만 원 단위로 납입
4. 이자지급방법: 만기일시지급식
5. 약정금리: 연 2.5%
6. 우대금리: 최대 연 4.0%p
   - 부모급여/아동수당을 6개월 이상 입금받는 경우(단, 부모 또는 자녀 명의의 당행 입출금식 통장으로 매월 10만 원 이상 입금 시에만 해당함): 연 2.0%p
   - 부모 또는 자녀 명의로 주택청약종합저축에 신규 가입한 후 적금 만기시점까지 보유한 경우: 연 1.0%p
   - 한부모가족 지원 대상자(단, 부모 또는 자녀 명의의 한부모가족 증명서를 제출한 경우에 한함): 연 1.0%p

   ※ 우대금리는 만기 해지 시까지 조건을 유지한 경우에만 적용함
7. 중도 해지 금리

기간	중도 해지 금리
납입기간 경과비율 10% 미만	약정금리×5%
납입기간 경과비율 10% 이상 20% 미만	약정금리×10%
납입기간 경과비율 20% 이상 40% 미만	약정금리×20%
납입기간 경과비율 40% 이상 60% 미만	약정금리×40%
납입기간 경과비율 60% 이상 80% 미만	약정금리×60%
납입기간 경과비율 80% 이상	약정금리×80%

   ※ 모든 구간의 최저금리는 연 0.1%로 적용함
8. 만기 후 이율
   - 만기 후 1개월 이내: 만기 시 금리×50%
   - 만기 후 1개월 초과 6개월 이내: 만기 시 금리×30%
   - 만기 후 6개월 초과: 만기 시 금리×20%

09 **위 [부모급여 우대 적금]에 대한 설명으로 옳지 않은 것은?**

① 최대 납입금액은 600만 원이다.
② 중도 해지 금리는 최저 연 0.1%로 적용받는다.
③ 매월 20만 원의 부모급여를 부모 명의의 당행 입출금식 통장으로 10개월간 입금받은 고객이 적금 만기 5개월 후에 적용받는 금리는 2% 이상이다.
④ 외국인 거주자는 1계좌를 개설할 수 있다.

10 **다음 [보기]의 A~D 중 해지 시 금리가 가장 낮은 사람은? (단, 제시된 조건 이외는 고려하지 않는다)**

| 보기 |

- 10만 원 이상의 아동수당을 자녀 명의의 타행 입출금식 통장으로 7개월간 지급받은 A는 만기 해지하였다.
- 한부모가족 지원 대상자인 B는 자녀 명의의 한부모가족 증명서를 제출하였고, 적금에 가입한 지 10개월 후에 중도 해지하였다.
- 부모 명의로 주택청약종합저축에 신규 가입한 C는 적금 만기 해지 전 주택청약종합저축을 해지하였다.
- 우대금리를 모두 적용받은 D는 적금 가입 후 5개월 후에 해지하였다.

① A ② B ③ C ④ D

기출복원
제1회
제2회
제3회

[11~12] 다음은 [탄소제로적금] 상품 안내문이다. 이어지는 물음에 답하시오.

[탄소제로적금]

○ 상품 소개: 거주 세대의 전기 사용량 절약 여부에 따라 금리 혜택을 제공하는 적금 상품

○ 가입대상: 실명의 개인(1인 1계좌)

○ 계약 기간: 1년제

○ 예금 종류: 자유적립식

○ 금리 안내: 최고 7.0%(세전, 연 12개월), 기본 3.0%

○ 가입 구분: 개인, 외국인

○ 이자 지급 주기: 만기 지급

○ 유의 사항: 계좌에 압류, 가압류, 질권 설정 등이 등록될 경우 원금 및 이자 지급 제한

○ 우대 금리: 최고 연 4.0%

(1) 계약 기간 동안 아래 조건을 충족하고 만기 해지 시 우대 이자율 제공

(2) 우대 금리 조건

가. 에너지 절감 우대 금리: 적금 가입 월부터 10개월 동안 적금 가입 월의 전기 사용량 대비 월별 전기 사용량 절감 횟수가 아래 표에 해당하는 경우

절감 횟수	3회 이상	5회 이상
우대 금리	연 1.0%p	연 2.0%p

나. 최초 거래 고객 우대 금리: 연 1.0%p, 가입 시점에 아래 2가지 요건 중 1가지 충족하는 경우

- 실명 등록일로부터 3개월 이내
- 가입일 직전 월 기준 6개월간 총 수신 평잔 '0'원

다. 지로/공과금 자동이체 우대 금리: 연 1.0%p, 본인 명의 입출금식 통장에서 지로/공과금 자동이체 실적이 3개월 이상인 경우

11 **위 [탄소제로적금]에 대한 설명으로 옳은 것은? (단, 언급하지 않은 내용은 고려하지 않는다)**

① 탄소제로적금은 외국인에게 가장 유리한 상품이다.
② 가입 기간 중 매달 전기 사용량을 절감했다면 우대 금리는 연 3.0%p이다.
③ 최초 거래 조건을 충족하면서 동시에 본인 명의 공과금 자동이체 실적이 2개월이면 우대 금리는 연 2.0%p이다.
④ 가입 후 해당 계좌에 가압류가 설정될 경우 원금 지급을 받지 못할 수 있다.

12 **다음은 1년간 적금을 유지하여 만기된 고객이 제출한 우대 금리 조건 체크 리스트이다. 이를 확인한 직원이 했을 것으로 예상되는 발언으로 가장 적절한 것은?**

☑	에너지 절감 횟수 충족(적금 가입 월부터 10개월 동안)	총 (5) 회
□	적금 가입 시점이 실명 등록일로부터 3개월 이내 해당	
☑	가입일 직전 월 기준 6개월간 총 수신 평균 잔액 '0'원 충족	
☑	본인 명의 입출금식 통장에서 지로/공과금 자동이체 실적 충족	3개월 이상

① 지로/공과금 자동이체 우대 금리 조건을 충족하셨네요. 연 1.0%p가 추가 적용됩니다.
② 최초 거래 고객의 세부 요건 중 1가지만 충족하셔서 우대 금리 대상에 해당되지 않습니다.
③ 충족하신 우대 금리 조건을 모두 합산한 결과 총 연 2.0%p 우대 금리가 적용됩니다.
④ 10개월 동안 총 5회 에너지를 절감하셨네요. 6회 미만이므로 우대 금리 대상에 해당되지 않습니다.

13 **다음 [표]는 2022년과 2023년의 A국 국세수입에 관한 자료이다. 이에 대한 설명으로 옳은 것은?**

[표] 2022년과 2023년의 A국 국세수입

(단위: 조 원)

구분		2022년			2023년			
국세수입		추경 예산	상반기 누계	상반기 진도율	추경 예산	6월 지출예산	상반기 누계	상반기 진도율
일반회계		155.9	79.4	50.9%	206.3	28.3	93.1	45.1%
	소득세	59.3	30.4	51.2%	71.4	6.7	35.4	49.6%
	법인세	37.6	13.9	36.9%	38.5	4.3	19.2	49.9%
	부가세	38.2	23.6	61.8%	46.3	6.8	20.7	44.7%
	교통세	15.3	8.9	58.2%	21.1	3.4	8.3	39.3%
	관세	2.7	1.5	55.9%	(　)	1.5	1.4	50.0%
	기타	2.8	1.1	38.4%	20.8	5.6	2.0	9.6%
특별회계		5.4	3.3	60.3%	11.7	1.8	3.6	30.8%

※ 1) 상반기 진도율(%)=상반기 누계/추경예산

2) 일반회계=소득세+법인세+부가세+교통세+관세+기타

① 2023년의 관세 추경예산은 2022년에 비해 작다.

② 기타를 제외하고, 일반회계를 구성하는 국세수입 항목 중 2022년 대비 2023년 추경예산 증가율이 가장 높은 항목은 교통세이다.

③ 추경예산 대비 6월 지출예산 비중이 2022년과 2023년이 동일하다고 할 때, 2022년 6월 소득세 지출예산은 5조 원 미만이다.

④ 2022년 하반기 진도율이 가장 높은 일반회계 내의 국세수입 항목과 2023년 하반기 진도율이 가장 높은 일반회계 내의 국세수입 항목은 일치한다.

14 **다음은 연도별 금융자산 10억 원 이상 보유자 현황에 관한 자료이다. 이에 대한 설명으로 옳은 것은?**

[그림 1] 금융자산 10억 원 이상 보유자 총 금융자산 현황

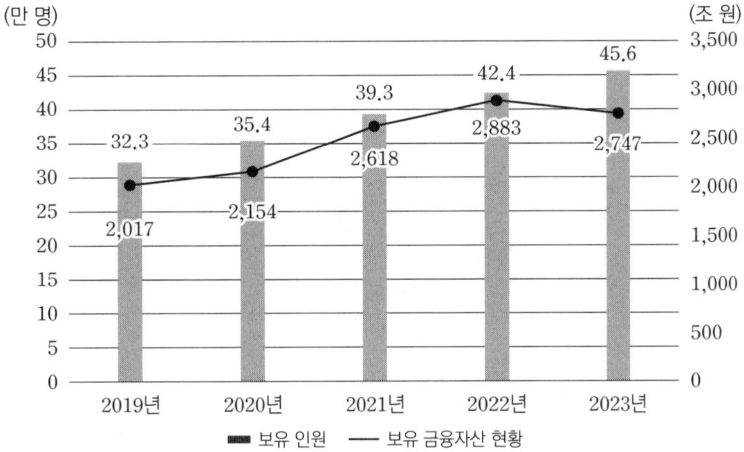

[그림 2] 금융자산 10억 원 이상 보유자 자산 구성비 추이

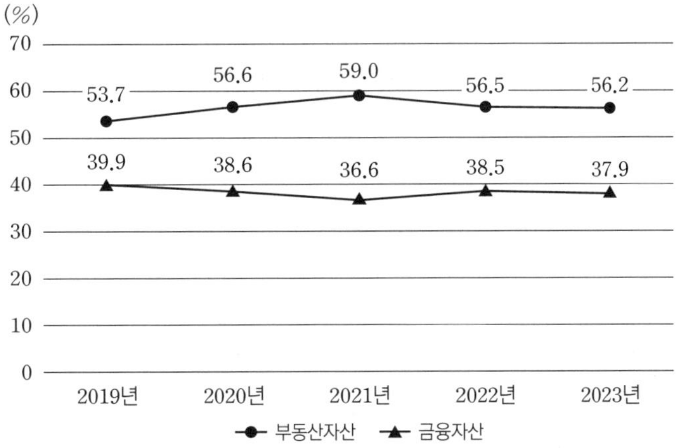

① 2020년 이후 금융자산 10억 원 이상 보유자의 부동산자산 구성비의 전년 대비 증감방향은 금융자산과 일치한다.
② 금융자산 10억 원 이상 보유자 1인당 보유 금융자산은 매년 증가한다.
③ 2023년 금융자산 10억 원 이상 보유자들의 전체 자산은 7,000조 원이 넘는다.
④ 2020년 금융자산 10억 원 이상 보유자들의 총 보유 부동산자산 현황은 3,500조 원 이상이다.

15 **다음은 IBK기업은행 적금상품의 금리 정보이다. [보기]의 A~D의 중도해지이율로 옳지 않은 것은? (단, 중도 해지 이율 계산 시 소수점 아래 셋째 자리에서 반올림한다)**

○ 약정이율

계약기간	6개월 이상 12개월 미만	12개월
약정이율	3.65%	3.85%

○ 우대금리

- 당행 입출금식 계좌에서 자동이체를 통해 3회 이상 납입하고 만기일 전까지 목표금액 이상 납입하는 경우 0.1%p
- 최초 거래고객에 해당하는 경우 0.5%p

○ 중도 해지 이율

- 납입기간 경과비율 10% 미만: 가입일 고시금리×5%
- 납입기간 경과비율 10% 이상 20% 미만: 가입일 고시금리×10%
- 납입기간 경과비율 20% 이상 40% 미만: 가입일 고시금리×20%
- 납입기간 경과비율 40% 이상 60% 미만: 가입일 고시금리×40%
- 납입기간 경과비율 60% 이상 80% 미만: 가입일 고시금리×60%
- 납입기간 경과비율 80% 이상: 가입일 고시금리×80%

※ 모든 구간 최저금리 연 0.1% 적용

| 보기 |

- A: A는 계약기간을 10개월로 설정하여 가입했고, 당행 입출금식 계좌에서 자동이체를 통해 5회 납입했다. 목표금액 이상을 납입하고, 5개월 경과 후 중도 해지했다.
- B: 최초 거래고객이었던 B는 계약기간을 6개월로 설정하여 가입했고 1개월 경과 후 중도 해지했다.
- C: C는 계약기간을 10개월로 설정하여 가입했고, 타행 입출금식 계좌에서 자동이체를 통해 4회 납입했다. 목표금액 이상을 납입하고, 7개월 경과 후 중도 해지했다.
- D: D는 계약기간을 12개월로 설정하여 가입했고, 1개월 경과 후 중도 해지했다.

① A: 1.50% ② B: 0.42% ③ C: 2.25% ④ D: 0.19%

16 **다음은 연도별 지급카드 유형별 이용규모에 관한 자료이다. 이에 대한 설명으로 옳은 것은?**

[표] 지급카드 유형별 일평균 이용규모

(단위: 십억 원, %)

구분	2022년	2023년		2024년
	하반기	상반기	하반기	상반기
후불형	2,453	2,588	2,654	2,694
개인 신용카드	1,910	2,036	2,109	2,137
법인 신용카드	543	552	544	557
직불형	640	663	678	684
체크카드	637	659	673	679
현금카드	3	4	5	5
선불형(선불카드)	14	9	10	8
합계	3,107	3,260	3,342	3,386

① 2022년 대비 2024년의 체크카드 일평균 이용규모는 5% 이상 증가했다.

② 조사기간마다 일평균 직불형 체크카드 이용규모가 많을수록 일평균 후불형 법인 신용카드의 이용규모가 많다.

③ 2023년 하반기의 전년동기 대비 선불카드 일평균 이용규모는 25% 이상 감소했다.

④ 지급카드 유형별 단위 조사기간당 평균 이용규모는 후불형 개인 신용카드가 직불형 체크카드의 4배 이상이다.

17 다음 중소기업의 주거래은행 실태조사 결과 자료에 대한 설명으로 옳지 않은 것은?

[표 1] 중소기업 수

(단위: 개소)

구분	2019년	2020년	2021년	2022년	2023년
5인 이상 9인 이하	322,381	357,460	384,901	404,091	422,478
10인 이상 19인 이하	102,776	114,152	121,443	126,532	125,672
20인 이상 49인 이하	51,881	55,471	56,015	58,177	58,260
50인 이상 99인 이하	13,829	15,205	14,569	14,803	14,695
100인 이상 199인 이하	5,950	6,613	6,170	6,122	6,016
200인 이상 299인 이하	1,475	1,673	1,584	1,585	1,554

[표 2] 중소기업 중 주거래은행이 시중은행인 기업 수

(단위: 개소)

구분	2019년	2020년	2021년	2022년	2023년
5인 이상 9인 이하	184,401	186,951	228,246	250,940	263,203
10인 이상 19인 이하	47,585	49,313	74,930	74,400	77,036
20인 이상 49인 이하	24,851	29,510	33,272	36,127	34,956
50인 이상 99인 이하	6,873	7,541	8,814	8,955	9,199
100인 이상 199인 이하	3,629	4,536	4,016	4,297	4,084
200인 이상 299인 이하	927	1,095	1,175	1,069	957

① 2022년에 직원 수가 5인 이상 9인 이하인 중소기업 수의 전년 대비 증가율은 7% 이상이다.

② 2020년에 직원 수가 많아지는 구간일수록 중소기업 수는 적어진다.

③ 2020년에 직원 수가 200인 이상 299인 이하인 중소기업 중 주거래 은행이 시중은행인 기업의 비중은 60% 이상이다.

④ 직원 수 구간별 중소기업 수가 가장 많은 해가 모두 일치하지는 않는다.

[18~20] 다음은 청년 주택드림 청약 통장에 관한 자료이다. 이어지는 물음에 답하시오.

○ 가입조건
- 나이: 만 19세 이상 만 34세 이하[단, 병역증명서에 의한 병역 이행기간이 증명되는 경우 현재 연령에서 병역 이행기간(최대 6년)을 빼고 계산한 연령이 만 34세 이하인 사람 포함]
- 소득: 직전년도 신고소득이 있는 자로 연 소득 5천만 원 이하인 근로·사업·기타소득자이면서 소득세 신고·납부 이행 등이 증빙된 자(근로기간 1년 미만으로 직전년도 신고소득이 없는 근로소득자에 한해 당해 급여명세표 등으로 연 소득 환산 후 가입 가능)
  ※ 비과세 소득만 있는 군인(현역병, 사회복무요원 등) 포함
  ※ 이자소득 비과세 대상 소득기준은 일부 상이(하단 참조)
- 주택 소유 여부: 주택을 소유하지 않은 무주택자

○ 가입 시 제출 서류
- 소득확인증명서(청년우대형 주택청약종합저축 가입 및 과세특례 신청용)
- 원천징수영수증(근로·사업·기타소득) 등
  1) 본인이 무주택인 세대주인 경우: 주민등록등본(최근 3개월 내 발급)
  2) 본인이 무주택이며 가입 후 3년 내 세대주 예정자: 해당 없음
  3) 무주택 세대(주민등록등본상 등재된 배우자 및 직계존·비속에 한함)의 세대원: 주민등록등본(최근 3개월 내 발급), 세대원 전원의 지방세 세목별 과세증명서(전국 단위·최근 과세기간)
  ※ 1), 2)의 경우 세대주를 3개월 이상 연속으로 유지하였음을 입증하여야 함
- 병적증명서(해당하는 자)
- 각서(양식 제공)

○ 적용 이자율
- 납입원금 5,000만 원 한도 내(단, 전환신규한 경우 전환원금은 제외)에서 신규가입일로부터 2년 이상인 경우(단, 청약 당첨으로 인한 해지인 경우에는 2년 미경과라도 적용) 가입일로부터 10년 이내에서 무주택인 기간에 한하여 기존 '주택청약종합저축' 이율에 우대이율(1.7%p)을 더한 이율을 적용
  ※ 단, 가입 당시 주택을 소유하고 있었던 경우에는 가입기간 전체에 대하여 주택을 소유하고 있었던 것으로 보며, 가입기간 중 주택을 취득한 경우 가입일부터 주택 취득일이 속한 연도의 직전년도 말일까지를 무주택 기간으로 봄

구분	저축기간				
	1개월 이내	1개월 초과~ 1년 미만	1년 이상~ 2년 미만	2년 이상~ 10년 이내	10년 초과 시부터
주택청약종합저축 이자율	무이자	연 2.3%	연 2.8%	연 3.1%	연 3.1%
청년 주택드림 청약통장 이자율	무이자	연 3.7%	연 4.2%	연 4.5%	연 2.8%

※ 변동금리로서 정부 고시에 의하여 변경될 수 있으며, 이율이 변경되는 경우 변경일 기준으로 변경 후 이자율 적용
※ '청년 주택드림 청약통장' 우대이율은 가입기간 2년 이상일 경우 무주택기간에 한하여 적용(가입일로부터 10년 이내의 기간), 단 가입기간 2년 미만이더라도 주택공급에 관한 규칙에 따라 주택공급에 청약하여 당첨된 자가 당첨을 사유로 해지하는 경우 우대이율 적용

○ 전환신규 유의사항

- 기존 '청년우대형 주택청약종합저축' 가입자는 모두 '청년 주택드림 청약통장'으로 전환됩니다.
- 기존 '주택청약종합저축' 가입자도 가입요건 충족 시 '청년 주택드림 청약통장'으로 전환이 가능합니다.
- 우대이율 및 청약회차는 전환원금을 제외한 입금분부터 적용하며, 전환원금은 기존 '주택청약종합저축' 이율을 적용합니다.
- 약정납입일은 전환신규일로 변경됩니다.
- 기존 통장의 청약순위와 관련한 통장 가입기간, 납입 인정회차 및 납입원금은 연속하여 인정합니다. 다만, 선납 및 연체일수는 전환신규 계좌에 연속하여 반영되지 않습니다. 국민주택에 청약을 하고자 하시는 분께서 월 납입금을 연체하고 계신 경우 주의 바랍니다.
- 전환신규 시 전환신규월에는 월 납입금을 추가 납부할 수 없습니다. 전환신규를 하고자 하는 월 약정일에 월 납입금을 납부하신 후 전환신규를 신청하셔야 해당 월 월 납입금 납부가 인정됩니다.

○ 비과세 혜택

- 「조세특례제한법」 제87조 등에서 규정하는 요건을 갖춘 대상자가 2년 이상의 가입기간을 유지할 경우, 해당 저축에서 발생하는 이자소득 합계액 500만 원, 원금 연 600만 원 한도로 비과세 적용받으실 수 있습니다(별도의 비과세종합저축으로 가입 불가능).

○ 일부인출

- '청년 주택드림 청약통장' 가입자가 주택청약에 당첨된 경우 1회에 한하여 청약당첨 주택의 계약금 납부 목적으로 일부 금액을 인출할 수 있습니다.
  ※ 단, '청년 주택드림 청약통장'으로 전환되기 전 주택청약에 당첨된 '청년우대형 주택청약종합저축' 가입자는 일부 금액을 인출할 수 없습니다.

○ 명의변경

- 가입자가 사망한 경우, 상속인이 청년우대형 주택청약종합저축 가입조건을 갖추지 못하였더라도 상속인 명의로 변경할 수 있습니다. 다만, 상속의 경우 비과세 혜택은 신청 및 적용이 불가하며, 저축 해지 시 우대이율 적용 조건은 상속인 기준으로 합니다.

18 **위 자료를 이해한 내용으로 적절하지 않은 것은?**

① 청년 주택드림 청약통장 가입 2년 이상된 고객은 가입일부터 10년 이내의 무주택 기간 동안 우대이율을 적용받을 수 있다.
② 6년간의 군 복무를 마친 만 36세인 자로서 연 소득이 4,500만 원인 직장인은 청년 주택드림 청약 통장에 가입 가능하다.
③ 주택청약종합저축 가입자의 가입기간이 10년을 초과한 경우 이자율은 3.1% 초과일 수 있다.
④ 청년우대형 주택청약종합저축 가입자는 자동으로 주택청약종합저축으로 전환된다.

19 **다음 [보기] 중 청년 주택드림 청약통장 가입이 불가한 사람은?**

| 보기 |

- 만 35세로 2년간 군 복무를 하였고 직전년도 연 소득이 4,500만 원인 직장인이며, 무주택자인 A
- 만 33세로 세대주이고 직전년도 연 소득이 4,800만 원인 프리랜서이며, 무주택자인 B
- 만 30세로 직전년도 신고소득이 없고 올해 연 소득이 3,000만 원인 신입사원이며, 무주택자인 C
- 만 29세로 직전년도 근로기간이 1년 미만이고 직전년도 12월 월 소득이 450만 원인 직장인이며, 무주택자인 D

① A　② B　③ C　④ D

20 다음은 청년 주택드림 청약통장 안내 사이트 내 Q&A이다. 답변 내용 중 옳지 않은 것은?

Q&A

Q: 청년 주택드림 청약통장에 가입한 후에 주택 청약에 당첨되면 우대이율이 적용되지 않나요?

A: ㉠ 아닙니다. 주택 청약에 당첨되어 통장을 해지하는 경우에도 우대이율이 적용됩니다. 다만, 가입 기간이 2년 이상이어야 우대이율이 적용됩니다.

Q: 비과세 혜택을 받을 수 있는 한도는 얼마인가요?

A: ㉡ 비과세 혜택 대상자의 가입기간이 2년 이상인 경우 비과세 한도는 이자소득 합계 500만 원, 원금 연 600만 원입니다.

Q: 청년 주택드림 청약통장은 일부 인출이 가능한가요?

A: ㉢ 네, 청년 주택드림 청약통장은 주택 청약에 당첨된 경우에 한해 계약금 납부 목적으로 1회에 한해 일부 인출이 가능합니다. 그러나 주택 청약에 당첨되지 않은 경우에는 일부 인출이 불가합니다.

Q: 청년 주택드림 청약통장을 상속받으면 우대이율이 계속 적용되나요?

A: ㉣ 청년우대형 주택청약종합저축 상속 시 우대이율 조건은 상속인을 기준으로 다시 적용됩니다.

① ㉠ ② ㉡ ③ ㉢ ④ ㉣

21 **외환부서에 근무하는 김 과장은 최근 급격한 환율 변동에 따른 경제적 파장을 예상해 보기 위하여 환율 변화에 따른 상황 전개 시뮬레이션을 구상하여 보았다. 우리나라 환율 정책의 기본 이론인 다음 글을 참고할 때, [보기] 중 옳은 설명을 모두 고르면?**

> 환율(換率)이란 자국 화폐와 외국 화폐의 교환 비율을 말한다. 그런데 다수 외국 화폐와의 교환 비율을 정함에 있어 기준율, 교환율, 재정률 등의 개념이 사용된다. 기준율은 외국 화폐 중 특정 화폐를 정하여 환율의 기준을 삼을 때, 자국 화폐와 그 특정 화폐의 교환 비율을 말한다. 우리나라의 경우는 미 달러화가 그 대상이며 결국 우리의 기준율은 원화 대 달러화 비율(가령, 1US$/1,000원)이 된다. 한편 미 달러화와 다른 통화의 교환 비율을 교환율(가령, 1US$/100¥)이라고 한다. 재정률이란 제3국 통화와 원화의 교환 비율을 뜻한다. 재정률은 기준율과 교환율을 통하여 계산할 수 있다. 가령 원화 대 달러화가 1,000 : 1이고 달러화 대 A국 화폐가 1 : 2.5라면, 재정률은 1,000 : 2.5, 즉 400 : 1이 된다(A통화 대 B통화 교환 비율이 1 : 1에서 10 : 1로 바뀌는 것을 '상승'으로, 반대의 경우를 '하락'으로 표현함).

| 보기 |

ㄱ. 원화 대 엔화의 교환 비율이 10 : 1이고 엔화 대 달러화가 100 : 1일 경우, 기준율의 변동은 없고 엔화 대 달러화가 90 : 1로 변동하면 엔화에 대한 원화의 가치는 올라간다.
ㄴ. 교환율의 변동이 없을 경우, 원화 대 달러화의 교환 비율, 즉 기준율이 상승하면 원화와 제3국 통화의 교환 비율, 즉 재정률도 동반하여 상승한다.
ㄷ. 기준율이 1,000원 : 1달러이고 엔화에 대한 교환율이 100엔 : 1달러일 경우, 기준율이 20% 상승하고 교환율이 30% 하락하면 엔화에 대한 재정률은 대략 70% 정도 상승한다.
ㄹ. 기준율이 1,000원 : 1달러이고 엔화에 대한 교환율이 100엔 : 1달러일 경우, 기준율과 교환율, 엔화에 대한 재정률이 모두 상승할 수는 없다.

① ㄱ, ㄴ　　② ㄱ, ㄷ　　③ ㄴ, ㄷ　　④ ㄷ, ㄹ

기출복원 제1회 제2회 제3회

[22~23] 다음 [IBK기업은행 업무방법서]를 읽고 이어지는 물음에 답하시오.

[IBK기업은행 업무방법서]

• 대출의 방법: 증서대출, 어음대출, 어음할인 또는 당좌대월의 방법에 의한다.
• 대출은 중개금융기관의 거래처 선정, 심사능력, 사후관리 등을 활용하여 수행할 수 있다.
• 대출금의 이율: 은행의 대출금의 이율은 회장이 정한다.
• 채무자가 대출금의 원금, 이자 및 할부금을 일정 기일에 납입하지 않은 경우 지연배상금으로서 연체이자를 받으며 그 이율은 회장이 정한다.
• 대출 원리금의 감면: 은행의 대출원금과 연체이자를 포함한 이자는 이를 감면(적용이율의 인하를 포함)할 수 없다(단, 은행은 다음에 해당하는 경우에 한하여만 이자를 감면할 수 있음).
  - 국영사업체, 정부와 은행이 각각 또는 합계하여 과반수 출자한 사업체 또는 공공단체 등에 대한 대출금으로서 연체이자의 감면이 부득이하다고 인정된 경우
  - 채무자의 기업 정상화 또는 부실채권의 정리를 위하여 이자감면이 부득이하다고 인정된 경우
  - 「채무자 회생 및 파산에 관한 법률」에 따라 작성된 회생계획에 동의한 업체로서 동 절차의 원활한 수행을 위하여 이자감면이 부득이하다고 인정된 경우
  - 은행의 관리기업, 산업합리화지정기업 또는 기타 채권확보를 위하여 정상화 조치가 필요한 기업을 제3자에게 인수시키는 경우로서 이자감면이 부득이하다고 인정된 경우
  - 대출금의 이자를 납입기일 이전에 선납한 이후 그 대출금의 이자 납입을 연체한 경우에, 그 이자 선납일수 범위 내에서 연체이자를 면제하는 경우
  - 천재지변 등 일시적 사유로 정상화 조치가 필요한 기업에 대하여 이자감면이 부득이하다고 인정된 경우
• 은행은 대출원금을 감면하지 않고서 그 목적을 달성할 수 없다고 이사회가 의결하는 경우에 대출원금을 감면할 수 있다.

22 **위 [IBK기업은행 업무방법서]에 관한 설명으로 옳지 않은 것은?**

① 은행의 대출금의 이율은 회장이 정한다.
② 대출은 증서대출, 어음대출, 어음할인 또는 당좌대월의 방법으로 가능하다.
③ 대출원금을 감면하지 않고 목적을 달성할 수 없다고 이사회가 의결한 경우 대출원금을 감면할 수 있다.
④ 채무자가 대출금의 원금, 이자 및 할부금을 납입기일에 납입하지 않은 경우 연체이자를 받으며 그 이율은 이사회가 정한다.

23 **위 [IBK기업은행 업무방법서]를 토대로 할 때, [보기]의 A~D 중 대출 원리금을 감면받을 수 없는 대상은?**

| 보기 |

- A의 기업 정상화를 위해 이자감면이 부득이하다고 인정된 경우
- 정부와 은행이 합계하여 과반수 출자한 B에 대한 대출금으로서 연체이자의 감면이 부득이하다고 인정된 경우
- C가 대출금의 이자를 납입기일 10일 전에 선납한 후, 다음 회차의 대출금의 이자 납입을 연체하였을 때, 12일 내의 연체이자를 면제하는 경우
- 「채무자 회생 및 파산에 관한 법률」에 따라 작성된 회생계획에 동의한 D가 동 절차의 원활한 수행을 위하여 이자감면이 부득이하다고 인정된 경우

① A ② B ③ C ④ D

[24~25] 다음은 [긴급경영안정자금]에 관한 자료이다. 이어지는 물음에 답하시오.

○ 긴급경영안정자금: 경영애로 해소, 수출품 생산비용 등 긴급한 자금 소요를 지원하여 중소기업의 안정적인 경영기반을 조성하는 사업

○ 지원대상

- 긴급경영안정사업: 재해 피해를 입거나 일시적 경영애로 상태에 있는 중소기업
- 수출금융지원사업: 융자제외대상 업종에 해당되지 않는 중소기업의 생산품을 수출하고자 하는 중소기업

※ 지원 제외

- 긴급경영안정사업: 최근 3년 이내 긴급경영안정자금을 2회 이상 지원받은 기업
- 수출금융지원사업: 수출금융지원사업 이용 기간(약정 기간)이 5년을 초과한 기업

(단, 해외조달시장 참여 중소기업은 신청 가능)

○ 지원내용

1. 긴급경영안정사업

1) 지원내용

- 원부자재 구입에 소요되는 비용(제조업 전업률 30% 이상 기업에 한함), 제품생산비용, 제품개발비용, 시장개척비용 및 기업경영에 소요되는 자금
- 자연재해 또는 「재해중소기업 지원지침」에 따라 지원이 결정된 인적 재난으로 피해를 입은 중소기업의 직접피해복구비용
- 일시적 경영애로 기업 중 회생 가능성이 큰 기업의 경영애로 해소 및 경영 정상화에 소요되는 경비

2) 대출금리(변동금리): 정책자금 대출금리에서 0.6%p 가산(기준금리)

※ 재해중소기업은 연 3% 고정금리 적용

※ 123개 개성공단 가동기업의 모기업('13. 4. 3. 기준) 중 중소기업은 연 2% 고정금리 적용

3) 대출기간: 5년 이내(거치기간 2년 이내 포함)

※ 단, 123개 개성공단 가동기업의 모기업('13. 4. 3. 기준) 중 중소기업의 경우 대출기간은 1년 만기 원금 및 이자 일시상환으로 운영하되 1년 이내 원금 연장 가능

4) 대출한도: 기업당 연간 5억 원 이내(3년간 10억 원 이내)

※ 재해중소기업 및 일시적 경영애로 기업은 연간 10억 원 이내

※ 회생계획인가 기업 중 무리한 회생인가 조건으로 어려움을 겪는 기업의 회생 채무 상환을 위한 비용은 담보부 대출방식이며 연간 30억 원 이내

2. 수출금융지원사업

1) 지원내용: 수출계약 또는 수출실적에 근거한 수출품 생산비용 등 수출 소요자금

2) 대출금리(변동금리): 정책자금 기준금리에서 0.6%p 가산(기준금리)

3) 대출기간: 180일 이내

4) 대출한도: 기업당 10억 원 이내

※ 단, 수출계약 기간 및 실적 등을 감안하여 최장 1년 이내까지 인정

○ 융자 규모 및 방식
- 융자규모: 1,000억 원
- 융자방식: 중소기업진흥공단이 기업평가를 통해 융자대상 기업을 결정한 후 직접 대출

○ 신청 시기 및 방법
- 신청시기: 자금소진 시까지 수시(매월) 접수
- 신청방법: 신청업체 소재 중소기업진흥공단 지역본(지)부에 신청

24 **위 [긴급경영안정자금]에 대한 설명으로 옳지 않은 것은?**

① 긴급경영안정사업의 경우 일시적 경영애로 기업 중 회생 가능성이 큰 기업의 경영 정상화에 소요되는 경비를 지원한다.
② 긴급경영안정자금을 지원받는 모든 기업은 변동금리를 적용받는다.
③ 수출금융지원사업의 경우 기업당 최대 10억 원까지 대출받을 수 있다.
④ 기업평가를 통해 중소기업진흥공단이 융자대상 기업을 직접 결정한 후 직접 대출을 진행한다.

25 **다음 [보기]의 A~D 중 긴급경영안정자금을 지원받을 수 있는 기업은? (단, 언급하지 않은 내용은 고려하지 않는다)**

| 보기 |

- A: 일시적 경영애로 상태에 있는 중소기업으로 최근 3년 이내 긴급경영안정자금을 4회 지원받은 기업이 긴급경영안정사업 지원을 신청한 경우
- B: 융자제외대상 업종에 해당되지 않는 중소기업의 생산품을 수출하고자 하는 중소기업으로 수출금융지원 사업 이용 기간이 6년인 기업이 수출금융지원사업 지원을 신청한 경우
- C: 제조업 전업률 20%인 기업이 원부자재 구입에 소요되는 비용을 위해 긴급경영안정사업을 지원을 신청한 경우
- D: 융자제외대상 업종에 해당되지 않는 중소기업의 생산품을 수출하고자 하는 중소기업으로 수출금융지원사업 이용 기간이 10년인 해외조달시장 참여중소기업이 수출금융사업 지원을 신청한 경우

① A　　② B　　③ C　　④ D

[26~27] 다음은 T씨가 숙소 예약을 위해 정리한 자료이다. 이어지는 물음에 답하시오.

○ A~D 숙소의 항목별 정리 자료

구분	1박 비용	편의시설	교통 접근성	청결도	방 크기	방음
A	10만 원	3개	5분 거리	3등급	$25m^2$	3등급
B	15만 원	5개	10분 거리	5등급	$40m^2$	5등급
C	8만 원	2개	3분 거리	2등급	$20m^2$	2등급
D	12만 원	4개	8분 거리	4등급	$30m^2$	4등급

○ 항목별 설명

- 1박 비용: 1박 비용이 가장 저렴한 숙소부터 4점, 3점, 2점, 1점 순서대로 부여
- 편의시설: 가장 많은 편의시설을 제공하는 숙소부터 4점, 3점, 2점, 1점 순서대로 부여
- 교통 접근성: 가장 가까운 교통 접근성을 가진 숙소부터 4점, 3점, 2점, 1점 순서대로 부여
- 청결도: 청결도 등급이 가장 높은 숙소부터 4점, 3점, 2점, 1점 순서대로 부여
- 방 크기: 방 크기가 가장 넓은 숙소부터 4점, 3점, 2점, 1점 순서대로 부여
- 방음: 방음 등급이 가장 좋은 숙소부터 4점, 3점, 2점, 1점 순서대로 부여

○ 항목별 가중치

- 1박 비용: 25%
- 편의시설: 15%
- 교통 접근성: 20%
- 청결도: 20%
- 방 크기: 10%
- 방음: 10%

○ 숙소 선정 방법: 각 항목에 가중치를 계산한 총점이 가장 높은 숙소를 예약

※ 총점이 동일한 경우 1박 비용이 저렴한 숙소를 선택

26 **위 자료를 토대로 할 때 T씨가 예약하는 숙소는?**

① A숙소 ② B숙소 ③ C숙소 ④ D숙소

27 **다음과 같이 가중치를 변경하였을 때 T씨가 예약하는 숙소는?**

[항목별 가중치]

- 1박 비용: 20%
- 편의시설: 10%
- 교통 접근성: 30%
- 청결도: 20%
- 방 크기: 10%
- 방음: 10%

① A숙소 ② B숙소 ③ C숙소 ④ D숙소

28 **다음은 [청년채용 특별장려금]에 관한 자료이다. 이를 토대로 할 때, [보기]의 A~D기업이 지급받는 지원금으로 옳은 것은?**

[청년채용 특별장려금]

1. 사업목적: 청년을 정규직으로 채용한 중소·중견기업에 인건비를 지원함으로써 양질의 청년 일자리 창출을 목적으로 한다.
2. 사업내용
  1) 지원 대상
    - 연령: 만 15세 이상 만 34세 이하 청년을 정규직으로 신규 채용한 5인 이상 중소·중견기업
    - 성장유망업종, 벤처기업 등은 5인 미만인 경우에도 지원 가능
    - 사행, 유흥업 등 일부 업종은 지원 제외
  2) 지원요건
    - 청년 정규직 신규채용: 만 15세 이상 만 34세 이하의 청년을 정규직으로 신규 채용(단, 사업주의 배우자, 직계존비속 등은 제외)
    - 신규 채용 청년은 6개월 이상 고용 유지해야 함
    - 전년 연평균 기준 피보험자 수보다 기업 전체 근로자 수가 증가해야 함
3. 지원수준 및 지원한도
  1) 지원수준: 청년 추가채용 1인당 월 75만 원, 1년간 지원
  2) 지원한도: 기업당 최대 3인까지

| 보기 |

- A: 벤처기업인 A기업은 3인 중소기업이다. 전년 연평균 기준 피보험자보다 근로자 수는 증가했으며, 신규 채용한 청년은 2명으로 5개월 동안 고용 유지 중이다.
- B: 사행, 유흥업 등 일부 업종에 해당하지 않는 B기업은 10인 중소기업이다. 전년 연평균 기준 피보험자와 근로자 수는 동일하며, 신규 채용한 청년은 3명으로 10개월 동안 고용 유지 중이다.
- C: 성장유망업종 기업인 C기업은 15인 중소기업이다. 전년 연평균 기준 피보험자보다 근로자 수는 증가했으며, 사업주의 직계비속 3명을 포함한 신규 채용한 청년은 4명으로 8개월 동안 고용 유지 중이다.
- D: 사행, 유흥업 등 일부 업종에 해당하지 않는 D기업은 6인 중소기업이다. 전년 연평균 기준 피보험자보다 근로자 수는 증가했으며, 신규 채용한 청년은 1명으로 15개월 동안 고용 유지 중이다.

① A: 750만 원　② B: 2,250만 원　③ C: 600만 원　④ D: 1,125만 원

[29~30] 다음 [본사에서 A~C지점까지의 이동경로]와 [조건]을 읽고 이어지는 물음에 답하시오.

[본사에서 A~C지점까지의 이동경로]

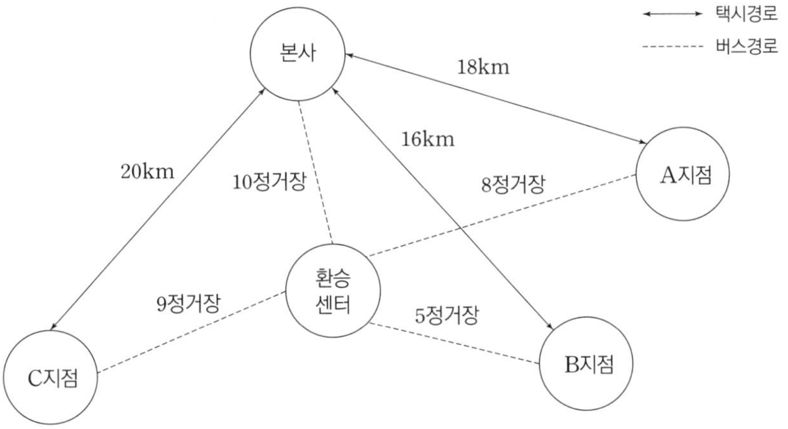

[조건]

- 버스정류장까지 이동 시 소요시간: 본사(2분), A지점(4분), B지점(3분), C지점(5분)
- 버스정류장에서 탑승 대기 소요시간: 본사(4분), A지점(3분), B지점(5분), C지점(5분)
- 환승센터에서 환승 시 모든 경로 10분 소요
- 택시 승강장까지 이동 시 소요시간: 본사(3분), A지점(2분), B지점(4분), C지점(3분)
- 택시 승강장에서 탑승 대기 소요시간: 본사(10분), A지점(15분), B지점(12분), C지점(20분)
- 버스로 이동 시 1정거장당 2분 소요, 10정거장까지는 1,300원이고 이후 2정거장(1정거장도 2정거장으로 간주)당 100원 추가, 30분 이내 환승 시 추가비용 없으며, 30분 이상 소요 시 환승 불가
- 택시로 이동 시 60km/h로 이동하며, 2km까지는 3,400원이고 이후 1km당 700원 추가

29 **본사에서 근무하는 박 사원이 업무차 A지점으로 이동하려고 할 경우, 버스를 이용했을 때와 택시를 이용했을 때의 시간 차이는?**

① 19분 ② 21분 ③ 23분 ④ 25분

30 **A지점에서 근무하는 장 사원은 B지점과 C지점에 각각 전달해야 할 서류를 버스를 타고 이동한 후 각 지점에 전달하였다. 각 지점에 도착하여 서류를 전달하고 각 지점에서 근무하는 동기들과 30분 이상 대화를 나누었을 때, 장 사원이 A지점으로 복귀하기까지 이동하는 데 지불한 비용은 얼마인가?**

① 4,100원 ② 4,300원 ③ 4,500원 ④ 4,700원

[31~32] 다음은 H씨가 TV 구매를 위해 정리한 자료이다. 이어지는 물음에 답하시오.

1. A~D TV의 항목별 정리

항목	A TV	B TV	C TV	D TV
화질	4K	4K	8K	4K
가격	1,200,000원	800,000원	2,500,000원	1,000,000원
화면 크기	55인치	43인치	65인치	50인치
스마트 TV 기능	○	×	○	×
AS 기간	3년	5년	2년	4년

2. 항목별 점수 부여 방법
   1) 화질: 8K의 경우 2점, 4K의 경우 1점 부여
   2) 가격: 가격이 저렴한 순으로 4점부터 1점까지 부여
   3) 화면 크기: 화면 크기가 큰 순으로 4점부터 1점까지 부여
   4) 스마트 TV 기능: 스마트 TV 기능이 있는 TV에는 1점 추가 부여
   5) AS 기간: AS 기간이 긴 순으로 4점부터 1점까지 부여
3. TV 선정 방법: 각 항목의 총점이 가장 높은 TV를 선정
   ※ 총점이 동일한 TV의 경우 화면 크기가 더 큰 TV를 선정

31 위 자료를 토대로 할 때 H씨가 구매하는 TV는?

① A TV ② B TV ③ C TV ④ D TV

32 다음과 같이 항목별 가중치가 적용되었을 때 H씨가 구매하는 TV는?

[항목별 가중치]

- 화질: 20%
- 가격: 20%
- 화면 크기: 30%
- 스마트 TV 기능: 10%
- AS 기간: 20%

① A TV ② B TV ③ C TV ④ D TV

[33~34] 다음 사내 체육대회 전 각 팀장들의 [대화]를 보고 이어지는 물음에 답하시오.

[대화]

- 총무팀 팀장: 부서별 음료 비축량 보고해주세요. 총무팀은 현재 이온음료 16개, 과일주스 8개, 커피 2박스, 탄산음료 1박스 있습니다.
- 영업팀 팀장: 현재 에너지음료 15개, 이온음료 21개, 커피 30개, 탄산음료 1박스 있습니다.
- 재무팀 팀장: 오늘 확인해본 결과 이온음료 15개, 과일주스 25개, 에너지음료 10개, 탄산음료 5개 있습니다.
- 마케팅팀 팀장: 현재 에너지음료 1박스, 커피 5개, 과일주스 10개 있습니다.

※ 각 팀 간 음료 비축량 공유가 불가하다.
※ 총무팀, 영업팀, 재무팀, 마케팅팀이 각각 구비해야 하는 음료의 최소 수량은 각각 에너지음료 1박스, 이온음료 2박스, 커피 3박스, 탄산음료 1박스이다.
※ 이온음료는 1박스에 15개, 나머지 음료는 1박스에 30개씩 들어 있으며, 박스 단위로 주문해야 한다.

33 **총무팀 팀장이 주문해야 하는 음료 수량으로 옳지 않은 것은?**

① 에너지음료: 3박스
② 이온음료: 4박스
③ 커피: 9박스
④ 탄산음료: 2박스

34 **각 팀별로 비축해야 하는 음료의 최소 수량이 다음과 같이 변경되었다. 총무팀 팀장이 주문 후 지불해야 하는 금액은?**

- 총무팀, 영업팀, 재무팀, 마케팅팀에 각각 구비해야 하는 음료의 최소 수량은 에너지음료 2박스, 이온음료 3박스, 커피 2박스, 탄산음료 1박스이다.
- 음료 1개당 가격

에너지음료	이온음료	커피	탄산음료
700원	800원	750원	550원

① 399,450원
② 400,500원
③ 400,700원
④ 401,500원

[35~36] 다음 글을 읽고 이어지는 물음에 답하시오.

업무연속성계획(Business Continuity Plan: BCP)이란 기업이 위기 상황에서도 신속하고 체계적인 대응을 통해 기업의 핵심적인 업무가 지속될 수 있도록 미리 준비하는 위기대응체계를 의미한다. BCP는 감염병 발생에 대한 직접적인 대응뿐 아니라 원재료 확보에서부터 최종 소비자에 이르기까지의 상품과 정보의 흐름에 관련된 모든 활동, 즉 개발, 조달, 생산, 운송, 판매 등을 포괄하는 관리 개념까지 포함한다.

BCP를 수립하면 SARS, 메르스, 신종플루, 코로나19 등 돌발적인 감염병으로 인한 기업의 피해를 최소화하면서, 핵심업무를 중심으로 기업 본연의 가치를 유지할 수 있다. 또한 감염병이 수습된 이후에도 정상 경영체제로 신속하고 체계적으로 복귀할 수 있다. 장기적인 측면에서는 감염병에 대한 대응 경험과 노하우를 축적할 수 있어 기업의 위기대응능력 향상을 통해 기업 가치를 제고할 수 있다.

BCP의 수립을 준비할 때에는 BCP의 세부 수준이 업종, 조직의 복잡성 및 규모 등에 따라 다를 수 있다는 점을 인지해야 한다. 또한 기본적으로 사업에 중요한 것이 무엇이며, 감염병이 사업에 어떤 영향을 미치는지 확인할 필요가 있다. BCP를 수립하는 과정은 다음과 같이 여섯 단계로 구분된다.

1단계 현재 상황 파악	• 감염병 발생의 단계별로 필수적인 조치 사항이 제대로 구축되어 있는지 점검할 수 있는 체크리스트를 만든다. • 체크리스트를 통해 기업의 현재 상황을 파악한다.
2단계 소통 계획 수립	• BCP를 수립하여 시행할 경우의 커뮤니케이션 대상을 명확히 한다. 커뮤니케이션 대상에는 자사 직원, 파견·용역업체 직원 등 사업장을 출입하는 모든 사람이 포함되어야 한다. • 커뮤니케이션 대상별 정보 전달 내용과 전달 방식을 수립한다.
3단계 핵심업무와 우선순위 파악	• 위기 상황에서도 반드시 지속되어야 하는 핵심업무의 종류와 범위, 그리고 해당 업무 수행을 위한 필요자원을 작성한다. • 핵심업무를 우선순위에 따라 나열한다.
4단계 감염병에 따른 위험요인 분석	• 감염병이 발생할 경우 3단계에서 살펴본 핵심업무 각각의 위험요인에 무엇이 있는지 파악한다. • 핵심업무별 위험요인의 우선순위(대비가 필요한 순서)를 결정한다.
5단계 위험요인에 대한 대응 방안 검토	• 4단계에서 파악한 위험요인에 대응하기 위한 활동을 작성한다. • 각 활동에는 대응 시점, 필요자원 및 정보, 책임자 등이 포함되어야 한다.
6단계 BCP 가동을 위한 업무분장 결정	• BCP를 시행하기 위한 비상대응팀을 구성하고, 팀별·직원별 업무를 명확하게 규정한다. • 전 직원이 공유할 수 있는 외부 비상연락망을 만들고, 기관별 연락이나 보고가 필요한 사항을 작성한다.

35 **위 글에 대한 설명으로 옳은 것은?**

① 기업이 수립한 BCP는 그 기업의 최종 소비자에게까지 영향을 미친다.
② BCP 수립의 1단계에서는 체크리스트와 외부 비상연락망을 만들어야 한다.
③ BCP는 기업의 업종 및 규모와 관계없이 획일된 기준에 따라 수립되어야 한다.
④ BCP를 수립하는 과정에서 자사 외에 파견·용역업체 직원은 고려 대상이 아니다.

36 **A사가 BCP 수립 과정에서 다음과 같은 [표]를 작성하였다. 다음 [표]가 작성된 때는 BCP 수립의 2~5단계 중 몇 단계인가?**

[표]

핵심 업무	위험요인	대응 활동	대응 시점	필요자원·정보	책임자
납품용 부품 생산	직원 결근	• 출입 시 손 소독 • 열감지기 설치 • 대체근무·유연근무 준비	즉시	• 소독제 • 열감지기 설비 • 대체근무계획	김○○
	원자재 수급 불가	• 원자재 공급업체 다변화 • 재고물량 20% 증가	위기경보 관심단계	• 지원기관 연락처 • 자재공급업체 리스트 • 계약 관련 법률정보	박○○

① 2단계　　② 3단계　　③ 4단계　　④ 5단계

[37~38] 다음은 순서도에 대한 자료이다. 이어지는 물음에 답하시오.

○ 순서도 기호

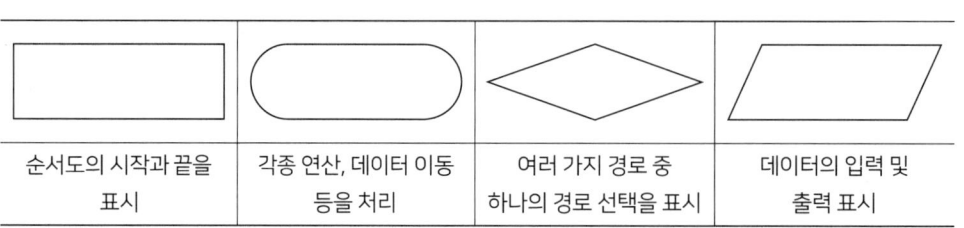

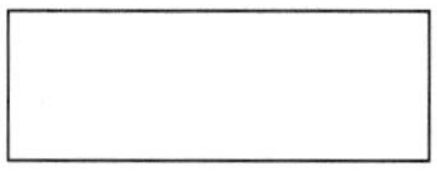	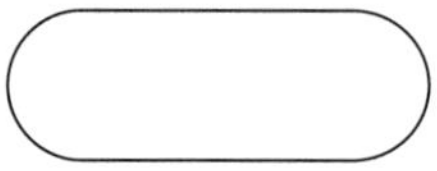	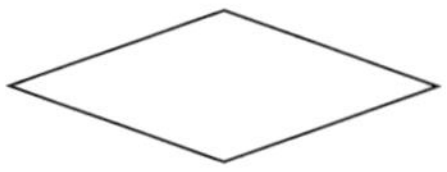	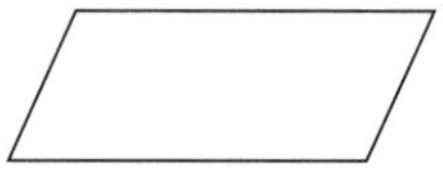
순서도의 시작과 끝을 표시	각종 연산, 데이터 이동 등을 처리	여러 가지 경로 중 하나의 경로 선택을 표시	데이터의 입력 및 출력 표시

○ 순서도 연산자

연산자	설명	예시
a ↔ b	a값과 b값을 교환한다.	a(= 4) ↔ b(= 3) → a = 3, b = 4
a § b	a값과 b값을 더한다.	5 § 6 → 11
a ~ b	a값에서 b값을 뺀다.	15 ~ 3 → 12
a ※ b	a값과 b값을 곱한다.	6 ※ 2 → 4
a ∮ b	a값을 b값으로 나눈 몫	9 ∮ 2 → 4
a ¶ b	a값을 b값으로 나눈 나머지	8 ¶ 3 → 2
a Π b	a값과 b값이 같다.	a(= 3) Π b(= 3) → yes a(= 3) Π b(= 2) → no
a ⇔ b	a값과 b값이 다르다.	a(= 3) ⇔ b(= 3) → no a(= 3) ⇔ b(= 2) → yes
a ⊆ b	a값이 b값보다 크다.	a(= 3) ⊆ b(= 3) → no a(= 3) ⊆ b(= 2) → yes
a ⊂ b	a값이 b값보다 크거나 같다.	a(= 2) ⊂ b(= 3) → no a(= 3) ⊂ b(= 2) → yes
a ⊇ b	a값이 b값보다 작다.	a(= 3) ⊇ b(= 3) → no a(= 1) ⊇ b(= 2) → yes
a ⊃ b	a값이 b값보다 작거나 같다.	a(= 3) ⊃ b(= 3) → yes a(= 3) ⊃ b(= 2) → no

37 다음 순서도의 출력값은?

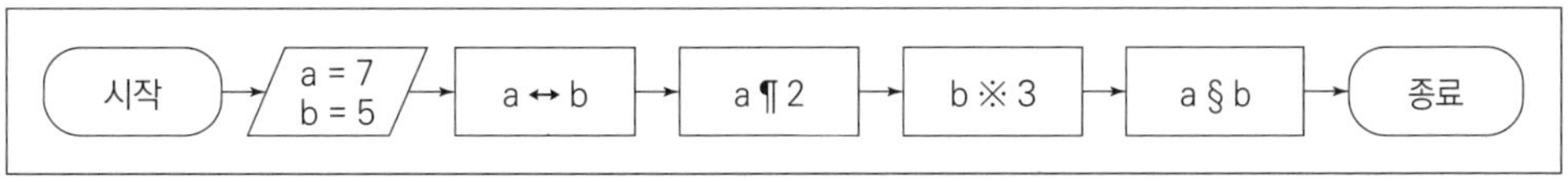

① 16
② 22
③ 24
④ 28

38 다음 순서도의 출력값은?

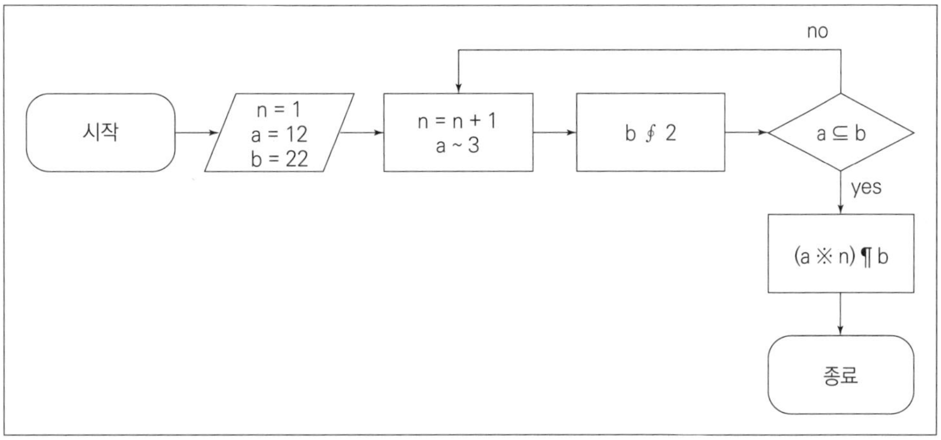

① 1
② 2
③ 3
④ 4

기출복원
제1회
제2회
제3회

[39~40] 다음은 직원들의 진급 평가 결과이다. 이어지는 물음에 답하시오.

○ 네 직원의 평가 점수

직원	A	B	C	D	E	F
김○○	90	85	80	80	95	85
강□□	85	95	70	85	90	90
장◇◇	90	45	85	85	90	95
전△△	90	85	85	75	90	90

○ 진급자 선발 조건

- 진급 대상자 중 평가 점수 총합이 가장 높은 1명을 진급자로 선정함
- 동점자가 있는 경우 평가 점수 최고점이 더 높은 사람을 진급자로 선정함
- 평가 점수 최고점도 동일한 경우, 평가 점수 최저점이 더 높은 사람을 진급자로 선정함
- 평가 점수 중 50점 미만이 있는 경우 진급자에서 제외됨

39 **위 자료에 따를 때 진급자로 선정되는 사람은?**

① 김○○ ② 강□□ ③ 장◇◇ ④ 전△△

40 **진급자 선발 조건이 다음과 같이 변경되었을 때 진급자로 선정되는 사람은?**

○ 진급자 선발 조건

- 진급 대상자 중 평가 점수 총합*이 가장 높은 1명을 진급자로 선정함
  * 평가 점수 총합: 평가 점수 중 최고점과 최저점을 제외한 나머지 점수의 합
- 동점자가 있는 경우 평가 점수 최고점과 최저점의 평균이 더 높은 사람을 진급자로 선정함
- 평가 점수 최고점과 최저점의 평균도 동일한 경우, 평가 점수 최고점이 더 높은 사람을 진급자로 선정함

① 김○○ ② 강□□ ③ 장◇◇ ④ 전△△

직무수행

41 **다음은 IS－LM모형에서 구축효과에 대한 설명이다. 빈칸 ㉠~㉢에 들어갈 내용을 바르게 짝지은 것은?**

> • IS곡선이 (㉠) 구축효과가 커진다.
> • LM곡선이 (㉡) 구축효과가 커진다.
> • 완전고용국민소득 수준에 (㉢) 구축효과가 커진다.

	㉠	㉡	㉢
①	가파를수록	완만할수록	가까울수록
②	완만할수록	가파를수록	가까울수록
③	가파할수록	완만를수록	멀수록
④	완만할수록	가파를수록	멀수록

42 **다음 [표]는 A국과 B국이 X, Y재화 하나를 생산하는 데 필요한 노동시간에 대한 자료이다. A국과 B국은 두 재화만 생산하고 비교우위에 따라 무역을 한다고 할 때 옳지 않은 것은?**

[표]

구분	A국	B국
X재	1시간	2시간
Y재	6시간	10시간

① A국은 X재에 대해 절대우위에 있다.
② B국은 X재에 대해 비교우위에 있다.
③ A국이 B국과 무역을 할 때는 X재를 생산하고 수출한다.
④ 교역조건이 Y재 한 단위당 X재 5.5단위인 경우 무역이 이루어진다.

기출복원
제1회
제2회
제3회

43 다음 [표]는 각 물가지수의 특징을 정리한 것이다. [표]의 ㉠~㉣에 들어갈 말로 적절하지 않은 것은?

[표]

구분	(㉠)	생산자물가지수	(㉡)
작성기관	통계청	한국은행	한국은행
포괄범위	소비재	(㉢), 소비재	GDP에 포함되는 모든 것
수입품가격	포함	제외	제외
주택가격	(㉣)	제외	신규 주택가격만 포함
주택임대료	포함	제외	포함
품목 수	약 500개	약 900개	–
기준연도	5년마다 변경	5년마다 변경	지수작성 연도 기준

① ㉠: 소비자물가지수
② ㉡: GDP
③ ㉢: 원자재, 자본재
④ ㉣: 제외

44 다음은 A국의 X1~X4년 경제활동참가율과 고용률을 나타낸 [그림]이다. A국에 대한 설명으로 옳지 않은 것은? (단, A국의 15세 이상 인구수는 주어진 기간 동안 동일하게 100만 명으로 가정한다)

[그림] X1년~X4년 경제활동참가율 및 고용률 추이

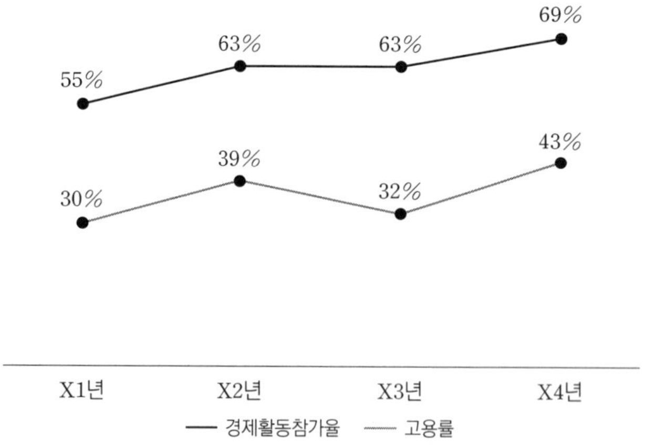

① X1년의 실업률은 45%이다.
② X2년의 실업자 수는 X3년보다 7만 명 더 적다.
③ X3년의 실업률은 X1년의 실업률보다 크다.
④ X4년의 취업자 수는 X3년의 취업자 수보다 5만 명 더 많다.

45 **다음은 각 나라의 시장환율과 빅맥가격에 대한 자료이다. 구매력 평가설을 고려할 때 다음 자료에 대한 설명으로 옳지 않은 것은?**

구분	환율	빅맥가격
미국	—	6달러
영국	1파운드=2달러	1.6파운드
스위스	1달러=1스위스 프랑	5스위스 프랑
한국	1달러=1,200원	4,800원

① 스위스의 빅맥가격은 미국에 비해 저렴한 편이다.
② 구매력 평가설에 따르면 파운드가 저평가되었다.
③ 영국에서 빅맥을 사서 미국 가서 팔면 차익 남기기가 가능하다.
④ 원/달러 환율이 상승할 예정이다.

46 **다음은 단위당 T원의 조세를 부과한 경우의 변화를 나타낸 [그림]이다. 이에 대한 설명으로 옳은 것을 [보기]에서 모두 고르면?**

[그림]

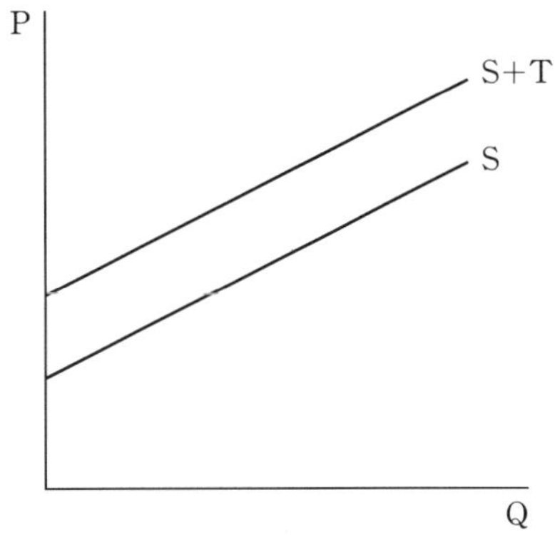

| 보기 |

ㄱ. 종가세가 부과된 것이다.
ㄴ. 종량세가 부과된 것이다.
ㄷ. 생산자에게 조세가 부과된 것이다.
ㄹ. 소비자에게 조세가 부과된 것이다.

① ㄱ, ㄷ ② ㄱ, ㄹ ③ ㄴ, ㄷ ④ ㄴ, ㄹ

47 인플레이션을 나타낸 다음 [그림]에 대한 설명으로 적절한 것을 [보기]에서 모두 고르면?

[그림]

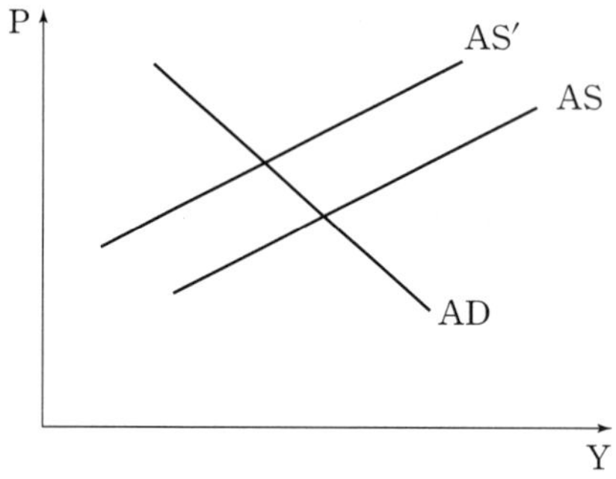

| 보기 |

ㄱ. 수요견인 인플레이션이다.
ㄴ. 비용인상 인플레이션이다.
ㄷ. 고전학파와 통화주의가 주장하였다.
ㄹ. 케인즈학파가 주장하였다.
ㅁ. 통화량 억제가 필요하다.
ㅂ. 소득정책이 필요하다.

① ㄱ, ㄷ, ㅁ ② ㄱ, ㄹ, ㅂ ③ ㄴ, ㄷ, ㅁ ④ ㄴ, ㄹ, ㅂ

48 다음 효용함수 A, B, C에 대한 설명으로 옳은 것은?

- A: $U(X, Y)=X+Y$
- B: $U(X, Y)=Min[2X, Y]$
- C: $U(X, Y)=X\times Y^2$

① 효용함수가 A인 경우 X재와 Y재는 완전보완재이고, 효용함수가 B인 경우 X재와 Y재는 완전대체재이다.
② 효용함수가 A인 경우 무차별곡선은 L자 형태이고, 효용함수가 B인 경우 무차별곡선은 우하향의 직선 형태이다.
③ 효용함수가 C인 경우 무차별곡선은 원점에 볼록한 형태이다.
④ 효용함수가 B인 경우 가장 가격이 낮은 재화만 소비하는 것이 합리적이다.

49 **다음 기사에 주어진 상황을 테일러의 과학적 관리법과 비교할 때 옳은 것은?**

A회사는 최근 생산성 향상을 위해 작업 방식을 과학적으로 분석하고 개선하는 프로젝트를 도입했다. 회사는 ㉠ 작업자들의 일하는 방식을 표준화하여 모든 작업자가 동일한 절차를 따르도록 지시하고 있다. 또한 작업 속도를 일정하게 유지하기 위해 ㉡ 시간 연구를 통해 최적의 작업 시간을 측정하고, 이를 바탕으로 적절한 작업 속도를 권장하고 있다. 작업자들에게 ㉢ 성과에 따른 보상을 지급해 동기를 부여하는 한편, 최고 성과를 보인 작업 방식을 기준으로 삼아 작업 교육을 강화하고 있다. 회사 관계자는 '이 같은 작업 표준화와 시간 관리 방식이 작업 효율성을 크게 높일 것으로 기대한다'고 말했다.

① ㉠은 작업자에게 자율성을 부여하는 방식으로, 과학적 관리법의 목표에 해당한다.
② ㉡을 통해 설정된 최적 작업 속도는 작업자의 개별적인 작업 속도와 선호도를 반영하여 유연성을 제공한다.
③ ㉢을 통해 작업자의 직무에 대한 장기적인 헌신이 증진된다.
④ 이 프로젝트 도입으로 A회사의 작업자들은 스스로 문제를 해결할 기회를 제한할 가능성이 높아진다.

50 **경제학에서는 경합성과 배제성을 기준으로 재화를 구분한다. 다음 [표]의 (가)~(라)에 대한 설명으로 옳은 것을 [보기]에서 모두 고르면?**

[표]

구분		배제성	
		있음(배제적)	없음(비배제적)
경합성	있음(경합적)	(가)	(다)
	없음(비경합적)	(나)	(라)

| 보기 |

ㄱ. 미국에서도 코로나19에 대한 불안감이 확산되면서 마스크나 손 소독제 가격이 급등하고 있는 것은 (가)의 사례에 해당한다.
ㄴ. 경제에서 일반적으로 말하는 상품, 재화, 서비스는 (나)에 해당한다.
ㄷ. 물, 공기는 과거 (다)에 해당했으나, 최근 들어 (라)의 성격으로 변해 가고 있다.
ㄹ. 1968년 하딘(Hardin)이 다루었던 '공유지의 비극'이 (라)의 대표적 사례이다.

① ㄱ ② ㄱ, ㄴ ③ ㄱ, ㄷ ④ ㄱ, ㄹ

51 甲국은 국내에서 사과와 바나나와 딸기를 생산하고 있고, 甲국에는 오로지 세 재화만 존재한다. 甲국에 대한 설명으로 옳은 것은?

구분	기준년도 수량	기준년도 가격	비교년도 수량	비교년도 가격
사과	400	1,000원	600	1,500원
바나나	600	2,000원	800	2,000원
딸기	800	3,000원	1,000	2,000원

① 비교년도의 명목 GDP는 5,200,000원이다.
② 비교년도의 실질 GDP는 4,500,000원이다.
③ 기준년도의 명목 GDP는 4,800,000원이다.
④ 기준년도의 실질 GDP는 4,000,000원이다.

52 김밥의 가격상승률이 8%이다. 이때 떡라면의 수요량은 4% 증가하였고, 김밥의 수요량은 2% 감소하였다. 김밥의 가격탄력성을 (가), 김밥 가격에 대한 떡라면의 교차탄력성을 (나), 김밥과 떡라면과의 관계를 (다)라고 할 때, (가), (나), (다)에 해당하는 것을 바르게 짝지은 것은? (단, 주어진 자료만을 고려한다)

	(가)	(나)	(다)
①	−0.25	0.5	대체재
②	−0.25	0.25	보완재
③	−0.5	0.5	보완재
④	−0.5	0.25	대체재

53 **다음 [그림]에 관한 설명으로 옳은 것을 [보기]에서 모두 고르면?**

[그림]

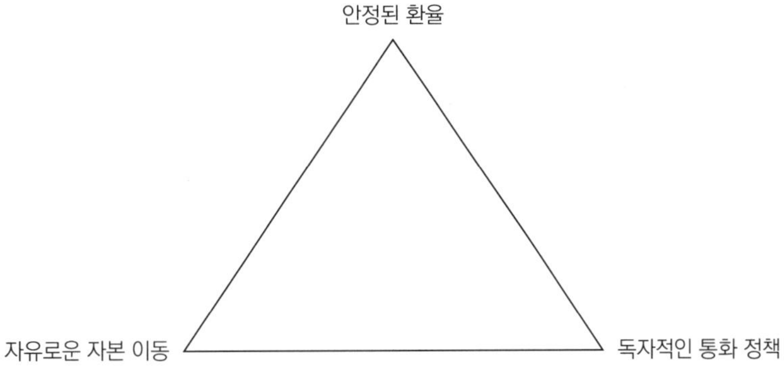

| 보기 |

ㄱ. 시장 상황의 변화로 인하여 외환의 유입이 있다면, 국가가 고정환율제도를 채택하는 경우에 국가는 독자적으로 통화를 발행해야 한다.
ㄴ. 국가가 독자적으로 통화를 발행하면, 외국 자본이 자유롭게 이동하기 위해서는 그 국가 통화의 환율은 고정되어야 한다.
ㄷ. 환율을 일정한 수준으로 유지하고 싶고, 국가가 독자적인 통화 정책을 시행하고 싶다면 외환의 이동은 정부 통제하에 있어야 한다.

① ㄱ ② ㄴ ③ ㄷ ④ ㄱ, ㄴ

54 **다음 기사에 주어진 상황을 리더십 수명 주기 이론(Life Cycle Theory of Leadership)과 비교할 때 옳은 것을 [보기]에서 모두 고르면?**

> A기업의 한 팀장은 팀의 성숙도를 잘못 평가한 결과, 프로젝트 진행에서 성과 저하를 겪었다. 팀장은 위양형 리더십을 적용했지만, 실제로 팀원들은 역할에 혼란을 겪고 프로젝트 진행에 어려움을 겪었다. 팀원들의 능력 부족뿐만 아니라 의지가 부족하여 방향성 혼란이 심화되자, 팀장은 리더십 방식을 재검토해야 한다는 필요성을 느꼈다. 전문가들은 팀원의 능력과 성숙도를 정확히 파악해 리더십 스타일을 조정하는 것이 팀 성과에 매우 중요하다고 지적하고 있다.

| 보기 |

ㄱ. 팀장의 판단대로 위양형 리더십이 실패한 이유는 팀원의 성숙도가 높다고 판단했기 때문이다.
ㄴ. 해당 팀의 경우 참여형 리더십이 가장 효과적이다.
ㄷ. 만약 팀원이 능력은 낮지만 의지는 강하다면, 지시형 리더십보다는 설득형(지원형) 리더십이 더 효과적일 수 있다.

① ㄱ　　② ㄴ　　③ ㄱ,ㄷ　　④ ㄴ,ㄷ

55 **고용 관계를 바탕으로 근로자가 받는 금전적 보상, 복지혜택, 서비스를 보상이라 한다. 보상관리에 관한 설명으로 옳은 것을 [보기]에서 모두 고르면?**

| 보기 |

ㄱ. 카페테리아식 복리후생이란 기업으로부터 일방적으로 제공되는 방식이 아닌 다양한 복리후생 항목 중 일정한 예산 아래에서 종업원이 자신의 필요에 맞는 항목을 선택하도록 하는 제도이다.
ㄴ. 의료보험, 고용보험, 산업재해보험, 국민연금은 우리나라의 법정 복리후생에 해당한다.
ㄷ. 임금피크제란 정년을 연장하는 대신 일정 시점의 최고 임금을 정하고 그 이후부터 임금을 감소시키는 제도이다.
ㄹ. 보상시스템을 설계하는 데 있어서 내부공정성이란 회사의 산업, 규모, 위치를 고려해 다른 기업과의 평균 임금을 비교하는 것이다.

① ㄱ, ㄴ　　② ㄱ, ㄴ, ㄷ　　③ ㄱ, ㄴ, ㄹ　　④ ㄱ, ㄴ, ㄷ, ㄹ

56 **다음은 (주)A의 X1년 손익계산서이다. (주)A의 X1년 손익 해석에 대한 설명으로 옳지 않은 것은?**

손익계산서

매출액	2,400만 원
매출원가	800만 원
판매비와 관리비(감가상각비 제외)	400만 원
감가상각비	200만 원
영업이익	1,000만 원
이자비용	200만 원
법인세비용차감전순이익	800만 원
법인세비용	320만 원
당기순이익	480만 원

① 영업현금흐름은 800만 원이다.
② 채권자의 현금흐름은 200만 원이다.
③ 유효 법인세율은 40%이다.
④ 이자비용의 절세효과로 인한 현금흐름은 80만 원이다.

57 **다음은 A사의 주식 관련 정보이다. A사에 대한 설명으로 옳지 않은 것은?**

- 주가수익비율(PER): 15배
- 발행주식 수: 1,000,000주
- 당기순이익: 2,000,000,000원
- 배당성향: 60%

① 1주당 주가는 30,000원이다.
② 시가총액은 300억 원이다.
③ 주당 배당금은 2,400원이다.
④ 배당수익률을 4%이다.

58 다음 [표]의 펀드 A~D 중 지배원리에 의해 채택될 가능성이 가장 낮은 펀드는?

[표]

구분	기대수익률(%)	개별 주식의 표준편차(%)
펀드 A	11	20
펀드 B	9	15
펀드 C	6	10
펀드 D	5	10

① 펀드 A ② 펀드 B ③ 펀드 C ④ 펀드 D

59 A기업의 매출액은 40만 원이고 세전 영업이익은 5만 원이다. A기업의 투하자본은 10만 원, 부채비율(B/S)은 100%이며 자기자본비용은 30%, 세전 타인자본비용은 20%, 법인세율은 50%일 때 A기업의 경제적 부가가치(EVA)는? (단, 주어진 조건만 고려한다)

① 5,000원 ② 2만 원 ③ 2만 5,000원 ④ 5만 원

60 **APT 모형(차익거래 가격결정이론)과 CAPM 모형(자본자산 가격결정모형)에 대한 설명으로 옳지 않은 것은?**

① APT 모형과 CAPM 모형은 별개의 모형이다.
② CAPM 모형은 시장포트폴리오가 필요하며, APT 모형에서는 시장포트폴리오의 존재를 가정하지 않는다.
③ APT 모형은 시장포트폴리오 외에 다양한 공통변수가 개별주식의 수익률에 영향을 준다고 주장한다.
④ APT 모형을 적용하기 위해 공통요인을 찾아야 하며, 이는 연구자마다 서로 다른 공통요인이 존재한다고 주장할 수 있다.

61 **자산의 수익률은 생산량 증가율과 이자율 변동률이라는 두 가지 요인에 의하여 결정되며, 두 가지 요인에 대한 정보가 다음 [표]와 같다. A주식에 대한 기대수익률이 20%였고, A주식의 수익률이 예상하지 못했던 소송의 패소로 인하여 2% 하락하였다고 할 때, A주식의 실제 수익률은?**

[표]

구분	민감도	기대치	실현치
생산량 증가율	1	5%	7%
이자율 변동률	1.2	8%	6%

① 14.2%　② 15.8%　③ 17.6%　④ 18.4%

62 **A회사는 확정급여제도를 채택하고 있으며, 관련 자료는 다음과 같다. 당기말 재무제표로 인식할 순확정급여부채로 옳은 것은?**

- 확정급여채무 계산 시 적용하는 할인율: 연 10%
- 기초 확정급여채무의 현재가치: 15,000원
- 기초 사외적립자산의 공정가치: 10,000원
- 당기근무원가: 3,000원
- 사외적립자산에 대한 기여금: 4,000원
- 퇴직급여 지급액(사외적립자산에서 지급): 2,000원
- 확정급여채무재측정손실: 1,000
- 사외적립자산 재측정이익: 1,200

① 4,300원 ② 4,000원 ③ 3,800원 ④ 3,500원

63 **A회사의 비교 재무상태표와 포괄손익계산서가 다음과 같을 때 이에 대한 설명으로 옳지 않은 것은? (단, 1년은 360일이라고 가정한다)**

1. 비교 재무상태표

	기초	기말
당좌자산(매출채권)	210,000원	270,000원
재고자산	270,000원	480,000원
비유동자산	420,000원	750,000원
자산총계	900,000원	1,500,000원

	기초	기말
유동부채	180,000원	300,000원
비유동부채	264,000원	600,000원
자본	456,000원	600,000원
부채와 자본총계	900,000원	1,500,000원

2. 비교 포괄손익계산서

계정	금액
매출액	480,000원
매출원가	375,000원
판매관리비	45,000원
영업이익	60,000원
이자비용	12,000원
당기순이익	48,000원

① 매출채권회전율은 2이다.
② 재고자산회전율은 1이다.
③ 이자보상비율은 5이다.
④ 정상영업주기는 180일이다.

64 다음 [손익계산서]에 근거할 때, 당해 기업의 영업현금흐름(OCF)과 기업잉여현금흐름(FCF)을 옳게 짝지은 것은? (단, 순운전자본은 전기말보다 7 증가하고 고정자산은 전기말보다 8 증가했다)

[손익계산서]

매출액	100
매출원가	(50)
감가상각비	(10)
영업이익	40
이자비용	(15)
법인세(세율 50%)	(12.5)
순이익	12.5

	영업현금흐름	기업잉여현금흐름
①	20	15
②	20	30
③	30	15
④	30	30

65 감사의견에 대한 설명으로 옳지 않은 것은?

① 적정의견은 재무제표가 회계기준에 따라 공정하게 작성되었으며, 중요한 왜곡 표시가 없음을 의미한다.

② 한정의견은 재무제표의 모든 항목에 대해 감사인이 제한된 증거만 확보한 경우에 표명된다.

③ 부적정의견은 재무제표 전반에 걸쳐 심각한 왜곡이 존재할 때 표명된다.

④ 의견거절은 감사인의 독립성이 심각하게 훼손된 경우에 표명된다.

66 **A회사는 X1년 초 건물이 있는 토지를 취득하고, 기존에 있던 건물을 철거하고 새로운 건물을 신축하였다. 토지와 건물에 관련된 정보가 다음과 같을 때, 이에 대한 설명으로 옳은 것은?**

- X1년 1월: 토지구입대금 1,200,000원
- X1년 1월: 토지 취득세 80,000원
- X1년 1월: 토지의 정지 및 측량비용 30,000원
- X1년 2월: 기존 건물 철거비용 280,000원
- X1년 3월: 건물 신축 허가비용 18,000원
- X1년 5월: 건물 설계 비용 260,000원
- X1년 7월: 건물 공사 비용 480,000원
- X1년 7월: 건물 건설 담당자의 인건비 500,000원

① 새로운 건물을 신축할 목적으로 취득한 토지에 대한 대가는 건물의 취득원가를 구성한다.
② 기존 건물의 철거비용인 280,000원은 신축 건물의 취득원가를 구성한다.
③ 건물 신축 허가비용, 건물 설계 비용, 건물 공사 비용은 모두 신축 건물의 취득원가를 구성한다.
④ 인건비 500,000원은 모두 발생시점에 비용으로 인식한다.

67 **다음은 합병 전 A기업(합병기업)과 B기업(피합병기업)의 시장가치가 표시된 재무상태표이다. A기업이 B기업을 흡수합병하여 그 대가로 A기업의 주주는 B기업의 주주에게 300억 원의 현금을 지급하려고 한다. 합병 후 A기업의 가치가 1,500억 원이 되는 경우 합병 시너지는?**

A기업의 재무상태표

자산	1,000억 원	부채	500억 원
		자기자본	500억 원

B기업의 재무상태표

자산	400억 원	부채	180억 원
		자기자본	220억 원

① 알 수 없다. ② 50억 원 ③ 100억 원 ④ 200억 원

68 **다음은 디지털세와 관련된 기사이다. 디지털세를 부과하게 된다면 발생할 현상으로 가장 적절한 것은?**

> **다국적기업, 디지털세 도입되면 한국에 세금 1,400억 원 더 내야...**
>
> 경제협력개발기구(OECD)가 추진하는 디지털세와 글로벌 최저한세 도입이 확정되면 다국적기업이 내는 법인세가 연간 최대 90조 원 늘어날 것이라는 분석이 나왔다. 한국 대기업도 일부 세 부담 증가가 불가피할 전망이다. 구글은 본사가 있는 미국에서만 주로 세금을 내고 해외에선 세금을 거의 안 낸다. 해외엔 물리적 실체가 있는 사업장이 없다는 이유에서다. 이런 문제를 해결하기 위해 추진하는 게 디지털세다. 본국에서 내는 세금을 줄이고 막대한 매출을 올리는 세계 각국에서 세금을 제대로 납부하게 하자는 것이다.
>
> 디지털세가 도입되면 구글과 애플이 우리나라에서 부담할 법인세가 크게 늘어나는 것으로 나타났다. 분석 결과 5개 기업 중 구글과 애플의 법인세가 452억 원과 1,778억 원씩 총 2,230억 원 증가할 것으로 추정됐다. 애플코리아와 구글코리아 감사보고서에 따르면 두 기업은 지난해 법인세 비용으로 각각 628억 원과 138억 원을 부담한 것으로 나타났다. 애플코리아는 지난해 우리나라에서 매출 7조 원을 올렸지만 상대적으로 낮은 법인세를 부담했다.

① 수요의 가격탄력성이 큰 경우 소비자 잉여가 크게 감소한다.
② 기업 간 경쟁이 심해질수록 조세부담이 소비자에 전가된다.
③ 법인세율이 낮은 국가는 디지털세에 대한 반박이 심할 것이다.
④ 글로벌 기업보다 국내기업의 부담이 커질 것이다.

69 다음 기사에서 설명하는 용어로 가장 적절한 것은?

> **금융사 생존, B2B 전략에 달려 있다 …**
>
> 중소기업, 프리랜서를 위해 디지털 금융서비스를 제공하는 스타트업 ○○이 천억 원대 규모의 투자금을 유치할 것이라고 발표했다. 이는 동종업계와 비교해서도 높게 가치 평가된 금액으로 많은 투자자들의 B2B 금융서비스에 대한 긍정적인 기대를 반영했다고 볼 수 있다. 이 기업은 2015년 처음 설립되었을 때 온라인 결제 시스템을 제공했으며 이후 정부로부터 결제기관으로 인정받아 사업을 더욱 확장했다. ○○은 카카오뱅크와 토스뱅크에 이어 사업을 공격적으로 확장시킬 계획이라고 밝혔다.
>
> 비대면 거래의 증가는 기존 은행의 폐업과 지점 축소를 야기했는데 특히 ○○은 디지털화를 통해 업무처리시간을 대폭 줄였다고 평가된다. 이 기업은 다른 은행에서 통용되는 계좌뿐만 아니라 웹과 앱을 적극적으로 활용한 금융 관리를 가능하게 했다는 장점이 있다. 전문가들은 향후 경제활동이 인터넷 기반의 플랫폼 서비스를 통한 거래의 증가가 이어질 것이라고 예상했다.

① 네오뱅크
② D2C(Direct-to-Consumer)
③ 클라우드 컴퓨팅
④ 핀테크

70 다음 글의 빈칸 ㉠에 들어갈 용어로 가장 적절한 것은?

> (㉠)은 블록체인 기술로 디지털화한 증권을 의미한다. 최근 금융당국이 새로운 형태의 증권 발행으로 수용하기로 하면서 정식 명명했다. 증권을 실물증권(종이)이 아닌 전자화된 방식으로 기재한다는 점에서 전자증권과 유사하지만, 금융회사가 중앙집권적으로 등록·관리하지 않고 탈중앙화된 분산원장 기술을 사용한다는 점에서 차별된다.

① 유틸리티증권
② 스테이블증권
③ 토큰증권
④ 스마트증권

71 다음 [정보]는 X재화에 대한 수요곡선과 공급곡선에 대한 자료이다. 주어진 [정보]에서 가격상한제가 존재한다고 할 때, 가격상한제가 존재하지 않을 때의 균형과 비교하여 감소한 사회적 잉여를 구하면?

[정보]

- X재화 수요곡선: Q=100−P
- X재화 공급곡선: Q=−20+P
- 가격상한제 적용 가격: 40

( )

72 A국과 B국이 각 재화 X재, Y재를 생산하기 위하여 필요한 노동의 양이 다음과 같을 때 두 나라 사이에 무역이 이루어질 수 있는 Px/Py의 범위는 A.B~C.D이다. A, B, C, D에 들어갈 숫자를 순서대로 나열하면?

구분	A국	B국
X재	2	2
Y재	5	10

( )

73 **A회사는 X1년 말 재고자산을 1,000원 과대계상하였고, X2년 말 재고자산을 3,000원 과소계상하였다. X2년 당기순이익은 5,000원으로 보고되었다. 이 재고 오류가 없었다면, 보고되었을 X2년 당기순이익은?**

( )원

74 **다음 [자료]는 A회사의 연말 재무정보이다. [자료]에 근거하여 A회사의 당기 포괄손익계산서에 보고될 당기순이익은 A만 원, 포괄이익은 B만 원이다. A, B에 들어갈 숫자를 순서대로 나열하면?**

[자료]

- 자산: 10만 원 증가
- 부채: 5만 원 증가
- 당기에 기타포괄손익 공정가치 측정 금융자산에서 1만 원의 평가손실이 발생했다.
- 회사는 당기 사업연도 중 2만 원의 신주를 액면발행했고, 사업연도 말에 5%의 주식배당을 결의했다.

( )

75 **A투자안의 현금흐름이 다음 자료와 같을 때 A투자안의 내부수익률(IRR)은?**

시점	0	1	2
현금흐름(원)	−100	12	112

( )%

기출복원
제1회
제2회
제3회

정답 및 해설

[정답 및 해설] PDF 제공

수험생들의 편리하고 스마트한 학습을 위해 교재 내 [정답 및 해설]을 PDF 파일로도 무료 제공해 드립니다. 로그인 후 이용하실 수 있습니다.

다운로드 바로가기

혼JOB 홈페이지
(honjob.co.kr)
→ 자료실
→ 학습자료실

혼JOB
IBK기업은행
기출복원＋실전모의고사

나만의 성장 엔진, 혼JOB | www.honjob.co.kr

기출복원 모의고사

제1회 실전모의고사

제2회 실전모의고사

제3회 실전모의고사

기출복원 모의고사

직업기초									
01	02	03	04	05	06	07	08	09	10
④	③	②	③	①	②	④	④	③	①
11	12	13	14	15	16	17	18	19	20
③	④	③	④	①	④	①	②	④	③
21	22	23	24	25	26	27	28	29	30
③	②	①	②	③	④	③	①	②	④
31	32	33	34	35	36	37	38	39	40
②	③	③	①	①	①	③	③	③	②

직무수행									
41	42	43	44	45	46	47	48	49	50
①	②	④	①	②	④	④	③	③	④
51	52	53	54	55	56	57	58	59	60
③	③	③	②	②	③	③	③	①	③
61	62	63	64	65	66	67	68	69	70
①	②	①	②	②	③	③	①	②	②
71	1122								
72	4								
73	35000								
74	115000, ㉡								
75	A기업: 40, B기업: 140								

직업기초

01

정답 ④

① (○) 데이터 독점 해소를 통해 공정한 경쟁의 장이 마련되어 다양한 개인 맞춤형 상품·서비스 경쟁이 가속화될 것으로 예상된다고 하였다.

② (○) 금융권 외 통신, 전자상거래 정보를 제공하고, 통합인증을 통해 고객의 편의성을 높인다고 하였다.

③ (○) '기대효과'에서 정기적 출금 거래, 대출 상환 스케줄 파악 및 소비자가 미리 지출관리, 상환 계획 세우기 용이하다고 하였다.

④ (X) 의료·교육 등 비금융 마이데이터 확대 시 성공적인 금융 마이데이터를 기반으로 혁신적 융복합서비스 창출로 이어질 전망이라고 하였다.

02

정답 ③

① (○) '기대효과'에서 각종 세금 체납 및 납세 현황, 건강보험료 납부 내역을 한 번에 조회 가능하다고 하였다.

② (○) '기대효과'에서 다양한 정보를 대신하여 소비자가 원하는 정보만을 선택하여 전송 요구 가능하다고 하였다.

③ (X) 마이데이터 서비스 출시 전 금융보안원이 마이데이터 서비스의 관련 법령 준수 여부, API 규격 적합성 등을 확인하는 기능적합성 심사를 통해 점검한다고 하였다.

④ (○) 마이데이터는 기업이 보유한 개인 데이터를 허락을 받

은 후 다른 기업이나 개인 등의 제3자에게 공유하는 역할을 하는 서비스라고 하였다.

03

정답 ②

① (○) 사용처의 사업주가 전자지갑을 개설하려면 은행 창구 방문을 통해 본인 확인 절차를 거쳐야 한다고 하였다.

② (×) 전자지갑을 개설하려는 이용자는 기존 은행의 모바일 앱을 통해 신청이 가능하다고 하였다. 이용자가 전자지갑을 개설하는 데 절차상 편의는 예상할 수 있으나 유리한 금리 조건으로 금융 거래가 가능한지 여부는 제시문에 나와 있지 않다.

③ (○) 제시문에서 이용자의 거래 정보 수집 시 관련 동의를 징구하는 등 법령의 원칙 및 규정에 반하지 않도록 개인정보·금융거래 정보 보호방안을 마련해야 한다고 하였으므로, 전자지갑 개설 및 이용에 있어 이용자의 거래 정보 제공과 관련된 별도의 동의가 필요할 것임을 알 수 있다.

④ (○) 현재 예금 토큰은 아직 법적 성격이나 규율이 명확하지 않아 금번 서비스를 통해 예금자 보호 적용을 위한 조건을 명확히 해야 한다고 하였다.

04

정답 ③

① (○) 제27조 제1항 제1호에 따르면 제5조 제2항을 위반하여 기준환율을 따르지 않는 경우 5년 이하의 징역 또는 5억 원 이하의 벌금에 처한다고 하였다.

② (○) 제27조 제1항 제5호에 따르면 제6조 제2항의 조치에 따른 허가를 받지 않는 경우 5년 이하의 징역 또는 5억 원 이하의 벌금에 처한다고 하였다.

③ (×) 제27조 제1항 제6호에 따르면 제10조 제2항을 위반하여 외국환업무를 한 경우 5년 이하의 징역 또는 5억 원 이하의 벌금에 처한다고 하였다. 하지만 위반행위의 목적물 가액의 3배가 5억 원을 초과하는 경우에는 그 벌금을 목적물 가액의 3배 이하로 한다고 하였으므로 C는 6억 원 이하의 벌금에 처한다.

④ (○) 제27조 제1항 제5호에 따르면 제6조 제2항의 조치에 따른 부정한 방법으로 허가를 받고 자본을 거래한 경우 5년 이하의 징역 또는 5억 원 이하의 벌금에 처한다고 하였다.

05

정답 ①

① (×) 제29조 제1항 제4호에 따르면 신고의무를 위반한 금액이 2만 달러 이상의 범위에서 대통령령으로 정한 금액을 초과하는 경우로 한정한다고 하였다.

② (○) 제29조 제1항에 따르면 1년 이하의 징역 또는 1억 원 이하의 벌금에 처한다고 하였다.

③ (○) 제30조에 따르면 제29조 제1항 각 호에 어느 하나에 해당하는 자가 해당 행위를 하여 취득한 증권은 모두 몰수하며, 몰수할 수 없다면 그 가액을 추징한다고 하였다.

④ (○) 제29조 제3항에 따르면 징역과 벌금은 병과할 수 있다고 하였다.

06

정답 ②

① (○) [그림]을 보면 금융감독원에 이첩된 비조치의견서와 관련하여 '금융위원회 법령해석 필요시, 금융위원회 규제개혁법무담당관에 법령해석을 요청'이라고 명시하고 있다.

② (×) [그림]을 보면 금융위원회 소관부서에서 법령해석 검토 후 작성한 회신문은 금융위원회 규제개혁담당관의 확인을 거쳐 신청인에게 회신된다.

③ (○) 2문단의 내용과 [그림]을 보면, 신청인이 요청한 법령해석·비조치의견서에 대해서는 접수 가능 여부를 검토하게 되는데, 요건을 충족하지 못한 경우 접수되지 않고 신청인에게 반려된다.

④ (○) 마지막 문단의 '비조치의견서는 제재 여부에 대한 의사결정을 대외적으로 표명하기 때문에 법적 불안 해소에 더 효과적이며, 금융회사 등이 향후 시행하려고 계획하는 행위에 대해 기존 법령으로는 적법 여부를 판단하기 어려운 경우 유용하다.'에 따르면 옳은 설명이다.

07

정답 ④

① (×) 평균 DSR 조정비율이 가장 낮은 업권은 '은행'이다.

② (×) 2022년 1월부터 제2금융권 차주단위 DSR 기준은 60%에서 50%로 강화된 기준이 적용된다.

③ (×) A는 규제지역 6억 원 이하 주택에 대한 주택담보대출이 있으며, 이는 2022년 1월 이전의 대출이므로 2022년 1월 차주단위 DSR 적용 대상에 해당하지 않는다.

④ (○) 2022년 1월 이전에 신용대출 5,000만 원, 주택담보대출 1억 3,000만 원을 대출한 B의 총대출액은 1억 8,000만 원이고, 2022년 2월에 신용대출 3,000만 원을 신규 신청한 경우 총대출액은 2억 1,000만 원이다. 즉, 총대출액이 2억 원을 초과하여 차주단위 DSR 적용 대상이 된다.

08

정답 ④

①, ② (○) 소득 외 상환재원이 인정되는 대출이므로 옳은 내용이다.

③ (○) 정책적 목적의 대출이므로 옳은 내용이다.
④ (X) 차주단위 DSR 적용 제외 대상이 되는 소액대출의 금액 기준은 300만 원 미만이므로 옳지 않다.

09

정답 ③

① (○) '2. 대출정보'에서 A대출의 금리는 최저 연 6.6%, 최고 연 8.9%, B대출의 금리는 연 2.9%라고 하였다.
② (○) '2. 대출정보'에서 A대출의 대출한도는 최대 20백만 원(2023년 12월 31일까지는 최대 25백만 원), B대출의 대출한도는 최대 20백만 원이라고 하였다.
③ (X) '3. 유의사항'에서 A대출은 보증기관 관련 대출로 휴일에 이자 상환이 불가하다고 하였지만, B대출은 휴일에 이자 상환 가능 여부를 알 수 없다.
④ (○) '2. 대출정보'에서 A대출의 계약기간은 3년 또는 5년, B대출의 계약기간은 5년 또는 10년이라고 하였다.

10

정답 ①

김○○는 만 39세 이하의 청년으로 중소기업 3개월 이상 재직 중이고 연소득 35백만 원 이하에 해당하므로 B대출을 받을 수 있다.

① (X) '1. 대출 대상'에서 정책서민금융상품을 6개월 이상 성실히 상환 중인 고객은 A대출의 대상 조건에 해당한다고 하였다.
② (○) '2. 대출정보'에서 B대출의 계약기간은 5년 또는 10년이라고 하였다.
③ (○) '3. 유의사항'에서 B대출의 경우 금융기관 신용정보관리대상 고객 및 당행 대출 부적격자는 대출이 제한될 수 있다고 하였다.
④ (○) '1. 대출 대상'에서 B대출은 당행 및 타 금융기관 대출이 없어야 하며, 은행 내부 신용등급 등 기준을 충족하지 못할 경우 상품 가입이 제한될 수 있다고 하였다.

11

정답 ③

20X6년 중형 조선사 목표 수주액을 기준으로 [보도자료]의 20X6년 1~7월 우리나라 조선사 수주액에 나타난 각 중형 조선사별 수주액 달성률은 D조선이 14/20×10=70%, E조선이 5/10×100=50%, F조선이 2/5×100=40%, G중공업이 4/8×100=50%이다. 중형 조선사별 20X6년 1~7월 수주액을 기준으로 달성률을 가중평균하여 수주액 달성률을 구하라고 하였으므로, 20X6년 7월 말 기준 중형 조선사의 수주액 달성률은 다음과 같다.

$$\frac{(70\%\times14)+(50\%\times5)+(40\%\times2)+(50\%\times4)}{14+5+2+4}\times100=$$

60.4%

따라서 20X6년 7월 말 기준 중형 조선사의 수주액 달성률은 60.4%이다.

12

정답 ④

① (○) 1유로 매수 시 수수료는 1,355.4×(1.97/100)≒26.7원이므로 1유로 매수 시 1,355.4+26.7=1,382.1원이다.
② (○) 500엔 송금받는 경우 수수료는 5×962.1×(0.98/100)≒47.1원이다.
③ (○) 송금과 매수, 매도 스프레드 차이는 다음과 같다.

구분	송금과 매수, 매도 스프레드 차이
미국(1달러)	1.75−0.97=0.78%p
중국(1위안)	5.00−1.00=4.00%p
유럽(1유로)	1.97−1.00=0.97%p
일본(100엔)	1.75−0.98=0.77%p
스웨덴(1크로나)	2.45−1.00=1.45%p

④ (X) 30위안과 40크로나를 원화로 환전 시 수수료는 각각 다음과 같다.
- 30위안: 30×[182.4−{182.4×(5.00/100)}]≒5,199원
- 40크로나: 40×[121.3−{121.3×(2.45/100)}]≒4,732원

13

정답 ③

6달러 송금, 14크로나 환전 시 비용은 각각 다음과 같다.
- 6달러 송금: 6×[1,275.5+{1,275.5×(0.97/100)×(100−90)/100}]≒7,660.2원
- 14크로나 환전: 14×[121.3+{121.3×(2.45/100)×(100−90)/100}]≒1,702.4원

따라서 총비용은 7,660.2+1,702.4=9,362.6원이다.

14

정답 ④

① (X) 2022년의 전년 대비 증가율은 (2,365.8−2,172)/2,172≒8.9%, 2023년의 전년 대비 증가율은 (2,587.7−2,365.8)/2,365.8≒9.4%이다. 따라서 2023년이 더 크다.
② (X) 선불전자지급수단의 2023년 일평균 이용금액은 1조 35억 원으로, 1조 2,266억 원인 전자지급결제대행에 비해 적다.
③ (X) 선불전자지급수단은 2021년 이용건수가 제시되지 않았기 때문에 비교할 수 없다. 제시된 자료는 2022년 대비 2023년의 증가율이다.

④ (○) 전자지급결제대행(PG) 서비스별 이용건수 1건당 이용금액은 다음과 같다.

구분	2021년	2022년	2023년
신용카드	7,444.7/1,786.1 ≒4.2만 원	8,577.3/1,957.8 ≒4.4만 원	9,610/2,126.6 ≒4.5만 원
가상계좌	825.8/68 ≒12.1만 원	1,050.2/69 ≒15.2만 원	1,561.4/77.9 ≒20.0만 원
계좌이체	574.3/149.3 ≒3.9만 원	640/168.5 ≒3.8만 원	779.2/192.6 ≒4.1만 원
기타	203.3/168.5 ≒1.2만 원	261/170.5 ≒1.5만 원	315.9/190.7 ≒1.7만 원

따라서 매년 과소비를 가장 조장하는 서비스 방식은 가상계좌임을 알 수 있다.

15

정답 ①

① (○) 2023년 전체 이용건수에서 신용카드 이용건수가 차지하는 비중은 2,126.6/2,587.7×100≒82.2%이고, 가상계좌는 77.9/2,587.7×100≒3.0%, 계좌이체와 기타는 이용건수가 각각 192.6, 190.7로 유사하며 구성비 역시 약 7.4%로 유사하다.

② (×) 제시된 자료는 연도별 전자지급결제대행 서비스 이용금액이다. 이용건수와는 차이가 많이 난다.

③ (×) 제시된 자료는 신용카드의 연도별 이용건수 1건당 이용금액이다. 2021년은 7,444.7/1,786.1≒4.2만 원, 2022년은 8,577.3/1,957.8≒4.4만 원, 2023년은 9,610.0/2,126.6≒4.5만 원이다. 필요한 자료는 가상계좌이고, 가상계좌의 연도별 이용건수 1건당 이용금액은 2021년 825.8/68.0≒12.1만 원, 2022년은 1,050.2/69.0≒15.2만 원, 2023년은 1,561.4/77.9≒20.0만 원이다.

④ (×) 신용카드 및 계좌이체 이용건수의 합은 2021년에 1,786.1+149.3=1,935.4만 건, 2022년에 1,957.8+168.5=2,126.3만 건, 2023년에 2,126.6+192.6=2,319.2만 건이다. 제시된 그래프는 신용카드 및 가상계좌 이용건수의 합이다.

16

정답 ④

[상황]에서 김 과장은 확정기여형으로 퇴직연금을 받는다고 하였다. 제시문에 따르면 확정기여형은 기업이 매년 연간 임금총액의 1/12 이상(통상 1/12)을 적립하고, 근로자가 이 적립금을 직접 운용하는 방식으로, 근로자의 운용손익이 반영되어 차등된 퇴직연금을 받게 되는 제도이다. A기업은 근로자의 연간 임금총액의 1/12을 금융회사에 적립한다고 하였으므로, 김 과장이 받게 되는 퇴직연금은 5년 동안의 매년 임금총액의 1/12을 더한 금액에 김 과장이 직접 운용한 운용손익이 반영된 액수이다. 이를 계산식으로 표현하면 다음과 같다.

김 과장의 퇴직연금=(300만 원+320만 원+340만 원+360만 원+380만 원)±김 과장의 운용손익금

17

정답 ①

① (×) 간편 결제 일 평균 이용건수 1건당 이용금액은 2021년에 6,065/2,081≒2.9만 원, 2022년에 7,326/2,342≒3.1만 원이다.

② (○) 2023년 간편 송금 일 평균 이용건수가 전년 대비 90% 증가했다면, 2023년 간편 송금 일 평균 이용건수는 1,078×1.9=2,048.2만 건이다.

③ (○) 2017~2022년 동안 매년 간편 결제 일 평균 이용건수와 간편 송금 일 평균 이용건수는 전년 대비 증가했다.

④ (○) 2021년 간편 결제 일 평균 이용건수는 2016년 대비 (2,081−210)/210×100≒891.0% 증가했다.

18

정답 ②

① (○) 주택을 상속으로 취득한 경우는 대출이 불가능하다고 하였다.

② (×) 만 30세 미만 단독세대주와 미혼세대주는 일부 경우를 제외하고 대출이 불가능하다고 하였다.

③ (○) 소유권이전등기를 한 경우에는 이전등기 접수일로부터 3개월 이내까지 신청해야 한다고 하였다.

④ (○) 부부합산 연 소득이 8,000만 원이고, 대출기간이 20년인 경우 대출금리는 연 3.20%이고, 추가 우대금리는 청약(종합)저축 연 0.3%p이므로 대출금리는 최대 연 2.9%이다.

19

정답 ④

① (×) 단독세대주는 대출 제외되지만 민법상 미성년인 형제 중 1인 이상과 동일세대를 구성하고 주민등록등본상 부양기간이 계속해서 6개월 이상인 경우 가능하다고 하였다.

② (×) 혼인관계증명서상 신청인과 그의 현재 배우자와의 혼인기간이 7년 이내인 경우에 대출 신청이 가능하다고 하였다.

③ (×) 수도권을 제외한 도시지역이 아닌 읍 또는 면 지역의 경우 주거 전용면적 $100m^2$ 이하 주택에 한하여 대출 신청이 가능하다고 하였다.

④ (○) 주택도시기금대출 및 은행재원 주택담보대출 미이용자에 한하여 대출 신청이 가능하다고 하였다.

20

정답 ③

2자녀 이상 가구일 경우 최고 3.1억 원 이내로 대출을 받을 수 있으며 대출금액은 [(담보주택 평가액×LTV)−선순위채권−임대보증금 및 최우선 변제 소액 임차보증금]이므로 A가 구매할 수 있는 최대 평가액은 (3.1+1.8)/0.8=6.125억 원이다. 하지만 대출 신청일 현재 담보주택의 평가액이 6억 원 이하여야 한다고 하였으므로 A가 구매할 수 있는 주택의 최대 평가액은 6억 원이다.

21

정답 ③

① (○) '10. 유의사항'에서 외화현찰로 입출금하는 경우 수수료가 부과될 수 있다고 하였다.

② (○) '1. 상품특징 1)'에서 초·중·고등학생 명의의 계좌 개설 시 0.2%p의 우대금리를 받을 수 있다고 하였다.

③ (×) '6. 금리'에서 가입기간이 4개월, 7월 21일 기준 예치통화가 EUR인 경우의 금리는 2.8%라고 하였다. '7. 중도 해지 금리'에서 분할 인출 외의 사유로 기간이 4개월인 경우 중도 해지 금리는 약정금리의 4/10라고 하였으므로 2.8×0.4=1.12%이다.

④ (○) '9. 부가서비스 3)'에서 납입금 자동이체 시 환율 우대를 받을 수 있다고 하였다.

22

정답 ②

'9. 부가서비스'에서 해외 송금수수료를 50% 우대받을 수 있는 사람은 최근 3개월 월평균 적립액이 5만 USD 이상이어야 한다고 하였다. A~D의 최근 3개월 월평균 적립액은 다음과 같다.

- A: (7+2+3)/3=4만 USD
- B: (10+3+5)/3=6만 USD
- C: (7+2+4.5)/3=4.5만 USD
- D: (4+1+4)/3=3만 USD

따라서 최근 3개월 월평균 적립액이 6만 USD인 B는 해외 송금수수료를 50% 우대받을 수 있다.

23

정답 ①

① (○) '배정방식'에서 청약 총액이 발행한도 이내일 경우 청약액 전액을, 발행한도를 초과할 경우 300만 원(기준금액)까지 일괄배정한다고 하였다.

② (×) '청약 신청방법'에서 연간 매입한도는 1인당 연간 최대 1억 원이라고 하였다.

③ (×) '청약 기간'에서 청약 기간은 매 영업일이라고 하였으며, 10월 13일은 일요일이므로 영업일에 해당하지 않는다.

④ (×) '배정방식'에서 청약 총액이 발행한도 이내일 경우 청약액 전액을, 발행한도를 초과한 경우 기준금액까지 일괄배정 후 잔여물량은 청약액 비례배정이라고 하였다.

24

정답 ②

[상황]에서 신청인 B는 10월 국채 20년물 3,000만 원을 청약 신청하였다. B는 청약기간을 적합하게 지켜 신청하였으며, 국채 20년물 발행한도도 월간 총 발행한도를 준수하며 400억 원에서 500억 원으로 늘어 청약 총액과 같아졌으므로 B는 3,000만 원 전액 배정받을 수 있다. 이때 B는 지난 8월에 이미 9,000만 원을 매입하였으므로, 연간 매입한도 1억 원에 의해 최대 1,000만 원을 매입할 수 있다.

25

정답 ③

① (×) '지원대상'에서 가계대출 중 담보대출은 제외라고 하였다.

② (×) '지원대상'에서 가계생계비를 차감한 월 소득이 월 채무상환액보다 적은 경우라고 하였으나 B는 200−132=68만 원으로 월 채무상환액보다 많으므로 제외된다.

③ (○) C는 2020년 2월 이후 일감상실로 소득 감소, 가계생계비를 차감한 월 소득인 400−290=110만 원이 월 채무상환액인 250만 원보다 적으며, 연체 발생 직전인 자에 해당하므로 지원받을 수 있다.

④ (×) '유의사항'에서 이미 3개월 미만의 단기연체가 발생한 경우 연체로 인한 미납금을 우선 상환해야 지원받을 수 있다고 하였다.

26

정답 ④

① (×) '지원대상'에서 법인은 제외된다고 하였다.

② (×) '지원대상'에서 3개월 미만의 단기 연체가 발생한 자라고 하였다.

③ (×) '유의사항'에서 원금 상환예정일이 1개월 미만 남은 경우에만 신청이 가능하다고 하였다.

④ (○) '지원 내용'에서 프리워크아웃 특례를 통해 이미 1년간 상환유예한 채무자도 재신청 가능하다고 하였다.

27

정답 ③

- 택시 이용 시
  - 소요시간: 본사 출입으로 5분, 본사에서 A서점까지 8km를 60km/h의 택시로 이동하여 8분$(=\frac{8}{60})$이 소요된다.

따라서 소요시간은 5+8=13분이다.
- 비용: 택시 이동 시 3km까지 4,000원이고 이후 1km당 500원이 추가되므로 4,000+(8−3)×500=6,500원이다.

• 지하철 이용 시
- 소요시간: 본사 출입으로 5분, 본사에서 A서점까지 3+5+3=11정거장을 이동하며 시청에서 환승 1회, 승·하차를 각 1회씩 하므로 (11×2)+3+(2×2)=29분이 소요된다. 따라서 소요시간은 5+29=34분이다.
- 비용: 지하철 이동 시 7정거장까지 1,400원이고 이후 5정거장당 50원이 추가되므로 1,400+50=1,450원이다. 백 사원이 7정거장 이후 4정거장을 이동할 때 5정거장당 비용이 추가됨을 유의하자.

따라서 택시를 이용할 때와 지하철을 이용할 때의 소요시간 차이는 34−13=21분, 비용 차이는 6,500−1,450=5,050원이다.

28

정답 ①

• 본사 → B서점 도서 배달
- 본사를 나가는 데 5분
- 지하철: 12정거장을 이동하며 시청에서 환승 1회, 승·하차를 각 1회씩 하므로 (12×2)+3+(2×2)=31분
- B서점에 도서를 배달하는 데 10분

따라서 본사 → B서점 도서 배달까지 5+31+10=46분이 소요된다.

• B서점 → C서점 도서 배달
- 지하철: 15정거장을 이동하며 시청에서 환승 1회, 승·하차를 각 1회씩 하므로 (15×2)+3+(2×2)=37분
- C서점에 도서를 배달하는 데 10분

따라서 B서점 → C서점 도서 배달까지 37+10=47분이 소요된다.

• C서점 → 본사
- 지하철: 9정거장을 이동하며 승·하차를 각 1회씩 하므로 (9×2)+(2×2)=22분
- 본사로 들어가는 데 5분

따라서 C서점 → 본사까지 22+5=27분이 소요된다.

위 내용을 종합해 보면, 본사에서 9시에 출발하여 2시간(=46+47+27) 후인 11시에 다시 본사에 출입한다.

29

정답 ②

배송차량은 모든 구간에서 일정한 속력으로 이동한다고 하였으므로, 이동 거리가 가장 짧은 경로가 소요 시간이 가장 짧은 경로이다. 가능한 경로의 수는 6가지이고, 각 경로의 거리를 구하면 다음과 같다.

[경로 1] 본사 → A창고 → X → Y → Z → A창고 → 본사: 47km

[경로 2] 본사 → A창고 → X → Z → Y → A창고 → 본사: 53km

[경로 3] 본사 → A창고 → Y → X → Z → A창고 → 본사: 50km

[경로 4] 본사 → A창고 → Y → Z → X → A창고 → 본사: 53km

[경로 5] 본사 → A창고 → Z → X → Y → A창고 → 본사: 50km

[경로 6] 본사 → A창고 → Z → Y → X → A창고 → 본사: 47km

거리가 가장 짧은 경로는 거리가 47km인 [경로 1], [경로 6]이다. 배송차량은 모든 구간에서 시속 60km의 속력으로 이동하므로, 47km를 이동하는 데 걸리는 시간은 47분이다.

30

정답 ④

가능한 경로의 수는 6가지이고, 각 경로의 거리를 구하면 다음과 같다.

[경로 1] 본사 → B창고 → S → T → U → B창고 → 본사: 48km

[경로 2] 본사 → B창고 → S → U → T → B창고 → 본사: 50km

[경로 3] 본사 → B창고 → T → S → U → B창고 → 본사: 58km

[경로 4] 본사 → B창고 → T → U → S → B창고 → 본사: 50km

[경로 5] 본사 → B창고 → U → S → T → B창고 → 본사: 58km

[경로 6] 본사 → B창고 → U → T → S → B창고 → 본사: 48km

다음으로, 각 경로를 이동하는 데 소요되는 비용(주유비+터널 이용비)을 계산하면 다음과 같다.

구분	주유비	터널 이용비	총합
[경로 1], [경로 6]	48×200=9,600원	2,500원	12,100원
[경로 2], [경로 4]	50×200=10,000원	2,500원	12,500원
[경로 3], [경로 5]	58×200=11,600원	−	11,600원

따라서 乙이 납품 업무를 하고 돌아오는 데 소요되는 최소 비용은 11,600원이다.

31

정답 ②

- 甲: 'Y → Z' 또는 'Z → Y' 구간을 이용할 수 없으므로, '본사 → A창고 → Y → X → Z → A창고 → 본사' 또는 '본사 → A창고 → Z → X → Y → A창고 → 본사' 경로를 이용할 수 있다. 이때의 이동 거리는 50km이고, 이동하는 데 걸리는 시간은 50분이다.
- 乙: 이동 거리가 가장 짧은 경로는 '본사 → B창고 → S → T → U → B창고 → 본사' 또는 '본사 → B창고 → U → T → S → B창고 → 본사'이다. 이때의 이동 거리는 48km이고, 이동하는 데 걸리는 시간은 48분이다.

따라서 甲과 乙의 최단 시간 차이는 2분이다.

32

정답 ③

각 항목별 가중치를 반영하여 평가점수와 성과등급을 산출해 보면 다음과 같다.

구분	영업 실적	업무 지식	고객 응대	근태	평가 점수	성과 등급
김 부장	30	16	14	5	65	B등급
남 차장	35	20	18	8	81	A등급
박 과장	45	8	14	9	76	B등급
이 대리	50	12	18	10	90	S등급
최 주임	15	10	18	9	52	C등급

갑 영업점 직원들이 부여받은 성과등급은 S등급 1명, A등급 1명, B등급 2명, C등급 1명으로, B등급이 가장 많다.

33

정답 ③

월 기본급에 성과급 지급률을 곱하여 성과급 지급액을 산출해 보면 다음과 같다.

구분	월 기본급	성과등급	성과급 지급률	성과급 지급액
김 부장	500만 원	B등급	0.4	200만 원
남 차장	420만 원	A등급	0.7	294만 원
박 과장	340만 원	B등급	0.4	136만 원
이 대리	260만 원	S등급	1.0	260만 원
최 주임	200만 원	C등급	0.1	20만 원

따라서 성과급 지급액이 가장 많은 사람은 294만 원인 남 차장이고, 가장 적은 사람은 20만 원인 최 주임이다. 이 둘의 지급액 차이는 294만 원−20만 원=274만 원이다.

34

정답 ①

C의 학교성적은 10점 미만이므로 선발에서 제외된다. C를 제외한 지원자의 총점은 다음과 같다.

구분	A	B	D	E	F	G
학교 성적	20×0.3 =6	14×0.3 =4.2	12×0.3 =3.6	26×0.3 =7.8	15×0.3 =4.5	15×0.3 =4.5
리더십 활동	16×0.2 =3.2	19×0.2 =3.8	16×0.2 =3.2	16×0.2 =3.2	10×0.2 =2	14×0.2 =2.8
지역 사회 봉사활동	17×0.1 =1.7	13×0.1 =1.3	16×0.1 =1.6	12×0.1 =1.2	11×0.1 =1.1	19×0.1 =1.9
국내외 수상 경력	13×0.2 =2.6	11×0.2 =2.2	15×0.2 =3	14×0.2 =2.8	7×0.2 =1.4	8×0.2 =1.6
국제 행사 참가 경력	9×0.1 =0.9	7×0.1 =0.7	10×0.1 =1	6×0.1 =0.6	5×0.1 =0.5	7×0.1 =0.7
외국어 능력	5×0.1 =0.5	3×0.1 =0.3	4×0.1 =0.4	2×0.1 =0.2	3×0.1 =0.3	5×0.1 =0.5
가점	3	0	2	0	0	3
총점	17.9	12.5	14.8	15.8	9.8	15

총점이 가장 높은 A와 두 번째로 높은 E가 선발된다.

35

정답 ①

C의 학교성적은 10점 미만이므로 선발에서 제외된다. C를 제외한 지원자의 총점은 다음과 같다.

구분	A	B	D	E	F	G
학교 성적	20×0.3 =6	14×0.3 =4.2	12×0.3 =3.6	26×0.3 =7.8	15×0.3 =4.5	15×0.3 =4.5
리더십 활동	16×0.2 =3.2	19×0.2 =3.8	16×0.2 =3.2	16×0.2 =3.2	10×0.2 =2	14×0.2 =2.8
지역 사회 봉사활동	17×0.1 =1.7	13×0.1 =1.3	16×0.1 =1.6	12×0.1 =1.2	11×0.1 =1.1	19×0.1 =1.9
국내외 수상 경력	13×0.2 =2.6	11×0.2 =2.2	15×0.2 =3	14×0.2 =2.8	7×0.2 =1.4	8×0.2 =1.6
국제 행사 참가 경력	9×0.1 =0.9	7×0.1 =0.7	10×0.1 =1	6×0.1 =0.6	5×0.1 =0.5	7×0.1 =0.7
외국어 능력	5×0.1 =0.5	3×0.1 =0.3	4×0.1 =0.4	2×0.1 =0.2	3×0.1 =0.3	5×0.1 =0.5
가점	3	0	3	0	0	1
총점	17.9	12.5	15.8	15.8	9.8	13

총점이 가장 높은 A는 선발되고, D와 E는 총점이 15.8점으로 점수가 동일하다. 동점자 발생 시 리더십활동 점수가 높은 학생을 우선 선발한다고 하였는데, D와 E의 리더십활동 항목 점수가 16점으로 동일하므로 국제 행사 참가 경력 항목 점수가 더 높은 D가 선발된다.

36

정답 ①

A~D자동차의 총점은 다음과 같다.

구분	A자동차	B자동차	C자동차	D자동차
종류	3×0.15 =0.45	2×0.15 =0.3	4×0.15 =0.6	3×0.15 =0.45
가격	3×0.2 =0.6	1×0.2 =0.2	4×0.2 =0.8	2×0.2 =0.4
안전성	2×0.25 =0.5	4×0.25 =1.0	1×0.25 =0.25	3×0.25 =0.75
연비	3×0.1 =0.3	1×0.1 =0.1	4×0.1 =0.4	2×0.1 =0.2
월 유지비	4×0.3 =1.2	2×0.3 =0.6	3×0.3 =0.9	1×0.3 =0.3
총점	3.05점	2.2점	2.95점	2.1점

신입사원 P씨가 구매하는 자동차는 A자동차이다.

37

정답 ③

A~D자동차의 총점은 다음과 같다.

구분	A자동차	B자동차	C자동차	D자동차
종류	3×0.15 =0.45	2×0.15 =0.3	4×0.15 =0.6	3×0.15 =0.45
가격	3×0.2 =0.6	1×0.2 =0.2	4×0.2 =0.8	2×0.2 =0.4
안전성	2×0.25 =0.5	4×0.25 =1.0	1×0.25 =0.25	3×0.25 =0.75
연비	3×0.1 =0.3	1×0.1 =0.1	5×0.1 =0.5	2×0.1 =0.2
월 유지비	4×0.3 =1.2	2×0.3 =0.6	3×0.3 =0.9	1×0.3 =0.3
총점	3.05점	2.2점	3.05점	2.1점

A자동차와 C자동차는 총점이 3.05점으로 가장 높다. 총점이 동일한 경우 경형 자동차를 선정한다고 하였으므로 신입사원 P씨가 구매하는 자동차는 C자동차이다.

38

정답 ③

[상황]에 언급된 각 내용이 근속연수 산정에서 제외되는지 여부를 판단해야 한다.

- 수습사원 1년: "근속연수에는 수습기간과 견습기간 등이 포함되며"에 따라 ㈜개나리기업 근속연수에 합산된다.
- 육아휴직 1년: "육아휴직과 같은 법정 휴직 역시 근속연수에 넣어야 한다."에 따라 ㈜개나리기업 근속연수에 합산된다.
- ㈜개나리기업 해고, ㈜장미기업 고용: "형식적으로는 해고와 재고용이 이루어졌지만 실질적으로는 계속해서 근무한 것이므로 전후 기간을 합산하여 근속연수를 계산하여야 한다."에 따라 ㈜개나리기업에서의 근속연수가 ㈜장미기업의 근속연수에 합산된다.
- 간암 치료 휴직 2년: 개인적인 질병으로 인한 휴직을 근속연수에 포함하지 않는다는 규정은 없지만 보수를 지급하지 않은 휴직을 근속연수에 포함하지 않는다는 규정이 있으므로, ㈜장미기업 근속연수에서 제외된다.

A가 ㈜개나리기업에 입사한 시점부터 현재까지의 기간은 12년이다. 따라서 A가 ㈜장미기업에서 근무한 근속연수는 12년의 기간 중 보수를 지급받지 않은 2년의 휴직 기간이 제외된 10년이다.

39

정답 ③

김 대리가 올린 기안은 비정기 기획회의 개최 예고에 관한 것으로, 해당 업무는 B급 업무에 속한다. 또한 사내 마케팅팀의 협조를 받아 진행하는 업무이고, 기획부의 최고결재권자는 대표이사이다. 따라서 결재 순서는 '기안자(김 대리) → 대내 협력부서 부장(마케팅팀 부장) → 기획부 부장 → 대표이사'가 되어, 결재자는 모두 4명이다.

40

정답 ②

박 대리가 올리는 기안은 세부기획안 제안에 관한 것이므로 A급 업무이다. 또한 타 기업 개발부의 협력을 받아 진행하는 업무로, 기획부에서 독자적으로 진행하는 업무의 결재순서를 준용한다. 이때 타사 협력부서 부장인 T기업 개발부 부장은 결재자가 아닌 참조자에 해당한다. 즉, 결재문서 결재자는 '박 대리 → S기업 기획부 차장 → S기업 기획부 부장 → S기업 전무이사 → S기업 대표이사'가 된다.

직무수행

41

정답 ①

(A) 금리 인상: 경기 과열을 억제하기 위한 조치로, 중앙은행이 금리를 인상하면 대출 금리가 올라가고, 그 결과로 소비와 투자가 감소하게 된다. 이는 인플레이션을 억제하는 역할을 한다. 인플레이션이 높아질 때 금리 인상은 경제의 자금 흐름을 줄이기 위한 핵심 도구이다.

(B) 금리 인하: 경기 침체가 우려될 때, 중앙은행은 금리를 인하하여 대출 비용을 낮추고, 기업과 가계의 자금 조달을 쉽게 만들어 소비와 투자를 촉진하려는 정책을 취한다. 금리 인하는 경제를 활성화하는 주요 도구로 사용되며, 이는 경제 성장과 고용 증가를 목표로 한다.

42

정답 ②

① (O) 기사에서 ㉠의 견해는 인플레이션이 공급망 불안 해소로 둔화되고 있다는 것이다. 이는 총공급 회복이 인플레이션 둔화의 결정적 원인이라는 주장과 일치한다.

② (X) 기사에서 긴축적 통화정책(㉡)이 수요 억제와 인플레이션 둔화에 주된 역할을 하고 있다고 강조하고 있다. 따라서 소비 증가와 고용지표 개선의 주요 원인으로 작용했을 것이라는 견해는 긴축적 통화정책과는 반대되는 내용이라고 추론할 수 있다.

③ (O) 알리안츠 보고서에서 연준의 조치가 물가를 5%p 낮췄다고 언급했으므로, 연준의 조치가 없었다면 물가 하락은 1%p로 적을 수 있다는 추론이 가능하다.

④ (O) ㉠의 견해는 공급 측 요인이 주된 인플레이션 둔화 원인이라고 주장함에 따라, 금리정책은 수요나 고용에 급격한 영향을 미치지 않을 수 있음을 추론할 수 있다.

43

정답 ④

① (X) 맥주와 땅콩의 교차탄력성을 비교하면 알 수 있다. 맥주의 경우 땅콩(Y재) 가격이 상승하면 맥주 수요가 감소(−0.2)한다. 수요가 증가하면 대체재, 변화가 없으면 독립재, 감소하면 보완재이다. 땅콩의 경우, 맥주의 가격 상승에 따라 수요가 감소하였으므로 맥주와 땅콩은 보완재 관계에 있음을 알 수 있다.

② (X) 땅콩의 가격탄력성은 1보다 크다. 이는 가격 상승 시 수요가 더 크게 감소한다는 뜻이므로, 그 결과 판매 수입은 감소할 것이다. 만약 판매 수입 증가가 목적이라면 가격을 낮춰야 한다.

③ (X) 맥주 가격 1% 상승 시 수요량이 0.6% 감소한다.

④ (O) 소득 증가 시 수요가 감소했으므로 땅콩은 열등재이다.

44

정답 ①

제시문은 환율 하락(원화가치 상승)을 전망하고 있다.

① (X) 수출업자 입장에서는 환율이 하락하면 손해를 본다.

② (O) 달러를 갚기 위해 필요한 원화의 양이 상대적으로 줄어들기 때문에 달러 외채 상환 부담은 줄어든다.

③ (O) 원화 강세가 전망되는 만큼 원화의 달러 환전은 다소 늦추는 것이 바람직하다.

④ (O) 원화가치가 강세이므로 해외 유학 중인 자녀에게 용돈을 송금하는 부모의 부담은 줄어드는 것이 맞다.

45

정답 ②

[사례]는 짐바브웨의 인플레이션 급등에 따른 물가 관리 실패를 설명하고 있으며, 이는 통화정책의 독립성 확보(독자적 통화정책)가 불가능한 상태를 의미한다. 반면, 화폐가치가 안정적인 달러를 공식 화폐로 채택했으므로 안정적인 환율과 자본의 자유로운 이동은 달성한 상태이다. 따라서 통화정책의 독립성 확보와 관계가 없는 B가 적절하다.

46

정답 ④

① (O) (A)는 소비자물가지수(CPI)를 나타내며, 소비자물가지수에는 수입품 가격 변동도 포함된다.

② (O) 근원물가지수는 농산물과 석유제품 또는 식료품과 에너지의 가격 변동분을 제외하고 물가 흐름을 측정하는 지표로 옳은 설명이다.

③ (O) 근원물가지수(B)는 식료품과 에너지 등의 가격 변동성을 제외한 후, 장기적인 물가 흐름을 측정한다. 이는 단기적인 외부 요인에 의한 변동을 제거하여, 안정적인 경제지표를 파악하기 위함이다. 소비자물가지수(C)는 일반 소비자의 생계비 변화를 추적하는 물가지수로, 모든 품목(수입품 포함)의 가격 변동을 반영한다.

④ (X) (가)는 소비자물가지수에 해당하는 내용이다. 소비자물가지수는 품목별 가격 변동을 직접 조사하는 방식으로 계산되므로, 국내총생산 통계와는 관련이 없다. 대상 품목을 직접 조사하지 않고 국내총생산(GDP) 통계로부터 계산하는 방식은 GDP디플레이터에 해당하는 내용이다.

47

정답 ④

기대효용이론은 기본적으로 확률을 전제하기 때문에 기대치(제시문의 '기대소득'을 말한다)에 해당하는 효용을 확실한 수준의 소득(제시문의 '동일한 효용을 가져다주는 소득'을 말한다)으로 나타낼 수 있다. 이를 '확실성 등가'라고 한다. '위험 프리미엄'은 기대치와 확실성 등가의 차이로, 불확실한 기대치를 확실한 수준의 소득으로 교환할 때 지불할 용의가 있는 금액을 말한다.
따라서 (가)에 들어갈 용어는 '확실성 등가', (나)에 들어갈 용어는 '위험 프리미엄'이다.

48

정답 ③

[그림]의 (가)는 누진세, (나) 비례세에 해당한다.
①, ② (X) 누진세란 소득 증가 시 적용하는 세율이 높아지는 세금이다. 소득이 높을수록 적용 세율이 높기에 고소득자에게 세금이 많이 과세되어 소득 재분배 효과가 있다. 우리나라의 법인세와 소득세가 이에 해당한다.
③ (O), ④ (X) 비례세는 소득에 상관없이 동일한 세율을 적용하는 세금으로 부가가치세가 이에 해당한다. 소득과 상관없이 동일한 세율을 적용하기 때문에 소득이 낮은 사람과 소득이 높은 사람이 같은 세율을 적용한다는 점에서 조세의 역진성이 있다고 할 수 있다. 조세의 역진성이란 소득이 낮은 사람이 상대적으로 세금 부담을 많이 하는 것을 의미한다.

49

정답 ③

③ (O) 해외 법인의 현지 진출 시 해당 국가의 문화적 특성과 정서를 잘 이해하는 것이 제품의 디자인뿐만 아니라 성능, 마케팅과 홍보 그리고 법률적 대응 등 사업의 성공 및 성장에 도움이 되기 때문에 현지인 CEO를 선임한다.

50

정답 ④

A사의 전략은 다각화 전략에 해당한다. A사는 기존의 스마트폰 시장과는 다른 전기차라는 신제품을 해외 시장이라는 새로운 시장에 출시하려 하고 있다. 이는 다각화의 전형적인 예이다.
① (X) 시장침투 전략: 기존 제품을 기존 시장에 더 많이 판매하는 전략
② (X) 시장개발 전략: 기존 제품을 새로운 시장에 도입하는 전략
③ (X) 제품개발 전략: 기존 시장에 새로운 제품을 도입하는 전략
④ (O) 다각화 전략: 새로운 제품을 새로운 시장에 도입하는 전략

51

정답 ③

이 문제를 풀이하기 위해서는 I-R Grid 모델(Integration-Responsiveness framework)에 대해 알아야 한다. 이 모형에서는 표준화된 제품과 서비스를 추구하는 글로벌 통합과 현지 시장에 따라 이질적인 제품 또는 서비스를 제공하는 지역별 대응전략에 대해 설명한다.
① (X) 현지화 압력수준이 낮고 글로벌 통합 압력수준이 높은 경우 글로벌 전략을 채택해야 한다.
② (X) 글로벌 통합 압력수준과 현지화 압력수준이 모두 높은 경우 초국적 전략을 선택해 글로벌 통합 전략과 현지화 전략을 모두 추구해야 한다.
③ (O) 글로벌 통합 압력수준과 현지화 압력수준이 모두 낮은 경우 수출중심 전략을 선택할 수 있다.
④ (X) 글로벌 통합 압력수준이 낮고 현지화 압력수준이 높은 경우 국가별로 현지화 전략을 선택해야 한다.

52

정답 ③

① (X) 바이럴 마케팅: SNS 등의 인터넷 매체를 이용해 인터넷 이용자들이 자발적으로 홍보할 수 있도록 하는 마케팅 방식이다.
② (X) 넛지 마케팅: 소비자의 흥미와 관심을 유발해 스스로 상품을 선택할 수 있게 하는 마케팅 방식이다. 이에 대한 예로 나이키의 농구 골대 모양 휴지통이 있다.
③ (O) 밈 마케팅: 인터넷에서 급속도로 유행·확산되는 문화인 인터넷 밈을 이용한 마케팅 기법으로 기사의 '1일 1깡', '사딸라' 마케팅이 이에 해당한다.
④ (X) 코즈 마케팅: 사회적 문제 해결을 마케팅과 결합해 기업의 사익과 사회적 공익을 추구하는 마케팅 방식이다.

53

정답 ③

③ (O) C업체는 높은 성장률을 보이고 있는 e-Book 시장에서 상대적 시장점유율이 가장 낮은 곳에 위치하고 있다. 즉, 문제아(Question Mark)에 있다.

핵심만 콕 짚는 TIP

BCG 매트릭스

상대적 시장점유율과 시장성장률로 각 사업부를 평가하고 자원분배 의사결정에 활용되는 분석방법이다.

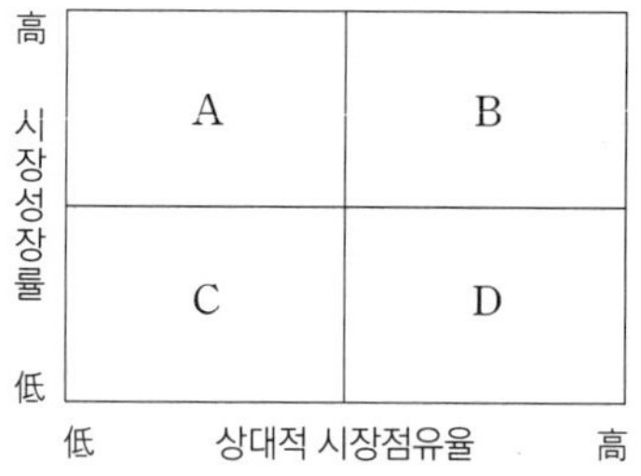

• A영역: 'Question Mark(문제아, 개발사업)'로 고성장에 따른 투자로 현금유출이 큰 사업의 초기 영역에 해당된다.
• B영역: 'Star(성장사업)'로 현금 유입과 현금유출이 모두 큰 영역이다.
• C영역: 'Dog(사양사업)'로 투자비용과 관계없이 수익이 낮거나 손실이 발생하는 영역이다.
• D영역: 'Cash Cow(수익수종사업)'로 이윤과 현금 흐름이 크기 때문에 안정화 전략을 추진하는 영역이다.

기업의 자원배분은 일반적으로 Cash Cow 사업에서 투자가 필요한 Question Mark 사업으로 투자되어 Star 사업으로 키우는 순환구조를 갖는다.

54

정답 ②

A업체는 가장 높은 시장점유율로 BCG 매트릭스상 Star(성장산업) 영역에 위치하고 있다.

① (X) Question Mark(개발사업) 영역에 해당되는 전략이다.
② (O) Star(성장산업) 영역에 해당되므로, 유입되는 현금을 높은 시장점유율 유지를 위해 투자하고 지출해야 한다.
③ (X) Dog(사양산업) 영역에 해당되는 전략이다.
④ (X) BCG 매트릭스 분석에 의해 판단하기 어려운 전략이다.

55

정답 ②

ㄱ. (X) 성과 결정 근거가 명확하지 않으므로 수단성이 감소한다.
ㄴ. (O) 사례와 같은 경우 직원들이 기대하는 보상인 성과급을 받기 어려워지므로 유의성이 감소한다.
ㄷ. (X) 기업이 성과 결정 수단인 EVA를 투명하게 공개한다면 유의성이 증가한다.

핵심만 콕 짚는 TIP

브룸의 기대이론

기대성(Expectancy), 수단성(Instrumentality), 유의성(Valence)에 의해 개인의 동기부여 정도가 결정되는 이론이다.

구분	정의	제고 방안
기대성	• 노력과 성과의 연계 • 노력하면 성과를 이룰 수 있다는 기대	• 교육, 훈련이나 재배치 등을 통한 개인의 능력과 기술을 개발 • 적절한 직무부여
수단성	• 성과와 보상의 연계 • 노력해서 성과를 이루면, 성과가 보상으로 이어질 수 있다는 기대	• 성과급 임금제 구축 • 공정한 인사평가
유의성	• 특정 보상에 대해 개인이 부여하는 가치 • 자신이 원하는 보상이 이루어질 때, 유의성 증가	카페테리아식 복리후생제도 등

56

정답 ③

• 영업활동: A사는 매출에서 신용거래 비중이 낮고, 영업이익이 높은 수준이다. 이는 현금으로 벌어들인 이익이 많다는 것을 유추할 수 있음에 따라 양(+)의 현금흐름이 발생한다.
• 투자활동: 공장 및 기계장치 취득을 위해 현금이 지출됨에 따라 음(−)의 현금흐름이 발생한다.
• 재무활동: 신규 차입을 통해 자금을 조달했으므로 현금이 유입됨에 따라 양(+)의 현금흐름이 발생한다.

57

정답 ③

① (O) 주식발행과 관련하여 직접적으로 발생한 신주발행비용은 주식의 발행금액에서 차감한다.
② (O) 액면가 1,000원의 보통주 100주 발행으로 자본금은 100,000원(=1,000원×100주) 증가한다.
③ (X) 주식발행초과금 잔액은 300,000(기초)+(3,000원−1,000원)×100주(유상증자)−20,000(주식발행비용)−100,000(주식할인발행차금)=380,000원이다.
④ (O) 유상증자를 통해 자본이 증가하면 부채 비율(=부채/자본)은 감소한다.

58

정답 ③

① (X) 문장 자체만으로는 옳은 내용이지만, 기사에 의사결정의 자율성에 대한 내용은 언급되어 있지 않다.
③ (O) 기사를 통해 사내유보금이 세금과 배당을 제외한 기업

내부에 잔존하는 잉여금임을 파악할 수 있다. 따라서 과세 후 재원에 다시 과세하는 것이 이중과세라는 설명은 기사에 따를 때 타당한 근거에 해당한다.

핵심만 콕 짚는 TIP

미환류소득

기업이 벌어들인 소득을 배당, 투자 등으로 지출하지 않고 현금 등으로 기업 내에 보유한 것을 의미한다. 2015년부터 각 사업연도 종료일에 자기자본이 500억 원을 초과하는 법인과 「독점규제 및 공정거래에 관한 법률」에 따른 상호출자제한기업집단에 속하는 법인의 미환류소득을 과세하고 있다.

59

정답 ①

① (X) A회사의 총 감가상각액=취득가 110억 원－잔존가치 10억 원=100억 원
B회사의 총 감가상각액=취득가 100억 원－잔존가치 0원=100억 원

② (O) B회사는 감가상각방법으로 정률법을 택한다. 정률법은 정액법보다 초기 상각액이 크다는 특징이 있다.

③ (O) A회사의 X2년 감가상각비=(110억 원－10억 원)/10년=10억 원

④ (O) B회사의 X2년 감가상각비=100억 원×(1－50%)×50%=25억 원

60

정답 ③

① (O) 유동비율=유동자산/유동부채=1,300/1,000=130%

② (O) 당좌비율=당좌자산/유동부채=(유동자산－재고자산)/유동부채=800/1,000=80%

③ (X) ROA(총자산 순이익률)=순이익/총자산=600/3,000=20%

④ (O) 매출총이익률=(매출－매출원가)/매출=(2,000－1,000)/2,000=50%

61

정답 ①

- 영업활동 현금흐름은 자재 구매로 인해 30,000원이 유출되었다.
- 투자활동 현금흐름은 건물 매각으로 50,000원이 유입되었고, 설비 구입으로 40,000원이 유출되어 총 10,000원이 유입되었다.
- 재무활동 현금흐름은 차입금 상환으로 20,000원이 유출되었으며, 배당금 지급으로 10,000원이 유출되어 총 30,000원이 유출되었다.

62

정답 ②

(6,600만 원×20%)/3+(6,600만 원×70%)/5+(6,600만 원×10%)/2=1,694만 원

핵심만 콕 짚는 TIP

매출원가율과 개별원가 공식

- 매출원가율=원가/매출액
- 개별원가=총수익금액×총수익 대비 개별제품 비율×개별 매출원가율

63

정답 ①

- 복권 Ⅰ 기대손익=－1만 원+1억 원×0.01%=0원
- 복권 Ⅱ 기대손익=－5,000원+5,000만 원×0.005%=－2,500원
- 복권 Ⅲ 기대손익=－3,000원+7,000만 원×0.008%=2,600원
- 투자자 A는 기대손익이 0원인 복권 Ⅰ과 기대손익이 2,600원인 복권 Ⅲ 중 기대손익이 더 큰 복권 Ⅲ를 선택했기 때문에 적어도 위험 선호적이 아니다.
- 투자자 B는 기대손익이 －2,500원인 복권 Ⅱ와 기대손익이 2,600원인 복권 Ⅲ 중 기대손익이 더 적은 복권 Ⅱ를 선택했다. 기대손익이 더 적고 당첨확률이 낮아 위험이 높은 복권 Ⅱ를 선택했기 때문에 위험 선호적이다.

64

정답 ②

① (O) 매출액은 95/100－1=5% 감소, 판매관리비는 17/20－1=15% 감소했다.

② (X) 매출총이익=매출－매출원가, 판매관리비는 매출총이익과 관련이 없으며 판매관리비 감소는 영업이익과 당기순이익 증가에 기여한다.

③ (O) 단기 영업이익 18×법인세율 50%=당기순이익 9, 전기 영업이익 20×법인세율 50%=당기순이익 10

④ (O) 매출이 감소했고 매출원가가 감소하지 않아 매출총이익이 전년보다 5 하락했지만, 판매관리비 또한 3 하락해 영업이익이 2 감소했으므로 옳은 내용이다.

65

정답 ②

① (○) 유형자산 재평가 시 해당 자산이 포함되는 유형자산 분류 전체를 동시에 재평가해야 한다.

② (×) 재평가로 인해 토지의 장부금액이 100억 원 증가했고, 기타포괄손익누계액 100억 원 증가분은 모두 토지 재평가로 인한 것이기 때문에 재평가 시 당기순이익에는 영향을 미치지 않는다.

③ (○) 재평가 시 자본총액이 100억 원 증가하므로 옳은 내용이다.

④ (○) 재평가 시 자산총액이 100억 원 증가하므로 옳은 내용이다.

66

정답 ③

① (○) 순자산가치(자본)=자산(25조 원)−부채(6조 원)=19조 원

② (○) 자산이 시장가치라고 가정했을 경우 자본=시가총액(37.5조 원)−부채(6조 원)=31.5조 원

③ (×) 주당 순이익(EPS)=당기순이익(3,000억 원)/주식 수(1억 5,000만 주)=2,000원
PER=주가(25만 원)/EPS(2,000원)=125

④ (○) 매출액 성장률=(4조 원−3조 원)/3조 원=33.33%, 영업이익 성장률=(7,000억 원−6,000억 원)/6,000억 원=16.67%

> **핵심만 콕 짚는 TIP**
>
> **주요 공식**
> - EPS(주당 순이익)=당기순이익/총 주식 수
> - PER(주가수익비율)=주가/EPS
> - BPS(주당순자산가치)=(총자산−부채)/총 주식 수
> - PBR(주가순자산비율)=주가/BPS

67

정답 ③

㉠에 들어갈 금융상품은 ETF(상장지수펀드)로, 특정 지수를 추종하는 인덱스 펀드를 거래소에 상장시켜 주식처럼 거래할 수 있도록 만든 펀드를 의미한다.

① (○) 소액으로 다양한 주식이나 채권 등 여러 종목에 분산 투자할 수 있어 위험 분산이 가능하다.

② (○) 액티브 펀드는 펀드매니저가 시장을 능동적으로 분석해 종목을 선택하는 방식으로 운용된다. 따라서 종목 선정과 관리에 많은 거래비용과 정보비용이 필요하다. 반면, ETF는 특정 지수를 추종하기 때문에 종목 선택이나 거래 빈도가 적고, 이를 통해 거래비용과 정보비용이 낮아진다.

③ (×) 유동성 공급자(Liquidity Provider)는 ETF가 활발히 거래될 수 있도록 시장에서 매수·매도 호가를 지속적으로 제공하는 역할을 한다. 이는 ETF가 항상 원활하게 거래되도록 하여 기초지수와 ETF의 가격 간 괴리가 생기지 않도록 돕는다. 따라서 ETF는 개별 주식보다 가격 조작의 가능성이 낮다.

④ (○) ETF는 개별 종목이 아닌 지수를 추종하기 때문에 개별 주가의 변동 위험은 낮으나, 기초지수 하락 시 손실이 발생할 수 있다.

68

정답 ①

(가)는 간접금융시장으로 금융기관이 자금을 받아 다시 자금 수요자에게 빌려주는 구조이고, (나)는 직접금융시장으로 자금 공급자와 자금 수요자가 직접적으로 거래하는 구조이다.

ㄱ. (○) 간접금융시장인 (가)에서는 금융기관이 자금을 중개하며, 금융기관이 중간에서 자금 공급자와 수요자 사이에서 리스크를 관리한다.

ㄴ. (○) 직접금융시장인 (나)에서는 자금 공급자가 금융기관의 중개 없이 자금을 직접 공급하므로 자금 공급자가 자금에 대한 책임을 직접 지게 된다.

ㄷ. (×) 간접금융시장인 (가)에서는 금융기관이 중개 역할을 하며, 금융기관이 자금을 공급하고 수요하는 과정에서 리스크를 관리하기 때문에 상대적으로 안전성이 더 높다. 반면, 직접금융시장인 (나)에서는 자금 공급자가 직접 자금을 공급하므로 리스크가 더 크다.

ㄹ. (×) 직접금융시장인 (나)에서는 자금 공급자가 직접적으로 자금을 빌려주므로, 일반적으로 더 높은 리스크를 감수하고 고수익을 기대할 수 있다. 반대로, 간접금융시장인 (가)에서는 금융기관이 중개 역할을 하므로 고수익보다는 안정성이 중시된다.

69

정답 ②

①, ③, ④ (○) 대주주 기준이 기존 10억 원에서 3억 원으로 하향 조정될 경우 세금 회피를 위해 개인 투자자의 대규모 매도가 이루어지고 주가 하락, 시장 변동성 확대, 외국인 투자자와의 역차별 문제, 부동산 가격 상승 등의 문제가 발생할 수 있다.

② (×) 대주주 요건 강화로 인해 유출된 증시 자금이 부동산 자금으로 몰려 집값이 상승해 부동산 시장의 불안정성이 커질 가능성이 있다.

70
정답 ②

미국 연방준비제도는 높은 인플레이션을 감수하고 저금리정책, 경기 회복에 주력하고 있다. 따라서 인플레이션 문제보다 고용문제, 경기 회복에 대해 더욱 중요하게 생각한다고 볼 수 있다. 또한 낮은 금리 정책으로 인해 저금리 대출을 활용한 주택 수요가 증가할 가능성이 있다.

71
정답 1122

이자율 평가설은 두 국가 간의 금리 차이가 선물환율에 반영된다는 이론으로 계산식은 다음과 같다.

$$선물환율=현물환율\times\frac{(1+국내이자율)}{(1+외국이자율)}=1{,}100\times\frac{(1+0.04)}{(1+0.02)}$$

$=1{,}121.6$

따라서 소수점 아래 첫째 자리에서 반올림하면 선물환율은 1,122원이다.

72
정답 4

브레튼우즈체제는 달러화를 기축통화로 하는 고정환율제도로 IMF(국제통화기금)에 의해 운영되었다. 해당 체제에서는 달러화는 금과 언제든지 교환될 수 있도록 하고 다른 나라의 화폐와 달러화의 교환 비율을 고정했다는 특징이 있다.

닉슨쇼크는 미국의 경제 악화로 달러에 대한 불신이 높아지자 다른 나라들이 달러를 금으로 바꾸려고 했고 그 이후 미국이 금태환 정지를 선언한 사건으로 이로 인해 브레튼우즈체제가 종료되었다.

73
정답 35000

해당 거래를 분개로 나타내면 아래와 같다.

취득	기계장치	150,000/현금	150,000
감가상각	감가상각비	7,000/감가상각누계액	7,000
유형자산 처분	현금	A/기계장치	50,000
	감가상각누계액	10,000/	
	유형자산처분손실	5,000/	

유형자산 취득과 감가상각 고려 시 처분으로 인한 기계장치와 감가상각누계액 변화는 아래와 같이 구한다.

당기 기계장치 증가액(100,000)=취득(150,000)−처분으로 인한 감소(50,000)

당기 감가상각 누계액 감소(−3,000)=감가상각으로 인한 증가 (7,000)−처분으로 인한 감소(10,000)

따라서 기계장치 처분으로 인한 현금유입액은 50,000−10,000−5,000=35,000원이다.

74
정답 115000, ㉡

투자활동으로 인한 현금흐름은 장기성 자산과 기타 투자자산의 취득과 처분에 의한 현금흐름이다. 따라서 주어진 문제에서 기계장치로 인한 순현금흐름을 구하면 된다.

기계장치의 취득과 처분 거래의 분개는 아래와 같다.

취득	기계장치	150,000/현금	150,000
유형자산 처분	현금	35,000/기계장치	50,000
	감가상각누계액	10,000/	
	유형자산처분손실	5,000/	

투자활동 현금흐름=−150,000(취득으로 인한 현금유출)+35,000(처분으로 인한 유입)=−115,000(유출)

75
정답 A기업: 40, B기업: 140

리스크 프리미엄(%)은 자산 수익률−무위험 수익률로 구한다.

구분	A기업	B기업
기대 가격	0.5×20,000원 +0.5×10,000원 =15,000원	0.5×4,000원 +0.5×1,000원 =2,500원
기대 수익률	(15,000원−10,000원)/10,000원=50%	(2,500원−1,000원)/1,000원=150%
리스크 프리미엄 (RP)	50%−10%=40%	150%−10%=140%

제1회 실전모의고사

직업기초									
01	02	03	04	05	06	07	08	09	10
③	④	②	①	②	②	③	①	④	②
11	12	13	14	15	16	17	18	19	20
③	②	②	③	①	③	④	②	③	①
21	22	23	24	25	26	27	28	29	30
④	③	②	①	④	②	①	③	①	②
31	32	33	34	35	36	37	38	39	40
③	②	①	③	②	①	④	①	①	②

직무수행									
41	42	43	44	45	46	47	48	49	50
②	①	④	②	④	③	①	③	①	④
51	52	53	54	55	56	57	58	59	60
②	③	②	③	④	①	③	③	④	③
61	62	63	64	65	66	67	68	69	70
②	④	④	②	③	②	②	②	①	①
71	50								
72	②, ④								
73	1500								
74	8000								
75	20								

직업기초

01

정답 ③

[가]: 고금리, 고물가, 고환율 현상에 따른 중소기업의 부담을 완화할 수 있도록 지원한다는 내용이다. 따라서 [가]의 소제목으로 '3고(금리, 물가, 환율 高) 현상 대응'이 가장 적절하다.

[나]: 경제 환경 변화에 대응하고 미래혁신산업 분야에 경쟁력을 확보할 수 있도록 관련 분야에 우대 자금 및 프로그램을 지원한다고 하였다. 따라서 [나]의 소제목으로 '혁신 기업 성장 지원'이 가장 적절하다.

[다]: 신용위험등급 B 또는 C 등급 기업 등의 재기를 위한 신규자금 지원을 확대한다고 하였다. 따라서 [다]의 소제목으로 '취약 기업 재기 지원'이 가장 적절하다.

[라]: 제시된 표는 신용위험등급에 따른 맞춤 지원 제도를 설명하고 있다. 따라서 [라]의 소제목으로 '신용위험등급에 따른 맞춤형 지원'이 가장 적절하다.

02

정답 ④

① (○) 납품단가연동제를 실시하는 위탁기업에 특례 대출을 공급하여 납품단가연동제의 확산을 유도함으로써 원자재 가격 및 인건비 상승에 따른 기업의 비용부담을 줄이는 데 도움을 줄 수 있다.

② (○) 수출기업의 성장단계별 우대보증과 수출 실적에 따른

우대금리자금을 지원한다고 하였으므로 환율 상승으로 인한 기업의 부담을 줄이는 데 도움을 줄 수 있다.

③ (○) 보증료율을 인하하여 금리 상황에 따른 변동 또는 고정 금리 간의 전환이 가능한 저리 상품을 공급한다고 하였다. 이를 통해 이자상환부담을 안고 있는 중소기업의 금융이용부담을 완화할 수 있다.

④ (×) [가]는 3고(금리, 물가, 환율 高) 현상 대응에 관한 내용이다. 재무성과가 낮고 담보 자산이 부족하지만 성장잠재력이 높은 기업에 관한 금융지원 방안은 언급하지 않고 있다.

03

정답 ②

① (×) 데이터레이크 시스템 구조 중 데이터를 통합 및 스트리밍하는 과정은 '데이터 수집'이다.

② (○) 데이터레이크 시스템 구조 중 4번째 과정은 탐색으로 메타데이터 저장소 탐색, 데이터 검색 등을 제공하므로 옳은 내용이다.

③ (×) 데이터의 출처, 생성, 변경, 이동 등의 변경 이력 정보는 데이터 계보이고, 데이터 계보를 확인할 수 있는 데이터레이크 시스템 구조는 '거버넌스'이다.

④ (×) 데이터레이크 시스템 구조 중 운영은 데이터 공급, 실시간 모니터링, 사용자 접근 권한 관리, 프로세스 스케줄링, 환경 설정 등을 관리한다.

04

정답 ①

① (×) 데이터레이크 시스템의 특징 중 "데이터를 추출 → 변형 → 적재의 과정 없이 원시 상태 그대로 저장한 후, 분석 시점에 필요한 형태로 분리·가공함으로써 응답속도 향상"이 있다고 설명하고 있다.

② (○) 정해진 목적 및 시기에 상관없이 필요에 의한 비정기적 또는 즉시 분석이 가능하므로 옳은 설명이다.

③ (○) 읽기 스키마 방식으로 처리함으로써 높은 응답 속도 및 추적성을 보장하므로 옳은 설명이다.

④ (○) 데이터의 규모에 제약 없이 단일 저장소에 통합 저장함으로써 데이터의 확장성과 유연성이 높으며, 최대 약 10억 GB까지 확장 가능하므로 옳은 설명이다.

05

정답 ②

① (×) 데이터의 검색, 계약, 결제 및 분석 등의 전 과정을 원스톱(One-Stop)으로 지원한다고 하였다.

② (○) A 데이터 거래소는 금융정보 외에도 다양한 분야의 데이터가 함께 거래될 수 있도록 통신, 유통 등 일반상거래 기업도 참여가 가능하다고 하였다.

③ (×) 데이터 거래는 거래소 플랫폼을 통한 공급자와 수요자 상호 매칭으로 이뤄지며, 정보 유출 방지를 위한 보안성도 강화하였다고 하였다.

④ (×) 기존 수요자가 데이터 거래 시 데이터의 소재를 파악하고 검색하는 데 많은 시간이 소요된다는 애로 사항을 반영하여, 공급자에게 수요자가 원하는 데이터나 제공 형태를 직접 요청할 수 있는 거래 시스템을 지원한다고 하였다.

06

정답 ②

① (○) 신용대출이고, 금리변동 주기와 대출 기간이 동일하므로 수수료율은 0.7%에 해당한다. 중도상환 수수료는 $5,000 \times 0.007 \times (1/2) = 175,000$원이다.

② (×) 주택자금대출이고, 고정금리 기간이 3년이므로 수수료율은 1.4%에 해당한다. 중도상환 수수료는 $8,000 \times 0.014 \times (8/10) = 896,000$원이다.

③ (○) 부동산 담보대출이고, 수수료율은 1.2%에 해당한다. 중도상환 수수료는 $10,000 \times 0.012 \times (1/3) = 400,000$원이다.

④ (○) 신용대출이고, 금리변동 주기와 대출 기간이 동일하므로 수수료율은 0.7%에 해당한다. 중도상환 수수료는 $4,000 \times 0.007 \times (6/12) = 140,000$원이다.

07

정답 ③

예금자보호제도에 따르면 각 은행당 최고 5천만 원의 금액을 보호받는다. 다만 부채가 있는 경우 채권의 합계액에서 채무의 합계액을 빼고 지급받는다. 따라서 IBK기업은행에서는 4천만 원에서 부채 2천만 원을 제외한 2천만 원을 보호받고, 하나은행에서는 6천만 원에서 부채 5백만 원을 제외한 5천5백만 원 중 은행당 최고 한도인 5천만 원을 보호받을 수 있다. 따라서 김 씨가 보호받을 수 있는 총 금액은 7천만 원이다.

08

정답 ①

[그림]은 예금보험의 원리 및 보험금 지급 구조를 나타낸 것이다. 제시된 자료에 따르면 금융회사는 예금보험료를 예금보험공사에 납부하고, 추후 금융회사가 영업정지나 파산 등으로 인해 고객의 예금을 지급하지 못하게 될 경우, 예금보험공사가 금융회사 대신 고객에게 보험금을 지급한다는 것을 알 수 있다. 따라서 ㉠에는 '고객', ㉡에는 '예금보험공사', ㉢에는 '금융회사'가 들어가는 것이 가장 적절하다.

09

정답 ④

① (○) '1. 가입대상'에서 동일 사업자당 1계좌로 제한한다고 하였으며, '6. 유의사항'에서 영업점을 통해 해지 가능하다고 하였다.

② (○) '6. 유의사항'에서 비대면채널을 통한 이체 및 현금카드에 의한 출금만 가능하다고 하였다.

③ (○) '4. 약정이율'에서 잔액이 500만 원 이상 1,000만 원 미만인 경우 약정이율은 0.3%라고 하였다.

④ (×) '6. 유의사항'에서 예금잔액증명서 발급 당일에는 이체가 불가하다고 하였다.

10

정답 ②

① (○) '5. 우대사항'에서 당행 기업대출을 보유 중이며, 최근 6개월 이내 연체가 없는 경우 우대요건에 해당한다고 하였지만, 비대면채널 발급 시 잔액증명서 발급수수료는 요건 없이 면제된다고 하였다.

② (×) '5. 우대사항'에서 제로페이 가맹점 입금 실적을 보유한 경우 타행 ATM 출금수수료가 면제된다고 하였지만, I 입출금 통장으로 입금 실적을 보유한 경우에만 우대된다고 하였다.

③ (○) '5. 우대사항'에서 최근 6개월 이내 가입한 비대면채널 전용 기업 예금 상품을 보유한 경우 전자금융 이체수수료가 면제된다고 하였다.

④ (○) '5. 우대사항'에서 최초 신규일로부터 1개월 동안 조건 없이 타행 자동이체수수료가 면제된다고 하였다.

11

정답 ③

① (○) [가]에서 기존 보험사 내부의 상품 위원회는 법규상 의무 없이 형식적으로 운영되었으며, 향후에는 상품 위원회가 보험 상품 관리의 컨트롤타워 역할을 수행할 수 있도록 개선하겠다고 하였다.

② (○) 1문단에서 보험사가 보험금의 지급 기준을 명확히 설명하지 않고 보장 금액만을 강조하여 불완전 판매가 이뤄지게 한다고 하였다. 이를 통해 과도한 보장만을 강조하는 것이 불완전 판매의 원인이 될 수 있음을 알 수 있다.

③ (×) [다]에서 위로금, 교통비와 같은 비용은 소비자의 피해와 직접적인 연관성이 없는 비용이므로 보장에서 제외한다고 하였으며, 이는 보험료 절감에 기여할 것이라고 하였다.

④ (○) [라]에서 과도한 수수료 및 시책 지급 등으로 인한 차익 거래를 방지하기 위하여 차익 거래 기간을 현행 1년에서 보험계약 전체 기간으로 확대한다고 하였다. 이는 최근 문제가 되고 있는 불건전 경쟁 이슈에 대한 해결책으로 보험사가 제시한 내용이다.

12

정답 ②

[가]: 보험사가 보험 상품을 판매하는 절차를 관리하기 위해 내부 통제 및 외부 검증 절차를 강화하겠다고 하였다. 이를 통해 상품 위원회는 상품의 기획·출시·사후관리를 총괄하고 보험 상품의 컨트롤타워 역할을 수행하게 될 것이라고 하였으므로 [가]의 소제목으로 '보험사 리스크 관리 프로세스 강화'가 가장 적절하다.

[나]: 상품 심의, 사후 관리 및 부실 상품 조치에 대한 구체적인 내용이 소개되었다. 이는 컨트롤타워로서 상품 위원회가 수행할 역할이다. 따라서 [나]의 소제목으로 '상품 위원회의 주요 역할'이 가장 적절하다.

[다]: 적정 수준의 보장 한도 금액을 설정하기 위한 방법을 예로 들어 설명하였다. 따라서 [다]의 소제목으로 '합리적인 보장 한도 심의'가 가장 적절하다.

[라]: 선지급 방식의 과도한 수수료 및 시책 지급으로 인한 차익 거래를 방지하기 위한 대안을 제시하고 있다. 따라서 [라]의 소제목으로 '건전한 경쟁을 유도하는 환경 조성'이 가장 적절하다.

13

정답 ②

① (×) 국내총생산의 전년 대비 증감방향은 감소, 감소, 증가, 감소, 감소이다. 이와 동일한 전년 대비 GDP 성장률의 증감방향을 보이는 경제활동은 제조업뿐이다.

② (○) 2018년 대비 2023년 GDP 성장률의 감소율은 제조업이 $(1.0-3.3)/3.3 \fallingdotseq -69.6\%$, 서비스업이 $(2.1-3.8)/3.8 \fallingdotseq -44.7\%$이다.

③ (×) [표 2]에서 컴퓨터 전자 및 광학기기의 전년 대비 증가율은 2019년에 $(6.4-11.4)/11.4 \fallingdotseq -43.9\%$, 2020년에 $(5.2-6.4)/6.4 \fallingdotseq -18.8\%$, 2021년에 $(14.0-5.2)/5.2 \fallingdotseq 169.2\%$, 2022년에 $(6.3-14.0)/14.0 \fallingdotseq -55.0\%$, 2023년에 $(3.4-6.3)/6.3 \fallingdotseq -46.0\%$이다.

④ (×) 전년 대비 성장률은 성장률과의 차이값을 의미한다. 2019년은 $(1.9-(-2.3))=4.2\%p$, 2020년은 $(-10.1-1.9)=-12.0\%p$, 2021년은 $(4.7-(-10.1))=14.8\%p$, 2022년은 $(11.0-4.7)=6.3\%p$, 2023년은 $(13.3-11.0)=2.3\%p$이다.

14

정답 ③

① (○) [표 1]의 GDP 성장률을 나타낸 그래프이다.

② (O) [표 1]의 농림어업, 제조업, 서비스업 GDP 성장률을 나타낸 그래프이다.
③ (X) 제조업 상위 4개 업종의 GDP 성장률을 다룸에 있어서, 제조업이 포함되어서는 안 된다. 제조업은 업종들의 합계인 큰 범주이다.
④ (O) 서비스업 연도별 GDP 성장률의 전년 대비 증감률은 '(현년 서비스업 증가율－전년 서비스업 증가율)/전년 서비스업 증가율'로 구한다. 2019년은 (3.4－3.8)/3.8≒－10.5%, 2020년은 (0.8－3.4)/3.4≒－76.5%, 2021년은 (3.8－0.8)/0.8≒375.0%, 2022년은 (4.2－3.8)/3.8≒10.5%, 2023년은 (2.1－4.2)/4.2≒－50.0%이다.

15

정답 ①

① (X) 2022년 대비 2023년의 주요 은행 전체 직원 규모는 (58,402－57,245)/57,245≒2.0% 감소하였다.
② (O) B은행은 2020년부터 2023년까지 14,641 → 14,548 → 14,115 → 13,948명으로 직원 수가 지속적으로 감소하였다.
③ (O) [표 2]에서 주요 은행(A~D)들은 모두 2021년 이후 매년 직원 1인당 평균 생산성 추이가 상승하는 모습을 보여준다.
④ (O) 2023년 A의 충당적립전이익은 직원 수(17,012)×직원 1인당 평균 생산성(4.16)≒70,769.9이고, 충당적립전이익이 가장 적은 은행 D는 직원 수(12,064)×직원 1인당 평균 생산성(2.89)≒34,865이다. 따라서 A의 충당적립전이익은 D의 2배 이상이다.

16

정답 ③

충당적립전이익은 '생산성×직원 수'이다. 따라서 2020년은 2.19×14,641≒32,064, 2021년은 2.27×14,548≒33,024, 2022년은 3.03×14,115≒42,768, 2023년은 3.15×13,948≒43,936이다.

17

정답 ④

① (O) 2023년 상반기에 금 일반상품 매도량은 개인이 금융투자보다 (583,158＋487,240＋1,081,091＋683,227＋446,780＋519,805)－(349,087＋260,652＋489,126＋393,124＋599,923＋355,123)＝1,354,266그램 더 많다.
② (O) 4월에 은행의 금 일반상품 매도대금은 3월 대비 약 절반이지만 금 일반상품 총 매도대금은 약 20% 감소했으므로 비중이 감소했음을 쉽게 알 수 있다. 금 일반상품 매도대금 중 은행의 비중을 계산하면 다음과 같다.

구분	금 일반상품 매도대금 중 은행의 비중
3월	13,401/147,095×100≒9.1%
4월	7,422/117,740×100≒6.3%

③ (O) 2~6월 중 기타 법인의 금 일반상품 매도량이 가장 많은 달은 4월이고, 4월에 금융투자의 금 일반상품 매도량은 전월 대비 |(393,124－489,126)|/489,126×100≒19.6% 감소했다.
④ (X) 2023년 상반기에 투신을 제외한 투자자별 금 일반상품 매도량이 가장 많은 달은 금융투자가 5월, 은행이 2월, 기타 법인이 4월, 개인, 기타 외국인이 3월이다.

18

정답 ②

① (O) '2. 실물이전 신청 절차'에 따르면 퇴직연금 가입자는 이전하려는 수관회사(퇴직연금사업자)에 퇴직연금 계좌가 개설되어 있어야 한다.
② (X) '3. 실물이전 범위 및 대상'에 따르면 의해 신탁계약 형태의 원리금보장상품은 대부분 실물이전이 가능하나, 동일한 제도 내에서만 이전이 가능하다.
③ (O) '1. 개요'에서 중도해지금리, 기회비용 등 퇴직연금 계좌를 이전하는 과정에서 다양한 비용이 발생함을 확인할 수 있다.
④ (O) '4. 향후 계획'에서 실물이전 가능 여부를 신청 전에 조회할 수 있는 '사전조회 기능'이 도입될 예정임을 알 수 있다.

19

정답 ③

퇴직연금 실물이전 서비스 절차는 '2. 실물이전 신청 절차'와 '3. 실물이전 범위 및 대상'에서 확인할 수 있다. 이에 따른 순서는 다음과 같다.
㉣ 퇴직연금가입자가 퇴직연금을 이전할 퇴직연금사업자를 결정 → 2. 실물이전 신청 절차
㉡ 퇴직연금사업자에게 퇴직연금 계좌 개설 및 신청 → 2. 실물이전 신청 절차
㉢ 실물이전 관련 유의사항 안내 → 2. 실물이전 신청 절차
㉤ 실물이전 제외 상품 매도 → 3. 실물이전 범위 및 대상
㉥ 실물이전 실행 → 2. 실물이전 신청절차
㉠ 이전 결과 가입자에게 통보 → 2. 실물이전 신청 절차
따라서 순서대로 나열하면 '㉣-㉡-㉢-㉤-㉥-㉠'이다.

20

정답 ①

① (×) '3. 실물이전 범위 및 대상'에서 수관회사 취급 상품은 이전 가능하다는 것을 확인할 수 있다.
② (○) '3. 실물이전 범위 및 대상'에서 제도 간 이전은 불가능하다고 명시하고 있다.
③ (○) '3. 실물이전 범위 및 대상'에서 디폴트 옵션은 이전 불가라고 명시하고 있다.
④ (○) '3. 실물이전 범위 및 대상'에서 퇴직연금 계약이 보험계약인 경우는 이전 불가라고 명시하고 있다.

21

정답 ④

① (○) 제3조에 따르면 출금이체를 실행하기 위해 이용기관이 납부자로부터 출금의 동의를 받아 은행으로 전달하여 출금이체를 신청하는 경우 이용기관이 납부 본인확인을 하여야 한다고 명시되어 있다.
② (○) 제6조에서 "납부자의 중대한 과실에 의하여 출금이 되지 않아 발생하는 손해에 대해서는 납부자가 그 책임을 부담한다."라고 명시하고 있다.
③ (○) 제8조에서 "이용기관이 출금요청을 한 당일에는 출금이체 해지가 제한될 수 있다."라고 명시하고 있다.
④ (×) 제12조에는 은행이 약관을 변경하는 방법에 대해서만 나와 있을 뿐, 약관을 변경할 수 있는 사유는 언급되어 있지 않다.

22

정답 ③

① (×) 제2조 제2항에 따르면 은행의 영업일은 법령에 의한 공휴일, 토요일, 근로자의 날을 제외한다. 따라서 주말의 다음 날인 월요일은 평일일 경우에는 은행의 영업일이나, 공휴일 또는 근로자의 날에 해당될 경우 은행의 영업일이 아니므로 무조건 출금일로 해 줄 수는 없다.
② (×) 제3조 제2항에 따르면 이용기관이 납부자로부터 서면 등을 통해 출금의 동의를 받아 은행으로 전달하여 출금이체를 신청하는 경우, 납부자 본인확인 의무는 이용기관에 있다. 따라서 이로 인해 발생하는 손해는 은행이 아닌 이용기관인 B의 책임이다.
③ (○) 제4조에 따르면 출금이체 신규신청에 의한 출금이체 개시일은 은행이 아닌 이용기관의 사정에 의하여 결정되므로 이는 받아들여질 수 있는 사안이다.
④ (×) 제10조에 따르면 은행은 1년 이상 이용기관으로부터 출금요청이 없는 출금이체에 대하여 이용기관에 상당한 기간을 정하여 이행하도록 안내하고 그 기간 내에 이행하지 아니한 때에 한하여 출금이체를 해지할 수 있다. 따라서 이행 안내 기간도 없었을 뿐만 아니라, 출금이체 해지를 D사가 하도록 요구했으므로 이는 약관에 위배된다.

23

정답 ②

① (○) B 주택 담보 대출의 대상 주택은 대출 신청일 기준 담보물의 건물 또는 토지에 대한 경매 등 법적 절차나 권리제한 사항이 없는 주택이라고 하였다.
② (×) C 담보 대출의 경우 담보가액의 60%를 대출받을 수 있으며, 최대한도는 3.6억 원이라고 하였다. 하지만 대상 주택의 가액에 대한 제한이 없으므로 6억 원을 초과하는 주택을 담보로 대출 실행하더라도 대출한도는 3.6억 원이다.
③ (○) A 오피스텔 담보대출의 대상 주택은 본인 단독 소유 주거용 오피스텔이라고 하였다.
④ (○) B 주택 담보 대출은 담보가액의 60%를 대출받을 수 있지만, 신혼부부의 경우 담보가액의 70%를 대출받을 수 있다고 하였다.

24

정답 ①

H가 소유하고 있는 주택은 실제 주거용으로 사용되는 아파트이므로 A 오피스텔 담보 대출을 실행할 수 없다. H는 1주택자이고 연 소득, 개인신용평점 KCB, NICE 기준을 모두 만족하고 3개월 이상 재직 중인 근로소득자이므로 B 주택 담보 대출과 C 주택 담보 대출을 모두 실행할 수 있다. H는 대출받을 수 있는 상품 중 연이자가 더 낮은 상품을 실행한다고 하였으므로 H가 실행하는 상품은 B 주택 담보 대출이다. H가 대출받는 금액은 $5 \times 0.6 = 3$억 원이고, H는 1년간 거치를 진행하여, 1년간 원금에 대한 이자만 납부한다고 하였으므로 매월 납부해야 하는 대출 이자는 $300{,}000{,}000 \times 0.048/12 = 1{,}200{,}000$원이다.

25

정답 ④

① (○) 포상은 표창과 격려상, 부점장포상으로 구분한다고 하였으므로 옳은 설명이다.
② (○) 표창은 해당 업무 담당부서장이 인사부장에게 추천하되, 필요한 경우 인사부장이 해당 업무 담당부서장에게 추천을 의뢰할 수 있다고 하였으므로 옳은 설명이다.
③ (○) 포상운용기준 등 이 규정([IBK기업은행 직원상벌규정])에서 정하지 아니한 포상 관련 세부사항은 은행장이 따로 정한다고 하였으므로 옳은 설명이다.

④ (X) 부점에서 주관하는 주요사업 실적 우수자는 부점장포상을 받는다.

26

정답 ②

- A: (○) 금융비리 및 병폐를 신고하여 금융풍토정화에 솔선수범한 자에 해당하므로 표창을 받을 수 있다.
- B: (X) 업무에 관한 창의적 연구개발 효과로 은행 발전에 크게 기여한 자에 해당하지만, 동일한 내용의 공적사항에 대하여 이중으로 포상할 수 없다.
- C: (○) 자금조달, 자금운용 및 수지개선 등 은행 업무신장에 크게 기여한 자에 해당하므로 표창을 받을 수 있다.
- D: (○) 중대한 사고의 예방 또는 그 수습에 크게 기여한 자에 해당하므로 표창을 받을 수 있다.

27

정답 ①

각 교통수단별 도착 시간은 다음과 같다.

- 기차: 본사에서 기차역까지 이동 시 6/30=12분 소요되므로 9시 12분에 도착한다. 기차는 10시 10분에 출발하여 광주 기차역까지 이동 시 300/150=2시간 소요되므로 12시 10분에 도착한다. 광주 기차역에서 광주 지사까지 이동 시 12/60=12분 소요되므로 12시 22분에 도착한다.
- 비행기: 본사에서 공항까지 이동 시 62/60=1시간 2분 소요되므로 10시 2분에 도착한다. 비행기는 11시 15분에 출발하여 광주 공항까지 이동 시 450/450=1시간 소요되므로 12시 15분에 도착한다. 광주 공항에서 광주 지사까지 이동 시 13/60=13분 소요되므로 12시 28분에 도착한다.
- 버스: 본사에서 버스터미널까지 이동 시 9/30=18분 소요되므로 9시 18분에 도착한다. 버스는 9시 23분에 출발하여 광주 버스터미널까지 이동 시 360/90=4시간 소요되므로 13시 23분에 도착한다. 광주 버스터미널에서 광주 지사까지 이동 시 6/60=6분 소요되므로 13시 29분에 도착한다.
- 택시: 본사에서 광주 지사까지 이동 시 360/100=3시간 36분 소요되므로 12시 36분에 도착한다.

따라서 광주 지사에 가장 빠르게 도착하는 교통수단은 기차이다.

28

정답 ③

각 교통수단별 비용은 다음과 같다.

- 기차: $1{,}400+36{,}300+4{,}800+(12-2)\times750=50{,}000$원
- 비행기: $12{,}000+56{,}700+4{,}800+(13-2)\times750=81{,}750$원
- 버스: $1{,}400+40{,}200+4{,}800+(6-2)\times750=49{,}400$원
- 택시: $4{,}800+(360-2)\times750=273{,}300$원

따라서 비용이 가장 적게 드는 교통수단은 버스이다.

29

정답 ①

① (X) 19시 이후 22시 이전에 업무 시 추가 근무로 인정한다고 하였으므로 추가 근무를 인정받는 직원은 A, C, E 3명이다.

② (○) 22시 이후 업무 시 야간 근무로 인정한다고 하였으므로 야간 근무를 인정받는 직원은 A, B 2명이다.

③ (○) 지각을 한 직원은 B, C, E이고, 지각 2회 시 감점 처리한다고 하였으므로 지각으로 감점 처리를 받은 직원은 B이다. 무단 조퇴를 한 직원은 A, C, E이고, 무단 조퇴 2회 시 감점 처리한다고 하였으므로 무단 조퇴로 감점 처리를 받은 직원은 C이다. 따라서 감점 처리를 받은 직원은 B, C 2명이다.

④ (○) 5명의 지각 횟수는 B가 2회, C가 1회, E가 1회로 총 4회이다.

30

정답 ②

추가 근무와 야간 근무 시간 중 30분 미만은 버림하여 계산한다고 하였으며, A~E가 지급받는 추가 근무 수당과 야간 근무 수당은 다음과 같다.

- A: 추가 근무는 화요일 1시간, 수요일 1시간 30분, 금요일 3시간이 적용되며, 야간 근무는 0시간 적용된다. 지급받는 추가 근무 수당과 야간 근무 수당은 $5.5\times(160{,}000/8)\times1.5=165{,}000$원이다.
- B: 추가 근무는 목요일에 3시간이 적용되며, 야간 근무는 0시간 적용된다. 지급받는 추가 근무 수당과 야간 근무 수당은 $3\times(200{,}000/8)\times1.5=112{,}500$원이다.
- C: 추가 근무는 월요일에 30분이 적용되며, 야간 근무는 하지 않았다. 지급받는 추가 근무 수당과 야간 근무 수당은 $0.5\times(240{,}000/8)\times1.5=22{,}500$원이다.
- D: 추가 근무와 야간 근무를 하지 않아 지급받는 추가 근무 수당과 야간 근무 수당은 0원이다.
- E: 추가 근무는 화요일에 2시간 30분, 목요일에 2시간 30분, 금요일에 2시간 30분 적용되며, 야간 근무는 하지 않았다. 지급받는 추가 근무 수당과 야간 근무 수당은 $7.5\times(160{,}000/8)\times1.5=225{,}000$원이다.

따라서 A~E가 지급받는 추가 근무 수당과 야간 근무 수당은 $165{,}000+112{,}500+22{,}500+0+225{,}000=525{,}000$원이다.

31

정답 ③

팀 간 인원 이동과 업무별 기술인부의 팀 내 타 업무 재배정은 불가하다고 하였으며, 보통인부는 타 업무 재배정이 가능하다고 하였다. 각 팀별 추가 계약이 필요 인원은 다음과 같다.

- 1팀: A업무 기술인부 $2-1=1$명, B업무 기술인부 $1-0=1$명, C업무 기술인부 $3-2=1$명이 필요하다. 보통인부 $3+5+4=12$명이므로 $5+4+10-12=7$명 필요하다.
- 2팀: A업무 기술인부 $2-2=0$명, B업무 기술인부 0명, C업무 기술인부 $3-1=2$명이 필요하다. 보통인부 $4+12=16$명이므로 $5+4+10-16=3$명 필요하다.
- 3팀: A업무 기술인부 $2-0=2$명, B업무 기술인부 0명, C업무 기술인부 $3-2=1$명이 필요하다. 보통인부 $5+6+2=13$명이므로 $5+4+10-13=6$명 필요하다.
- 4팀: A업무 기술인부 $2-1=1$명, B업무 기술인부 $1-0=1$명, C업무 기술인부 $3-1=2$명, 보통인부 $8+3+7=18$명이므로 $5+4+10-18=1$명 필요하다.

32

정답 ②

각 업무별 추가 계약 필요 인원은 다음과 같다.

- A업무 기술인부: $1+0+2+1=4$명
- B업무 기술인부: $1+0+0+1=2$명
- C업무 기술인부: $1+2+1+2=6$명
- 보통인부: $7+3+6+1=17$명

따라서 확보해야 하는 예산은 $(4\times18+2\times20+6\times17+17\times10)\times2=768$만 원이다.

33

정답 ①

대만은 출장지 B에 해당하며, 8명의 1일 숙박비는 $120+110\times2+100\times5=840$달러이고, 7박 8일 동안 출장을 간다고 하였으므로 총 숙박비는 $840\times7=5,880$달러이다. 환율 적용은 출장품의 작성일을 기준으로 한다고 하였으므로 환율은 1,280원/달러이다. 따라서 총 숙박비는 $5,880\times1,280=7,526,400$원이다.

34

정답 ③

미주는 출장지 A에 해당하며, 홍콩은 출장지 B에 해당하지만 출장 이동 중 경유지에서 체류하는 기간의 식비는 최종 목적지 기준으로 지급한다고 하였다. 3명의 1일 식비는 $48+42\times2=132$달러이고, 10박 11일 동안 출장을 간다고 하였으므로 총 식비는 $132\times11=1,452$달러이다. 환율 적용은 출장품의 작성일을 기준으로 한다고 하였으므로 환율은 1,310원/달러이다. 따라서 총 식비는 $1,452\times1,310=1,902,120$원이다.

35

정답 ②

각 지원자의 총점은 다음과 같다.

- A: $(3\times10)+80+85+40=235$점
- B: $(3\times10)+90+70+30=220$점
- C: $(1\times10)+85+75+35=205$점
- D: $(4\times10)+70+80+45=235$점

A와 D의 총점은 235점으로 가장 높다. 동점자가 있는 경우 성과 점수가 높은 순서대로 지원자를 우선 배정한다고 하였다. A와 D 중 성과 점수가 더 높은 D가 우선 배정되므로 D는 1지망인 마케팅 부서에 배정된다. A는 1지망인 마케팅 부서가 배정 완료되었으므로 2지망인 영업 부서에 배정된다. 총점이 세 번째로 높은 B의 1지망, 2지망 부서 모두 배정 완료되었으므로 아무도 지원하지 않은 총무 부서에 배정된다. 총점이 가장 낮은 C는 1지망인 재무 부서에 배정된다.

36

정답 ①

각 지원자의 성과 관련 부서 가점 및 감점을 적용한 총점은 다음과 같다.

- A: $(3\times10)+80+85+40-15=220$점
- B: $(3\times10)+90+70+30+10=230$점
- C: $(1\times10)+85+75+35-15=190$점
- D: $(4\times10)+70+80+45-15=220$점

B의 총점은 230점으로 가장 높으므로 1지망인 영업 부서에 배정된다. A, D의 총점은 220점으로 동점자이다. 동점자가 있는 경우 성과 관련 부서 가점 및 감점을 적용한 성과 점수가 높은 순서대로 지원자를 우선 배정한다고 하였다. D, A 순으로 성과 관련 부서 가점 및 감점을 적용한 성과 점수가 높으므로 D, A 순으로 부서를 배정한다. D는 1지망인 마케팅 부서에 배정된다. A의 1지망, 2지망 부서 모두 배정 완료되었으므로 아무도 지원하지 않은 총무 부서에 배정된다. 총점이 가장 낮은 C는 1지망인 재무 부서에 배정된다.

37

정답 ④

직원 갑~무의 진급점수를 구하면 다음과 같다.

구분	항목별 진급점수				진급 점수
	고객평가	동료평가	상급자 평가	실적평가	
갑	80×0.2 =16	70×0.15 =10.5	80×0.25 =20	50×0.4 =20	66.5
을	100×0.2 =20	80×0.15 =12	70×0.25 =17.5	60×0.4 =24	73.5
병	50×0.2 =10	70×0.15 =10.5	60×0.25 =15	70×0.4 =28	63.5
정	60×0.2 =12	20×0.15 =3	70×0.25 =17.5	80×0.4 =32	64.5
무	70×0.2 =14	40×0.15 =6	70×0.25 =17.5	90×0.4 =36	73.5

따라서 직원 갑~무의 진급점수의 평균은 66.5+73.5+63.5+64.5+73.5/5명=68.3점이다.

38

정답 ①

[A은행 진급 규정]에 따를 때, 직급별 최소 연차를 만족한 진급 대상자 중 70점 이상인 자에 한하여 진급 점수가 높은 순으로 2명이 진급을 하게 된다. 이때 갑과 무는 직급별 최소 연차를 만족하지 못하므로 진급 대상자에서 제외된다. 그리고 병과 정은 진급 최소 점수인 70점을 만족하지 못하므로 진급 대상자에서 제외된다. 이에 따라 진급할 직원으로 적절한 사람은 을 한 명이다.

39

정답 ①

김철수 씨는 정기예금이 아닌 상품에 가입할 예정이기 때문에 수시입출금에 가입한다. 수시입출금의 연이자율은 2.5%이기 때문에 1년 후 만기 때 3,500만 원의 2.5%인 875,000원을 이자로 받게 된다.

40

정답 ②

김철수 씨의 아내는 2,000만 원에 대해 우대금리 포함 연이율 4.5%의 상품에 가입했기 때문에 1년 후 만기 때의 이자는 2,000만 원×0.045=900,000원이다. 아들은 2,500만 원에 대해 우대금리 없이 연이율 3.0%의 상품에 가입했기 때문에 1년 후 만기 때의 이자는 2,500만 원×0.03=750,000원이다. 따라서 두 사람의 이자 합계금액은 1,650,000원이다.

직무수행

41

정답 ②

두 국가의 각 재화 생산의 기회비용은 다음과 같다.

구분	A국	B국
옷	0.5(=50/100)	1(=70/70)
구두	2(=100/50)	1(=70/70)

리카르도의 비교우위 이론에 따르면, 각국은 상대적으로 기회비용이 낮은 제품을 생산하는 것이 유리하다. 따라서 A국은 옷을 생산하고, B국은 구두를 생산하는 것이 바람직하다.

42

정답 ①

이 문제를 풀이하기 위해서는 내쉬전략과 우월전략에 대한 이해가 필요하다.

- 내쉬전략: 상대방의 전략이 주어진 경우 자신의 보수를 가장 크게 만드는 전략을 말한다.
- 우월전략: 상대방이 어떤 전략을 선택하든 자신의 보수를 가장 크게 만드는 전략을 말한다.
- 내쉬균형: 상대방의 전략을 주어진 것으로 보고 각 경기자들이 자신에게 가장 유리한 전략을 선택할 경우 도달하는 균형을 말한다.
- 우월전략균형: 각 경기자들의 우월전략이 만나는 상태의 균형을 말한다.

① (○) 기업 B만 우월전략을 가지고 있으므로 우월전략균형은 존재하지 않는다.
② (×) 내쉬균형에서 기업 B는 우월전략인 Q=5를 선택할 것이고, B가 Q=5를 선택할 때 기업 A는 Q=10을 선택하므로 내쉬균형은 A는 Q=10, B는 Q=5를 선택하는 것이다.
③ (×) B가 Q=5를 선택하면 기업 A는 Q=10을 선택하고, B가 Q=10을 선택하면 A는 Q=5를 선택하므로 기업 A의 우월전략은 존재하지 않는다.
④ (×) A가 Q=5를 선택하면 기업 B는 Q=5를 선택하고, A가 Q=10을 선택하면 A는 Q=5를 선택하므로 기업 B의 우월전략은 Q=5이다.

43

정답 ④

이 문제를 풀이하기 위해서는 수요의 가격탄력성에 대해 알아야 한다. 수요의 가격탄력성의 크기에 따른 수요곡선의 형태를 기억해야 한다.

탄력성의 크기	의미	수요곡선의 형태
$\varepsilon=0$	완전비탄력적	수직선
$0<\varepsilon<1$	비탄력적	가파른 우하향
$1=\varepsilon$	단위탄력적	직각쌍곡선
$1<\varepsilon<\infty$	탄력적	완만한 우하향
$\varepsilon=\infty$	완전탄력적	수평선

① (X) 경유 소비자는 특정 재화에 항상 일정액을 지출하므로 수요의 가격탄력성은 1이다.

② (X) 수요의 가격탄력성이 1인 경우, 수요곡선은 우하향하는 직각쌍곡선 형태이다.

③ (X) 휘발유 소비자는 가격과 무관하게 항상 수요량이 일정하므로 수요의 가격탄력성은 0이다.

④ (O) 휘발유의 수요곡선이 수직선 형태일 경우, 휘발유의 공급이 감소하여 공급곡선이 좌측으로 이동하면 휘발유의 가격은 상승하고 거래량은 불변이다.

44

정답 ②

ㄱ. (X) 이윤 극대화는 한계수입(MR)과 한계비용(MC)이 동일한 지점에서 달성된다.

ㄴ. (O) 주어진 한계비용 함수에 $Q=4$를 대입하여 계산하면 다음과 같다.
한계비용 $MC=4^2-4(4)+5=5$이다.

ㄷ. (O) 한계수입(MR)은 완전경쟁시장에서 시장가격과 동일하므로 한계수입 $MR=1$이다.
Q=2일 때 한계비용을 계산하면 $MC=2^2-4(2)+5=1$이다. 이윤극대화는 $MR=MC$일 때 발생하므로 기업은 생산량 Q=2일 때 최대 이윤을 실현할 수 있다.

ㄹ. (X) 비용(TC)은 가변비용(VC)과 고정비용(FC)을 포함한 값이므로 한계비용보다 작을 수 없다.

45

정답 ④

이 문제를 풀이하기 위해서는 비교우위에 대한 이해가 필요하다. 한 생산자가 다른 생산자보다 낮은 기회비용으로 어떤 재화의 생산이 가능한 경우에 그 재화생산에 비교우위가 있다고 말할 수 있다. 비교우위를 판단하기 위해서는 두 나라의 각 재화 생산의 기회비용을 계산해야 한다. 생산의 기회비용은 두 재화의 상대가격비와 같다.

ㄱ. (X), ㄴ. (O), ㄷ. (O), ㄹ. (X) 甲국의 경우 $P_{빵}/P_{옷}=1/2$이고, 乙국의 경우 $P_{빵}/P_{옷}=1/4$이다. 甲국의 빵 1단위에 대한 기회비용은 옷 1/2단위이고, 을국의 빵 1단위에 대한 기회비용은 옷 1/4단위이다. 반대로 갑국의 옷 1단위에 대한 기회비용은 빵 2단위이고, 을국의 옷 1단위에 대한 기회비용은 빵 4단위이다.

ㅁ. (O), ㅂ. (O), ㅅ. (X), ㅇ. (X) 甲국의 경우 빵과 옷의 생산에 있어서 1단위를 생산하는 데 소요하는 시간이 모두 乙국보다 작으므로 빵과 옷에 대하여 모두 절대우위를 가진다.

ㅈ. (X), ㅊ. (O) 빵 생산의 기회비용은 乙국이 甲국보다 작으므로 乙국이 빵 생산에 비교우위가 있고, 甲국은 옷 생산에 비교우위가 있다.

46

정답 ③

빅맥지수를 기준으로 스위스 프랑과 캐나다 달러는 미 달러화 대비 고평가된 상태이므로, 향후 환율 변화를 예측한다면 스위스 프랑과 캐나다 달러의 가치는 외환시장에서 하락하게 되고 대한민국 원화는 상승하게 될 것으로 전망해 볼 수 있을 것이다.

구분	스위스	캐나다	대한민국
구매력환율 (현지 빅맥가격/ 미국 빅맥가격)	1.30 CHF (=6.50/5.00)	1.20 CAD (=6.00/5.00)	900 KRW (=4,500/5.00)
시장환율 (달러 대비)	0.90 CHF	1.10 CAD	1,100.00 KRW
구매력환율 대비 시장환율 수준	고평가	고평가	저평가

47

정답 ①

문제 해결을 위해서는 우선 균형부터 구해야 한다.

$1{,}000-20P=600+20P$

$400=40P$

$\therefore P=10, Q=800$

① (X) 가격이 15에서 정해졌으므로 균형보다 높은 수준인 최저가격제이다. 만약 최고가격제라면 이미 10에서 거래되고 있기 때문에 유효성이 없다.

② (O) 위의 계산에서 $P=10$이므로 최초 균형에서 가격은 10이다.

③ (O) 가격이 15일 때 공급은 900, 수요는 700이므로 초과공급의 크기는 200으로 나타난다.

④ (O) 최저가격제의 대표적 예로 최저임금제를 들 수 있다.

48

정답 ③

묶어팔기는 여러 재화를 묶음으로 판매해 각 재화를 따로 판매할 때보다 이윤을 증가시키려는 전략이다.

- 개별판매를 할 때 얻을 수 있는 세탁기 최대이윤은 (100−50)×2대=100만 원, 냉장고 최대이윤은 (80−60)×2대=40만 원, 인덕션 최대이윤은 (40−20)×2대=40만원이다.
- 세탁기와 냉장고를 묶어팔기하여 190만 원으로 가격을 설정하는 경우 얻을 수 있는 이윤은 190×2묶음−(50+60)×2묶음=160만 원이다. 따라서 개별판매하여 140만 원의 이윤을 얻는 것보다 이윤이 20만 원 더 증가한다.
- 세탁기와 인덕션을 묶어팔기하여 160만 원으로 가격을 설정하는 경우 얻을 수 있는 이윤은 160×2묶음−(50+20)×2묶음=180만 원이다. 따라서 개별판매하여 140만 원의 이윤을 얻는 것보다 이윤이 40만 원 더 증가해, 이윤이 가장 크게 증가한다.
- 냉장고와 인덕션을 묶어팔기하여 120만 원으로 가격을 설정하는 경우 얻을 수 있는 이윤은 120×2묶음−(60+20)×2묶음=80만 원이다. 이는 개별판매를 통해 80만 원의 이윤을 얻는 것과 동일한 이윤을 가져다 준다.

따라서 이윤을 극대화할 수 있는 상품 묶음은 세탁기와 인덕션이고, 최대 이윤은 180만 원이다.

49

정답 ①

이 문제를 풀이하기 위해서는 기대수익에 대한 이해가 필요하다. 기대수익은 예상평균소득을 의미하며, 다음과 같이 계산한다.

- 자산의 기대수익=(각 상황이 발생할 확률×각 상황에서의 소득)

① (○) 합리적인 투자자는 기대효용을 극대화하는 선택을 한다.
② (×) 기업 A에 투자하는 금액을 X라고 할 때, 기업 A의 테스트가 실패할 경우 얻을 수 있는 기대수익은 0.2(100−X)이다.
③ (×) 기업 A에 투자하는 금액을 X라고 할 때, 테스트 결과와 관계없이 동일한 수익을 얻기 위해서 기업 A에 투자해야 할 금액은 0.6X−0.2(100−X)=0.2(100−X)의 X값이다. 따라서 X=40만 원이다.
④ (×) 기업 A에 투자하는 금액을 X라고 할 때, 기업 A의 테스트가 성공할 경우 얻을 수 있는 기대수익은 0.6X−0.2(100−X)이다.

50

정답 ④

① (×) 금리가 상승하고, 채권 가격은 하락하지만 채권 수익률은 상승한다.
② (×) 긴축적 통화정책은 금리를 인상하여 통화량을 줄이는 것이므로, 금리가 하락하지 않고 대출이 오히려 감소하게 된다.
③ (×) 긴축적 통화정책은 인플레이션을 억제하기 위한 정책으로, 인플레이션을 촉진하지 않는다.
④ (○) 금리 상승으로 인해 기업이 자금을 차입할 때의 조달비용이 증가한다.

51

정답 ②

[그림]은 생산가능곡선으로, 생산가능곡선이 원점에서 멀어질수록 한 경제의 생산가능량은 증가한다.

① (○) 생산가능곡선은 한 경제가 보유한 모든 자원과 기술을 이용하여 최대한 생산할 수 있는 점의 집합이다.
② (×) D점처럼 생산가능곡선 안에서 생산하면, 생산하고 남은 자원이 존재하기 때문에 자원의 잉여가 발생한다.
③ (○) 생산가능곡선 밖의 점은 현재 생산이 불가능한 지점이며, 기술진보가 일어나면 생산이 가능할 수 있다.
④ (○) 생산가능곡선이 원점에 대해서 오목한 것은 한 재화의 생산량이 증가할수록 포기해야 하는 다른 재화의 양이 증가하는 것을 의미하고, 이는 기회비용의 증가이다.

52

정답 ③

이 문제를 풀이하기 위해서는 필립스곡선에 대해 알아야 한다. 필립스곡선은 실업률과 인플레이션의 상충 관계를 나타내는 곡선이다.

① (×) 금융 스트레스 지수는 정책과 금융시장의 불확실성에 따라 경제 주체가 느끼는 피로감을 나타낸 지수이다. 필립스곡선이 우측으로 이동한 것은 실업률과 인플레이션 모두 증가한 것을 의미하므로 금융 스트레스 지수가 상승했다.
② (×) 수요견인 인플레이션은 수요 증가로 인해 발생하는 인플레이션을 의미한다. 필립스곡선이 우측으로 이동한 것은 원자재 가격상승, 석유 파동 등으로 인한 비용인플레이션과 관련 있으므로 옳지 않은 내용이다.
③ (○) 원자재 가격 상승으로 필립스곡선이 우측 이동해 인플레이션과 실업률 모두 높아질 수 있다.
④ (×) 중앙은행이 인플레이션율을 낮추기 위해 금리를 인상하면 실업률이 증가한다. 따라서 중앙은행의 연속된 기준금리 인상은 곡선의 이동이 아닌 곡선상의 이동을 유발한다.

53

정답 ②

이 문제를 풀이하기 위해서는 비대칭 정보에 대한 이해가 필요하다. 비대칭 정보에 의하여 중고차 시장에서 역선택의 문제가 발생한다. 어떤 시장에서 판매자와 구매자 사이에 정보의 비대칭성이 존재한다면, 정보가 부족한 구매자는 평균적인 수준의 가격을 제시하게 된다. 역선택이란 고품질의 상품을 가진 판매자는 구매자가 제시한 가격이 너무 낮다고 여겨 시장을 이탈하고, 저품질의 상품을 가진 판매자만 거래에 참여하여 시장에 저품질 상품만 거래되는 현상을 의미한다.

ㄱ. (○) 구매자는 최대지불용의금액의 기댓값인 $1,200\times0.8+200\times0.2=1,000$만 원을 제시한다. 1,000만 원은 판매자의 좋은 차와 나쁜 차에 대한 최소요구금액 이상이므로 두 유형 모두 거래된다.

ㄴ. (X) 좋은 차에 대한 구매자의 최대지불용의금액이 1,200만 원보다 큰 경우에 구매자의 제시 가격은 1,000만 원보다 커진다. 판매자의 좋은 차와 나쁜 차에 대한 최소요구금액 이상이므로 두 유형 모두 거래된다.

ㄷ. (X) 좋은 차에 대한 최소요구금액이 1,000만 원보다 큰 경우에 판매자는 최소요구금액이 그보다 작은 나쁜 차만 판매하고자 할 것이다. 이때 이러한 사실을 구매자가 알게 된다면 나쁜 차에 대한 최대지불용의금액보다 판매자의 최소요구금액이 크기 때문에 나쁜 차 또한 거래되지 않을 것이다.

ㄹ. (○) 좋은 차의 비율이 0.8보다 작다면 최대지불용의금액의 기댓값이 1,000만 원보다 작아진다. 따라서 판매자의 최소요구금액이 1,000만 원인 좋은 차는 거래되지 않는다.

54

정답 ③

ㄱ. (○) 위생 요인은 직무 불만을 감소시키는 데 도움을 주지만, 그 자체로는 직원의 동기나 만족을 높이지 못한다. 복지와 임금 인상이 직무 만족도를 크게 높이지 않은 이유가 여기에 해당한다.

ㄴ. (○) 동기 요인은 직무에 대한 만족도를 직접적으로 증가시키며, 자기 개발 기회와 성장 가능성은 대표적인 동기 요인이다. 이 요인들이 부족할 경우 직원들의 직무 만족도는 낮아질 수 있다.

ㄷ. (X) 허즈버그 이론에서 위생 요인과 동기 요인은 별개로 작동한다. 위생 요인이 불만을 없애는 역할을 하지만, 동기 요인은 직무 만족도를 직접 높이는 역할을 한다. 따라서 둘은 반드시 함께 작용하지 않아도 된다.

55

정답 ④

① (X) 기능별 제휴는 지분 참여 없이 기업의 특정 업무 분야에서 협조하는 관계를 갖는 것을 의미한다.

② (X) 라이센싱은 대가를 받고 상표나 재산권 등을 사용할 수 있는 권리를 부여하는 것을 의미한다.

③ (X) 기술제휴는 로열티 등을 목적으로 특정 기술만을 타 기업에 제공하는 것을 의미한다.

④ (○) 합작투자(joint venture)는 다른 회사와 공동출자를 통해 독립된 회사를 설립해 생산, 연구개발 등의 부분에서 협력하는 것을 의미한다.

56

정답 ①

1) 영업레버리지(DOL)

공헌이익 = 매출액 − 변동비

$=10,000\times70-10,000\times40=300,000$원

영업이익 = 공헌이익 − 고정비

$=300,000-200,000=100,000$원

영업레버리지 = 공헌이익/영업이익

$=300,000/100,000=3$

2) 재무레버리지(DFL)

세전이익 = 영업이익 − 이자비용

$=100,000-50,000=50,000$원

재무레버리지 = 영업이익/세전이익

$=100,000/50,000=2$

57

정답 ③

이 문제를 풀이하기 위해서는 유동성선호가설에 대한 이해가 필요하다. 유동성선호가설에 따르면 현물이자율은 기대현물이자율과 유동성프리미엄의 합에 대한 기하평균이다.

③ (○) 유동성프리미엄은 만기가 길어질수록 커진다. 따라서 수익률곡선이 수평이 되기 위해서는 만기가 길어질수록 기대현물이자율이 작아져야 한다. 투자자들은 미래의 기간별 이자율이 하락할 것으로 예상하고 있다.

핵심만 콕 짚는 TIP

유동성선호가설에 따르면 투자자들이 위험회피자이며 위험에 장기간 노출되는 장기투자보다는 위험이 작은 단기투자를 더 선호한다고 가정한다. 따라서 투자자들은 장기투자에서 오는 위험에 대하여 추가적인 위험프리미엄을 요구한다고 주장한다. 이때 선도이자율은 동일기간의 예상이자율보다 유동성프리미엄(L)만큼 크다.

- ${}_1f_2=E({}_1R_2)+L$

58

정답 ③

이 문제를 풀이하기 위해서는 CAPM의 비현실적인 가정들

에 대한 이해가 필요하다.

① (X) 모든 투자자들에게 적용되는 개인소득세율이 동일하다면, CAPM은 성립한다.

② (X) 차입이자율과 대출이자율이 다르다면, CAPM은 성립하지 않는다. 위험회피도에 따라 투자자마다 위험자산의 최적포트폴리오와 증권시장선이 달라지기 때문에 시장균형이 달성될 수 없다.

③ (O) 제로베타 포트폴리오를 구성하여 그 기대수익률을 무위험이자율 대신 사용한다면 기대수익률과 체계적 위험 간의 선형관계를 나타내는 CAPM은 성립한다.

④ (X) 기대수익률이 증권시장선에서 벗어나 있더라도 거래비용이 크다면 차익거래가 이루어지지 않을 수 있다.

핵심만 콕 짚는 TIP

제로베타 포트폴리오란 베타 또는 시장포트폴리오 수익률과의 공분산이나 상관계수가 0인 포트폴리오를 의미한다.

59

정답 ④

최소분산포트폴리오의 상관계수가 -1인 경우 두 자산의 투자비율은 각각의 표준편차에 반비례한다. 자산 A의 투자비율(W_A)의 계산공식은 다음과 같다.

$$w_A = \frac{\sigma_B}{\sigma_A + \sigma_B}$$

여기서 σ_A는 자산 A의 표준편차, σ_B는 자산 B의 표준편차를 의미한다.

따라서 $0.4/(0.1+0.4)=80\%$이다.

60

정답 ③

이 문제를 풀이하기 위해서는 합병 후 주당이익의 변동에 대해 알아야 한다.

1) 시너지효과가 없는 경우에 주당이익 기준의 주식교환비율에 따라 합병을 하면, 합병 후의 주당이익이 합병 전의 주당이익과 일치하여 주당이익은 변동하지 않는다.

2) 시너지효과가 없는 경우에 주가 기준의 주식교환비율에 따라 합병을 하면, 합병 전 주가수익비율(PER)의 관계에 따라 합병 후의 주당이익(EPS)의 변동이 다음과 같다.

합병 전 PER	합병 후 합병기업의 EPS	합병 후 피합병기업의 EPS
$PER_A > PER_B$	증가	감소
$PER_A < PER_B$	감소	증가
$PER_A = PER_B$	동일	동일

③ (O) 시너지효과가 없는 경우에 주가의 비율을 주식교환비율로 합병하는 경우, 합병기업의 주가수익비율(PER)이 피합병기업의 주가수익비율(PER)보다 크다면 합병기업의 주당이익은 증가하고, 피합병기업의 주당이익은 감소한다.

61

정답 ②

이 문제를 풀이하기 위해서는 배당할인모형을 통해 주가를 구할 수 있어야 한다.

d_1=1기간 후 받게 되는 배당금, k_e=투자수익률, g=순이익 성장률(배당성장률)일 때 배당할인모형에 따르면 현재의 적정 주가$(P_0)=d_1/(k_e-g)=d_0\cdot(1+g)/(k_e-g)=50\cdot(1+5\%)/(10\%-5\%)=1{,}050$원이다.

따라서 이론 적정가격인 1,050원이 시장가격인 500원보다 높으므로 자산을 매수한다.

62

정답 ④

1) 미수이자수익 8,000원 누락: 이자수익을 인식하지 않았으므로 당기순이익 8,000원 과소계상된다.

2) 기말 재고자산 20,000원 과대계상: 재고자산이 과대계상되면 매출원가가 줄어들어 당기순이익이 20,000원 과대계상된다.

3) 대손충당금 5,000원 과소계상: 대손충당금을 적게 설정하면 비용이 줄어들어 당기순이익이 5,000원 과대계상된다.

따라서 당기순이익은 $-8{,}000+20{,}000+50{,}000=17{,}000$원 과대계상된다.

63

정답 ④

이 문제를 풀이하기 위해서는 내부적으로 창출된 무형자산에 대해 이해하고 있어야 한다. 내부적으로 창출된 무형자산은 창출과정을 연구단계와 개발단계로 구분하여 판단한다.

연구단계	
지식의 획득	새로운 **지식**을 얻는 활동
지식의 탐색	연구 결과를 탐색, **평가**, 최종 선택, 응용하는 활동
대체안의 탐색	여러 가지 대체안을 탐색하는 활동
대체안의 선택	여러 가지 **대체안**을 제안, 설계, **평가**, 최종 선택하는 활동
개발단계	
시제품의 설계	생산 전 시제품과 모형을 설계, 제작, **시험**하는 활동

금형의 설계	새로운 기술과 관련된 공구, 금형 등을 **설계**하는 활동
시험공장	상업적 생산목적으로 실현가능한 경제적 규모가 아닌 시험고장을 설계, **가동**하는 활동
선정된 안의 설계	신규로 재료, 장치, 제품, 공정, 시템이나 용역에 대하여 최종적으로 선정된 안을 설계, 제작하는 활동

① (○) 개발비로 인식할 금액은 840,000 + 760,000 + 1,200,000 = 2,800,000원이다.

② (○) 연구비로 인식할 금액은 800,000 + 400,000 + 260,000 = 1,460,000원이다.

③ (○) 연구단계와 개발단계를 구분할 수 없는 경우에는 모두 연구단계에서 발생한 것으로 보며 발생시점에 비용으로 인식한다.

④ (×) 연구단계에서 발생한 지출은 발생시점에 비용으로 인식하지만, 개발단계에서 발생한 지출은 성공가능성, 기업의 능력, 미래의 경제적 효익, 신뢰성 있는 측정 등을 제시할 수 있는 경우에는 무형자산으로 인식하고, 그렇지 못한 경우에 발생시점에 비용으로 인식한다.

64

정답 ②

① (×) 1월의 매출원가는 100,000 + 320,000 − 80,000 = 340,000원이다. 따라서 1월의 원가율은 340,000/500,000 = 68%, 매출총이익률은 32%다.

② (○) 1월의 원가율과 매출총이익률을 동일하게 적용하므로 2월의 매출원가는 400,000 × 68% = 272,000원이다.

③ (×) 2월 말 재고는 80,000 + 240,000 − 272,000 = 48,000원이다.

④ (×) 2월 말 소실된 재고금액은 48,000 × 0.6 = 28,800원이다.

핵심만 콕 짚는 TIP

- 매출총이익률 = 매출총이익/매출액
- 원가율 = 매출원가/매출액
- 매출총이익률 + 원가율 = 100%
- 기초재고 + 매입원가 − 매출원가 = 기말재고

65

정답 ③

1) 매출로 인한 현금유입액

당기 매출액 − 매출채권 감소 = 2,000,000 − (450,000 − 600,000) = 2,150,000

이는 매출채권이 감소한 만큼 현금이 더 유입되었음을 의미한다.

2) 매입으로 인한 현금유출액

당기 매입액 + 매입채무 증가 = −1,200,000 − (300,000 − 400,000) = −1,100,000

이는 매입채무가 증가한 만큼 현금 유출이 지연되었음을 의미한다.

따라서 당기 영업활동 현금흐름액은 1,050,000원(= 2,150,000 − 1,100,000)이다.

66

정답 ②

투자수익률이 시장이자율보다 큰 투자안에 투자하면 순현재가치가 0보다 크기 때문에 투자자의 현재 부가 증가한다. 따라서 투자수익률이 시장이자율보다 큰 투자안에 모두 투자하여야 현재 부를 극대화시킬 수 있다. 이때 부를 극대화시키는 투자규모가 최적 실물투자금액이다. 따라서 투자수익률이 시장이자율(12%)보다 높은 투자안은 B, D, F, I이고, 해당 투자안들에 대한 투자비용의 합은 4,000 + 12,000 + 4,000 + 5,000 = 25,000원이다.

핵심만 콕 짚는 TIP

투자안의 순현재가치(NPV)는 투자로부터 유입되는 미래 현금의 현재가치와 해당 투자를 위해 투입된 비용의 차액으로 계산하며, 이때 투자수익률이 시장이자율보다 큰 경우에 순현재가치가 0보다 크다.

67

정답 ②

① (×) 20X1년 감가상각비는 80,000/5 = 16,000원 과소 계상되었다.

② (○) 20X1년 80,000원의 수선비를 취소하고 해당 금액을 기계장치의 원가로 계상해야 한다.

③ (×) 동 오류사항을 수정하면 20X1년 당기순이익은 80,000 − 16,000 = 64,000원 증가한다.

④ (×) 동 오류사항을 수정하면 20X1년 말 이익잉여금은 80,000 − 16,000 = 64,000원 증가한다.

핵심만 콕 짚는 TIP

회계처리에 대한 오류수정과 정액법의 감가상각비를 계산하는 방법에 대하여 이해하고 있어야 한다.

정액법은 자산의 내용연수 동안 매기 일정액의 감가상각비를 계상하는 방법이다.

- 감가상각비 = (취득원가 − 잔존가치)/내용연수

68

정답 ②

ㄱ. (X) 첫해의 이자 금액은 단리와 복리 모두 동일하므로, 이 질문을 통해 구분할 수 없다.

ㄴ. (X) 이자율 자체는 단리와 복리를 구분하는 요소가 아니며, 두 방식 모두 동일한 이자율을 가질 수 있으므로, 이 질문을 통해 구분할 수 없다.

ㄷ. (O) 단리에서는 이자 총액이 일정하지만, 복리에서는 기간이 길어질수록 이자 총액이 증가하므로 구분할 수 있다.

ㄹ. (O) 복리에서는 이자가 재투자되어 추가 수익을 발생시키지만, 단리에서는 그렇지 않으므로 구분할 수 있다.

69

정답 ①

① (O) 마이페이먼트: 이용자의 결제·송금 지시를 은행에 전달해 이용자 자금을 보유하지 않고 이체 지시를 전달하는 전자금융이다.

② (X) 에스크로: 구매자와 판매자의 신용관계가 불확실할 때 원활한 상거래를 위해 제3자가 이를 중개하는 매매 보호 서비스이다.

③ (X) 전자지급 결제 대행업: 계좌정보를 등록한 가맹점의 인터넷 홈페이지를 통해 소비자가 상품을 구매하면 일부 수수료를 지급받고 가맹점에 정산과 결제를 하는 업무로, 온라인 상점에서 상품 또는 서비스 판매 시 고객이 다양한 결제수단을 통해 안전히 결제할 수 있도록 하는 서비스이다.

④ (X) 전자고지 결제업: 수취인을 대행해 지급인이 지급해야 할 자금을 전자적으로 수취인에 고지하고 자금을 수수하며 정산을 대행하는 업무이다.

70

정답 ①

② (X) 은행채: 은행법이나 특별법에 의해 시중은행이나 특수은행이 장기적이고 안정적인 자금 조달을 위해 발행하는 금융채를 말한다. 은행채는 발행주체별로 특별법에 의한 발행과 은행법에 의한 발행으로 나눌 수 있다. 특별법에 의한 발행은 산금채(산업은행), 중금채(기업은행), 수금채(수출입은행) 등이 있으며, 은행법에 의한 발행은 시중은행, 지방은행 등 모든 은행이 발행하는 것을 말한다.

③ (X) 코코본드: 발행 당시 정한 특정요건 발생 시 주식으로 전환되는 증권을 말한다. 발행 형태는 채권이지만 특정 상황에서는 주식으로 바뀌게 되므로 채권과 주식의 속성을 동시에 지닌 증권이다.

④ (X) 커버드본드: 이중상환청구권부 채권이라고도 불리는 커버드본드는 은행이 주택담보대출채권이나 국·공채 등 우량한 자산을 담보로 발행하는 채권이다. 원리금이 모두 상환될 때까지 안정적인 담보수준을 유지하기 때문에 투자자 보호 성격이 강한 것이 특징이다.

71

정답 50

한계소비성향(c)은 0.8, 비례세의 세율(t)은 0.25이므로, 정부지출승수는 다음과 같다.

$$\frac{\Delta Y}{\Delta G}=\frac{1}{1-c(1-t)}=\frac{1}{1-0.8(1-0.25)}=2.5$$

따라서 정부지출이 20만큼 증가하면 균형국민소득은 50(=20×2.5)만큼 증가한다.

72

정답 ②, ④

총공급곡선은 각 물가수준에서 전체 기업이 생산하는 재화를 나타내는 곡선이다. 총공급곡선은 노동인구, 자본량, 기술의 변화 등에 의해 이동한다.

총수요곡선은 각 물가수준에서 실질 국내총생산에 대한 수요를 나타내는 곡선이다. 총수요곡선은 총수요를 구성하는 소비, 투자, 정부지출, 순수출이 변화하면 이동한다.

① (X) 경제활동인구가 증가하는 경우 총공급곡선(AS)이 우측으로 이동해 C에서 새로운 균형이 발생한다.

② (O) 원자재 가격이 상승하는 경우 총공급곡선(AS)이 좌측으로 이동해 A에서 새로운 균형이 발생한다.

③ (X) 생산기술 향상 시 총공급곡선(AS)이 우측으로 이동해 C에서 새로운 균형이 발생한다.

④ (O) 투자 감소 시 총수요곡선(AD)이 좌측으로 이동해 D에서 새로운 균형이 발생한다.

⑤ (X) 원자재 품귀 현상 발생 시 총공급곡선(AS)이 왼쪽으로 이동해 A에서 새로운 균형이 발생한다.

73

정답 1500

$$NPV=\frac{1,100}{(1+0.1)}+\frac{1,210}{(1+0.1)^2}-500=1,500$$

74

정답 8000

이 문제를 풀이하기 위해서는 재고자산의 평가법에 대해 알아야 한다. 재고자산은 미래경제적 효익의 회수가 자산의 매각을 통해서 이루어지므로 재고자산의 순실현가능치가 취득원가에 미달하여 원가 회수가 어려워지면 미달액만큼의 손실을 본다. 따라서 보고기간 말 재무상태표의 재고자산은 취득원가와 순실현가능가치 중 낮은 금액으로 측정한다.

제품의 순실현가능가치는 예상판매가－추가비용으로 계산한다. 따라서 제품의 평가손실은 36,000－28,000＝8,000이다.
재공품의 순실현가능가치는 예상판매가－추가비용으로 계산하는데, 이때 순실현가능가치가 19,000원으로 취득원가 18,000원보다 높으므로 평가손실을 인식하지 않는다.

75

정답 20

옵션의 만기 기대가격은 만기 시점의 기대 현금흐름과 확률을 곱해 계산한다. 콜옵션은 주가가 행사가보다 클 때 행사하고 풋옵션은 주가가 행사가보다 작을 때 행사한다.

- 만기 시 콜옵션의 기대가격＝{40%×(60－50)}＋{20%×(80－50)}＋{10%×(100－50)}＝15만 원
- 만기 시 풋옵션의 기대가격＝{20%×(50－40)}＋{10%×(50－20)}＝5만 원
- 콜옵션 기대가격＋풋옵션 기대가격＝20만 원

핵심만 콕 짚는 TIP

문제에서 현재의 옵션 가격을 물어보는 것이 아니라 만기 시 옵션가격에 대해 물어봤다는 점에 유의해야 한다. 또한 옵션의 기대가격을 구할 때 현재주가는 고려하지 않는다.

제2회 실전모의고사

직업기초									
01	02	03	04	05	06	07	08	09	10
②	③	①	②	②	①	④	④	③	①
11	12	13	14	15	16	17	18	19	20
④	①	②	②	③	③	④	②	②	④
21	22	23	24	25	26	27	28	29	30
④	③	③	③	②	②	②	②	③	①
31	32	33	34	35	36	37	38	39	40
①	①	①	④	③	③	③	②	③	①

직무수행									
41	42	43	44	45	46	47	48	49	50
②	③	②	③	③	①	④	②	④	④
51	52	53	54	55	56	57	58	59	60
③	④	④	①	②	②	③	③	④	①
61	62	63	64	65	66	67	68	69	70
②	①	②	③	①	②	④	③	①	②
71	880								
72	225								
73	8000								
74	60								
75	1252								

직업기초

01

정답 ②

주택연금이 무엇인지 소개하고 최근 노후대비를 위한 대안으로 주목받는 상황을 설명하며 화제를 제시하고 있는 [가]가 글의 맨 앞에 오는 것이 적절하다. [가] 뒤에 먼저 고령화가 진행된 나라로 미국의 사례를 들고 있는 [라]가 오는 것이 적절하다. 다음으로 영국의 사례를 들며 주택연금 상품의 비소구형 전환 상황을 제시한 [마]가 오고, 국내 민간 주택연금의 한계를 지적한 [나]에는 '반면에'라는 표현이 있으므로 주택연금 상품을 비소구형으로 전환한 영국의 사례가 나오는 [마] 뒤에 오는 것이 적절하다. 마지막으로 노후 자산으로서 주택연금이 갖는 중요성을 설명하며 향후 민간 주택연금 시장 확대의 필요성을 말하고 있는 [다]가 오는 것이 적절하다. 따라서 글의 전체 흐름을 고려할 때 [가] - [라] - [마] - [나] - [다]의 순서가 가장 적절하다.

02

정답 ③

① (○) 비소구형의 설명을 토대로 소구형은 주택 연금 가입자가 주택 가격 하락의 위험을 안고 가는 방식임을 알 수 있다.

② (○) 미국은 정부에서 보증보험을 통해 보증하는 비소구형 공공 주택연금과 보증 없이 민간 금융회사가 제공하는 민간 주택연금을 상호 보완적으로 운영 중이라고 하였다.

③ (×) 민간 주택연금 시장의 활성화는 소비자의 혜택과 선택

권을 확대하는 데 중요한 역할을 수행할 것이라고 하였다.

④ (○) 정부의 사회복지비용 부담을 줄이기 위해 주택연금 시장이 활성화되도록 다각적인 노력을 기울이고 있다고 하였다.

03

정답 ①

① (X) 맵리듀스는 저장구조와 질의어에 독립적으로 시스템 확장성이 높고 비정형데이터 모델을 유연하게 지원한다.

② (○) 맵리듀스는 고차원 언어 및 스키마를 지원하지 않아 코드 재사용이 불가하므로 옳은 설명이다.

③ (○) 맵리듀스는 입력, 분리, 매핑, 셔플, 리듀스, 결과 순으로 프로그램을 실행하므로 옳은 설명이다.

④ (○) [자료]의 '정의'를 통해 알 수 있는 내용이다.

04

정답 ②

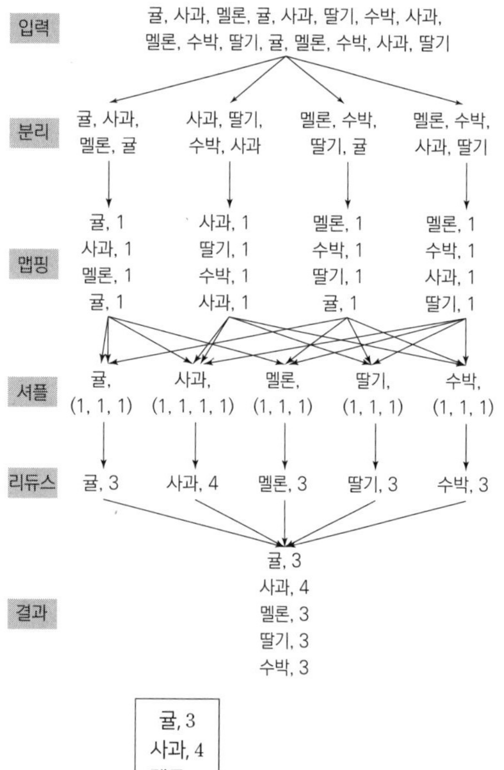

따라서 결괏값은 [귤, 3 / 사과, 4 / 멜론, 3 / 딸기, 3 / 수박, 3] 이다.

05

정답 ②

① (○) 3문단에서 3기 신도시 고양창릉, 하남교산을 비롯한 6천 호가 수도권에서 인기가 높다고 하였다.

② (X) 신축 매입 물량의 확보는 대규모 주택 물량을 차질 없이 공급하고 부동산 시장 집값 상승폭을 완화하기 위함이다. 제시된 글에서 신축 매입 물량이 늘어날수록 공공 주택 공급의 안정성이 약화된다는 인과관계는 찾을 수 없다.

③ (○) 2문단에서 서울 집값 상승폭이 둔화되었으나 금리 인하에 대한 기대감 등 부동산 시장에 대한 불안 요인이 여전히 남아 있다고 하였다. 이를 통해 금리의 변동이 부동산 시장에 영향을 미친다는 것을 알 수 있다.

④ (○) 5문단에서 'Fast-Track'의 도입으로 도시정비사업 추진을 가속화한다고 하였다.

06

정답 ①

ㄱ. (○) 현행 약관에서는 대출실행 거부가 가능한 시점을 '대출계약 체결 전'으로 규정하고 있으나, 개정 약관에서는 '대출계약 체결 후, 대출실행 전'으로 규정하고 있다.

ㄴ. (○) 이자 등의 율을 변경하기 위한 합리적 근거를 현행 약관에서는 '서면 제시'로 한정하고 있으나, 개정 약관에서는 '서면, 온라인 접수 등으로 제시'로 규정함으로써 서면 외 다른 방법도 인정됨을 알 수 있다.

ㄷ. (X) '이자율 등과 지연배상금'의 현행과 개정안에서 모두 "은행은 그 적정성 여부를 성실히 심사하고, 이에 따른 필요한 조치를 취할 경우 그 결과를 통지하여야 한다."라고 규정하고 있다. 이에 개정 전후 모두 은행이 고객에게 알릴 의무가 있음을 알 수 있다.

ㄹ. (X) 채무자가 대출 철회기간 내에 대출금 전액의 상환을 요청하는 경우, 상환에 따른 수수료가 발생하지 않는 때에는 채무자의 철회의사 확인 절차를 생략할 수 있지만, 그 외에는 채무자의 철회의사를 확인해야 한다.

07

정답 ④

① (○) 1문단에서 인플레이션이란 일반적으로 물가가 계속적으로 오르는 현상이라고 하였다.

② (○) 2문단에서 인플레이션의 원인으로 통화량의 팽창이나 소비자 투자, 재정 지출 등 수요의 확대가 있다고 하였다. 즉, 수요가 공급에 비해 많아져서 나타나는 현상임을 알 수 있다.

③ (○) 금사과, 금배추는 사과와 배춧값이 지나치게 올라 마치 금값처럼 귀해졌다는 의미로 인플레이션의 예로 적절하다.

④ (X) 물가는 오르는데 실직, 경기 후퇴가 동시에 일어나는 현상은 스태그플레이션이다.

08

정답 ④

① (○) 1문단에서 통화량이 늘면서 화폐 가치가 떨어진다고 하였다. 따라서 정부가 통화 공급을 늘리면 돈의 가치는 내려가고, 상품의 가격은 오른다고 유추할 수 있다.

② (○) 1문단에서 통화 가치가 상승함에 따라 소비자의 구매력이 약화된다고 하였다. 따라서 소비자 물가가 상승하면 소비자는 같은 양의 상품과 서비스를 구매하는 데 더 많은 돈을 지출해야 하므로 실질 구매력이 감소한다고 유추할 수 있다.

③ (○) 1문단에서 16세기 서유럽의 밀 가격 폭등은 인플레이션의 예로 제시되었으며, 인플레이션은 물가가 계속적으로 올라 일반 대중의 실질 소득이 감소하는 현상이다. 따라서 16세기 서유럽의 밀 가격 폭등으로 인해 당시 소비자의 실질 구매력은 감소했음을 유추할 수 있다.

④ (X) 4문단에서 만약 정부가 물가 하락을 의도한 정책을 수립하면 오히려 실업률을 높일 수 있다고 하였다. 따라서 국가가 소비자 부담을 완화하기 위해 물가를 낮추면 실업률도 내려간다는 반응은 적절하지 않다.

09

정답 ③

① (○) 조건부매수 대상채권 범위가 국채·지방채·특수채 및 국내 신용평가기관에서 A등급 이상을 받은 채권에서 국제 신용평가기관으로부터 A등급 이상을 받은 채권도 추가되었으므로 옳은 설명이다.

② (○) 금융투자업자가 받은 인가를 자진 폐지한 후 재진입하고자 할 경우 필요한 경과 기간이 5년에서 3년으로 단축되었으므로 옳은 설명이다.

③ (X) 증권신고서 대상이 아닌 사모로 영구채 발행 시 주요사항보고서 제출의무가 신설되었다.

④ (○) 1,000억 원 미만의 기업에 대해 시가총액을 1,000억 원으로 적용한다. 따라서 과징금은 $(1{,}000억 \times 10만\ 분의\ 1) \times (1-0.3) = 70만$ 원이므로 옳은 설명이다.

10

정답 ①

분기보고서에는 재무사항, 사업내용 등 필수항목만 기재하고 그 외 임원의 현황, 주주에 관한 사항, 계열회사에 관한 사항 등에 관해서는 달라진 경우에만 기재하도록 함으로써, 기업의 공시부담을 경감하고, 투자자가 달라진 부분을 쉽게 알 수 있도록 하였다.

11

정답 ④

① (X) 2025년부터 ESG 공시 의무화가 도입되고, 2030년부터 모든 코스피 상장사로 확대된다고 하였다.

② (X) 금융감독원은 글로벌 ESG 공시기준에 대한 논의 등을 감안하여 국내 공시기준을 검토한다고 하였다.

③ (X) 금융위원회와 한국거래소는 ESG 관련 기본정보와 활용도 높은 최신 데이터를 제공한다고 하였다.

④ (○) 금융위원회는 중저신용자 대상 중금리대출 확대기조를 유지하여 가계부채 문제를 완화할 계획이라고 하였다.

12

정답 ①

① (○) 주택금융공사는 올해 가계부채의 구조적 개선과 포용금융을 통한 서민의 주거 안정을 위해 ESG 채권을 발행할 예정이며, ECG 채권을 발행하여 저금리, 장기 고정금리 주택담보대출을 공급할 예정이라고 하였다.

13

정답 ②

을 금융상품의 평균이 46.8개월이므로 병호, 진선, 민한, 대원, 정우의 총합을 통해 ㉠의 값을 확인할 수 있다.

$46.8 \times 5 = 234$개월이고, $234-(62+37+48+39)=48$개월이다.

병 금융상품의 평균이 38.2개월이므로 병호, 진선, 민한, 대원, 정우의 총합을 통해 ㉡의 값을 확인할 수 있다.

$38.2 \times 5 = 191$개월이고, $191-(33+27+52+44)=35$개월이다.

무 금융상품의 평균이 12.0개월이므로 병호, 진선, 민한, 대원, 정우의 총합을 통해 ㉢의 값을 확인할 수 있다.

$12.0 \times 5 = 60$개월이고, $60-(5+15+8+12)=20$개월이다.

따라서 ㉠+㉡+㉢ $=48+35+20=103$이다.

14

정답 ②

① (X) 병호는 B금융상품의 유지기간이 60개월을 초과했기 때문에 수익률이 목적인 투자도 한다는 것을 알 수 있다.

② (○) 진선이 유지했던 수익률보다는 안정성 목적의 24개월 이하의 금융상품은 A와 E 2개이다.

③ (X) E금융상품은 평균 유지기간이 12.0개월이고, 정우를 포함한 모든 고객들의 유지기간은 24개월 이하이다. 따라서 안정성을 수익률보다 더 큰 목적으로 가입했을 것이다.

④ (X) 안정성보다는 수익률을 목적으로 가입하면, 장기투자의 목적으로 가입해 유지기간이 60개월을 초과하기 때문에 현재의 평균 유지기간보다 더 긴 유지기간이 합산되어야 한다. 재성이라는 고객이 61개월 동안 D금융상품을 유지했다면, D금융상품의 유지기간 평균은

(27+51+31+12+32+61)/6≒35.7개월이 된다. 따라서 평균 유지기간은 더 길어질 것이다.

15

정답 ③

① (○) 12개월 약정으로 예금상품을 가입했으므로 약정이율은 3.60%이고, 인터넷뱅킹으로 가입했으므로 0.1%p, 가입 시 ESG 경영 추진 서약을 했으므로 0.1%p, 고용인원 증가로 고용보험 가입자 명단을 제출했으므로 0.1%p 우대금리를 받는다. 따라서 A의 이율은 3.60+0.1+0.1+0.1=3.90%이다.

② (○) 28개월 약정으로 예금상품을 가입했으므로 약정이율은 3.70%이고, 가입 후 녹색전문기업 ESG 인증, 재생에너지 사용 ESG 캠페인 참여 확인서를 제출했으므로 0.2%p의 우대금리에 해당하지만, ESG 관련 인증 보유 또는 캠페인 참여 기업 항목은 최대 0.1%p 적용되므로 0.1%p 우대금리를 받는다. 따라서 B의 이율은 3.70+0.1=3.80%이다.

③ (×) 40개월 약정으로 예금상품을 가입했으므로 약정이율은 3.85%이고, 모바일을 통해 가입했으므로 0.1%p의 우대금리를 받는다. 가입 시 ESG 경영 추진 서약을 했으므로 0.1%p, 계약기간 내에 중소벤처기업부 인증 기업 확인서를 제출했지만, 고용노동부 인증 기업 확인서가 아니므로 0.1%p의 추가 우대금리는 받지 못한다. 따라서 C의 이율은 3.85+0.1+0.1=4.05%이다.

④ (○) 35개월 약정으로 예금상품을 가입했으므로 약정이율은 3.70%이고, 계약기간 내에 고용인원 증가로 고용보험 가입자 명단을 제출했으므로 0.1%p, 환경경영시스템 국제환경규격 인증 확인서를 제출했으므로 0.1%p 우대금리를 받는다. 따라서 D의 이율은 3.70+0.1+0.1=3.90%이다.

16

정답 ③

① (○) 가계대출은 6월에 4.49 → 4.26으로 감소, 7월에 4.26 → 4.06으로 감소, 8월에 4.06 → 4.08로 증가, 9월에 4.08 → 4.23으로 증가했고, 주택담보대출은 6월에 3.91 → 3.71로 감소, 7월에 3.71 → 3.50로 감소, 8월에 3.50 → 3.51로 감소, 9월에 3.51 → 3.74로 증가했다. 따라서 6월 이후 전월 대비 증감방향은 동일하다.

② (○) 일반신용대출과 주택담보대출의 가중평균금리 차이는 4월에 6.02−3.93=2.09%p, 5월에 6.11−3.91=2.2%p, 6월에 6.04−3.71=2.33%p, 7월에 5.78−3.50=2.28%p, 8월에 5.65−3.51=2.14%p, 9월에 5.87−3.74=2.13%p이다. 따라서 6월에서의 차이가 가장 크다.

③ (×) 가계대출의 4월부터 9월까지의 가중평균금리 순위는 5월(4.49), 4월(4.48), 6월(4.26), 9월(4.23), 8월(4.08), 7월(4.06) 순이고, 일반신용대출의 가중평균금리는 5월(6.11), 6월(6.04), 4월(6.02), 9월(5.87), 7월(5.78), 8월(5.65) 순이다. 따라서 서로 순위가 다르다.

④ (○) 4월 대비 9월의 감소율은 일반신용대출이 (5.87−6.02)/6.02≒−2.5%, 가계대출이 (4.23−4.48)/4.48≒−5.6%, 주택담보대출이 (3.74−3.93)/3.93≒−4.8%이다. 따라서 가계대출의 감소율이 가장 크다.

17

정답 ④

① (○) 2분기에 개인 은행계 신용카드 이용 건수 중 할부구매의 비중은 6,362/243,300×100≒2.6%이다.

② (○) 4분기에 개인 비은행계 신용카드 현금 서비스 1건당 이용금액은 51,601/521≒99.0만 원이다.

③ (○) 2~4분기 동안 전분기 대비 개인 은행계 신용카드 이용 건수의 증감 추이는 다음과 같다.

구분	2~4분기 동안 전분기 대비 개인 은행계 신용카드 이용 건수의 증감 추이
총 이용 건수	증가-증가-감소
일반구매	증가-증가-감소
할부구매	증가-증가-증가
현금 서비스	증가-증가-증가

따라서 개인 은행계 신용카드 총 이용 건수와 증감 추이가 동일한 세부 항목은 일반구매 1개이다.

④ (×) 3분기에 개인 비은행계 이용금액의 1분기 대비 증가량은 다음과 같다.

구분	3분기 개인 비은행계 이용금액의 1분기 대비 증가량
일반구매	577,042−498,432=78,610억 원
할부구매	179,866−166,685=13,181억 원
현금 서비스	52,472−49,686=2,786억 원

따라서 1분기 대비 증가량이 가장 큰 세부 항목은 일반구매이다.

18

정답 ②

① (○) 월 납입 한도는 개인고객은 1천만 원, 기업고객은 5천만 원이라고 하였다.

② (×) 위법계약해지 요구는 계약서류를 받은 날로부터 5년 이내에 가능하다고 하였으나 계약종료 시 행사 불가하다고 하였다.
③ (○) 가입기간 중 최대 999회까지 납입 가능하다고 하였으므로 계약기간이 36개월인 경우 평균 월 납입회차는 최대 999/36≒27.8회이다.
④ (○) 만기 후 1개월까지는 만기 시 이율의 50%를, 1개월 초과 6개월까지는 만기 시 이율의 30%를, 6개월 이후는 만기 시 이율의 20%를 적립한다고 하였다.

19

정답 ②

- A: 계약기간을 26개월로 설정하였으므로 약정이율은 3.10%이고, 경과비율은 1/26×100≒3.8%이므로 인정률은 5%이다. A의 중도해지이율은 3.10×0.05≒0.16%이다.
- B: 계약기간을 36개월로 설정하였으므로 약정이율은 3.15%이고, 경과비율은 17/36×100≒47.2%이므로 인정률은 40%이다. B의 중도해지이율은 3.15×0.4=1.26%이다.

따라서 A와 B의 중도해지이율의 합은 0.16+1.26=1.42%이다.

20

정답 ④

만기 시 지급받는 금액은 다음과 같다.

1회차	500,000+500,000×0.03×365/365≒515,000원
2회차	500,000+500,000×0.03×335/365≒513,767원
3회차	500,000+500,000×0.03×305/365≒512,534원
4회차	500,000+500,000×0.03×270/365≒511,095원
5회차	500,000+500,000×0.03×240/365≒509,863원
6회차	500,000+500,000×0.03×210/365≒508,630원
7회차	1,000,000+1,000,000×0.03×180/365≒1,014,794원
8회차	1,000,000+1,000,000×0.03×150/365≒1,012,328원
9회차	1,000,000+1,000,000×0.03×120/365≒1,009,863원
10회차	1,000,000+1,000,000×0.03×90/365≒1,007,397원
11회차	1,000,000+1,000,000×0.03×60/365≒1,004,931원
12회차	1,000,000+1,000,000×0.03×30/365≒1,002,465원

따라서 A가 만기 시 지급받는 금액은 515,000+513,767+512,534+511,095+509,863+508,630+1,014,794+1,012,328+1,009,863+1,007,397+1,004,931+1,002,465=9,122,667원이다.

21

정답 ④

① (○) 명의개서대리인은 은행의 주주명부 또는 그 복본을 명의개서대리인의 사무취급장소에 비치하고 주식의 전자등록, 주식명부의 관리, 기타 주식에 관한 사무를 취급하므로 옳은 설명이다.
② (○) 주주가 신주인수권을 포기 또는 상실하거나 신주배정에서 단주가 발생하는 경우에 그 처리방법은 주주총회의 결의로 정하므로 옳은 설명이다.
③ (○) 명의개서대리인 및 그 사무취급장소와 대행업무의 범위는 이사회의 결의로 정하고 이를 공고하므로 옳은 설명이다.
④ (×) 은행이 유상증자, 무상증자 및 주식배당에 의하여 신주를 발행하는 경우 신주에 대한 이익의 배당에 관하여는 신주를 발행한 때가 속하는 회계연도의 직전 회계연도 말에 발행된 것으로 본다.

22

정답 ③

- A: (○) 은행의 주주는 본인이 소유하는 주식 수에 비례하여 신주를 배정받을 권리를 가진다.
- B: (○) 「자본시장과 금융투자업에 관한 법률」 등 관련 법령에 의하여 우리사주 조합원에게 신주를 우선 배정하는 경우에 해당한다.
- C: (×) 주주 외의 사람에게 일반공모증자 방식에 의한 신주를 발행하는 경우 발행주식 총수의 100분의 50 범위 내에서 이루어져야 한다.
- D: (○) 재무구조의 개선 등 은행의 경영상 목적을 달성하기 위하여 필요한 경우에 해당한다.

23

정답 ③

① (○) 고액 정기 예금 상품은 1,000만 원 이상부터 가입할 수 있다고 하였다.
② (○) 청년 정기 예금 상품은 첫 직장에 입사한 지 3년 이내의 사회초년생에게 추가 금리 혜택을 제공한다고 하였다.
③ (×) 일반 정기 예금 상품은 중도 해지 시 1.0%의 금리가 적용된다고 하였다.
④ (○) 일반 정기 예금 상품의 가입 기간은 1년 이상이라고 하였다.

24

정답 ③

M은 만 34세 초과이므로 청년 정기 예금 가입이 불가하다. M이 일반 정기 예금 가입 시 최대 금리는 연 2.1%이고, 고

액 정기 예금 가입 시 최대 금리는 연 3.0%이다. M이 가입하는 예금은 고액 정기 예금이고 M이 만기 시 지급받는 세전 이자는 $2,000\times[\{1+(0.03/12)\}^{24}-1]≒2,000\times(1.062-1)=124$만 원이므로 세후 이자는 $1,240,000\times0.846=1,049,040$원이다.

25

정답 ②

① (○) '1. 대출 대상'에서 개인신용평점에 따른 제한은 없다고 하였다.

② (×) '5. 부대비용'에서 인지세는 은행과 고객이 50%씩 부담한다고 하였으므로 대출금액이 6억 원인 고객이 지불해야 하는 인지세는 15/2=7.5만 원이다.

③ (○) '2. 계약기간'에서 계약기간은 최대 10년 이내이고, '4. 상환방식'에서 상환방식은 거치 기간 없는 매월 원금균등분할상환 또는 부분균등분할상환이라고 하였다.

④ (○) '6. 유의사항'에서 대출 원리금 납입을 일정 기간 지체하거나 만기일이 경과한 경우, 신용관리대상자로 등재될 수 있다고 하였다.

26

정답 ②

① (○) '1. 대출 대상'에서 계속 연체 15일 이상 3개월 미만인 고객은 대출 가능하다고 하였다.

② (×) '1. 대출 대상'에서 당행 포함 5개 이상의 금융기관에 채무를 가진 고객이 대출 가능하다고 하였다.

③ (○) '1. 대출 대상'에서 최근 6개월간 연체 3회 이상인 고객은 대출 가능하다고 하였다.

④ (○) '1. 대출 대상'에서 실직, 폐업 등 재무적 곤란 상황에 처한 고객은 대출 가능하다고 하였다.

27

정답 ②

지점별 구매가 필요한 제품은 다음과 같다.

지점	제품	구매 필요량
A	제품 2	80−70=10개
	제품 3	60−55=5개
B	제품 1	90−85=5개
	제품 3	50−40=10개
C	제품 2	90−60=30개
D	제품 1	120−95=25개
	제품 3	80−65=15개

제품별 구매 필요량은 제품 1이 총 5+25=30개, 제품 2가 총 10+30=40개, 제품 3이 5+10+15=30개이다.

구매하기 위해 제품 1은 $30\times10,000=300,000$원, 제품 2는 $40\times15,000=600,000$원, 제품 3은 $30\times20,000=600,000$원이 필요하다. 예산 내에서 제품 1, 제품 2, 제품 3 순으로 우선 구매해야 한다고 하였으므로 제품 1은 30개, 제품 2는 40개를 구매하고, 제품 3은 {1,000,000−(300,000+600,000)}/20,000=5개를 구매한다. 따라서 구매하는 제품은 총 75개이다.

28

정답 ②

실험실별 구매가 필요한 용액의 양은 다음과 같다.

구분	에탄올	메탄올	아세톤	톨루엔
A	0L	100−90 =10L	80−60 =20L	50−40 =10L
B	110−105 =5L	90−60 =30L	70−50 =20L	40−30 =10L
C	130−110 =20L	90−85 =5L	70−40 =30L	50−20 =30L
D	150−140 =10L	0L	0L	60−50 =10L
E	0L	0L	0L	45−35 =10L

A실험실은 $10\times7,000+20\times6,000+10\times8,000=270,000$원, D실험실은 $10\times5,000+10\times8,000=130,000$원, C실험실은 $20\times5,000+5\times7,000+30\times6,000+30\times8,000=555,000$원, E실험실은 $10\times8,000=80,000$원, B실험실은 $5\times5,000+30\times7,000+20\times6,000+10\times8,000=435,000$원이 필요하다. 총 필요금액은 120만 원 이상이므로 B실험실은 모든 용액을 구매하지 못한다. B실험실이 구매 가능한 비용은 1,200,000−(270,000+130,000+555,000+80,000)=165,000원이다. 추가 필요량이 많은 용액 순으로 우선 구매한다고 하였으므로 메탄올, 아세톤, 톨루엔, 에탄올 순으로 구매한다. 메탄올의 경우 $30\times7,000=210,000$원이므로 B실험실이 추가 구매하는 메탄올은 165,000/7,000≒23L뿐이다. 따라서 추가로 구매하는 용액은 에탄올 20+10=30L, 메탄올 10+23+5=38L, 아세톤 20+30=50L, 톨루엔 10+30+10+10=60L이다.

29

정답 ③

A차장은 비즈니스, B대리, C사원은 이코노미를 이용해야 한다. 2명 이상의 임직원이 동일 지역, 동일 목적으로 5일 이상

출장 시 교통비에 한하여 일행 중 가장 높은 직급의 임직원의 금액을 지급한다고 하였다. 하지만 일정은 3일이므로 가장 높은 직급의 임직원의 금액을 지급하지 않는다. 따라서 지급해야 하는 총 교통비는 (40+25+25)×2=180만 원이다.

30

정답 ①

차장은 KTX 특실, 과장, 대리, 사원은 일반실을 이용해야 하지만 2명 이상의 임직원이 동일 지역, 동일 목적으로 5일 이상 출장 시 교통비에 한하여 일행 중 가장 높은 직급의 임직원의 금액을 지급한다고 하였으므로 6명 모두 KTX 특실을 이용한다. 각 항목별 출장비는 다음과 같다.

- 교통비: 31,200×6×2=374,400원
- 일비: (30,000+25,000×2+20,000×3)×7+(30,000+25,000×2+20,000×3)×0.9×3=1,358,000원
- 식비: (50,000+40,000×2+30,000×3)×10=2,200,000원
- 숙박비: (120,000+80,000×2+60,000×3)×9=4,140,000원

따라서 지급해야 하는 총 출장비는 374,400+1,358,000+2,200,000+4,140,000=8,072,400원이다.

31

정답 ①

갑~정의 총점을 계산하면 다음과 같다.

구분	업무 실적	직무 수행능력	직무 수행태도	전문성 개발	총점
갑	8×0.3 =2.4점	4×0.2 =0.8점	8×0.2 =1.6점	6×0.3 =1.8점	2.4+0.8+ 1.6+1.8 =6.6점
을	10×0.3 =3점	6×0.2 =1.2점	8×0.2 =1.6점	2×0.3 =0.6점	3+1.2+ 1.6+0.6 =6.4점
병	10×0.3 =3점	8×0.2 =1.6점	6×0.2 =1.2점	6×0.3 =1.8점	3+1.6+ 1.2+1.8 =7.6점
정	8×0.3 =2.4점	2×0.2 =0.4점	6×0.2 =1.2점	8×0.3 =2.4점	2.4+0.4+ 1.2+2.4 =6.4점

을과 정의 총점이 동점이므로 두 명 중 업무 실적이 더 높은 을을 우선하며, 네 명의 등급 순서는 병, 갑, 을, 정이다. 갑~정의 성과급을 계산하면 다음과 같다.

갑	을	병	정
4,200×0.6 =2,520만 원	4,000×0.45 =1,800만 원	3,500×0.7 =2,450만 원	4,500×0.4 =1,800만 원

따라서 성과급이 가장 많은 사람은 갑이다.

32

정답 ①

- S기업과 직접 연결되어 있는 중소기업 A 또는 B부터 선을 따라 방문할 수 있다.
- 최단 거리를 찾아야 하므로 이동 중 L기업을 거쳐 가는 경로는 배제해야 한다.

위 사항을 고려하였을 때 중소기업 A~D를 방문하는 최단 경로와 거리는 다음과 같다.

- [경로 1] S → A → B → D → C: 8+12+36+20=76km
- [경로 2] S → A → C → D → B: 8+24+20+36=88km
- [경로 3] S → B → A → C → D: 6+12+24+20=62km
- [경로 4] S → B → D → C → A: 6+36+20+24=86km

따라서 A~D를 방문하는 최단 거리는 [경로 3]의 62km이다.

33

정답 ①

- L기업과 직접 연결되어 있는 중소기업 A 또는 B부터 선을 따라 방문할 수 있다.
- 중소기업 A → B 또는 B → A 경로라면 S기업 또는 L기업을 경유해야 거리가 늘어난다. 이때 자신이 이동했던 선과 방문했던 기업은 다시 지나가지 않아야 하므로, 중간에 L기업을 경유할 수는 없지만 S기업을 경유하는 것은 가능하다.

위 사항을 고려하였을 때 중소기업 A~D를 방문하는 최장의 경로와 거리는 다음과 같다.

- [경로 1] L → A → (S) → B → D → C: 30+8+6+36+20=100km
- [경로 2] L → A → C → D → B: 30+24+20+36=110km
- [경로 3] L → B → (S) → A → C → D: 32+6+8+24+20=90km
- [경로 4] L → B → D → C → A: 32+36+20+24=112km

따라서 최장경로는 [경로 4]의 112km이고 L기업은 분속 0.5km의 속력으로 이동하였다고 했으므로 이동에 소요된 총 시간은 112/0.5=224분(3시간 44분)이다. 또한 마지막 중소기업에 도착하기 전 세 곳의 중소기업을 방문하였으므로 총 3시간을 더한다. 이동에 소요된 시간과 방문한 중소기업에 머문 시간은 총 6시간 44분으로, 김 대리가 오전 10시에 출발해 마지막 중소기업에 도착한 시간은 오후 4시 44분이 된다.

34

정답 ④

- S기업이 첫 번째로 중소기업 A를 방문하였으므로, L기업이 첫 번째 방문 가능한 중소기업은 “S기업과 L기업이 방문

한 중소기업 순번은 겹치지 않는다."라는 조건에 따라 경로상 중소기업 B이다.

- 이후 경로에서 "자신이 이동했던 선과 방문했던 기업은 다시 지나가지 않는다."와 "S기업과 L기업이 방문한 중소기업 순번은 겹치지 않는다."라는 조건을 고려한다.

위 사항을 적용하였을 때 L기업이 가능한 경로, 그 거리 및 비용은 다음과 같다.

- [경로 1] L → B → A → C → D: 32+12+24+20=88km → 88÷0.5×200=3만 5,200원
- [경로 2] L → B → D → C → A: 32+36+20+24=112km → 112÷0.5×200=4만 4,800원
- [경로 3] L → B → (S) → A → C → D: 32+6+8+24+20=90km → 90÷0.5×200=3만 6,000원

따라서 L기업의 최장 거리는 [경로 2], 최단 거리는 [경로 1]이 되고, 이때 이동에 소요되는 비용의 차이는 4만 4,800원 −3만 5,200원=9,600원이 된다.

35

정답 ③

A~E의 총점은 다음과 같다.

- A: (2×5)+(85×0.3)+(90×0.4)+(40×0.2)+(35×0.2)+(30×0.3)=95.5점
- B: (1×5)+(85×0.3)+(85×0.4)+(40×0.2)+(40×0.2)+(35×0.3)=91점
- C: (3×5)+(80×0.3)+(75×0.4)+(50×0.2)+(30×0.2)+(40×0.3)=97점
- D: (2×5)+(80×0.3)+(90×0.4)+(40×0.2)+(35×0.2)+(35×0.3)=95.5점
- E: (1×5)+(90×0.3)+(80×0.4)+(45×0.2)+(30×0.2)+(35×0.3)=89.5점

C의 총점이 가장 높으므로 프랑스에 배정된다. A와 D는 총점이 95.5점으로 동점자이다. 동점자가 있는 경우 면접 점수가 더 높은 지원자를 우선 배정한다고 하였으나 A와 D의 면접 점수는 90점으로 동일하다. 면접 점수도 동일한 경우 프로젝트 참여 점수가 더 높은 지원자를 우선 배정한다고 하였으므로 D는 1순위인 미국 연수 프로그램에 배정되고 A는 2순위인 독일 연수 프로그램에 배정된다. B의 1순위는 배정 완료되었으므로 2순위인 일본 연수 프로그램에 배정되고, E는 미배정된 호주 연수 프로그램에 배정된다.

① (○) 1순위에 배정된 지원자는 C, D 2명이다.
② (○) 호주 연수 프로그램에 배정된 지원자는 E이다.
③ (×) 2순위에 배정된 지원자는 A, B 2명이다.
④ (○) 일본 연수 프로그램에 배정된 지원자는 B이다.

36

정답 ③

A~E의 총점은 다음과 같다.

- A: (2×5)+(85×0.2)+(90×0.3)+(40×0.2)+(35×0.1)+(30×0.2)+(25×0.1)+2=76점
- B: (1×5)+(85×0.2)+(85×0.3)+(40×0.2)+(40×0.1)+(35×0.2)+(20×0.1)=68.5점
- C: (3×5)+(80×0.2)+(75×0.3)+(50×0.2)+(30×0.1)+(40×0.2)+(15×0.1)=76점
- D: (2×5)+(80×0.2)+(90×0.3)+(40×0.2)+(35×0.1)+(35×0.2)+(30×0.1)+2=76.5점
- E: (1×5)+(90×0.2)+(80×0.3)+(45×0.2)+(30×0.1)+(35×0.2)+(25×0.1)+2=70.5점

총점이 가장 높은 D는 1순위인 미국 연수 프로그램에 배정되고, 동점자 A와 C 중 면접 점수가 더 높은 A는 2순위인 독일 연수에, C는 프랑스 1순위에 배정된다. E는 아무도 지원하지 않은 호주 연수 프로그램에 배정되고, 마지막으로 B는 2순위인 일본 연수 프로그램에 배정된다. 따라서 2순위 연수 프로그램에 배정되는 지원자는 A와 B 2명이다.

37

정답 ③

제작부 강 과장이 올린 결재문서는 공익 광고 예상 제작비용에 관한 사전 보고서로, 기획부 및 총무부와 협력한 업무이다. 강 과장의 직급은 '과장'이기 때문에 결재순서는 '기안자 → 협력부서 부장(기획부 부장, 총무부 부장) → 해당부서 부장(제작부 부장) → 이사 → 부사장 → 사장'이다. 따라서 결재자는 강 과장을 포함한 총 7명이다.

38

정답 ②

ㄱ. (○) 회계결산보고서는 회계부 업무로, 다른 부서의 협력이 없는 문서이다. 따라서 김 대리 본인을 포함해 회계부 과장, 회계부 부장, 이사, 부사장, 사장으로 총 6명의 결재를 받아야 하므로 적절한 행동이다.

ㄴ. (×) 전결이라 함은 최고결재권자인 사장이 부사장에게 결재권을 위임하는 경우로, 최고결재권자인 사장을 대신하여 전결하는 부사장이 전결을 할 경우 이를 사후에 보고하여야 한다.

ㄷ. (×) 대결을 할 경우에는 사후에 보고하는 것이 원칙이나, 그 내용이 중요한 문서인 경우에는 결재권자에게 사전에 미리 알려야 한다. 따라서 과장의 행동은 적절하지 않다.

ㄹ. (○) 해당 결재권자의 직무를 대행하는 자가 있는 경우, 대

행자는 해당 결재권자의 결재란은 비워 두고 해당 서명란에 '대결'이라고 표시해야 하므로 적절한 행동이다.

39

정답 ③

① (○) '3. 원격 점검 진행' 프로세스 중 원격 점검 프로그램 설치, 원격 프로그램 실행, 원격으로 문제 진단, 추가 설명 또는 해결 시 조치 완료 후 종료 순으로 이루어진다.

② (○) '2. 원격 점검 예약 접수' 프로세스는 고객 정보 및 제품 오류 코드 입력, 희망 점검 날짜 선택 후 예약 신청, 예약 확정 순으로 이루어진다.

③ (×) '3. 원격 점검 진행' 프로세스 중 문자로 전달받은 코드 입력, 원격 프로그램 허용 동의 요청, 원격 프로그램 사용 허용 동의, 원격으로 문제 진단 순으로 이루어진다.

④ (○) '방문 수리 접수' 프로세스는 고객 정보 및 제품 오류 코드 입력, 희망 점검 날짜 선택 후 예약 신청, 예약 확정, 방문 일자 등 내용 전달 순으로 이루어진다.

40

정답 ①

① (×) 자동 진단 실행 후 오류 코드 'ER874'가 표기된다면 점검 전 자가 대응 방법이 실행된다. 자동 진단 실행에서 동일한 오류 코드가 2번 표기되는 경우에 원격 점검 예약 접수가 실행된다고 하였다.

② (○) 자동 진단 실행 후 오류 코드 'ER147'이 표기된다면 점검 전 자가 대응 방법이 실행된다.

③ (○) 자동 진단 실행 후 오류 코드가 표기되지 않는다면 종료된다.

④ (○) 자동 진단 실행 후 'ER874'가 표기된 이후 자동 진단 재실행 후 오류 코드 'ER252'가 표기된다면 점검 전 자가 대응 방법이 실행된다.

직무수행

41

정답 ②

ㄱ. 정부 지출이 증가하면 총수요가 증가하여 총수요곡선이 오른쪽으로 이동한다.

ㄴ. 원자재 가격이 상승하면 기업의 생산 비용이 증가하게 되어, 총공급곡선이 왼쪽으로 이동한다.

ㄷ. 기술 혁신으로 인해 생산성이 향상되면 총공급이 증가하여 총공급곡선이 오른쪽으로 이동한다.

ㄹ. 소비자 신뢰가 하락하면 총수요가 감소하여 총수요곡선이 왼쪽으로 이동한다.

42

정답 ③

기업 A의 내쉬균형은 아래와 같이 구할 수 있다.

- 기업 B가 개선을 선택하는 경우 기업 A는 [가](개선 선택)와 9(유지 선택) 중 더 큰 보수를 선택하는 것이 내쉬 전략이다. '유지'가 내쉬균형이 되기 위해서는 [가]$<$9이어야 한다.
- 기업 B가 유지를 선택하는 경우 기업 A는 유지를 선택하는 것이 내쉬 전략이다.

기업B의 내쉬균형은 아래와 같이 구할 수 있다.

- 기업 A가 개선 선택 시 기업 B는 유지를 선택하는 것이 내쉬 전략이다.
- 기업 A가 유지 선택 시 기업 B는 [나](개선 선택)와 [다](유지 선택) 중 더 큰 보수를 선택하는 것이 내쉬 전략이다. '유지'가 내쉬균형이 되기 위해서는 [나]$<$[다]이어야 한다.

따라서 기업 A와 B 모두 유지를 선택하는 것이 내쉬균형이 되기 위해서는 [가]$<$9, [나]$<$[다]가 충족되어야 하므로 정답은 ③이다.

43

정답 ②

① (○) 패키지 요금과 편의점 2+1 행사는 묶어팔기에 해당한다. 묶어팔기는 두 가지 이상의 재화를 하나의 묶음으로 팔아 기업의 이윤을 극대화하는 가격전략이다.

② (×) 가격탄력성이 높은 소비자일수록 가격 변화에 민감하므로, 일반적으로 유소년 요금이 가장 낮다는 것은 유소년이 오히려 가격탄력성이 높다는 것을 의미한다.

③ (○) 가격차별을 위해서는 시장에서 소비자가 다른 소비자에 재판매하는 것을 금지해야 한다.

④ (○) 평일 놀이공원 요금이 주말 요금보다 낮으므로 평일 놀이공원 이용자가 가격에 민감하다고 볼 수 있다.

44

정답 ③

이 문제를 풀이하기 위해서는 소비자균형조건에 대해 알아야 한다. 소비자균형이란 주어진 예산제약조건 아래 소비자의 효용이 극대화된 상태이다. 균형에서는 예산선과 무차별곡선이 접하므로 한계대체율이 상대가격과 일치한다.

- 무차별곡선의 기울기(MRS_{XY})=예산선의 기울기(P_X/P_Y) 즉, 소비자균형은 두 재화 간의 소비자의 주관적인 교환비율과 시장에서 결정된 두 재화의 객관적인 교환비율이 일치하는 점에서 성립된다.
- MRS_{XY}(한계대체율)=MU_X(X재의 한계효용/MU_Y(Y재

의 한계효용): 소비자의 주관적인 X재와 Y재의 교환비율로, X재와 Y재의 한계효용 비율로 나타낼 수 있다.

- P_X/P_Y: 시장에서 결정된 두 재화의 객관적인 교환비율이다.

① (X), ② (X), ③ (O) $MU_X/P_X = MU_Y/P_Y$를 만족할 때 효용극대화를 달성할 수 있다.

④ (X) 효용극대화를 달성하는 소비조합 중 소비자 A의 예산인 예산제약 $5X+Y=20$을 만족하는 소비조합은 $X=3$, $Y=5$이다.

수량	1	2	3	4	5
X재의 화폐 1원당 한계효용	30/5 =6	20/5 =4	10/5 =2	5/5 =1	1/5 =0.2
Y재의 화폐 1원당 한계효용	17/1 =17	14/1 =1	8/1 =8	6/1 =6	2/1 =2

45

정답 ③

제시된 글은 인플레이션 증가에 대한 설명이다.

① (O) 인플레이션을 억제하기 위해 중앙은행이 기준금리를 인상할 가능성이 높아지므로, 이 설명은 적절하다.

② (O) 물가가 상승하면 실질 구매력이 감소하여 소비자들이 더 적은 양을 구매할 수 있게 되고, 장기적으로 실질 소득이 감소할 가능성이 크다.

③ (X) 인플레이션이 발생하면 채권의 명목 이자는 일정하지만, 실질 수익률은 낮아진다. 따라서 채권은 인플레이션 상황에서 매력적인 자산이 되지 않는다.

④ (O) 기업들이 인플레이션으로 인해 생산 비용이 증가하면 그 비용을 소비자에게 전가하기 위해 가격을 인상할 가능성이 높다.

46

정답 ①

① (O) 화폐수량설을 변화율에 대한 식으로 바꾸면 $\frac{dM}{M}+\frac{dV}{V}=\frac{dP}{P}+\frac{dY}{Y}$ (통화증가율 + 유통속도변화율 = 인플레이션율 + 실질경제성장률)이다. 주어진 내용을 식에 대입하면 $3\%+0\%=5\%$ + 실질경제성장률이므로, 실질경제성장률은 -2%이다.

② (X) 실질이자율은 명목이자율에서 인플레이션율을 차감해 구할 수 있다. 따라서 $4\%-5\%=-1\%$이므로 실질이자율은 -1%이다.

③ (X) 명목경제성장률은 인플레이션율에 실질경제성장률을 더해 구할 수 있다. 실질경제성장률은 $5\%-2\%=3\%$이다.

④ (X) 화폐의 유통속도가 일정하다고 가정했으므로 화폐의 유통속도 증가율은 0%이다.

> **핵심만 콕 짚는 TIP**
>
> 피셔의 화폐수량설 이론에 따르면 실질 GDP, 실질이자율 등의 실질 변수는 통화량에 영향을 받지 않고 명목 GDP, 명목이자율 등의 명목 변수만 통화량의 영향을 받는다.

47

정답 ④

이 문제를 풀이하기 위해서는 가치함수에 대한 이해가 필요하다. 가치함수의 주요 특징을 기억해야 한다.

- 준거의존성: 사람들은 선택을 할 때 그들이 가지고 있는 기준이 되는 준거와의 비교를 통하여 의사결정을 한다.
- 손실회피성: 사람들은 똑같은 액수가 늘었을 때의 기쁨보다 줄었을 때의 고통을 더 크게 느낀다.
- 민감도의 체감성: 적은 단위의 이득을 얻을 때(손실을 입을 때)의 기쁨(슬픔)보다 더 큰 단위의 이득을 얻을 때(손실을 입을 때)의 기쁨(슬픔)이 더 작다.

ㄴ, ㄷ. (O) 민감도는 체감하기 때문에 이득의 한계효용은 체감한다. 그리고 손실회피적인 성향을 갖고, 기울기가 더 가파르기 때문에 동일한 금액의 이득과 손실 중 손실을 더 크게 인식한다.

48

정답 ②

ㄱ. (O) 규모의 수익은 투입 증가 시 기업의 산출이 변화하는 것을 나타낸다. 규모에 대한 수익의 종류는 규모에 대한 수익의 증가, 규모에 대한 수익의 감소, 규모에 대한 수익 불변이 있다.

ㄴ. (X) 규모에 따른 수익이 체증하는 경우 생산요소의 투입을 10배 증가시키는 경우, 생산량은 10배 이상으로 증가한다.

ㄷ. (X) 생산요소의 가격이 일정하고 규모에 대한 수익불변이 존재하는 경우, 장기평균비용곡선은 수평선이다.

ㄹ. (O) 생산량 증가로 인해 파생수요인 생산요소에 대한 수요가 증가하는 경우, 단위당 생산비용이 증가하므로 장기평균비용곡선이 우상향한다.

> **핵심만 콕 짚는 TIP**
>
> 장기평균비용곡선은 단기평균비용곡선의 포락선으로 각 생산량에서 비용을 최소화하는 점을 이은 곡선이다.

49

정답 ④

① (X) 지속적으로 통화량이 증가하는 경우 금리가 하락하므로 틀린 내용이다.

② (X) 명목 GDP에서 통화량 증가로 인한 인플레이션 효과를 제외해 실질 GDP를 구할 수 있다. 위의 자료에서는 명목GDP/통화량의 값이 감소하므로 실질 경제 성장률이 증가한다고 볼 수 없다.
③ (X) 중국 통화량의 증가로 중국 통화의 가치가 하락해 원화 표시 환율이 하락하므로 틀린 내용이다.
④ (O) 중국의 통화량 증가로 통화의 가치가 떨어져 화폐수요가 감소하고 통화 거래 또한 감소하므로 옳은 내용이다.

50

정답 ④

① (O) 시장 개방 후 국제시장 가격은 10이다. 이 가격에서 국내 공급자는 10만큼 공급하고, 국내 수요자는 70만큼 소비한다. 따라서 수입량은 60(=70−10)이다.
② (O) 시장이 개방되면 국내 소비자들은 더 저렴한 국제시장 가격에 옥수수를 구매할 수 있으므로 소비자잉여는 증가한다. 반면, 국내 생산자는 더 낮은 가격에 대응해야 하므로 생산자잉여는 감소한다.
③ (O) 관세 부과 전 생산자잉여는 50(=10×10×1/2)이다. 관세 부과 후 생산자잉여는 100[=1/2×(20−10)×20]이다. 따라서 생산자잉여는 50(=100−50) 증가한다.
④ (X) 국제시장이 개방된 상태에서 관세를 부과하지 않으면 옥수수 소비량은 줄어들지 않고 70까지 늘어난다.

51

정답 ③

주어진 [정보]는 케인즈의 국민소득결정모형에 대한 자료이다. c=한계소비성향, t=비례세율, m=한계수입성향이라고 할 때, 수출승수는 수출 증가가 얼만큼의 소득증가를 유발하는지 나타내는 승수로 $\frac{1}{1-c(1-t)-i+m}$으로 나타낼 수 있다. 즉, 수출승수는 $\frac{1}{1-0.5(1-0.4)-0.2+0}=\frac{1}{0.5}=2$이다.

> **핵심만 콕 짚는 TIP**
> [정보]에는 수출과 수입의 자료가 주어져 있으므로 주어진 모형은 개방경제 국민소득결정모형이라는 것을 유추할 수 있다.

52

정답 ④

이 문제를 풀이하기 위해서는 코즈의 정리에 대한 이해가 필요하다.
㉠ (O) 乙이 흡연을 하는 공간에서 얻는 만족 수준은 100, 흡연을 하지 않는 공간에서 얻는 만족 수준은 200이므로 흡연을 하지 않는 대가로 최대 지불 가능한 금액은 200−100=100만 원이다.
㉡ (O) 甲이 흡연을 하는 공간에서 얻는 만족 수준은 400, 흡연을 하지 않는 공간에서 얻는 만족 수준은 200이므로 흡연을 하지 않는 대가로 200만 원 이상을 받아야 흡연을 하지 않을 것이다.
㉢ (O) 甲이 흡연을 하는 공간에서 얻는 만족 수준은 400, 흡연을 하지 않는 공간에서 얻는 만족 수준은 200이므로 흡연을 하는 대가로 최대 지불 가능한 금액은 400−200=200만 원이다.
㉣ (X) 乙이 흡연을 하는 공간에서 얻는 만족 수준은 100, 흡연을 하지 않는 공간에서 얻는 만족 수준은 200이므로 흡연을 하는 공간에서 100만 원 이상을 받으면 흡연을 허용할 수 있다.

53

정답 ④

C회사는 시장점율이 A, B회사에 비해 낮은 상태이다. 그러나 해당 시장의 규모는 지속적으로 성장 중이므로 C회사는 점유율을 확대할 기회가 존재한다. 따라서 경쟁에서 밀리지 않기 위해서는 C회사는 시장점유율을 높이는 전략을 취해야 한다.
① (X) 물류투입활동은 가치사슬의 본원적 활동에 해당하지만, 이 문제에서 C회사의 시장점유율 확대를 위해 가장 중요한 활동은 아니다. C회사의 시장점유율을 빠르게 높이려면 공급망 개선보다 시장에서의 인지도 제고가 더 시급하기 때문이다.
② (X) 기술 개발은 가치사슬의 지원활동에 해당한다.
③ (X) 인적 자원 관리는 가치사슬의 지원활동에 해당한다.
④ (O) 마케팅 및 영업은 가치사슬의 본원적 활동 중 하나로, 시장에서의 인지도를 높여 직접적으로 판매를 증대시키고 시장 점유율을 확대하는 데 중요한 역할을 한다. 특히 C회사가 경쟁에서 뒤처진 상황이기 때문에, 빠르게 시장점유율을 확대할 수 있는 전략은 마케팅과 영업을 강화하는 것이다.

54

정답 ①

경쟁사들이 빠르게 성장하고 있는 상황에서 45%의 점유율을 보유한 선두 기업인 A사는 경쟁우위를 확보하기 위한 전략을 취해야 한다.
① (O) 인적 자원 관리는 지원활동으로, A사가 직원들의 역량을 강화함으로써 장기적인 경쟁 우위를 유지하는 데 중요한 역할을 한다. 인적 자원의 강화는 연구개발, 생산성 향상 등 다양한 주요 활동에 긍정적인 영향을 미칠 수 있다.

② (X) 배송 효율을 개선하는 것은 중요하지만, 아웃바운드 물류는 본원적 활동에 해당한다.
③ (X) 마케팅 및 영업은 고객을 유치하고 브랜드 인지도를 높이는 역할을 하지만 본원적 활동에 해당한다.
④ (X) 고객 서비스는 본원적 활동에 해당한다. 이 문제에서는 보조 활동을 개선하는 것이 핵심이므로 해당되지 않는다.

55

정답 ②

ㄱ. (X) PC_1, PC_2는 우하향하는 형태의 필립스곡선이다. 일반적으로 장기의 필립스곡선은 수직 형태(물가를 낮추거나 높이더라도 실업률에 영향을 주지 못함)이다.
ㄴ. (O) 현재 D점에 있다고 했으므로 PC_2 곡선상에 있다는 뜻이고, 단기에 재정정책 확대를 펼쳤기 때문에 실업은 감소하고 그만큼 물가가 상승한다. 그래서 곡선상의 B점으로 옮겨 간다.
ㄷ. (O) 장기적으로 인플레이션율을 완전히 예상한다면 실업률은 본래의 수준으로 돌아가고, 물가만 상승하게 된다. 따라서 D점에서 A점으로 이동할 것이다.
ㄹ. (X) 스태그플레이션이 발생하면서 물가상승률과 실업률 간의 상충(반비례)관계가 제대로 작동하지 않게 됐다. 따라서 적어도 우하향하는 필립스곡선의 형태를 설명할 때는 스태그플레이션을 사례로 들어서는 안 된다.

56

정답 ②

- ROE＝(당기순이익/매출액)×(매출액/총자산)×(1＋부채비율)＝5%×2×2＝20%
- ROA＝(당기순이익/매출액)×(매출액/총자산)＝5%×2＝10%

57

정답 ③

① (O) 모든 투자자는 동일한 예측을 기반으로 의사결정을 하며, 리스크에 대해 동일하게 반응한다고 가정한다.
② (O) 투자자들이 무위험 자산에 대해 제한 없이 자유롭게 투자하거나 차입할 수 있다고 가정한다.
③ (X) 거래비용이나 세금과 같은 시장 마찰이 존재하지 않는다고 가정한다.
④ (O) 투자자들이 시장에서 제공되는 정보에 대해 동일하게 접근하고, 동일한 방식으로 해석한다고 가정한다.

58

정답 ③

- 무성장 배당평가모형으로 구한 주식 1주 가치(10,000원)＝한 주당 배당액/자기자본비용＝2,000원/20%, 자기자본비용＝20%
- WACC＝자기자본비용×(자기자본/총자산)＋타인자본비용(1－세율)×(부채/총자산)＝20%×(100억/200억)＋10%×(1－40%)×(100억/200억)＝13%

> **✎ 핵심만 콕 짚는 TIP**
>
> 배당평가모형은 배당금의 유입으로 현재의 주식 가치를 구하는 모형이다. 무성장 모형은 재투자 없이 순이익 전액을 배당한다고 가정한다. 무성장 모형에서는 '한 주당 가치＝주당배당액(＝주당순이익)/자기자본비용'으로 구할 수 있다. 이와 다르게 고정성장률 모형은 유보금액을 재투자하고 순이익 중 일부를 유보한다고 가정한다. 고정성장률 모형에서는 '한 주당 가치＝1기간 후 배당/(자기자본비용－순이익성장률)'로 구할 수 있다.

59

정답 ④

고든의 배당성장 이론은 기업 성장 시 이익과 배당금액이 모두 증가한다고 가정한다.

① (X) 성장률(g)이 증가하면 적정 주가는 상승하므로 틀린 설명이다.
② (X) 배당 증가 시 주가가 상승하는 비례관계이므로 틀린 설명이다.
③ (X) 주주의 요구수익률(k_e)이 증가하는 경우 주가는 하락하므로 틀린 설명이다.
④ (O) 배당금이 500원일 때 적정 주가 $P_0=d_1/(k_e-g)$＝500/(10%－5%)＝10,000원이다. 기존에 배당금 1,000원일 때 적정 주가는 $P_0=d_1/(k_e-g)$＝1,000/(10%－5%)＝20,000원이므로 배당금 감소 시 주가가 하락한다.

60

정답 ①

① (O) 'NPV＝현금유입의 현가－현금유출의 현가'로 계산되며, NPV를 0으로 만드는 할인율이 IRR이다.

$$NPV=\sum_{x=1}^{n}\frac{CF_x}{(1+r)^x}-I$$

(CF: 현금흐름, r: 할인율, I: 투자의 현가)

②, ③ (X) IRR이 자기자본 수익률보다 높을지라도 현금흐름의 양상에 따라 NPV의 값은 다를 수 있으며, 두 평가방법이 서로 다를 경우 NPV에 의한 평가결과를 따른다.
④ (X) NPV는 자기자본비용으로 재투자됨을 가정하며, IRR은 재투자수익률로 재투자됨을 가정한다.

✎ 핵심만 콕 짚는 TIP

투자 초기에 현금유출이 발생하고, 그 이후에 현금유입이 발생하며, 상호 독립적인 투자안은 NPV와 IRR의 투자평가 결과가 동일한 결과를 가져온다. 하지만 현금유입 양상이 다르거나, 상호 배타적인 투자안의 경우 NPV와 IRR 평가결과는 서로 다른 결과를 가져올 수 있다. NPV는 기업가치의 증가분에 대한 직접적인 금액이기 때문에 NPV와 IRR 사이에서 서로 다른 결과를 가져오면 NPV에 의한 결과를 따라야 한다. NPV는 재투자수익률을 자기자본비용으로 가정하는 현실적인 재투자수익률을 가정하지만 IRR은 IRR로 재투자된다는 것을 가정하여, NPV보다 다소 높은 재투자수익률에 대한 가정을 하고 있다.

61

정답 ②

사채의 발행금액은 100,000×1.69005+1,000,000×0.79719=966,195원이다. 사채발행비가 없으므로 순현금유입은 사채의 발행금액과 같다. 총이자비용은 '순현금유입-총현금유출'로 계산한다. 따라서 순현금유입(966,195)-총현금유출(1,200,000)=(-)233,805원이 총이자비용이다.

✎ 핵심만 콕 짚는 TIP

사채발행비가 있는 경우 사채발행금액에서 직접 차감하고 새로운 사채발행금액과 미래현금흐름의 현재가치를 일치시키는 유효이자율을 재계산하여 동 유효이자율을 적용한 이자비용을 인식한다.

62

정답 ①

1) X2년 회계처리

손상차손 인식 전 장부금액=취득가액- 감가상각누계액=2,000,000-(2,000,000×2/5)=1,200,000

손상차손=장부금액-회수가능액=1,200,000-600,000=600,000

2) X3년 회계처리

감가상각비=장부금액/잔존내용연수(*)=600,000/3=200,000

(*) 손상차손 후의 장부금액 600,000원을 기준으로, 잔존내용연수 3년을 적용하여 감가상각비를 계산한다.

손상차손환입=회수가능액(*)-장부금액=Min[800,000,630,000]-(600,000-200,000)=230,000

(*) 회수가능액은 손상차손을 인식하지 않았을 경우의 장부금액을 한도로 한다.

따라서 X3년 당기순이익에 미치는 영향은 손상차손환입액 및 감가상각비 합계금액 30,000(=230,000-200,000)이다.

63

정답 ②

최초인식시점에 예상되는 자산의 복구원가는 충당부채의 인식요건을 충족하면 유형자산의 최초원가에 가산한다. 복구원가도 자산을 경영진이 의도하는 방법으로 가동하는 데 필요한 지출이므로 취득 시 유형자산의 원가에 가산되어야 한다. 따라서 미래 복구원가의 현재가치는 100,000×0.62092=62,092원이고, 이를 시설의 건설원가인 1,000,000원에 가산하면 유형자산의 취득원가는 1,062,092원이다.

✎ 핵심만 콕 짚는 TIP

복구원가는 원상복구를 위하여 유형자산으로 계상된 시설물을 제거하거나 부지를 복원하는 데 소요될 것으로 최초에 추정되는 원가를 의미한다.

64

정답 ③

이 문제를 풀이하기 위해서는 현금흐름을 구하는 방법에 대하여 알아야 한다.

구분	현금흐름
자산의 증가(감소)	감소(증가)
부채의 증가(감소)	증가(감소)
수익의 증가(감소)	증가(감소)
비용의 증가(감소)	감소(증가)

① (×) 자산의 감소는 현금흐름을 증가시키므로 매출채권의 150,000원 감소는 현금흐름을 150,000원 증가시킨다.

② (×) 부채의 증가는 현금흐름을 증가시키므로 대손충당금의 10,000원 증가는 현금흐름을 10,000원 증가시킨다.

③ (○) 부채의 감소는 현금흐름을 증가시키므로 선수금의 3,000원 감소는 현금흐름을 3,000원 감소시킨다.

④ (×) 비용의 증가는 현금흐름을 감소시키므로 대손상각비 8,000원은 현금흐름을 8,000원 감소시킨다.

✎ 핵심만 콕 짚는 TIP

고객으로부터 유입된 현금흐름을 계산하는 방법을 알아야 한다.
매출액(1,000,000)-대손상각비(8,000)+매출채권 감소(150,000)+대손충당금 증가(10,000)-선수금 감소(3,000)=1,149,000원

65

정답 ①

- 매출원가＝기초 재고자산＋당기 매입액－기말 재고자산
  ＝500,000＋1,200,000－300,000＝1,400,000원
- 기말 매입채무＝기초 매입채무＋당기 매입액－당기 매입채무 상환액
  ＝2,000,000＋1,200,000－1,000,00＝2,200,000원

66

정답 ②

판매목적으로 보유하는 재고자산이 상품, 제품 및 재공품인 경우 순실현가능가치는 정상적인 영업과정의 예상 판매가격에서 예상되는 추가완성원가와 판매비용을 차감한 금액이다. 재고자산이 원재료인 경우 순실현가능가치에 대한 최선의 측정치로 현행대체원가를 사용한다. 단, 완성될 제품이 원가 이상으로 판매될 것으로 예상하는 경우 그 생산에 투입하기 위하여 보유하는 원재료를 감액하지 않는다.

핵심만 콕 짚는 TIP

재고자산의 순실현가능가치를 측정하는 방법은 다음과 같다.

재고자산	순실현가능가치
상품, 제품, 재공품 등	판매가격－추가완성원가－판매비용
원재료(완성될 제품에서 손실이 예상되는 경우만 해당)	현행대체원가
확정판매계약, 용역계약의 이행을 위해 보유하는 재고자산	계약가격에 따라 추정한 가액
확정판매계약의 이행에 필요한 수량을 초과하는 재고자산	일반판매가격에 따라 추정한 가액

67

정답 ④

이 문제를 풀이하기 위해서는 다양한 감가상각방법에 따른 감가상각비의 인식 방법에 대해 알아야 한다. 감가상각방법에는 정액법, 연수합계법, 정률법, 이중체감법, 활동기준법 등이 있다.

1. 정률법은 잔존가치를 고려하여 상각률을 결정한 후 매기에 미상각잔액(취득원가－감가상각누계액)에 상각률을 곱하여 감가상각비를 계산하는 방법이다.
   - 감가상각비＝기초장부금액×상각률
     ＝(취득원가－감가상각누계액)×상각률
2. 이중체감법은 정률법에 의한 상각률의 산정이 복잡하므로 상각률로 2/내용연수를 이용하는 방법이다. 정률법과 동일하게 매기 미상각잔액에 상각률을 곱하여 감가상각비를 계산하는 방법이다.
   - 감가상각비＝기초장부금액×상각률
     ＝(취득원가－감가상각누계액)×상각률

① (X) A회사의 기계장치의 X1년 감가상각비는 1,000,000×36.9%＝369,000원이다.

② (X) A회사의 기계장치의 X2년 감가상각비는 (1,000,000－369,000)×36.9%＝232,839원이다.

③ (X) B회사의 기계장치의 X1년 감가상각비는 4,500,000×2/5＝1,800,000원이다.

④ (O) B회사의 기계장치의 X2년 감가상각비는 (4,500,000－1,800,000)×2/5＝1,080,000원이다.

68

정답 ③

[자료]에서 설명하는 금융상품은 옵션이다.

① (X) 옵션 가격은 변동성이 클 때 높아지며, 기초자산 가격이 안정적일 때는 낮아진다.

② (X) 기초자산을 보유하지 않고도 옵션계약을 체결할 수 있는 네이키드콜(언커버드콜)이 존재한다.

③ (O) 풋옵션 매수자는 기초자산 가격이 하락할 때 이익을 볼 수 있다.

④ (X) 중도에 자유롭게 거래가 가능하다.

69

정답 ①

① (O) 매스 커스터마이제이션: 개별 고객의 니즈에 맞추어 주문생산된 제품 및 서비스를 대량생산함으로써 낮은 비용으로 제공하는 시스템이다.

② (X) 매스 마케팅: 불특정 다수를 대상으로 제품을 홍보하고 판매를 촉진하는 활동이다.

③ (X) 범위의 경제: 여러 제품을 각자 생산하는 것보다 함께 생산하여 더 낮은 원가로 생산할 수 있음을 의미한다.

④ (X) 규모의 경제: 대규모로 생산할 경우 원가를 절감할 수 있음을 의미한다.

70

정답 ②

① (X) 신용보험: 기업 간의 상거래에 있어 물품 또는 용역을 판매하는 기업(보험계약자)이 구매기업의 지급불능이나 채무불이행으로 인하여 예측하지 못한 손실이 발생할 위험에 대비하여 가입하는 손해보험을 말한다.

③ (X) 중소기업 PL보험: 기업(피보험자)이 제조, 판매, 공급 또는 시공한 제품(부동산 및 무형무기물 제외)이 타인에게 양도된 후, 그 제품의 결함(설계상, 제조상, 표시상)으로 인

한 사고로 발생된 타인의 신체나 재물 등에 입힌 손해를 배상하는 보험을 말한다.

71

정답 880

각 기업은 배출권을 자유롭게 거래하여 비용을 최소화하려고 할 것이다. 배출권 가격이 1톤당 10만 원이므로, 정화처리 비용이 1톤당 10만 원보다 낮은 경우에는 직접 정화처리를 하고, 1톤당 10만 원보다 높은 경우에는 배출권을 구매하여 정화처리를 하지 않는 것이 이익이다. 단, 사회 전체 온실가스 배출량은 160톤이어야 한다. 따라서 각 기업별 배출권사용량 및 정화처리량은 다음과 같다.

기업	배출량 (톤)	배출권 사용량 (톤)	정화 처리량 (톤)	정화처리비용 (만 원)	역할
A	120	120	0	0만 원 (=0×12)	구매자
B	80	0	80	400만 원 (=80×5)	판매자
C	40	40	0	0만 원(0×10)	—
D	60	0	60	480만 원 (=60×8)	판매자
합계	300	160	140	880만 원	

72

정답 225

이 문제를 풀이하기 위해서는 확실성등가에 대해 알아야 한다. 확실성등가(Certainty Equivalence: CE)란 불확실한 상태에서 기대되는 효용의 크기인 기대효용과 동일한 효용을 주는 확실한 현금의 크기를 말한다.

자산의 기대효용=(각 상황이 발생할 확률×각 상황에서의 효용)이다.

주어진 값을 식에 대입하면, 자산의 기대효용(EU(m))$=1/2\times2\sqrt{100}+1/2\times2\sqrt{400}=30$이다.

해당 주식을 보유했을 때의 기대효용 30과 동일한 효용을 얻을 수 있는 확실성등가(CE)를 구한다. 따라서 $2\sqrt{CE}=30$이고, 확실성등가(CE)=225이다.

73

정답 8000

각 거래별 회계처리는 다음과 같다.

X2년 3월 27일	(차) 대손충당금	2,000	(대)	매출채권	5,500원
	대손상각비	3,500			
X2년 8월 11일	(차) 현　　금	3,000	(대)	대손충당금	3,000원
X2년 12월 31일	(차) 대손상각비	4,500	(대)	대손충당금(*)	4,500원

(*) 기말 대손충당금=75,000×10%−(2,000−2,000+3,000)=4,500원

따라서 X2년에 인식할 대손상각비 총액은 8,000원(=3,500+4,500)이다.

74

정답 60

부채 기업의 자기자본비용$=k_e^L$, 무부채 기업의 자기자본비용$=\rho$, 부채의 이자율$=k_d$, 세율$=t$, 부채비율=B/S이라고 한다. MM 수정 제2명제에 따르면 $k_e^L=\rho+(\rho-k_d)\times(1-t)\times B/S$이다.

- 자본구조 변경 이후 자기자본비용(k_e^L)=10%+(10%−5%)×(1−40%)×1=13%
- 자본구조 변경 이후 가중평균자본비용=13%×(1/2)+5%×(1−40%)×(1/2)=8%
- 자본구조 변경 이후의 기업가치=[8만 원×(1−40%)]/가중평균자본비용=[8만 원×(1−40%)]/8%=60만 원

> **핵심만 콕 짚는 TIP**
>
> 무부채기업의 가치=[8만 원×(1−40%)]/10%=48만 원
> 문제에서 법인세와 자본비용, 부채비율을 제시했으므로 MM의 수정명제를 통해 문제를 풀어야 하는 것을 먼저 파악하도록 한다. MM의 수정명제에서는 법인세가 있는 경우 이자비용의 법인세 절감으로 기업의 부채가 증가하면 기업의 가치가 증가한다고 본다.

75

정답 1252

이 문제를 풀이하기 위해서는 포트폴리오의 분산을 구하는 공식에 대해 알아야 한다.

투자자는 일반적으로 어느 한 자산에만 투자하는 것이 아니라 여러 자산에 분산투자를 한다. 이렇게 투자자가 구성한 여러 자산의 집합을 포트폴리오라 하는데 어떤 자산을 어떠한 비율로 포트폴리오를 구성하는지에 따라 포트폴리오의 수익률과 분산이 달라진다.

포트폴리오의 분산을 구하는 공식은 다음과 같다.

- $Var(R_p)=W_a^2Var(R_a)+W_b^2Var(R_b)+2\times W_a\times W_b\times Cov(R_a, R_b)$이다.
  [R_p=포트폴리오의 수익률, R_a=A 주식의 수익률, R_b=B 주식의 수익률, W_a=A 주식의 투자비율, W_b=B 주식의 투자 비율, VAR(R_a)=A 주식의 분산=(A 주식의 표준편차)$^2=0.4^2$, VAR(R_b)=B 주식의 분산=(B 주식의 표준편차)$^2=0.3^2$]

따라서 공식에 주어진 값을 대입하면 $0.8^2\times0.4^2+0.2^2\times0.3^2+2\times0.8\times0.2\times0.06=0.1252$이다.

제3회 실전모의고사

직업기초									
01	02	03	04	05	06	07	08	09	10
②	④	④	②	①	②	③	④	③	④
11	12	13	14	15	16	17	18	19	20
④	①	②	③	③	③	①	④	④	①
21	22	23	24	25	26	27	28	29	30
③	④	③	②	④	②	③	③	③	④
31	32	33	34	35	36	37	38	39	40
②	③	②	②	①	④	②	③	①	②

직무수행									
41	42	43	44	45	46	47	48	49	50
②	②	②	④	④	③	④	③	④	①
51	52	53	54	55	56	57	58	59	60
④	①	③	③	②	②	③	④	①	①
61	62	63	64	65	66	67	68	69	70
③	①	④	③	②	③	③	③	①	③
71	400								
72	0204								
73	9000								
74	43								
75	12								

직업기초

01

정답 ②

[가]: 국외에서 창업한 한국 기업 지원에 대한 내용이다. 소제목으로 '글로벌 창업 및 성장 지원'이 적절하다.

[나]: 민간 투자 유치를 위한 정책을 소개하고 있다. 소제목으로 '벤처 투자의 민간 전환 촉진'이 적절하다.

[다]: 기업가 정신의 함양을 돕고 일반인도 창업할 수 있는 분위기를 조성하자는 내용이다. 소제목으로 '도전적 창업 분위기 조성'이 적절하다.

[라]: 기존의 정책이 어떤 패러다임으로 전환될지를 정리하였다. 소제목으로 '6대 정책 패러다임의 전환'이 적절하다.

02

정답 ④

① (○) [가]는 해외에서 창업한 한국인이 해외에서 정착할 수 있도록 지원하는 정책을 소개하고 있다. [라]는 기존의 정부 정책 대상이 국내 지원에 한정되어 있었다는 것을 알 수 있게 한다. 따라서 기존의 정부 정책은 한국인이 국외에서 글로벌 환경에 적응하고 경쟁력을 갖기에 부족하다는 지적이 있었음을 유추할 수 있다.

② (○) [나]는 민간 출자자의 참여 확대를 촉진하는 내용이다. 국내 기업의 글로벌 진출 확대를 강조하는 글의 전체 흐름에서 볼 때, 민간 출자자가 확대됨으로써 글로벌 자본 유치가 확대되고, 역동적인 벤처 투자도 가능해진다는 것을 유추할 수 있다.

③ (○) [다]는 기업이 아닌 일반인도 창업할 수 있는 분위기를 조성하려는 정책이다. 이를 통해 기존에는 오히려 기업에만 지원사업이 집중되어 있었음을 유추할 수 있다.
④ (×) [라]에서 기존에는 정부와 민간이 수직적 관계인 정부 하향식 주도 형태였으나, 앞으로는 수평적 관계로 전환한다고 하였으므로 정부의 하향식 정책 방향이 고수되어야 한다는 내용은 유추할 수 없다.

03

정답 ④

① (○) '3. 상품 상세정보'에서 1년 뒤 9.9%로 인하된다고 하였고, 대출 신청 전에 서민금융진흥원의 금융교육을 이수한 자에 한하여 0.5%p 우대금리를 적용받을 수 있다고 하였으므로 대출금리는 최소 연 9.4%이다.
② (○) '3. 상품 상세정보'에서 서민금융진흥원의 금융교육 이수 여부는 서민금융진흥원 전산을 통해 확인 가능하므로 대출 상담 시 이수증이 불필요하다고 하였다.
③ (○) '3. 상품 상세정보'에서 교육비의 경우 최초 이용 시 최대 100만 원 한도 내에서 대출 가능하다고 하였다.
④ (×) '3. 상품 상세정보'에서 연체 없이 성실 상환 시 6개월마다 3.0%p의 금리우대를 받을 수 있다고 하였고, '4. 유의사항'에서 6개월 성실 상환 시 추가 대출 신청자에 한하여 온라인을 통하여 신청할 수 있다고 하였다.

04

정답 ②

① (×) '1. 지원대상'에서 신용평점 하위 20% 이하이면서 연소득이 3,500만 원 이하인 자가 지원대상이라고 하였다.
② (○) '1. 지원대상'에서 현재 연체 중인 자가 대출 신청 시 신용회복위원회 채무조정 상담 신청을 하였으나 채무조정 상담을 받지 않은 경우, 성실 상환 금리 인센티브, 추가 대출 및 만기 연장이 제한된다고 하였지만 대출이 제한된다고 하지는 않았다. 또한 저신용으로 인하여 불법 사금융이 불가피한 고객의 재기를 돕는다는 소액 생계비 대출 제도의 취지를 고려할 때 연체 중인 자가 지원대상이 될 수 있음을 유추할 수 있다.
③ (×) '1. 지원대상'에서 대출상담 과정 중 도박 등 사행성 용도인 경우 대출이 거절될 수 있다고 하였다.
④ (×) '3. 상품 상세정보'에서 6개월간 정상 이용 시 추가 대출이 1회 가능하다고 하였다.

05

정답 ①

① (×) 제시된 글은 국내 식품의 해외 수출 확대에 관한 글이다. 저출산 및 고령화, 경기 침체를 국내 내수 시장의 경기 침체 원인으로 꼽았으나 그 해결 방안을 따로 제시하지는 않았다.
② (○) 2023년 기준 주요 식품 기업의 해외 매출 비중을 제시했으며, 오뚜기는 9.6%, 매일유업은 3.7%, 동원F&B는 3.0%라고 하였다.
③ (○) K-콘텐츠, K-문화의 인기로 인해 한식에 대한 외국인의 관심이 높아지면서 국내 식품 기업의 해외 매출이 확대되었다고 하였다.
④ (○) 2024년 7월 말을 기준으로 농식품(K-Food)의 수출 누적액은 지난해 대비 9.2% 증가한 56억 7천만 불을 기록했다고 하였다.

06

정답 ②

① (×) '감면 대상'에서 경력단절 여성의 감면 대상은 2017년 1월 1일부터 2023년 12월 31일 사이에 취업한 자라고 하였다.
② (○) '감면 대상'과 '감면 기간'에서 2023년에 취업한 장애인은 3년간 소득세를 감면받을 수 있다고 하였다.
③ (×) '감면 기간'에서 소득세 감면 기간은 취업일로부터 3년이라고 하였지만, 만 34세 이하의 청년만 취업일로부터 5년간 감면 혜택을 받을 수 있다고 하였다.
④ (×) '감면 대상'에서 일용근로자는 제외된다고 하였다.

07

정답 ③

① (○) A대출은 사업자의 연소득이 3,500만 원 이하(3개월 이상 재직 중)인 경우 개인신용평점과 무관하게 대출 신청이 가능하다고 하였다.
② (○) A, B대출의 대출 대상을 비교해 보면 A대출은 개인신용평점이 일정 기준 이하에 해당하여야 하며, B대출은 개인신용평점이 일정 기준 이상이어야 함을 알 수 있다. 따라서 B대출은 일정 소득이 있는 직장인에게 유리한 대출이다.
③ (×) B대출은 5천만 원 초과~1억 원 대출 시 인지세액이 7만 원이며 고객과 은행이 50%씩 부담한다고 하였다.
④ (○) 고객의 NICE 개인신용평점이 820점이라면 개인신용평점이 하위 100분의 20 이하에 해당하지 않으므로 A대출 조건에는 해당되지 않아 B대출을 소개할 수 있다.

08

정답 ④

① (○) A대출은 개인신용평점이 하위 100분의 20 이하에 해당해야 대출이 가능하다고 하였다.
② (○) B대출은 최대 1억 원까지 대출이 가능하므로 만약 고

객 갑이 6,000만 원의 대출이 필요하다면 B대출을 신청해야 한다.

③ (○) A, B대출 모두 충족해야 하는 최소 재직 기간 요건이 있으므로 갑의 재직기간이 1개월 미만이라면 A, B대출 모두 거절될 것이다.

④ (×) 고객 갑의 개인신용평점이 하위 100분의 20 이하이면서 재직 기간이 12개월이라면 A대출 신청만 가능하며 최대 2,000만 원까지 신청이 가능하다.

09

정답 ③

① (○) '2. 계약기간'에서 계약기간은 12개월이고, '3. 납입금액'에서 납입금액은 매월 50만 원 이하라고 하였으므로 최대 납입금액은 12×50=600만 원이다.

② (○) '7. 중도 해지 금리'에서 모든 구간의 최저금리는 연 0.1%로 적용한다고 하였다.

③ (×) '5. 약정금리'에서 약정금리는 연 2.5%이고, '6. 우대금리'에서 부모급여를 부모 명의의 당행 입출금식 통장으로 매월 10만 원 이상, 6개월 이상 입금 시 연 2.0%p의 우대금리를 적용받는다고 하였다. '8. 만기 후 이율'에서 만기 후 1개월 초과 6개월 이내의 만기 후 이율은 만기 시 금리의 30%라고 하였으므로 4.5×0.3=1.35%이다.

④ (○) '1. 가입대상'에서 실명의 개인은 1인 1계좌를 개설할 수 있으며, 개인사업자와 외국인 비거주자가 제외된다고 하였다.

10

정답 ④

A~D의 해지 시 금리는 다음과 같다.

- A: '6. 우대금리'에서 아동수당을 부모 또는 자녀 명의의 당행 입출금식 통장으로 매월 10만 원 이상, 6개월 이상 입금받는 경우에만 우대금리를 받을 수 있다고 하였으므로 타행 입출금식 통장으로 아동수당을 받은 A가 적용받는 금리는 연 2.5%이다.
- B: '6. 우대금리'에서 한부모가족 지원 대상자 중 자녀 명의의 한부모가족 증명서를 제출한 경우 우대금리로 연 1.0%p를 적용받을 수 있지만 우대금리는 만기 해지 시까지 조건을 유지한 경우만 적용한다고 하였으므로 적용받는 금리는 2.5%이다. '7. 중도 해지 금리'에서 납입기간 경과비율 80% 이상(10/12×100≒83.3%)인 경우 약정금리의 80%이므로 2.5×0.8=2%이다.
- C: '6. 우대금리'에서 부모 명의로 주택청약종합저축 신규 가입하고 만기시점까지 보유한 경우에만 우대금리를 받을 수 있다고 하였으므로 C가 적용받는 금리는 연 2.5%이다.
- D: '6. 우대금리'에서 우대금리는 만기 해지 시까지 조건을 유지한 경우에만 적용한다고 하였으므로 납입기간 경과비율이 40% 이상 60% 미만(5/12×100≒41.7%)에 해당하는 D가 적용받는 금리는 2.5×0.4=1%이다.

따라서 적용받는 금리가 가장 낮은 사람은 D이다.

11

정답 ④

① (×) 탄소제로적금은 전기 사용량 절약 여부에 따른 우대금리가 적용되는 상품으로 외국인에게 더 유리한 것은 아니다.

② (×) 가입 기간 중 전기 사용량 절감 횟수가 5회 이상인 경우 우대 금리는 연 2.0%p라고 하였다.

③ (×) 자동이체 실적이 3개월 미만이므로 자동이체 우대 조건을 충족하지 못한다. 최초 거래 고객 조건만 충족하여 우대 금리는 연 1.0%p가 된다.

④ (○) 계좌에 압류, 가압류, 질권 설정 등이 등록될 경우 원금 및 이자 지급이 제한된다고 하였다.

12

정답 ①

① (○) 자동이체 실적 충족 시 우대 금리는 연 1.0%p라고 하였다.

② (×) 최초 거래 고객은 2가지 세부 요건 중 1가지만 충족하여도 최초 거래 우대 금리가 적용된다.

③ (×) 에너지 절감 횟수 5회 이상과 최초 거래 고객 요건, 자동이체 실적이 충족되었으므로 총 연 4.0%p 우대 금리가 적용된다.

④ (×) 전기 사용량 절감 횟수가 5회 이상인 경우 연 2.0%p 우대 금리가 적용된다고 하였다.

13

정답 ②

① (×) 2023년의 관세 추경예산은 상반기 진도율을 통해 확인이 가능하다. 상반기 진도율=상반기 누계/추경예산이므로, 2023년 관세 추경예산은 1.4×2=2.8조 원이다. 따라서 2023년 관세 추경예산은 2022년보다 크다.

② (○) 일반회계를 구성하는 국세수입 항목은 기타를 제외하고, 소득세, 법인세, 부가세, 교통세, 관세이다. 따라서 2022년 대비 2023년 추경예산 증가율은 소득세=(71.4−59.3)/59.3≒20.4%, 법인세=(38.5−37.6)/37.6≒2.4%, 부가세=(46.3−38.2)/38.2≒21.2%, 교통세=(21.1−15.3)/15.3≒37.9%, 관세=(2.8−2.7)/2.7≒3.7%이다. 따라서 교통세가 가장 높다.

③ (X) 2023년 소득세의 6월 지출예산 비중은 6.7/71.4≒9.4%이다. 이를 2022년에 적용하면, 59.3×9.4%≒5.6조 원이 된다. 따라서 5조 원을 초과한다.

④ (X) 2022년 하반기 진도율이 가장 큰 일반회계 내의 국세수입 항목은 상반기 진도율이 가장 낮은 법인세이다. 법인세의 하반기 진도율은 100－36.9＝63.1%이다. 2023년의 상반기 진도율이 가장 낮은 일반회계 내의 국세수입 항목은 39.3%의 교통세이다. 교통세의 하반기 진도율은 100－39.3＝60.7%이다. 따라서 2022년과 2023년에 하반기 진도율이 가장 높은 일반회계 내의 국세수입 항목은 일치하지 않는다.

14

정답 ③

① (X) [그림 2]를 통해 확인 가능하다. 부동산자산 구성비는 2019년부터 2021년까지는 지속적으로 증가했고, 2023년까지는 감소했다. 하지만 금융자산 구성비는 2019년부터 2021년까지 지속적으로 감소했기 때문에 증감방향은 일치하지 않는다.

② (X) 1인당 금융자산은 2019년 2,017/32.3≒62.45억 원, 2020년 2,154/35.4≒60.85억 원, 2021년 2,618/39.3≒66.62억 원, 2022년 2,883/42.4≒68.00억 원, 2023년 2,747/45.6≒60.24억 원이다.

③ (O) [그림 1]의 2023년 보유 금융자산 현황은 2,747조 원이고, 이는 [그림 2]의 해당 인원들의 전체 보유자산 중 금융자산이 차지하는 비중은 37.9%에 해당한다. 이에 따라 2,747/37.9×100＝7,248조 원임을 알 수 있다. 따라서 이들이 보유한 전체 자산은 7,000조 원이 넘는다.

④ (X) 2020년 보유 금융자산 현황은 2,154조 원이고, 해당 인원들의 전체 보유자산 중 금융자산이 차지하는 비중 38.6%, 부동산자산은 56.6%이다. 이에 따라 부동산자산 총액을 구하면 2,154/38.6%×56.6%＝3,158조 원임을 알 수 있다. 따라서 총 보유 부동산자산은 3,500조 원에 못 미친다.

15

정답 ③

① (O) A는 계약기간을 10개월로 설정하여 가입했으므로 약정이율은 3.65%이다. 당행 입출금식 계좌에서 자동이체를 통해 5회 납입했으며 목표금액 이상을 납입했으므로 0.1%p 우대금리를 받는다. 5개월 경과 후 중도 해지했으므로 납입기간 경과비율은 5/10×100＝50%이고, 중도 해지 이율은 3.75×0.4＝1.50%이다.

② (O) B는 계약기간을 6개월로 설정하여 가입했으므로 약정이율은 3.65%이다. 최초 거래고객이므로 0.5%p 우대금리를 받는다. 1개월 경과 후 중도 해지했으므로 납입기간 경과비율은 1/6×100≒16.7%이고, 중도 해지 이율은 4.15×0.1≒0.42%이다.

③ (X) C는 계약기간을 10개월로 설정하여 가입했으므로 약정이율은 3.65%이다. 타행 입출금식 계좌에서 자동이체를 통해 4회 납입했고, 목표금액 이상을 납입했으므로 우대금리는 받지 못한다. 7개월 경과 후 중도 해지했으므로 납입기간 경과비율은 7/10×100＝70%이고, 중도 해지 이율은 3.65×0.6＝2.19%이다.

④ (O) D는 계약기간을 12개월로 설정하여 가입했으므로 약정이율은 3.85%이다. 1개월 경과 후 중도 해지했으므로 납입기간 경과비율은 1/12×100≒8.3%이고, 중도 해지 이율은 3.85×0.05≒0.19%이다.

16

정답 ③

① (X) 2022년은 하반기만 제시되었고, 2024년은 상반기만 제시되었기 때문에 2022년 대비 2024년의 값은 알 수 없다.

② (X) 일평균 직불형 체크카드 이용규모는 2024년 상반기 ＞ 2023년 하반기 ＞ 2023년 상반기 ＞ 2022년 하반기 순으로 많다. 일평균 후불형 법인 신용카드의 이용규모는 2024년 상반기 ＞ 2023년 상반기 ＞ 2023년 하반기 ＞ 2022년 하반기 순으로 많다. 따라서 둘의 이용규모는 비례하지 않는다.

③ (O) 2023년 하반기의 전년동기는 2022년 하반기이다. 따라서 2022년 하반기에서 2023년 하반기로는 (10십억－14십억 원)/14십억 원≒－28.5%로 25% 이상 감소했다.

④ (X) 후불형 개인 신용카드의 단위 조사기간당 평균 이용규모는 (1,910＋2,036＋2,109＋2,137)/4≒2,048십억 원이다. 직불형 세크카드의 단위 조사기간당 평균 이용규모는 (637＋659＋673＋679)/4≒662십억 원이다. 662×4＝2,648이므로 4배에 미치지 못한다.

17

정답 ①

① (X) 2022년에 직원 수가 5인 이상 9인 이하인 중소기업 수의 전년 대비 증가율은 (404,091－384,901)/384,901×100≒5.0%이다.

② (O) 2020년에 중소기업 수는 직원 수가 많아지는 구간일수록 적어진다는 것을 확인할 수 있다.

③ (O) 2020년에 직원 수가 200인 이상 299인 이하인 중소기업 중 주거래 은행이 시중은행인 기업의 비중은 1,095/1,673×100≒65.5%이다.

④ (○) 직원 수별 중소기업 수가 가장 많은 해는 5인 이상 9인 이하는 2023년, 10인 이상 19인 이하는 2022년, 20인 이상 49인 이하는 2023년, 50인 이상 99인 이하, 100인 이상 199인 이하와 200인 이상 299인 이하는 2020년이다.

18

정답 ④

① (○) 청년 주택드림 청약통장 가입자는 가입기간 2년 이상일 경우 가입일로부터 10년 이내의 무주택기간에 한하여 우대이율을 적용 가능하다고 하였다.

② (○) 최대 6년의 병역 이행 기간을 빼고 계산한 연령이 만 34세 이하인 사람도 청년 주택드림 청약 통장에 가입 가능하다고 하였다.

③ (○) 주택청약종합저축의 10년 초과 후의 이자율은 연 3.1%이지만, 이자율은 변동금리로서 정부 고시에 의하여 변경될 수 있다고 하였다.

④ (×) 기존 청년우대형 주택청약종합저축 가입자는 자동으로 주택청약종합저축으로 전환되는 것이 아니라 청년 주택드림 청약통장으로 전환된다고 하였다.

19

정답 ④

① (○) 병역 이행 기간을 빼고 계산한 연령이 만 34세 이하에 해당하며, 소득, 주택 소유 여부 모두 해당하므로 가입 가능하다.

② (○) 소득, 주택 소유 여부 모두 해당하므로 가입 가능하다.

③ (○) 소득, 주택 소유 여부 모두 해당하므로 가입 가능하다.

④ (×) 근로기간 1년 미만으로 직전년도 신고소득이 없는 근로소득자에 한해 당해 급여명세표 등으로 연 소득 환산 후 가입 가능하다고 하였다. D의 연 소득은 450×12=5,400만 원으로 소득 기준 이상이므로 가입이 불가하다.

20

정답 ①

① (×) '적용 이자율'에서 가입기간이 2년 미만이더라도 주택공급에 관한 규칙에 따라 주택공급에 청약하여 당첨된 자가 당첨을 사유로 해지하는 경우 우대이율 적용이 가능하다고 하였다.

② (○) '비과세 혜택'에서 대상자가 2년 이상의 가입기간을 유지할 경우, 해당 저축에서 발생하는 이자소득 합계액 500만 원, 원금 연 600만 원 한도로 비과세 적용받을 수 있다고 하였다.

③ (○) '일부 인출'에서 주택청약에 당첨된 경우 1회에 한하여 청약당첨 주택의 계약금 납부 목적으로 일부 금액을 인출할 수 있다고 하였다.

④ (○) '명의 변경'에서 청년 주택드림 청약통장 상속의 경우 우대이율 적용 조건은 상속인 기준으로 한다고 하였다.

21

정답 ③

ㄱ. (×) 기준율이 변하지 않았다면 교환율의 하락에 따라 재정률이 상승하게 되므로 원화의 가치는 하락한다.

ㄴ. (○) 교환율의 변동이 없고 기준율이 상승하는 경우를 계산해 보면 재정률도 상승함을 알 수 있다. 가령, 기준율인 원화 대 달러화가 1,000 : 1이고 교환율인 A국 화폐가 1 : 2.5일 때 기준율이 2,000 : 1로 상승한다면 재정률은 2,000 : 2.5, 즉 800 : 1로 동반 상승하게 된다.

ㄷ. (○) 기준율이 1,200 : 1로 상승, 교환율이 70 : 1로 하락한 경우, 계산해 보면 재정률이 약 70% 상승함을 알 수 있다.

ㄹ. (×) 특정 비율로 기준율과 교환율이 존재하는 것과 상승, 하락의 변동 사이에는 기계적인 인과관계가 성립하지 않는다. 기준율 상승폭이 교환율 상승폭보다 크다면 재정률도 상승하게 된다.

22

정답 ④

① (○) 은행의 대출금의 이율은 회장이 정하므로 옳은 내용이다.

② (○) 대출은 증서대출, 어음대출, 어음할인 또는 당좌대월의 방법에 의하므로 옳은 내용이다.

③ (○) 은행은 대출원금을 감면하지 않고서 그 목적을 달성할 수 없다고 이사회가 의결하는 경우에는 대출원금을 감면할 수 있다고 하였으므로 옳은 내용이다.

④ (×) 채무자가 대출금의 원금, 이자 및 할부금을 일정 기일에 납입하지 않은 경우 지연배상금으로서 연체이자를 받으며 그 이율은 회장이 정한다.

23

정답 ③

- A: (○) 채무자의 기업 정상화 또는 부실채권의 정리를 위하여 이자감면이 부득이하다고 인정된 경우에 해당하므로 대출 원리금을 감면받을 수 있다.
- B: (○) 국영사업체, 정부와 이 은행이 각각 또는 합계하여 과반수 출자한 사업체 또는 공공단체 등에 대한 대출금으로서 연체이자의 감면이 부득이하다고 인정된 경우에 해당하므로 대출 원리금을 감면받을 수 있다.
- C: (×) '대출금의 이자를 납입기일 이전에 선납한 이후 그 대출금의 이자 납입을 연체한 경우에, 그 이자 선납일수 범

위 내에서 연체이자를 면제하는 경우'라는 조건에 따라 연체이자 면제 범위가 10일을 넘길 수 없음을 알 수 있다.

- D: (○) 「채무자 회생 및 파산에 관한 법률」에 따라 작성된 회생계획에 동의한 업체로서 동 절차의 원활한 수행을 위하여 이자감면이 부득이하다고 인정된 경우에 해당하므로 대출 원리금을 감면받을 수 있다.

24

정답 ②

① (○) '지원내용의 1. 긴급경영안정사업의 1) 지원내용'에서 일시적 경영애로 기업 중 회생 가능성이 큰 기업의 경영 정상화에 소요되는 경비를 지원한다고 하였다.

② (×) '지원내용의 1. 긴급경영안정사업의 2) 대출금리'에서 재해중소기업은 연 3% 고정금리를 적용받는다고 하였다.

③ (○) '지원내용의 2. 수출금융지원사업 4) 대출한도'에서 대출한도는 기업당 10억 원 이내라고 하였다.

④ (○) '융자 규모 및 방식'에서 중소기업진흥공단이 기업평가를 통해 융자대상 기업을 결정한 후 직접 대출한다고 하였다.

25

정답 ④

① (×) '지원대상'에서 긴급경영안정사업의 지원대상은 일시적 경영애로 상태에 있는 중소기업이며, 최근 3년 이내 긴급경영안정자금을 2회 이상 지원받은 기업은 긴급경영안정사업에서 지원 제외된다고 하였다.

② (×) '지원대상'에서 수출금융지원사업 지원대상은 융자제외대상 업종에 해당되지 않는 중소기업의 생산품을 수출하고자 하는 중소기업이며, 수출금융지원사업 이용 기간(약정 기간)이 5년을 초과한 기업은 제외된다고 하였다.

③ (×) '지원내용'의 '긴급경영안정사업'에서 제조업 전업률 30% 이상 기업에 한하여 원부자재 구입에 소요되는 비용을 긴급경영안정사업으로 지원한다고 하였다.

④ (○) '지원대상'에서 수출금융지원사업 지원대상은 융자제외대상 업종에 해당되지 않는 중소기업의 생산품을 수출하고자 하는 중소기업이며, 수출금융지원사업 이용 기간이 5년을 초과한 기업은 수출금융지원사업에 지원 제외된다고 하였다. 하지만 해외조달시장 참여중소기업은 신청 가능하다고 하였다.

26

정답 ②

A~D의 총점은 다음과 같다.

구분	A	B	C	D
1박 비용	3×0.25 =0.75점	1×0.25 =0.25점	4×0.25 =1.0점	2×0.25 =0.5점
편의시설	2×0.15 =0.3점	4×0.15 =0.6점	1×0.15 =0.15점	3×0.15 =0.45점
교통 접근성	3×0.2 =0.6점	1×0.2 =0.2점	4×0.2 =0.8점	2×0.2 =0.4점
청결도	2×0.2 =0.4점	4×0.2 =0.8점	1×0.2 =0.2점	3×0.2 =0.6점
방 크기	2×0.1 =0.2점	4×0.1 =0.4점	1×0.1 =0.1점	3×0.1 =0.3점
방음	2×0.1 =0.2점	4×0.1 =0.4점	1×0.1 =0.1점	3×0.1 =0.3점
총점	2.45점	2.65점	2.35점	2.55점

T씨가 예약하는 숙소는 총점이 가장 높은 B숙소이다.

27

정답 ③

A~D의 총점은 다음과 같다.

구분	A	B	C	D
1박 비용	3×0.2 =0.6점	1×0.2 =0.2점	4×0.2 =0.8점	2×0.2 =0.4점
편의시설	2×0.1 =0.2점	4×0.1 =0.4점	1×0.1 =0.1점	3×0.1 =0.3점
교통 접근성	3×0.3 =0.9점	1×0.3 =0.3점	4×0.3 =1.2점	2×0.3 =0.6점
청결도	2×0.2 =0.4점	4×0.2 =0.8점	1×0.2 =0.2점	3×0.2 =0.6점
방 크기	2×0.1 =0.2점	4×0.1 =0.4점	1×0.1 =0.1점	3×0.1 =0.3점
방음	2×0.1 =0.2점	4×0.1 =0.4점	1×0.1 =0.1점	3×0.1 =0.3점
총점	2.5점	2.5점	2.5점	2.5점

A~D의 총점이 2.5점으로 모두 동일하다. 총점이 동일한 경우 1박 비용이 저렴한 숙소를 선정한다고 하였으므로 예약하는 숙소는 1박 비용이 가장 저렴한 C숙소이다.

28

정답 ③

① (×) '2. 사업내용, 1) 지원 대상'에서 벤처기업은 3인 중소기업이어도 지원 가능하다고 하였다. '2. 사업내용, 2) 지원요건'에서 신규 채용 청년은 6개월 이상 고용 유지해야 한다고 하였으므로 지원금은 0원이다.

② (X) '2. 사업내용, 2) 지원요건'에서 전년 연평균 기준 피보험자 수보다 기업 전체 근로자 수가 증가해야 한다고 하였으므로 지원금은 0원이다.

③ (O) '2. 사업내용, 2) 지원요건'에서 사업주의 배우자, 직계존비속 등은 제외한다고 하였으므로 지원금은 75×8=600만 원이다.

④ (X) '3. 지원수준'에서 청년 추가채용 1인당 월 75만 원, 1년간 지원한다고 하였으므로 지원금은 75×12=900만 원이다.

29

정답 ③

- 버스: 이동 시 소요 시간은 본사에서 버스정류장까지 이동 시 2분, 탑승 대기 4분, 환승센터까지 이동 시 10정거장이므로 20분, 환승센터에서 환승 시 10분, 환승센터에서 A지점 버스정류장까지 8정거장이므로 16분, 버스정류장에서 A지점까지 4분이므로 총 2+4+20+10+16+4=56분이다.
- 택시: 이동 시 소요시간은 본사 택시 승강장까지 이동 시 3분, 탑승 대기 10분, A지점 택시 승강장까지 18km이고 60km/h의 속력으로 이동하므로 $\frac{18}{60}$=18분, A지점 택시 승강장에서 A지점까지 2분이므로 총 3+10+18+2=33분이다.

따라서 버스를 이용했을 때와 택시를 이용했을 때의 시간 차이는 56−33=23분이다.

30

정답 ④

각 지점에서 근무하는 동기들과 30분 이상 대화를 나눈 것은 비용에 영향을 주지 않으므로 고려하지 않는다.

- A지점에서 B지점으로 이동 시: A지점에서 B지점까지 13정거장이므로 1,300+2×100=1,500원이다. 10정거장까지 이동 후 3정거장을 이동할 때, 2정거장당 비용이 추가됨을 유의해야 한다.
- B지점에서 C지점으로 이동 시: B지점에서 C지점까지 14정거장이므로 1,300+2×100=1,500원이다.
- C지점에서 A지점으로 이동 시: C지점에서 A지점까지 17정거장이므로 1,300+4×100=1,700원이다. 10정거장까지 이동 후 7정거장을 이동할 때 2정거장당 비용이 추가됨을 유의하자.

따라서 장 사원이 지불한 비용은 1,500+1,500+1,700=4,700원이다.

31

정답 ②

A~D TV의 총점은 다음과 같다.

항목	A TV	B TV	C TV	D TV
화질	1점	1점	2점	1점
가격	2점	4점	1점	3점
화면 크기	3점	1점	4점	2점
스마트 TV 기능	1점	0점	1점	0점
AS 기간	2점	4점	1점	3점
총점	9점	10점	9점	9점

따라서 H씨가 구매하는 TV는 B TV이다.

32

정답 ③

항목별 가중치를 적용한 A~D TV의 총점은 다음과 같다.

항목	A TV	B TV	C TV	D TV
화질	1×0.2 =0.2점	1×0.2 =0.2점	2×0.2 =0.4점	1×0.2 =0.2점
가격	2×0.2 =0.4점	4×0.2 =0.8점	1×0.2 =0.2점	3×0.2 =0.6점
화면 크기	3×0.3 =0.9점	1×0.3 =0.3점	4×0.3 =1.2점	2×0.3 =0.6점
스마트 TV 기능	1×0.1 =0.1점	0×0.1 =0점	1×0.1 =0.1점	0×0.1 =0점
AS 기간	2×0.2 =0.4점	4×0.2 =0.8점	1×0.2 =0.2점	3×0.2 =0.6점
총점	2.0점	2.1점	2.1점	2.0점

B TV와 C TV의 총점이 2.1점으로 가장 높다. 총점이 동일한 경우 화면 크기가 더 큰 TV를 선정한다고 하였으므로 H씨는 C TV를 구매한다.

33

정답 ②

각 음료별 필요 수량과 주문해야 하는 수량은 다음과 같다.

① (O) 에너지음료 필요 수량은 1×30×4=120개, 비축량은 15+10+30=55개이므로 주문해야 하는 수량은 120−55=65개이고, 3박스이다.

② (X) 이온음료 필요 수량은 2×15×4=120개, 비축량은 16+21+15=52개이므로 주문해야 하는 수량은 120−52=68개이고, 5박스이다.

③ (O) 커피 필요 수량은 3×30×4=360개, 비축량은 60+30+5=95개이므로 주문해야 하는 수량은 360−95=265개이고, 9박스이다.

④ (○) 탄산음료 필요 수량은 1×30×4=120개, 비축량은 30+30+5=65개이므로 주문해야 하는 수량은 120−65=55개이고, 2박스이다.

34

정답 ②

각 음료별 필요 수량과 주문해야 하는 수량은 다음과 같다.

- 에너지음료: 필요 수량은 2×30×4=240개, 비축량은 15+10+30=55개이므로 주문해야 하는 수량은 240−55=185개이고, 7박스이다.
- 이온음료: 필요 수량은 3×15×4=180개, 비축량은 16+21+15=52개이므로 주문해야 하는 수량은 180−52=128개이고, 9박스이다.
- 커피: 필요 수량은 2×30×4=240개, 비축량은 60+30+5=95개이므로 주문해야 하는 수량은 240−95=145개이고, 5박스이다.
- 탄산음료: 필요 수량은 1×30×4=120개, 비축량은 30+30+5=65개이므로 주문해야 하는 수량은 120−65=55개이고, 2박스이다.

따라서 총무팀 팀장이 주문 후 지불해야 하는 금액은 7×30×700+9×15×800+5×30×750+2×30×550=400,500원이다.

35

정답 ①

① (○) 1문단에서 "BCP는 감염병 발생에 대한 직접적인 대응뿐 아니라 원재료 확보에서부터 최종 소비자에 이르기까지의 상품과 정보의 흐름에 관련된 모든 활동, 즉 개발, 조달, 생산, 운송, 판매 등을 포괄하는 관리 개념까지 포함한다."라고 하였으므로, BCP는 최종 소비자에게까지 영향을 미친다는 점을 추론할 수 있다.

② (×) BCP 수립과정을 정리한 표를 보면 1단계에서 감염병 발생의 단계별로 필수적인 조치 사항이 제대로 구축되어 있는지 점검할 수 있는 체크리스트를 만들어야 한다는 점을 확인할 수 있다. 외부 비상연락망은 1단계가 아닌 6단계에서 만드는 것이다.

③ (×) 3문단의 "BCP의 수립을 준비할 때에는 BCP의 세부 수준이 업종, 조직의 복잡성 및 규모 등에 따라 다를 수 있다는 점을 인지해야 한다."에 따를 때 옳지 않은 내용이다.

④ (×) BCP 수립과정을 정리한 표의 2단계를 보면 "커뮤니케이션 대상에는 자사 직원, 파견·용역업체 직원 등 사업장을 출입하는 모든 사람이 포함되어야 한다."라고 하였으므로 옳지 않은 내용이다.

36

정답 ④

[표]에는 핵심업무의 위험요인과 대응 활동, 대응 시점, 대응 활동에 필요한 자원 및 정보, 책임자가 적혀 있다. 5단계 '위험요인에 대한 대응 방안 검토'에서는 4단계에서 파악한 위험요인에 대응하기 위한 활동을 작성하면서 대응 시점, 필요자원 및 정보, 책임자 등을 포함해야 하므로, [표]는 5단계에 작성된 것이라고 볼 수 있다.

37

정답 ②

순서도의 각 기호에서의 a, b의 값과 출력되는 값은 다음과 같다.

a = 7 b = 5	a ↔ b	a ¶ 2	b ※ 3	a § b
a = 7 b = 5	a = 5 b = 7	a = 1 b = 7	a = 1 b = 21	22

38

정답 ③

순서도의 각 기호에서의 n, a, b의 값과 출력되는 값은 다음과 같다.

n = 1 a = 12 b = 22	n = n + 1 a ~ 3	b ∮ 2	a ⊆ b
n = 1 a = 12 b = 22	n = 2 a = 9 b = 22	n = 2 a = 9 b = 11	no
n = n + 1 a ~ 3	b ∮ 2	a ⊆ b	(a ※ n) ¶ b
n = 3 a = 6 b = 11	n = 3 a = 6 b = 5	yes	3

39

정답 ①

장◇◇는 평가 점수 중 50점 미만이 있으므로 진급 대상자에서 제외된다. 세 명의 평가자 점수의 총합은 다음과 같다.

- 김○○: 90+85+80+80+95+85=515점
- 강□□: 85+95+70+85+90+90=515점
- 전△△: 90+85+85+75+90+90=515점

세 명의 평가 점수 총합은 515점으로 동점이다. 동점자가 있는 경우 평가 점수 최고점이 더 높은 사람을 진급자로 선정한다고 하였는데, 세 명의 평가 점수 최고점은 김○○과 강□□

은 95점, 전△△은 90점이므로 김○○과 강□□ 중 진급자가 있다. 평가 점수 최고점도 동일한 경우, 평가 점수 최저점이 더 높은 사람을 진급자로 선정한다고 하였으므로 김○○과 강□□ 중 평가 점수 최저점이 더 높은 김○○이 진급자로 선정된다.

40

정답 ②

평가 점수는 다음과 같다.

- 김○○: 90+85+80+85=340점
- 강□□: 85+85+90+90=350점
- 장◇◇: 90+85+85+90=350점
- 전△△: 90+85+85+90=350점

강□□, 장◇◇, 전△△의 평가 점수가 350점으로 가장 높다. 동점자가 있는 경우 평가 점수 최고점과 최저점의 평균이 더 높은 사람을 진급자로 선정한다고 하였으므로 강□□이 (95+75)/2=82.5점, 장◇◇이 (45+95)/2=70점, 전△△이 (75+90)/2=82.5이므로 강□□, 전△△ 중 진급자가 있다. 평가 점수 최고점과 최저점의 평균도 동일한 경우, 평가 점수 최고점이 더 높은 사람을 진급자로 선정한다고 하였으므로 평가 점수 최고점이 더 높은 강□□이 진급자로 선정된다.

직무수행

41

정답 ②

ㄱ. IS곡선이 완만하다는 것은 금리 변화에 민간 투자 및 소비가 더 민감하게 반응한다는 뜻이다. 따라서 금리가 조금만 상승해도 민간 투자가 크게 감소하게 되어 구축효과가 커진다.

ㄴ. LM곡선이 가파를수록 금리 변화에 따라 자금 수요가 덜 민감하게 반응한다. 정부의 재정 지출이 금리를 크게 올리게 되고, 금리 상승이 민간 투자를 위축시켜 구축효과가 커진다.

ㄷ. 경제가 완전고용 상태에 가까워질수록 추가적인 정부 지출이 경제에 미치는 긍정적 효과가 줄어들고, 오히려 금리 상승을 통해 민간 투자를 감소시키는 구축효과가 커진다.

42

정답 ②

① (○) X재 생산 시 A국은 1시간이 필요하고 B국은 2시간이 필요하므로 A국은 X재에 대해 절대우위에 있다.

② (×) A국의 X재 상대가격은 1/6 Y재이고, B국의 X재 상대가격은 2/10 Y재이므로 A국이 X재에 대해 비교우위에 있다.

③ (○) A국은 X재에 대해 비교우위에 있으므로 X재를 생산하고 이를 수출한다.

④ (○) A국과 B국의 무역이 이루어지는 Y재 한 단위당 X재 교환의 조건은 $(MC_Y/MC_X)^A$에서 $(MC_Y/MC_X)^B$ 사이이므로 Y재 한 단위당 5개에서 6개의 X재 교환이 이루어진다.

> **핵심만 콕 짚는 TIP**
>
> 아담 스미스의 절대우위론에 따르면 생산비가 절대적으로 저렴한 생산에 특화하여 무역이 이루어지는 경우 무역에 참여하는 나라에 이익이 발생한다. 이와 달리 비교우위론에 따르면 생산비에 비교우위가 있는 나라들이 무역에 참여하는 경우, 참여한 나라가 상호 이익을 얻을 수 있다. 비교우위론에서는 한 나라가 모든 상품에 절대우위가 있더라도 무역이 이루어질 수 있다는 것을 설명한다.

43

정답 ②

이 문제를 풀이하기 위해서는 각 물가지수에 대한 이해가 필요하다. 물가지수를 구분하여 기억하도록 하자.

- 소비자물가지수: 가계에서 일상생활을 영위하기 위하여 구입하는 재화와 서비스의 종합적인 가격수준을 측정하여 지수화한 것으로 가계소비지출 중에서 차지하는 비중이 1/10,000 이상인 460개 품목으로 구성되어 있다.
- 생산자물가지수: 국내생산자가 국내시장에 출하하는 재화 및 서비스의 종합적인 가격수준을 측정하여 지수화한 것으로 거래액이 국내시장에서 거래되는 상품거래 총액의 1/10,000(서비스의 경우 1/2,000) 이상인 867개 품목으로 구성되어 있다.
- GDP 디플레이터: 국민소득 추계 시 명목 GDP를 실질 GDP로 나누어서 사후적으로 산출된 가장 포괄적인 물가지수이다.

구분	소비자 물가지수	생산자 물가지수	GDP 디플레이터
작성기관	통계청	한국은행	한국은행
포괄범위	소비재	원자재, 자본재, 소비재	GDP에 포함되는 모든 것
수입품 가격	포함	제외	제외

주택가격	제외	제외	신규 주택가격 만 포함
주택 임대료	포함	제외	포함
품목 수	약 500개	약 900개	–
기준연도	5년마다 변경	5년마다 변경	지수작성 연도 기준

따라서 ⓒ에 들어갈 말은 GDP 디플레이터이다.

44

정답 ④

경제활동인구수, 취업자 수, 실업자 수, 실업률 계산방식은 다음과 같다.

- 경제활동인구수=15세 이상 인구수×경제활동참가율
- 취업자 수=15세 이상 인구수×고용률
- 실업자 수=경제활동인구수−취업자 수
- 실업률=(실업자 수/경제활동인구수)×100

따라서 연도별 해당 정보는 다음과 같다.

구분	X1년	X2년	X3년	X4년
경제활동인구수(만 명)	55	63	63	69
취업자 수(만 명)	30	39	32	43
실업자 수(만 명)	25	24	31	26
실업률	45%	38%	49%	38%

① (○) X1년의 실업률은 45%이다.
② (○) X2년의 실업자 수는 24만 명, X3년의 실업자 수는 31만 명으로, X2년의 실업자 수는 X3년보다 7만 명 적다.
③ (○) X1년의 실업률은 약 45%, X3년의 실업률은 49%로, X3년의 실업률이 더 크다.
④ (×) X4년의 취업자 수는 43만 명, X3년의 취업자 수는 32만 명으로 11만 명 많다.

45

정답 ④

① (○) 스위스의 빅맥가격을 달러로 환산하면 5달러이므로 미국보다 저렴하다.
② (○) 구매력 평가설에 따르면 같은 물건에 대한 가격이 동일해야 한다. 따라서 구매력 평가설로 인한 환율은 6/1.6=3.75달러/파운드이다. 현재 환율은 2달러/파운드이므로 파운드가 저평가되었다.
③ (○) 영국의 빅맥가격을 현재 환율 기준으로 달러로 변환하면 1.6파운드×2달러=3.2달러이므로 옳은 내용이다.
④ (×) 구매력 평가설에 의한 환율은 4,800원/6달러=800원/달러이다. 현재 시장 환율보다 구매력 평가설로 구한 환율이 낮으므로 환율이 하락할 것으로 예상된다.

46

정답 ③

이 문제를 풀이하기 위해서는 조세에 대해 알아야 하고, 종량세와 종가세에 대한 이해가 필요하다.

구분	종가세	종량세
의미	가격의 T%만큼을 조세로 부과한다.	단위당 T원의 조세를 부과한다.
조세액	가격에 높을수록 단위당 조세액이 증가한다.	가격과 무관하게 단위당 조세액이 일정하다.

ㄴ, ㄷ. (○) 단위당 T원의 조세를 부과하였고 가격과 무관하게 단위당 조세액이 일정하므로 종량세이다. 공급곡선이 변화하였으므로 생산자에게 조세가 부과된 것이다.

47

정답 ④

이 문제를 풀이하기 위해서는 인플레이션의 두 가지 유형에 대해 이해하고 있어야 한다.

구분	수요견인 인플레이션	비용인상 인플레이션
개념	총수요 증가로 인한 물가 상승	총공급 감소로 인한 물가 상승
원인	• 고전학파와 통화주의는 과도한 통화량 증가가 원인이라고 주장함 • 케인즈학파는 정부지출이나 투자의 과도한 증가가 원인이라고 주장함	• 고전학파와 통화주의는 통화량 증가를 수반하지 않는 인플레이션은 불가능하다고 여기므로 비용인상 인플레이션을 부정함 • 케인즈학파는 공급충격이 비용인상 인플레이션의 원인이라고 주장함
억제 방법	• 고전학파와 통화주의: 통화량 억제 • 케인즈학파: 긴축적인 재정정책	케인즈학파: 소득정책

ㄱ. (×), ㄴ. (○) 비용인상 인플레이션이다.
ㄷ. (×), ㄹ. (○) 케인즈학파가 주장하였다.
ㅁ. (×), ㅂ. (○) 통화량 억제가 아닌 소득정책이 필요하다.

48

정답 ③

이 문제를 풀이하기 위해서는 효용함수에 대해 알아야 한다. 대표적으로 기억해야 할 효용함수에는 선형 효용함수, 레온티에프 효용함수, 콥더글라스 효용함수가 있다.

구분	선형 (완전대체재)	레온티에프 (완전보완재)	콥더글라스
효용함수	$U=aX+bY$	$U=Min[aX, bY]$	$U=AX^aY^b$
의미	X재와 Y재 중 어떤 재화를 소비해도 효용을 얻을 수 있다.	X재와 Y재를 aX=bY의 비율로 소비해야 효용극대화를 달성할 수 있다.	특정재화에 항상 소득의 일정 비율을 지출한다(X재는 소득의 a/(a+b), Y재는 소득의 b/(a+b)를 지출한다).
무차별곡선	우하향의 직선	L자 형태	원점에 볼록한 형태

A는 선형 효용함수, B는 레온티에프 효용함수, C는 콥더글라스 효용함수이다.

① (X) 효용함수가 A인 경우 X재와 Y재는 완전대체재이고, 효용함수가 B인 경우 X재와 Y재는 완전보완재이다.

② (X) 효용함수가 A인 경우 무차별곡선은 우하향의 직선 형태이고, 효용함수가 B인 경우 무차별곡선은 L자 형태이다.

③ (O) 효용함수가 C인 경우 무차별곡선은 원점에 볼록한 형태이다.

④ (X) 효용함수가 B인 경우 가격이 낮은 재화만 소비할 시 효용증가의 한계가 존재하기 때문에 합리적인 소비 선택이 아니다.

49

정답 ④

① (X) 과학적 관리법은 자율성보다는 표준화와 통제를 중시하는 방식이다. 작업자에게 동일한 절차를 지시하는 것은 자율성과 반대되는 개념이다.

② (X) 테일러의 시간 연구는 작업 효율성을 위한 표준화로, 개별 속도나 선호도를 반영하지 않는다.

③ (X) 성과급 보상은 단기 동기 부여에 효과적이나, 장기적인 직무 헌신을 높이는 데는 한계가 있다.

④ (O) 과학적 관리법은 표준화된 절차를 따르게 하므로, 작업자들의 자율적 문제 해결 기회가 줄어들 가능성이 높다.

50

정답 ①

제시된 [표]는 다음과 같이 정리할 수 있다.

구분		배제성	
		배제적	비배제적
경합성	경합적	사적재	공유재
	비경합적	클럽재	공공재

ㄱ. (O) 마스크나 손 소독제는 경합성과 배제성 모두를 갖고 있으므로 옳은 설명이다.

ㄴ. (X) 경제에서 말하는 상품, 즉 경제재에 대한 설명이다. 경제재는 사적재에 가깝다.

ㄷ. (X) 물, 공기는 과거 공공재에 해당했다. 돈을 낼 필요도 없고(비경합성) 누군가가 마신다고 해서 소비가 제한되지도 않았기(비배제성) 때문이다. 하지만 최근 들어 경합성을 띠게 되었다. 물, 공기가 정확히 공공재인지 공유재인지에 대해서는 논란이 있으나 공유재에서 공공재로 변한 것은 아니다.

ㄹ. (X) '공유지의 비극'은 공유재에 대한 설명이다. 참고로 공유지의 비극은 미국의 개럿 하딘 교수의 논문을 통해 소개되었는데, NCS 직업기초의 제시문 등에서도 자주 출제되는 소재이다.

51

정답 ④

이 문제를 풀이하기 위해서는 명목 GDP, 실질 GDP, GDP 디플레이터에 대한 이해가 필요하다. 명목 GDP는 물가변화를 고려하지 않고 단순히 화폐액으로 계산한 국민소득을 의미하고, 실질 GDP는 물가변화를 고려하여 구체적인 재화의 수량으로 계산한 국민소득을 의미한다. GDP 디플레이터는 명목 GDP와 실질 GDP를 활용하여 계산한 물가지수이다.

- GDP 디플레이터=명목 GDP/실질 GDP×100
  (명목 GDP=$P_t \times Q_t$, 실질 GDP=$P_0 \times Q_t$)

① (X) 비교년도의 명목 GDP는 600×1,500+800×2,000+1,000×2,000=4,500,000원이다.

② (X) 비교년도의 실질 GDP는 600×1,000+800×2,000+1,000×3,000=5,200,000원이다.

③ (X) 기준년도의 명목 GDP는 400×1,000+600×2,000+800×3,000=4,000,000원이다.

④ (O) 기준년도의 실질 GDP는 기준년도의 명목 GDP인 4,000,000원과 동일하다.

> **핵심만 콕 짚는 TIP**
>
> 기준년도의 명목 GDP와 실질 GDP가 동일하므로 GDP 디플레이터는 항상 100이다.

52

정답 ①

(가) 김밥의 가격탄력성=수요량 변화율/가격 변화율 =−2%/8%=−0.25

(나) 김밥 가격에 대한 떡라면의 교차탄력성=떡라면 수요량 변화율/김밥 가격 변화율=4%/8%=0.5

(다) 김밥의 가격이 상승했을 때 떡라면의 수요량이 증가했으므로 대체재 관계이다.

53

정답 ③

이 문제를 풀이하기 위해서는 크루그만이 제기한 불가능한 삼위일체에 대한 이해가 필요하다. 불가능한 삼위일체란 환율 안정, 자유로운 자본 이동, 그리고 독자적인 통화 정책의 세 가지가 동시에 달성될 수 없다는 이론이다.

ㄱ. (X) 시장 상황의 변화로 인하여 외환의 유입이 있다면, 그 나라 중앙은행이 아무리 통화량을 긴축시키고 싶어도 환율을 고정해야 하기 때문에 유입되는 외화만큼 자국 화폐를 발행하여야 한다.

ㄴ. (X) 국가가 독자적으로 통화를 발행하면, 외국 자본이 자유롭게 이동하기 위해서는 그 국가 통화의 환율은 외환시장의 거래에 맡겨야 한다.

ㄷ. (O) 환율을 일정한 수준으로 유지하고 싶고, 국가가 독자적인 통화 정책을 시행하고 싶다면 자유로운 외환의 이동은 불가능하다.

54

정답 ③

ㄱ. (O) 팀장은 팀원의 성숙도를 과대평가하여 위양형 리더십을 적용했으나, 팀원들은 성숙도가 낮았다. 성숙도가 낮은 팀원에게 위양형 리더십은 적절하지 않아 실패한 것이다.

ㄴ. (X) 참여형 리더십은 어느 정도의 능력과 의지를 갖춘 팀에게 적합하다. 그러나 기사에 따르면 팀원들은 능력과 의지 모두 부족하다고 추론할 수 있으므로 참여형 리더십은 적절하지 않다.

ㄷ. (O) 리더십 수명 주기 이론에 따르면, 팀원의 능력이 낮고 의지가 강한 경우, 지시형 리더십보다 설득형(지원형) 리더십이 더 효과적이다. 설득형(지원형) 리더십은 리더가 팀원들에게 필요한 지시를 제공하면서도, 동기를 부여하고 지지해 준다.

55

정답 ②

복리후생이란 임금 외에 기업이 직원에게 제공하는 보상으로 직원의 동기부여, 확보, 유지 등에 이바지한다. 기업이 복리후생에 많은 재원을 투입하더라도 직원의 복리후생에 대한 이해가 부족한 경우 재원이 낭비될 수 있으므로 기업과 직원 간의 소통이 중요하다.

ㄱ. (O) 카페테리아식 복리후생제도는 비용의 효율성을 증가시켜 제도의 유의성을 높일 수 있다는 장점이 있다.

ㄴ. (O) 의료보험, 고용보험, 산업재해보험, 국민연금은 우리나라의 4대 사회보험체제에 해당한다. 4대 보험 이외에 퇴직금, 유급휴가 제도가 우리나라의 법정 복리후생에 해당한다.

ㄷ. (O) 임금피크제는 연공형 임금제도 아래에서 기업의 인건비 부담을 해소하기 위해 고안된 것으로 잔여기간의 임금을 삭감해 정년 연장의 부담을 줄이는 제도이다.

ㄹ. (X) 다른 기업의 평균 임금과 비교해 조직 간 임금을 차등화하는 것은 외부공정성에 관한 문제이다. 외부공정성이 확보되지 않는 경우 능력 있는 인재의 유출이 발생할 가능성이 있다. 기업의 지급능력, 일반적인 임금 수준, 노동생산성, 관계 법률 등을 고려해 기업 임금의 외부공정성을 확보해야 한다. 임금의 내부공정성이란 기업의 임금 총액을 직원들에게 어떻게 배분하는가에 관한 문제이다.

56

정답 ②

이 문제를 풀이하기 위해서는 기업현금흐름의 측정에 대한 이해가 필요하다.

① (O) 영업현금흐름＝EBIT(1－t)＋D
[EBIT＝영업이익(이자비용과 법인세 차감 전 이익), D＝감가상각비]
＝1,000만(1－0.4)＋200만＝800만 원

② (X) 채권자의 현금흐름＝이자비용－비유동부채
이자비용은 200만 원이지만, 비유동부채에 대한 정보가 주어지지 않았으므로 채권자의 현금흐름은 알 수 없다.

③ (O) 법인세비용이 320만 원이므로 320/800＝40%

④ (O) 이자비용의 절세효과로 인한 현금흐름＝I×t＝200만 원×0.4＝80만 원

핵심만 콕 짚는 TIP

청구권자인 채권자와 주주 각각의 현금흐름을 구하는 방법에 대하여 기억해야 한다.

청구권자	현금흐름
채권자	이자비용－Δ비유동부채
주주	당기순이익－Δ자본

57

정답 ③

① (O) 주당순이익(EPS)＝2,000,000,000/1,000,000＝2,000원

주가 = PER × EPS = 15 × 2,000 = 30,000원

② (○) 시가총액 = 발행주식 수 × 주가 = 1,000,000 × 30,000원 = 300억원

③ (×) 주당 배당금 = (당기순이익 × 배당성향)/발행주식 수 = (2,000,000 × 60%)/1,000,000 = 1,200원

④ (○) 배당수익률 = (주당 배당금/주가) × 100 = (1,200/30,000) × 100 = 4%

58

정답 ④

이 문제를 풀이하기 위해서는 지배원리에 대한 이해가 필요하다. 지배원리는 동일 수익률을 얻을 수 있는 자산 중 위험이 적은 자산을 선호하고, 동일 위험을 부담하는 자산 중 수익률이 높은 자산을 선호하는 것을 의미한다.

펀드 D는 펀드 C와 표준편차가 같으므로 동일 위험이 수반되지만, 수익률은 펀드 D가 펀드 C보다 낮다. 따라서 지배원리에 따르면 펀드 C가 펀드 D를 지배하므로 투자자는 펀드 D를 채택하지 않는다.

59

정답 ①

- 세후 영업이익 = 5만 원 × (1 − 50%) = 2만 5,000원
- 가중평균 자본비용(WACC) = 30% × (1/2) + 20% × (1 − 50%) × (1/2) = 20%
- 경제적 부가가치(EVA) = 2만 5,000원 − 10만 원 × 20% = 5,000원

핵심만 콕 짚는 TIP

경제적 부가가치(Economic Value Added: EVA)란 세후 영업이익에서 투하자본과 가중평균자본비용을 곱한 값을 차감한 것으로, 주주의 관점에서의 실질적 이익이다.

EVA를 구할 때 차감하는 자산은 영업에 관련된 자산만 포함된다. 이 문제에서는 투하자본 이외의 자산에 대한 정보가 주어지지 않았으므로 주어진 투하자본을 사용해 EVA를 계산한다.

60

정답 ①

① (×) CAPM 모형을 확장한 것이 APT 모형이며, 이는 다요인 모형이라고도 한다.

② (○) CAPM 모형은 시장포트폴리오만이 개별주식의 위험을 설명하는 단일지표 모형이고, APT 모형은 시장포트폴리오에 대한 가정을 별도로 필요로 하지 않으며, 차익거래가 존재하지 않을 때 시장은 균형상태라는 것을 이용하여 이론을 전개한다.

③, ④ (○) APT 모형은 개별 주식에 영향을 미치는 공통요인이 시장포트폴리오 외에 다양하게 존재할 수 있다고 주장하나, 공통요인에 대해서는 연구자마다 다를 수 있다. 공통요인을 찾아내는 것은 실무적으로도 어려운 일이다.

61

정답 ③

이 문제를 풀이하기 위해서는 수익률생성모형에 대한 이해가 필요하다. 수익률의 구성요소와 관계를 기억해야 한다. 수익률생성모형에 따르면 자산의 수익률이 k개의 공통요인과 선형관계를 가져 결정되며, 자산 i의 요인 k에 대한 민감도를 b_{ik}라고 할 때, 다음과 같은 식이 성립한다.

- $R_i = E(R_i) + b_{i1}F_1 + b_{i2}F_2 + \cdots + b_{ik}F_k + e_i$

  F_k = 요인 k의 예상하지 못한 변동

  $E(R_i)$ = 기대수익률

  $b_{i1}F_1 + b_{i2}F_2 + \cdots + b_{ik}F_k$ = 공통요인의 예상하지 못한 변동으로 인한 수익률변동

  e_i = 개별자산의 고유요인에 의한 수익률변동

따라서 $R_A = 20 + 1 \times (7 - 5) + 1.2 \times (6 - 8) - 2 = 17.6\%$이다.

62

정답 ①

T계정을 이용하여 다음과 같이 순확정급여 채무를 계산한다.

1) 기말 확정급여채무 계산

확정급여채무			
퇴직급여지급액	2,000	기초	15,000
		당기근무원가	3,000
		이자원가(*)	1,500
기말	18,500	재측정손실	1,000
합계	20,500	합계	20,500

(*) 이자원가 = 확정급여채무 × 할인율 = 15,000 × 10% = 1,500

2) 기말 사외적립자산 계산

사외적립자산			
기초	10,000	퇴직급여지급액	2,000
기여금	4,000		
이자수익(*)	1,000		
재측정이익	1,200	기말	14,200
합계	16,200	합계	16,200

(*) 이자수익 = 사외적립자산의 공정가치 × 할인율 = 10,000 × 10% = 1,000

3) 기말 순확정급여부채 = 확정급여채무 − 사외적립자산
= 18,500 − 14,200 = 4,300원

63

정답 ④

이 문제를 풀이하기 위해서는 안정성비율과 활동성비율에 대하여 알아야 한다. 안정성비율은 유동성과 장기지급능력을 평가하는 비율로, 유동비율, 당좌비율, 부채비율, 차입금의존도, 이자보상비율이 있다. 활동성비율은 기업이 소유하고 있는 자산을 얼마나 효율적으로 운용하였는지를 나타내는 비율로, 매출채권회전율, 재고자산회전율, 총자산회전율 등이 있다.

- 이자보상비율 = 영업이익/이자비용
- 매출채권회전율 = 매출액/평균매출채권
- 재고자산회전율 = 매출원가/평균재고자산
- 정상영업주기 = 매출채권회수기간 + 재고자산회전기간 (매출채권회수기간 = 365일/매출채권회전율, 재고자산회전기간 = 365일/재고자산회전율)

① (○) 매출채권회전율은 480,000/(210,000 + 270,000)/2 = 2이다.
② (○) 재고자산회전율은 375,000/(270,000 + 480,000)/2 = 1이다.
③ (○) 이자보상비율은 60,000/12,000 = 5이다.
④ (×) 정상영업주기는 360일/2 + 360일/1 = 540일이다.

64

정답 ③

- 영업현금흐름(OCF): EBIT$(1-t)$ + 감가상각비
= EBITDA$(1-t)$ + 감가상각비 $\times t$
= 40(1 − 50%) + 10 = 50(1 − 50%) + 10 × 50%
= 30
- 기업잉여현금흐름(FCF): OCF(30) − 영업자산(순운전자본, 고정자산) 추가투자액(15) = 15

핵심만 콕 짚는 TIP

- 영업현금흐름(Operating Cash Flow: OCF): 기업의 영업활동으로 인한 현금흐름이다.
- 기업잉여현금흐름(Free Cash Flow: FCF): 기업 영업자산 투자액을 제외한 기업의 현금흐름을 의미하며, 재무적 성과의 지표로도 활용된다.

65

정답 ②

① (○) 적정의견은 감사인이 재무제표를 검토한 결과, 회계기준에 맞게 작성되었고 중요한 왜곡이 없다는 결론을 내릴 때 표명한다. 이 경우 감사인은 재무제표가 전체적으로 신뢰할 수 있음을 확인한 것으로 맞는 설명이다.
② (×) 한정의견은 재무제표의 일부에 대해 충분한 감사 증거를 확보하지 못하거나, 일부 항목에서 감사상의 제한이 있는 경우에 표명된다. 따라서 모든 항목에 대해 제한된 증거만 확보하는 것은 아니다.
③ (○) 재무제표가 전반적으로 심각하게 왜곡되었을 때 부적정의견이 표명된다.
④ (○) 감사인의 독립성이 훼손되거나 감사 절차에 중대한 제한이 있는 경우, 의견거절이 표명된다. 즉, 감사인이 결론을 내리지 못하는 경우에 해당한다.

66

정답 ③

이 문제를 풀이하기 위해서는 토지와 건물의 일괄구입에 대해 이해하고 있어야 한다.

구입목적	취득원가
토지와 건물 모두 사용	일괄구입원가를 안분하여 자산별 취득원가로 인식한다.
기존 건물 철거 후 토지만 사용	일괄구입원가와 순철거원가를 토지 취득원가로 인식한다.
사용 중인 기존 건물 철거	기존 건물의 장부금액과 순철거원가를 당기비용으로 인식한다.

① (×) 새로운 건물을 신축할 목적으로 취득한 토지와 건물에 대한 대가는 모두 토지의 취득원가를 구성한다.
② (×) 기존 건물의 철거비용인 280,000원은 토지의 취득원가를 구성한다.
③ (○) 신축 건물의 취득원가는 건물 신축 허가비용(18,000) + 건물 설계 비용(260,000) + 건물 공사 비용(480,000) + 건물 건설 담당자의 인건비(500,000) = 1,258,000원이다.
④ (×) 건물 건설 담당자의 인건비는 건물의 취득원가를 구성하므로 건물의 취득시점에 인식한다.

67

정답 ③

이 문제를 풀이하기 위해서는 합병가치평가 방법에 대해 알아야 한다. 시너지란 합병으로 인해 추가적으로 발생하는 기업가치의 증분이다.

시너지 = 합병 후 기업가치 − (합병기업가치 + 피합병기업가치)
따라서 합병 시너지는 1,500 − (1,000 + 400) = 100억 원이다.

68

정답 ③

① (X) 수요의 가격탄력성은 가격변화에 대한 수요량의 변화의 민감도를 나타낸다. 수요의 가격탄력성이 클수록 조세부과 시 소비자잉여는 적게 감소하고 생산자 잉여가 크게 감소한다.

② (X) 기업 간 경쟁이 심해질수록 공급의 가격탄력성이 작아진다. 공급의 가격탄력성이 비탄력적일수록 기업의 조세부담이 커진다.

③ (O) 디지털세는 글로벌 기업들이 법인세율이 낮은 국가에 고정 사업장을 위치시켜 높은 이익을 얻는 국가로부터 세금을 회피하는 것을 막기 위해 제안되었다. 따라서 법인세율이 낮은 국가는 조세회피 목적으로 자국에 설립할 기업이 감소하는 부분을 우려할 수 있으므로 옳은 보기이다.

④ (X) 디지털세는 물리적 사업장이 해당 국가에 없어 제대로 된 법인세 과세가 어려운 글로벌기업에 세금을 부과하는 데 효과적이다.

69

정답 ①

① (O) 네오뱅크(Neo Bank): 온라인 또는 인터넷으로 비대면 금융 서비스를 제공하는 은행이다. 네오뱅크는 대면 업무가 중심인 기존 은행과 달리 디지털을 기반으로 고객에 대한 접근성을 높였다는 특징이 있다.

② (X) D2C(소비자 직거래 판매 방식): 제조업체가 유통단계를 거치지 않고 온라인 등을 통해 소비자에게 직접 판매하는 방식이다.

③ (X) 클라우드 컴퓨팅: 인터넷으로 연결된 중앙 저장공간에 소프트웨어와 데이터를 저장하고 인터넷에 접속해 이를 처리할 수 있는 서비스이다.

④ (X) 핀테크(FinTech): 금융(Finance)과 기술(Technology)의 합성어로 다양한 금융서비스에 정보통신기술을 접목한 서비스를 의미한다.

70

정답 ③

토큰증권(Security Token)은 블록체인의 분산원장을 활용해 디지털화한 증권으로, 토큰증권을 이용하면 부동산, 미술품, 저작권 등 다양한 자산의 소유권을 디지털 증권으로 만들 수 있다. 이를 통해 투자 자산의 범위를 넓힐 수 있고, 고가의 자산에 대한 조각 투자가 가능하다.

71

정답 400

가격상한제로 인한 사회적 잉여 감소는 아래 표시한 삼각형의 크기와 같다.

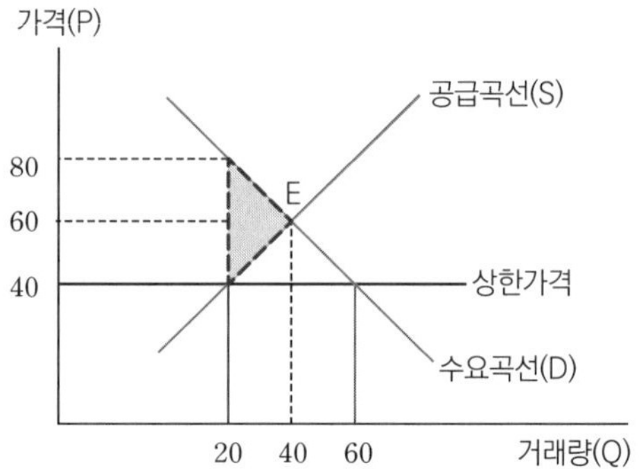

$1/2 \times 20 \times 40 = 400$

따라서 감소한 사회적 잉여는 400이다.

핵심만 콕 짚는 TIP

가격상한제로 인해 소비자의 잉여는 증가하고 생산자의 잉여는 감소했는데 소비자 잉여 증가분보다 생산자 잉여 감소분이 더 커 사회적 총잉여는 감소한다.

72

정답 0204

이 문제를 풀이하기 위해서는 리카도의 비교우위론에 대해 알아야 한다.

한 생산자가 다른 생산자보다 낮은 기회비용으로 어떤 재화의 생산이 가능한 경우에 그 재화생산에 비교우위가 있다고 말할 수 있다. 비교우위론에 의하면 각국이 비교우위에 있는 재화의 생산에 특화하여 이를 서로 교환하면 자급자족하는 경우보다 더 많은 재화를 소비할 수 있게 된다. 즉, 한 나라가 두 재화 생산에 모두 절대우위에 혹은 절대열위에 있을지라도 각국이 기회비용이 낮은 재화생산에 특화하여 교환한다면 두 나라 모두 이익을 얻을 수 있음을 설명한다.

비교우위를 판단하기 위해서는 두 나라의 각 재화 생산의 기회비용을 계산해야 한다. 생산의 기회비용은 두 재화의 상대가격비와 같으므로, 각 재화 생산의 기회비용은 다음과 같다.

구분	A국	B국
X재	0.4	0.2
Y재	2.5	5

자유무역이 이루어질 경우 A국의 X재의 기회비용은 0.4이고, B국의 X재의 기회비용은 0.2이다.

비교우위에 따라 무역이 이루어질 경우에 교역조건은 무역이 발생하기 이전의 양국의 국내가격비 사이에서 결정되어야만 양국 모두 무역의 이익을 얻을 수 있다.

국제가격비는 양국의 국내가격비 사이인 0.2~0.4 사이에서 결정된다. 따라서 정답은 0204이다.

73

정답 9000

1) 재고자산과 매출원가 관계
매출원가는 다음과 같은 방식으로 계산된다.
매출원가=기초재고+당기매입−기말재고
따라서 재고자산의 변동은 매출원가에 영향을 미친다
- 기초재고가 많아지면 매출원가가 증가 → 순이익이 감소
- 기말재고가 적어지면 매출원가가 증가 → 순이익이 감소
2) X2년의 기초재고 오류 영향 (=X1년말 재고 과대계상 1,000원)
X1년말에 재고가 과대계상되었기 때문에, X2년 기초재고가 1,000원 과대계상된다. 따라서 기초재고 증가는 매출원가를 증가시키고, 이로 인해 X2년의 순이익이 1,000원은 감소한다.
3) X2년의 기말재고 오류 영향 (=X2년말 재고 과소계상 3,000원)
X2년말에 재고가 과소계상되었기 때문에, 기말재고가 3,000원 적게 기록된다. 기말재고 감소는 매출원가를 증가시키고, 이로 인해 X2년의 순이익이 3,000원 감소한다.
4) 오류가 없을 경우 X2년 당기순이익
보고된 순이익+기초재고 오류로 인한 순이익 증가+기말재고 오류로 인한 순이익 증가=5,000+1,000+3,000=9,000원

74

정답 43

다음의 두 공식을 참고한다.
- 포괄이익=당기순이익+기타포괄손익
=자본거래 제외한 순자산 증감액
- 기초자본±손익거래 자본변동±자본거래 자본변동
=기말자본

공식을 통해 구한 포괄이익과 당기순이익은 다음과 같다.
- 순자산 증가: 10만 원(자산 증가)−5만 원(부채 증가)=5만 원
- 포괄이익: 5만 원(순자산 증가)−2만 원(신주 발행)=3만 원
- 당기순이익: 3만 원(포괄이익)−(−1만 원)(기타포괄손실)
=4만 원

주식배당은 기업의 순자산 증감에 영향을 미치지 않으므로 주식배당의 효과는 무시하고 이익을 계산한다.

핵심만 콕 짚는 TIP

포괄이익 또는 당기순이익을 구하는 문제가 출제되었을 때, 주식배당의 자료를 제외하고 문제를 푸는 점에 주의해야 한다. 주식배당 결의 시 주식 수와 자본금은 증가하지만 배당 재원인 미처분이익잉여금은 감소하여 자본총계가 일정하다. 따라서 회사가 주식배당 결의 시 자산, 부채, 손익항목에는 영향이 없고 자본 내 구성 내역만 변동한다.

75

정답 12

내부수익률(IRR)은 현금유입의 현가와 현금유출의 현가를 일치시키는 할인율이다. 즉, 내부수익률(IRR)을 구하기 위해서는 순현재가치를 0으로 만드는 할인율을 구하면 된다. 순현재가치가 0이기 위해서는 현금유입의 현가와 현금유출의 현가가 동일해야 한다.
- 현금유입의 현가=현금유출의 현가
  - 현금유입의 현가=$12/(1+IRR)+112/(1+IRR)^2$
  - 현금유출의 현가=100원

$12/(1+IRR)+112/(1+IRR)^2=100$원을 만족하는 내부수익률(IRR)은 12%이다.

혼JOB IBK기업은행 기출복원 + 실전모의고사
NCS 직업기초 + 경제·경영·시사

개정 6판 3쇄 발행　2025년 8월 26일

편 저 자　혼JOB취업연구소

발 행 인　석의현
기획·편집　배현우 이선주 전준표
디 자 인　안신영
마 케 팅　김경숙

발 행 처　㈜커리어빅
등　　록　2018년 11월 26일(제2019-000110호)
주　　소　서울특별시 종로구 인사동5길 25, 하나로빌딩 408호
전　　화　02)3210-0651
홈페이지　www.honjob.co.kr
이 메 일　honjob@naver.com

가　　격　26,000원
I S B N　979-11-91026-84-9(13320)

※ 정오 문의 및 정오표 다운로드는 홈페이지 내 고객센터를 이용해 주시기 바랍니다.

※ 본 답안지는 실제와 다를 수 있습니다.

자름선

IBK기업은행 기출복원 + 실전모의고사 OMR 답안지 – 기출복원

성명(4자까지만 표기)

ㄱ	ㅏ	ㄱ	ㄱ	ㅏ	ㄱ	ㄱ	ㅏ	ㄱ	ㄱ	ㅏ	ㄱ
ㄴ	ㅑ	ㄴ	ㄴ	ㅑ	ㄴ	ㄴ	ㅑ	ㄴ	ㄴ	ㅑ	ㄴ
ㄷ	ㅓ	ㄷ	ㄷ	ㅓ	ㄷ	ㄷ	ㅓ	ㄷ	ㄷ	ㅓ	ㄷ
ㄹ	ㅕ	ㄹ	ㄹ	ㅕ	ㄹ	ㄹ	ㅕ	ㄹ	ㄹ	ㅕ	ㄹ
ㅁ	ㅗ	ㅁ	ㅁ	ㅗ	ㅁ	ㅁ	ㅗ	ㅁ	ㅁ	ㅗ	ㅁ
ㅂ	ㅛ	ㅂ	ㅂ	ㅛ	ㅂ	ㅂ	ㅛ	ㅂ	ㅂ	ㅛ	ㅂ
ㅅ	ㅜ	ㅅ	ㅅ	ㅜ	ㅅ	ㅅ	ㅜ	ㅅ	ㅅ	ㅜ	ㅅ
ㅇ	ㅠ	ㅇ	ㅇ	ㅠ	ㅇ	ㅇ	ㅠ	ㅇ	ㅇ	ㅠ	ㅇ
ㅈ	ㅡ	ㅈ	ㅈ	ㅡ	ㅈ	ㅈ	ㅡ	ㅈ	ㅈ	ㅡ	ㅈ
ㅊ	ㅣ	ㅊ	ㅊ	ㅣ	ㅊ	ㅊ	ㅣ	ㅊ	ㅊ	ㅣ	ㅊ
ㅋ	ㅐ	ㅋ	ㅋ	ㅐ	ㅋ	ㅋ	ㅐ	ㅋ	ㅋ	ㅐ	ㅋ
ㅌ	ㅒ	ㅌ	ㅌ	ㅒ	ㅌ	ㅌ	ㅒ	ㅌ	ㅌ	ㅒ	ㅌ
ㅍ	ㅔ	ㅍ	ㅍ	ㅔ	ㅍ	ㅍ	ㅔ	ㅍ	ㅍ	ㅔ	ㅍ
ㅎ	ㅖ	ㅎ	ㅎ	ㅖ	ㅎ	ㅎ	ㅖ	ㅎ	ㅎ	ㅖ	ㅎ
ㄲ	ㅘ	ㄲ	ㄲ	ㅘ	ㄲ	ㄲ	ㅘ	ㄲ	ㄲ	ㅘ	ㄲ
ㄸ	ㅙ	ㄶ	ㄸ	ㅙ	ㄶ	ㄸ	ㅙ	ㄶ	ㄸ	ㅙ	ㄶ
ㅃ	ㅚ	ㄺ	ㅃ	ㅚ	ㄺ	ㅃ	ㅚ	ㄺ	ㅃ	ㅚ	ㄺ
ㅆ	ㅝ	ㄻ	ㅆ	ㅝ	ㄻ	ㅆ	ㅝ	ㄻ	ㅆ	ㅝ	ㄻ
ㅉ	ㅞ	ㄼ	ㅉ	ㅞ	ㄼ	ㅉ	ㅞ	ㄼ	ㅉ	ㅞ	ㄼ
	ㅟ	ㅀ		ㅟ	ㅀ		ㅟ	ㅀ		ㅟ	ㅀ
	ㅢ			ㅢ			ㅢ			ㅢ	

수험번호(8자리)

⓪	⓪	⓪	⓪	⓪	⓪	⓪	⓪
①	①	①	①	①	①	①	①
②	②	②	②	②	②	②	②
③	③	③	③	③	③	③	③
④	④	④	④	④	④	④	④
⑤	⑤	⑤	⑤	⑤	⑤	⑤	⑤
⑥	⑥	⑥	⑥	⑥	⑥	⑥	⑥
⑦	⑦	⑦	⑦	⑦	⑦	⑦	⑦
⑧	⑧	⑧	⑧	⑧	⑧	⑧	⑧
⑨	⑨	⑨	⑨	⑨	⑨	⑨	⑨

생년월일(연도/월/일)

⓪	⓪	⓪	⓪	⓪	⓪
①	①	①	①	①	①
②	②	②	②	②	②
③	③	③	③	③	③
④	④	④	④	④	④
⑤	⑤	⑤	⑤	⑤	⑤
⑥	⑥	⑥	⑥	⑥	⑥
⑦	⑦	⑦	⑦	⑦	⑦
⑧	⑧	⑧	⑧	⑧	⑧
⑨	⑨	⑨	⑨	⑨	⑨

직업기초(01~40) + 직무수행(41~70)

01	① ② ③ ④	21	① ② ③ ④	41	① ② ③ ④	61	① ② ③ ④
02	① ② ③ ④	22	① ② ③ ④	42	① ② ③ ④	62	① ② ③ ④
03	① ② ③ ④	23	① ② ③ ④	43	① ② ③ ④	63	① ② ③ ④
04	① ② ③ ④	24	① ② ③ ④	44	① ② ③ ④	64	① ② ③ ④
05	① ② ③ ④	25	① ② ③ ④	45	① ② ③ ④	65	① ② ③ ④
06	① ② ③ ④	26	① ② ③ ④	46	① ② ③ ④	66	① ② ③ ④
07	① ② ③ ④	27	① ② ③ ④	47	① ② ③ ④	67	① ② ③ ④
08	① ② ③ ④	28	① ② ③ ④	48	① ② ③ ④	68	① ② ③ ④
09	① ② ③ ④	29	① ② ③ ④	49	① ② ③ ④	69	① ② ③ ④
10	① ② ③ ④	30	① ② ③ ④	50	① ② ③ ④	70	① ② ③ ④
11	① ② ③ ④	31	① ② ③ ④	51	① ② ③ ④		
12	① ② ③ ④	32	① ② ③ ④	52	① ② ③ ④		
13	① ② ③ ④	33	① ② ③ ④	53	① ② ③ ④		
14	① ② ③ ④	34	① ② ③ ④	54	① ② ③ ④		
15	① ② ③ ④	35	① ② ③ ④	55	① ② ③ ④		
16	① ② ③ ④	36	① ② ③ ④	56	① ② ③ ④		
17	① ② ③ ④	37	① ② ③ ④	57	① ② ③ ④		
18	① ② ③ ④	38	① ② ③ ④	58	① ② ③ ④		
19	① ② ③ ④	39	① ② ③ ④	59	① ② ③ ④		
20	① ② ③ ④	40	① ② ③ ④	60	① ② ③ ④		

감독자 확인란	

IBK기업은행 기출복원+실전모의고사 OMR 답안지 – 기출복원

직무수행 – 주관식(71~75)

71				
	⓪①②③④⑤⑥⑦⑧⑨	⓪①②③④⑤⑥⑦⑧⑨	⓪①②③④⑤⑥⑦⑧⑨	⓪①②③④⑤⑥⑦⑧⑨

72	
	①②③④

73					
	⓪①②③④⑤⑥⑦⑧⑨	⓪①②③④⑤⑥⑦⑧⑨	⓪①②③④⑤⑥⑦⑧⑨	⓪①②③④⑤⑥⑦⑧⑨	⓪①②③④⑤⑥⑦⑧⑨

74							
	⓪①②③④⑤⑥⑦⑧⑨	⓪①②③④⑤⑥⑦⑧⑨	⓪①②③④⑤⑥⑦⑧⑨	⓪①②③④⑤⑥⑦⑧⑨	⓪①②③④⑤⑥⑦⑧⑨	⓪①②③④⑤⑥⑦⑧⑨	㉠㉡

75	A기업		B기업		
	⓪①②③④⑤⑥⑦⑧⑨	⓪①②③④⑤⑥⑦⑧⑨	⓪①②③④⑤⑥⑦⑧⑨	⓪①②③④⑤⑥⑦⑧⑨	⓪①②③④⑤⑥⑦⑧⑨

※ 본 답안지는 실제와 다를 수 있습니다.

자름선

IBK기업은행 기출복원 + 실전모의고사 OMR 답안지 – 1회

성명(4자까지만 표기)

ㄱ	ㅏ	ㄱ	ㄱ	ㅏ	ㄱ	ㄱ	ㅏ	ㄱ	ㄱ	ㅏ	ㄱ
ㄴ	ㅑ	ㄴ	ㄴ	ㅑ	ㄴ	ㄴ	ㅑ	ㄴ	ㄴ	ㅑ	ㄴ
ㄷ	ㅓ	ㄷ	ㄷ	ㅓ	ㄷ	ㄷ	ㅓ	ㄷ	ㄷ	ㅓ	ㄷ
ㄹ	ㅕ	ㄹ	ㄹ	ㅕ	ㄹ	ㄹ	ㅕ	ㄹ	ㄹ	ㅕ	ㄹ
ㅁ	ㅗ	ㅁ	ㅁ	ㅗ	ㅁ	ㅁ	ㅗ	ㅁ	ㅁ	ㅗ	ㅁ
ㅂ	ㅛ	ㅂ	ㅂ	ㅛ	ㅂ	ㅂ	ㅛ	ㅂ	ㅂ	ㅛ	ㅂ
ㅅ	ㅜ	ㅅ	ㅅ	ㅜ	ㅅ	ㅅ	ㅜ	ㅅ	ㅅ	ㅜ	ㅅ
ㅇ	ㅠ	ㅇ	ㅇ	ㅠ	ㅇ	ㅇ	ㅠ	ㅇ	ㅇ	ㅠ	ㅇ
ㅈ	ㅡ	ㅈ	ㅈ	ㅡ	ㅈ	ㅈ	ㅡ	ㅈ	ㅈ	ㅡ	ㅈ
ㅊ	ㅣ	ㅊ	ㅊ	ㅣ	ㅊ	ㅊ	ㅣ	ㅊ	ㅊ	ㅣ	ㅊ
ㅋ	ㅐ	ㅋ	ㅋ	ㅐ	ㅋ	ㅋ	ㅐ	ㅋ	ㅋ	ㅐ	ㅋ
ㅌ	ㅒ	ㅌ	ㅌ	ㅒ	ㅌ	ㅌ	ㅒ	ㅌ	ㅌ	ㅒ	ㅌ
ㅍ	ㅔ	ㅍ	ㅍ	ㅔ	ㅍ	ㅍ	ㅔ	ㅍ	ㅍ	ㅔ	ㅍ
ㅎ	ㅖ	ㅎ	ㅎ	ㅖ	ㅎ	ㅎ	ㅖ	ㅎ	ㅎ	ㅖ	ㅎ
ㄲ	ㅘ	ㄲ	ㄲ	ㅘ	ㄲ	ㄲ	ㅘ	ㄲ	ㄲ	ㅘ	ㄲ
ㄸ	ㅙ	ㄶ	ㄸ	ㅙ	ㄶ	ㄸ	ㅙ	ㄶ	ㄸ	ㅙ	ㄶ
ㅃ	ㅚ	ㄺ	ㅃ	ㅚ	ㄺ	ㅃ	ㅚ	ㄺ	ㅃ	ㅚ	ㄺ
ㅆ	ㅝ	ㄻ	ㅆ	ㅝ	ㄻ	ㅆ	ㅝ	ㄻ	ㅆ	ㅝ	ㄻ
ㅉ	ㅞ	ㄼ	ㅉ	ㅞ	ㄼ	ㅉ	ㅞ	ㄼ	ㅉ	ㅞ	ㄼ
	ㅟ	ㅀ		ㅟ	ㅀ		ㅟ	ㅀ		ㅟ	ㅀ
	ㅢ			ㅢ			ㅢ			ㅢ	

수험번호(8자리)

⓪	⓪	⓪	⓪	⓪	⓪	⓪	⓪
①	①	①	①	①	①	①	①
②	②	②	②	②	②	②	②
③	③	③	③	③	③	③	③
④	④	④	④	④	④	④	④
⑤	⑤	⑤	⑤	⑤	⑤	⑤	⑤
⑥	⑥	⑥	⑥	⑥	⑥	⑥	⑥
⑦	⑦	⑦	⑦	⑦	⑦	⑦	⑦
⑧	⑧	⑧	⑧	⑧	⑧	⑧	⑧
⑨	⑨	⑨	⑨	⑨	⑨	⑨	⑨

생년월일(연도/월/일)

⓪	⓪	⓪	⓪	⓪	⓪
①	①	①	①	①	①
②	②	②	②	②	②
③	③	③	③	③	③
④	④	④	④	④	④
⑤	⑤	⑤	⑤	⑤	⑤
⑥	⑥	⑥	⑥	⑥	⑥
⑦	⑦	⑦	⑦	⑦	⑦
⑧	⑧	⑧	⑧	⑧	⑧
⑨	⑨	⑨	⑨	⑨	⑨

직업기초(01~40) + 직무수행(41~70)

01 ① ② ③ ④	21 ① ② ③ ④	41 ① ② ③ ④	61 ① ② ③ ④
02 ① ② ③ ④	22 ① ② ③ ④	42 ① ② ③ ④	62 ① ② ③ ④
03 ① ② ③ ④	23 ① ② ③ ④	43 ① ② ③ ④	63 ① ② ③ ④
04 ① ② ③ ④	24 ① ② ③ ④	44 ① ② ③ ④	64 ① ② ③ ④
05 ① ② ③ ④	25 ① ② ③ ④	45 ① ② ③ ④	65 ① ② ③ ④
06 ① ② ③ ④	26 ① ② ③ ④	46 ① ② ③ ④	66 ① ② ③ ④
07 ① ② ③ ④	27 ① ② ③ ④	47 ① ② ③ ④	67 ① ② ③ ④
08 ① ② ③ ④	28 ① ② ③ ④	48 ① ② ③ ④	68 ① ② ③ ④
09 ① ② ③ ④	29 ① ② ③ ④	49 ① ② ③ ④	69 ① ② ③ ④
10 ① ② ③ ④	30 ① ② ③ ④	50 ① ② ③ ④	70 ① ② ③ ④
11 ① ② ③ ④	31 ① ② ③ ④	51 ① ② ③ ④	
12 ① ② ③ ④	32 ① ② ③ ④	52 ① ② ③ ④	
13 ① ② ③ ④	33 ① ② ③ ④	53 ① ② ③ ④	
14 ① ② ③ ④	34 ① ② ③ ④	54 ① ② ③ ④	
15 ① ② ③ ④	35 ① ② ③ ④	55 ① ② ③ ④	
16 ① ② ③ ④	36 ① ② ③ ④	56 ① ② ③ ④	
17 ① ② ③ ④	37 ① ② ③ ④	57 ① ② ③ ④	
18 ① ② ③ ④	38 ① ② ③ ④	58 ① ② ③ ④	
19 ① ② ③ ④	39 ① ② ③ ④	59 ① ② ③ ④	
20 ① ② ③ ④	40 ① ② ③ ④	60 ① ② ③ ④	

감독자 확인란	

※ 본 답안지는 실제와 다를 수 있습니다.

자름선

IBK기업은행 기출복원+실전모의고사 OMR 답안지 – 1회

직무수행 – 주관식(71~75)

문항	자리 1	자리 2	자리 3	자리 4
71	⓪ ① ② ③ ④ ⑤ ⑥ ⑦ ⑧ ⑨	⓪ ① ② ③ ④ ⑤ ⑥ ⑦ ⑧ ⑨		
72	⓪ ① ② ③ ④ ⑤ ⑥ ⑦ ⑧ ⑨			
73	⓪ ① ② ③ ④ ⑤ ⑥ ⑦ ⑧ ⑨	⓪ ① ② ③ ④ ⑤ ⑥ ⑦ ⑧ ⑨	⓪ ① ② ③ ④ ⑤ ⑥ ⑦ ⑧ ⑨	⓪ ① ② ③ ④ ⑤ ⑥ ⑦ ⑧ ⑨
74	⓪ ① ② ③ ④ ⑤ ⑥ ⑦ ⑧ ⑨	⓪ ① ② ③ ④ ⑤ ⑥ ⑦ ⑧ ⑨	⓪ ① ② ③ ④ ⑤ ⑥ ⑦ ⑧ ⑨	⓪ ① ② ③ ④ ⑤ ⑥ ⑦ ⑧ ⑨
75	⓪ ① ② ③ ④ ⑤ ⑥ ⑦ ⑧ ⑨	⓪ ① ② ③ ④ ⑤ ⑥ ⑦ ⑧ ⑨		

※ 본 답안지는 실제와 다를 수 있습니다.

자름선

IBK기업은행 기출복원 + 실전모의고사 OMR 답안지 – 2회

성명(4자까지만 표기)

ㄱ ㅏ ㄱ	ㄱ ㅏ ㄱ	ㄱ ㅏ ㄱ	ㄱ ㅏ ㄱ
ㄴ ㅑ ㄴ	ㄴ ㅑ ㄴ	ㄴ ㅑ ㄴ	ㄴ ㅑ ㄴ
ㄷ ㅓ ㄷ	ㄷ ㅓ ㄷ	ㄷ ㅓ ㄷ	ㄷ ㅓ ㄷ
ㄹ ㅕ ㄹ	ㄹ ㅕ ㄹ	ㄹ ㅕ ㄹ	ㄹ ㅕ ㄹ
ㅁ ㅗ ㅁ	ㅁ ㅗ ㅁ	ㅁ ㅗ ㅁ	ㅁ ㅗ ㅁ
ㅂ ㅛ ㅂ	ㅂ ㅛ ㅂ	ㅂ ㅛ ㅂ	ㅂ ㅛ ㅂ
ㅅ ㅜ ㅅ	ㅅ ㅜ ㅅ	ㅅ ㅜ ㅅ	ㅅ ㅜ ㅅ
ㅇ ㅠ ㅇ	ㅇ ㅠ ㅇ	ㅇ ㅠ ㅇ	ㅇ ㅠ ㅇ
ㅈ ㅡ ㅈ	ㅈ ㅡ ㅈ	ㅈ ㅡ ㅈ	ㅈ ㅡ ㅈ
ㅊ ㅣ ㅊ	ㅊ ㅣ ㅊ	ㅊ ㅣ ㅊ	ㅊ ㅣ ㅊ
ㅋ ㅐ ㅋ	ㅋ ㅐ ㅋ	ㅋ ㅐ ㅋ	ㅋ ㅐ ㅋ
ㅌ ㅒ ㅌ	ㅌ ㅒ ㅌ	ㅌ ㅒ ㅌ	ㅌ ㅒ ㅌ
ㅍ ㅔ ㅍ	ㅍ ㅔ ㅍ	ㅍ ㅔ ㅍ	ㅍ ㅔ ㅍ
ㅎ ㅖ ㅎ	ㅎ ㅖ ㅎ	ㅎ ㅖ ㅎ	ㅎ ㅖ ㅎ
ㄲ ㅘ ㄲ	ㄲ ㅘ ㄲ	ㄲ ㅘ ㄲ	ㄲ ㅘ ㄲ
ㄸ ㅙ ㄶ	ㄸ ㅙ ㄶ	ㄸ ㅙ ㄶ	ㄸ ㅙ ㄶ
ㅃ ㅚ ㄺ	ㅃ ㅚ ㄺ	ㅃ ㅚ ㄺ	ㅃ ㅚ ㄺ
ㅆ ㅝ ㄻ	ㅆ ㅝ ㄻ	ㅆ ㅝ ㄻ	ㅆ ㅝ ㄻ
ㅉ ㅞ ㄼ	ㅉ ㅞ ㄼ	ㅉ ㅞ ㄼ	ㅉ ㅞ ㄼ
ㅟ ㅀ	ㅟ ㅀ	ㅟ ㅀ	ㅟ ㅀ
ㅢ	ㅢ	ㅢ	ㅢ

수험번호(8자리)

0	0	0	0	0	0	0	0
1	1	1	1	1	1	1	1
2	2	2	2	2	2	2	2
3	3	3	3	3	3	3	3
4	4	4	4	4	4	4	4
5	5	5	5	5	5	5	5
6	6	6	6	6	6	6	6
7	7	7	7	7	7	7	7
8	8	8	8	8	8	8	8
9	9	9	9	9	9	9	9

생년월일(연도/월/일)

0	0	0	0	0	0
1	1	1	1	1	1
2	2	2	2	2	2
3	3	3	3	3	3
4	4	4	4	4	4
5	5	5	5	5	5
6	6	6	6	6	6
7	7	7	7	7	7
8	8	8	8	8	8
9	9	9	9	9	9

직업기초(01~40) + 직무수행(41~70)

01	① ② ③ ④	21	① ② ③ ④	41	① ② ③ ④	61	① ② ③ ④
02	① ② ③ ④	22	① ② ③ ④	42	① ② ③ ④	62	① ② ③ ④
03	① ② ③ ④	23	① ② ③ ④	43	① ② ③ ④	63	① ② ③ ④
04	① ② ③ ④	24	① ② ③ ④	44	① ② ③ ④	64	① ② ③ ④
05	① ② ③ ④	25	① ② ③ ④	45	① ② ③ ④	65	① ② ③ ④
06	① ② ③ ④	26	① ② ③ ④	46	① ② ③ ④	66	① ② ③ ④
07	① ② ③ ④	27	① ② ③ ④	47	① ② ③ ④	67	① ② ③ ④
08	① ② ③ ④	28	① ② ③ ④	48	① ② ③ ④	68	① ② ③ ④
09	① ② ③ ④	29	① ② ③ ④	49	① ② ③ ④	69	① ② ③ ④
10	① ② ③ ④	30	① ② ③ ④	50	① ② ③ ④	70	① ② ③ ④
11	① ② ③ ④	31	① ② ③ ④	51	① ② ③ ④		
12	① ② ③ ④	32	① ② ③ ④	52	① ② ③ ④		
13	① ② ③ ④	33	① ② ③ ④	53	① ② ③ ④		
14	① ② ③ ④	34	① ② ③ ④	54	① ② ③ ④		
15	① ② ③ ④	35	① ② ③ ④	55	① ② ③ ④		
16	① ② ③ ④	36	① ② ③ ④	56	① ② ③ ④		
17	① ② ③ ④	37	① ② ③ ④	57	① ② ③ ④		
18	① ② ③ ④	38	① ② ③ ④	58	① ② ③ ④		
19	① ② ③ ④	39	① ② ③ ④	59	① ② ③ ④		
20	① ② ③ ④	40	① ② ③ ④	60	① ② ③ ④		

감독자 확인란	

※ 본 답안지는 실제와 다를 수 있습니다.

자름선

IBK기업은행 기출복원+실전모의고사 OMR 답안지 – 2회

직무수행 – 주관식(71~75)

번호				
71	⓪ ① ② ③ ④ ⑤ ⑥ ⑦ ⑧ ⑨	⓪ ① ② ③ ④ ⑤ ⑥ ⑦ ⑧ ⑨	⓪ ① ② ③ ④ ⑤ ⑥ ⑦ ⑧ ⑨	
72	⓪ ① ② ③ ④ ⑤ ⑥ ⑦ ⑧ ⑨	⓪ ① ② ③ ④ ⑤ ⑥ ⑦ ⑧ ⑨	⓪ ① ② ③ ④ ⑤ ⑥ ⑦ ⑧ ⑨	
73	⓪ ① ② ③ ④ ⑤ ⑥ ⑦ ⑧ ⑨	⓪ ① ② ③ ④ ⑤ ⑥ ⑦ ⑧ ⑨	⓪ ① ② ③ ④ ⑤ ⑥ ⑦ ⑧ ⑨	⓪ ① ② ③ ④ ⑤ ⑥ ⑦ ⑧ ⑨
74	⓪ ① ② ③ ④ ⑤ ⑥ ⑦ ⑧ ⑨	⓪ ① ② ③ ④ ⑤ ⑥ ⑦ ⑧ ⑨		

75	A	B	C	D
	⓪ ① ② ③ ④ ⑤ ⑥ ⑦ ⑧ ⑨	⓪ ① ② ③ ④ ⑤ ⑥ ⑦ ⑧ ⑨	⓪ ① ② ③ ④ ⑤ ⑥ ⑦ ⑧ ⑨	⓪ ① ② ③ ④ ⑤ ⑥ ⑦ ⑧ ⑨

※ 본 답안지는 실제와 다를 수 있습니다.

자름선

IBK기업은행 기출복원+실전모의고사 OMR 답안지 - 3회

성명(4자까지만 표기)

ㄱ	ㅏ	ㄱ	ㄱ	ㅏ	ㄱ	ㄱ	ㅏ	ㄱ	ㄱ	ㅏ	ㄱ
ㄴ	ㅑ	ㄴ	ㄴ	ㅑ	ㄴ	ㄴ	ㅑ	ㄴ	ㄴ	ㅑ	ㄴ
ㄷ	ㅓ	ㄷ	ㄷ	ㅓ	ㄷ	ㄷ	ㅓ	ㄷ	ㄷ	ㅓ	ㄷ
ㄹ	ㅕ	ㄹ	ㄹ	ㅕ	ㄹ	ㄹ	ㅕ	ㄹ	ㄹ	ㅕ	ㄹ
ㅁ	ㅗ	ㅁ	ㅁ	ㅗ	ㅁ	ㅁ	ㅗ	ㅁ	ㅁ	ㅗ	ㅁ
ㅂ	ㅛ	ㅂ	ㅂ	ㅛ	ㅂ	ㅂ	ㅛ	ㅂ	ㅂ	ㅛ	ㅂ
ㅅ	ㅜ	ㅅ	ㅅ	ㅜ	ㅅ	ㅅ	ㅜ	ㅅ	ㅅ	ㅜ	ㅅ
ㅇ	ㅠ	ㅇ	ㅇ	ㅠ	ㅇ	ㅇ	ㅠ	ㅇ	ㅇ	ㅠ	ㅇ
ㅈ	ㅡ	ㅈ	ㅈ	ㅡ	ㅈ	ㅈ	ㅡ	ㅈ	ㅈ	ㅡ	ㅈ
ㅊ	ㅣ	ㅊ	ㅊ	ㅣ	ㅊ	ㅊ	ㅣ	ㅊ	ㅊ	ㅣ	ㅊ
ㅋ	ㅐ	ㅋ	ㅋ	ㅐ	ㅋ	ㅋ	ㅐ	ㅋ	ㅋ	ㅐ	ㅋ
ㅌ	ㅒ	ㅌ	ㅌ	ㅒ	ㅌ	ㅌ	ㅒ	ㅌ	ㅌ	ㅒ	ㅌ
ㅍ	ㅔ	ㅍ	ㅍ	ㅔ	ㅍ	ㅍ	ㅔ	ㅍ	ㅍ	ㅔ	ㅍ
ㅎ	ㅖ	ㅎ	ㅎ	ㅖ	ㅎ	ㅎ	ㅖ	ㅎ	ㅎ	ㅖ	ㅎ
ㄲ	ㅘ	ㄲ	ㄲ	ㅘ	ㄲ	ㄲ	ㅘ	ㄲ	ㄲ	ㅘ	ㄲ
ㄸ	ㅙ	ㄶ	ㄸ	ㅙ	ㄶ	ㄸ	ㅙ	ㄶ	ㄸ	ㅙ	ㄶ
ㅃ	ㅚ	ㄺ	ㅃ	ㅚ	ㄺ	ㅃ	ㅚ	ㄺ	ㅃ	ㅚ	ㄺ
ㅆ	ㅝ	ㄻ	ㅆ	ㅝ	ㄻ	ㅆ	ㅝ	ㄻ	ㅆ	ㅝ	ㄻ
ㅉ	ㅞ	ㄼ	ㅉ	ㅞ	ㄼ	ㅉ	ㅞ	ㄼ	ㅉ	ㅞ	ㄼ
	ㅟ	ㅀ		ㅟ	ㅀ		ㅟ	ㅀ		ㅟ	ㅀ
	ㅢ			ㅢ			ㅢ			ㅢ	

수험번호(8자리)

⓪	⓪	⓪	⓪	⓪	⓪	⓪	⓪
①	①	①	①	①	①	①	①
②	②	②	②	②	②	②	②
③	③	③	③	③	③	③	③
④	④	④	④	④	④	④	④
⑤	⑤	⑤	⑤	⑤	⑤	⑤	⑤
⑥	⑥	⑥	⑥	⑥	⑥	⑥	⑥
⑦	⑦	⑦	⑦	⑦	⑦	⑦	⑦
⑧	⑧	⑧	⑧	⑧	⑧	⑧	⑧
⑨	⑨	⑨	⑨	⑨	⑨	⑨	⑨

생년월일(연도/월/일)

⓪	⓪	⓪	⓪	⓪	⓪
①	①	①	①	①	①
②	②	②	②	②	②
③	③	③	③	③	③
④	④	④	④	④	④
⑤	⑤	⑤	⑤	⑤	⑤
⑥	⑥	⑥	⑥	⑥	⑥
⑦	⑦	⑦	⑦	⑦	⑦
⑧	⑧	⑧	⑧	⑧	⑧
⑨	⑨	⑨	⑨	⑨	⑨

직업기초(01~40)+직무수행(41~70)

01	① ② ③ ④	21	① ② ③ ④	41	① ② ③ ④	61	① ② ③ ④
02	① ② ③ ④	22	① ② ③ ④	42	① ② ③ ④	62	① ② ③ ④
03	① ② ③ ④	23	① ② ③ ④	43	① ② ③ ④	63	① ② ③ ④
04	① ② ③ ④	24	① ② ③ ④	44	① ② ③ ④	64	① ② ③ ④
05	① ② ③ ④	25	① ② ③ ④	45	① ② ③ ④	65	① ② ③ ④
06	① ② ③ ④	26	① ② ③ ④	46	① ② ③ ④	66	① ② ③ ④
07	① ② ③ ④	27	① ② ③ ④	47	① ② ③ ④	67	① ② ③ ④
08	① ② ③ ④	28	① ② ③ ④	48	① ② ③ ④	68	① ② ③ ④
09	① ② ③ ④	29	① ② ③ ④	49	① ② ③ ④	69	① ② ③ ④
10	① ② ③ ④	30	① ② ③ ④	50	① ② ③ ④	70	① ② ③ ④
11	① ② ③ ④	31	① ② ③ ④	51	① ② ③ ④		
12	① ② ③ ④	32	① ② ③ ④	52	① ② ③ ④		
13	① ② ③ ④	33	① ② ③ ④	53	① ② ③ ④		
14	① ② ③ ④	34	① ② ③ ④	54	① ② ③ ④		
15	① ② ③ ④	35	① ② ③ ④	55	① ② ③ ④		
16	① ② ③ ④	36	① ② ③ ④	56	① ② ③ ④		
17	① ② ③ ④	37	① ② ③ ④	57	① ② ③ ④		
18	① ② ③ ④	38	① ② ③ ④	58	① ② ③ ④		
19	① ② ③ ④	39	① ② ③ ④	59	① ② ③ ④		
20	① ② ③ ④	40	① ② ③ ④	60	① ② ③ ④		

감독자 확인란	

※ 본 답안지는 실제와 다를 수 있습니다. 자름선

IBK기업은행 기출복원+실전모의고사 OMR 답안지 – 3회

직무수행 – 주관식(71~75)

71			
	⓪ ① ② ③ ④ ⑤ ⑥ ⑦ ⑧ ⑨	⓪ ① ② ③ ④ ⑤ ⑥ ⑦ ⑧ ⑨	⓪ ① ② ③ ④ ⑤ ⑥ ⑦ ⑧ ⑨

72	A	B	C	D
	⓪ ① ② ③ ④ ⑤ ⑥ ⑦ ⑧ ⑨	⓪ ① ② ③ ④ ⑤ ⑥ ⑦ ⑧ ⑨	⓪ ① ② ③ ④ ⑤ ⑥ ⑦ ⑧ ⑨	⓪ ① ② ③ ④ ⑤ ⑥ ⑦ ⑧ ⑨

73				
	⓪ ① ② ③ ④ ⑤ ⑥ ⑦ ⑧ ⑨	⓪ ① ② ③ ④ ⑤ ⑥ ⑦ ⑧ ⑨	⓪ ① ② ③ ④ ⑤ ⑥ ⑦ ⑧ ⑨	⓪ ① ② ③ ④ ⑤ ⑥ ⑦ ⑧ ⑨

74	A	B
	⓪ ① ② ③ ④ ⑤ ⑥ ⑦ ⑧ ⑨	⓪ ① ② ③ ④ ⑤ ⑥ ⑦ ⑧ ⑨

75		
	⓪ ① ② ③ ④ ⑤ ⑥ ⑦ ⑧ ⑨	⓪ ① ② ③ ④ ⑤ ⑥ ⑦ ⑧ ⑨